中国旅游教育
蓝皮书 2021-2022

China Tourism Education Blue Book

中国旅游协会旅游教育分会　编

中国旅游出版社

《中国旅游教育蓝皮书 2021—2022》
编委会

谨此感谢中国旅游协会旅游教育分会理事会成员和会员单位对本书的全力支持；感谢各位专家作者在繁忙的教学科研工作中积极承担、精益求精，确保蓝皮书的高质量水准；感谢中国旅游出版社的专业服务。

从研究规范、学术问题到研究内容：做言之有物的研究
（代序）

保继刚[①]

现代意义上的中国旅游研究，从 20 世纪末发展至今，随着学科建设的加强和研究学术性的提高，研究成果日渐丰硕。但是从学术研究的角度看，早期的旅游研究是实践推动的，加之在此之前中国社会科学研究并没有建立起相应的学术研究规范，这个时期的研究，主要贡献在于推动现实问题的解决和决策咨询。2000 年后，学者们不断自觉审视与反思旅游研究存在的问题，开始强调研究规范[②]。表面的研究规范容易依葫芦画瓢"学会"，无论是期刊论文或是学位论文，很快就做到了表面规范。但是，这样的研究规范并没有带来学术贡献质的飞跃，学者们意识到了问题的根源在于研究的学术问题的缺失，因此对研究问题缺乏反思[③]。不断的反思，带来了中国旅游研究的黄金时期，表现在引进国外的理论和量表在国内做验证性研究，或者根据中国现实对理论进行补充改进，特别是已经开始有了中国原创的概念，在国际上的学术影响力日渐增长。

但是，与我们庞大的研究队伍和每年发表超过 2 万篇中文旅游研究论文以及数百篇英文论文的数量不相称的是，我们对旅游学科的学术（知识）贡献还太少。可能的原因是我们真正能做高质量研究的人才队伍相对不足，需要加快培养；还有一种可能，是我们对研究内容的关注和思考不够。这里所说的研究内容是指研究所包含的实质性事物，其中，研究问题本身代表了研究内容的指向性与落脚点，研究采取的技术与方法是内容实现的手段，二者共同构成整体的研究内容，并自然而然地表达出研究者的价值取向与社会关照。

现如今，较多研究者选取的研究问题是"小众"问题，或者是为了发表而发表的、表面看上去很"学术"的问题。部分研究已经开始出现形（范）式大于内容的倾向，即研究问题是明确的，研究方法也是科学的，但真正的研究内容却乏善可陈，很难直面重

① 保继刚，教授，博士生导师，国家高层次人才，中国旅游协会旅游教育分会会长，中山大学旅游学院创院院长，中山大学旅游发展与规划研究中心主任。主要研究领域为旅游地理、旅游可持续发展、主题公园、旅游规划、旅游影响。

② 保继刚. 研究规范——中国旅游学术研究的基本前提［J］. 旅游学刊，2005，20（3）：7.

③ 保继刚. 中国旅游地理学研究问题缺失的现状与反思［J］. 旅游学刊，2010，25（10）：13-17.

大问题。

研究问题的来源无外乎两种方式，一是从实践中提出问题，二是从文献到文献，也即在文献阅读中寻找问题。如何做到言之有物的研究，首先就要求研究者做到将自己的社会生活对象化，眼光向下，同时兼顾区域视野、全球视野，把握一个大的图景。中国旅游研究经过数十年的发展后，现在研究者所遵循的研究范式、掌握的技术工具、对话的理论概念已经可以和国外的高水平研究接轨，但凡事过犹不及，部分研究陷入了为发表而发表的误区，反倒缺少对中国乡土意识的发掘，也缺少在本土意义上的回归。

与此同时，研究者应从认识论层面清醒意识到，"我们认识的世界是我们认识到的世界，而不是世界本身"，只有坚持做长期的跟踪研究、历时研究和理论研究，才能不断克服"盲人摸象"的片面性。社会科学研究的深刻性需要研究者对事实的深入理解，这种"深入"在一定程度上有赖于长期的时间积累和对研究对象的"完整观察"。2020年，新冠肺炎疫情席卷全球，至今余波未止，国内外旅游业发展受到严重影响，相关研究一如雨后春笋，但很多文章只有对关系的论证而没有实质的内容，其中真正能发人深省的研究不多。大量的综述文章也是如此，研究生，特别是博士研究生，很多都会将所研究方向的文献综述整理投稿，但相当多的综述投稿是只述不评，大量退稿也就在所难免。

研究方法是连接研究问题与研究意义的通道，方法与技术应该为研究内容服务。概括来说，旅游研究的方法主要可分为定量与定性两种，其中遵循实证主义范式的定量研究目前尤为盛行，且呈现出一定的程式化倾向，学界对此也早有批评[①]。从学术规范上看，定量研究应用数理模型来解析所研究对象的内在逻辑，具有确实的严谨性，但现在大多数学术论文采用的分析数据来源于统计数据或调查问卷。这些数据的准确性、真实性、代表性等无法得到保证[②]，所以尽管定量模型越来越复杂精致，但最终得到的恐怕是一个"精确的错误结论"，其研究价值将大打折扣。

定性研究则恰恰相反，研究者需要在有限的篇幅内充分展现研究对象的复杂性，而一旦缺少对基本问题的关注，缺少对理论的深入研读，研究最终就会掉进"讲故事"的陷阱，尤其是案例研究。作为定性研究者最常采用的方法之一，案例研究当然有它的价值所在，但更需要结合理论背景，挖掘出一些共性元素，使它脱离特定的微观环境和地理区域，提供更有深度的解释和阐释，而不仅仅停留在"故事"阶段。

研究内容的实然与深刻决定了研究意义的高低，笔者以为，最重要的研究意义是能回归到人本身，即人的主体性。自然科学始于实验，社会科学始于观察和描述，而社会科学所观察的对象——社会生活——是复杂的、多面的。理论的运用可以在一定程度上帮助我们提纲挈领，区分主要矛盾和次要矛盾，但必须指出的是，理论不在于新旧、深

---

① 彭玉生."洋八股"与社会科学规范［J］.社会学研究，2010，25（2）：180–210，246.
② 保继刚.将尺度观引入旅游统计工作的几点思考［J］.旅游导刊，2019，3（1）：1–8.

浅，而在于是否能借此形成与前辈研究者、其他领域研究者，甚至是与调研对象的沟通路径。例如，旅游地生命周期理论，至今仍有着源源不断的后续讨论。在理论意义层面，言之有物的研究应做到可以和既有理论产生充分的互动，继而进入一个知识生产的体系中，最后形成一个具有引领性的问题体系、研究体系。在现实意义层面，学术研究不可能完全中立于社会价值和政治体系之外，研究内容本身反映了研究者的某种价值立场，研究者要把自己和社会的关系想清楚，培养一种自觉的主体性和内省性。学术研究的价值导向意义重大，如果其所隐含或指向的价值观念与主要利益相关者和社会发展相一致的话，就可以有效地转变为对现实的引领，获得长久的生命力，在旅游吸引物权概念指导下实施的阿者科计划的初步成功即是一个例证[①]。

作为社会科学的研究者，我们须有高远的视角和人文关怀，始终对国家与社会的大问题保有充分的关切，提出具有本土意义的真问题，理性对待技术与方法，着眼于创造实实在在的新知识，与复杂的社会现实相连通，唯如此，才能做出言之有物的研究，使中国的旅游学研究保持持续的进步。

---

① 保继刚，杨兵.旅游开发中旅游吸引物权的制度化路径与实践效应：以"阿者科计划"减贫实验为例［J］.旅游学刊，2022，37（1）：18-31.

目录 CONTENTS

第三部分　理论研究

第四部分　专题报告

第五部分 典型案例

Part 1

第一部分

总报告

新形势下我国旅游教育发展现状与趋势①

保继刚　隽雨仙②

自改革开放以来，我国旅游业与旅游教育形成了良性的互动关系。一方面，旅游业的持续发展推动了我国旅游教育的发展和教育体系的构建；另一方面，旅游教育发展为旅游业输送了各层次人才，进一步促进旅游业发展。四十多年来，中国旅游教育已形成较为完整的体系，旅游院校数量不断增加，师生队伍不断扩大，取得了令人瞩目的成就。当前，在新时代发展背景和国内外发展新形势下，旅游业展现出新的发展势头和趋势，随之我国旅游教育也到了结构性改革的关键时刻。

一、旅游业起步推动人才需求形成

中国现代旅游业的发展始于 1978 年，当时我国处于改革开放的起步阶段，在高度集中的计划经济体制下，改革开放任务尤为艰巨，如何启动改革、扩大开放成为一大难题[1]。在此背景下，旅游业凭借其市场化程度较高、对政府依赖较小、产业关联性高以及综合带动能力强等特点，成为对外开放的前沿和启动改革的突破口[2]。在对外开放初期，我国旅游业采取优先发展入境旅游方针，将发展入境旅游作为解决国家经济建设中外汇短缺问题的重要抓手[3]。1979—1985 年，约有 160 个国家和地区的游客入境旅游、参观、访问以及从事各项交流活动[4]。我国入境游客量从 1979 年的 420 万人次增加到了 1985 年的 1783 万人次，增幅达 324.5%；入境旅游外汇收入从 1979 年的 6.96 亿元增加到 1985 年的 12.5 亿美元[5]。这一时期，在国内旅游方面国家虽采取"不提倡、不宣传、不反对"的政策[3]，但国内旅游也得到了一定程度的发展。1985 年 1 月，国务院批转国家旅游局《关于当前旅游体制改革几个问题的报告》，对旅游管理体制提出了应实行"政企分开，统一领导，分级管理，分散经营，统一对外"的原则，进一步明确了我国旅游发展的道路。随后指导和部署性政策相继推出，如 1985 年 5 月 11 日，国务院发布了中国第一部行政法规《旅行社管理暂行条例》。新政策的出台在一定程度上

---

① 国家社科基金艺术学重大项目"文化和旅游人才培养战略、路径与对策研究"（19ZD26）。
② 保继刚，教授，博士生导师，国家高层次人才，中国旅游协会旅游教育分会会长，中山大学旅游学院创院院长，中山大学旅游发展与规划研究中心主任。主要研究领域为旅游地理、旅游可持续发展、主题公园、旅游规划、旅游影响。隽雨仙，博士，云南大学工商管理与旅游管理学院旅游管理系副教授，硕士生导师。主要研究领域为旅游教育、旅游者行为、旅游规划。

打开了我国旅游服务供给瓶颈，促进了入境旅游和国内旅游市场的持续发展。据统计数据，我国入境游客量由 1986 年的 2282 万人次增至 1992 年的 3811 万人次，累计旅游量超过 2 亿人次，旅游外汇总收入达到 164 亿美元[6]。同时新政策也推动了国内旅游的发展，1992 年国内游客量达到 3.3 亿人次，国内旅游收入达 250 亿元[7]。

旅游业的持续发展催生了国家对旅游人才的需求，在这样的现实需求背景下，现代中国旅游教育逐渐发展起来。1979 年，上海旅游高等专科学校成立，标志着中国旅游高等教育的起步；1990 年，浙江大学旅游管理专业成为中国第一个旅游经济硕士点（现为旅游管理硕士点）；2000 年，中山大学管理学院成为中国高校中最早成立的旅游管理专业博士点；2010 年，国务院学位委员会批准设置旅游管理硕士专业学位（MTA）[8-9]。经过四十多年的发展，中国旅游教育已经形成了较为完整的体系，按照学历教育阶段划分，主要包括研究生、本科、专科（高职高专）以及中专四个层次（见图 1）。

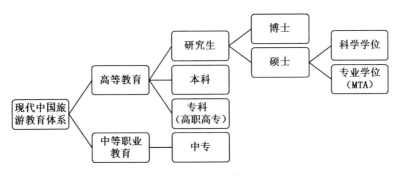

图 1 现代中国旅游教育体系

在中国旅游本科教育层面，最初的旅游院校创办模式主要有地方直属、国家中央部门——中国旅行游览事业管理总局（以下简称旅游总局。1964 年成立，1982 年更名为中华人民共和国国家旅游局，2018 年文化和旅游部组建）和地方院校合作、国家中央部门直属三种。第一种旅游院校创办模式是地方直属的本科院校。中国最早的旅游本科院校是始建于 1978 年的北京第二外国语学院分院；1980 年 9 月在该分院的基础上筹办了北京旅游学院，直属北京市旅行游览事业管理局（2011 年更名为北京市旅游发展委员会）[10]；1985 年 4 月，定名为北京联合大学旅游学院，划入北京联合大学，主管部门也随之改为北京市教育委员会。第二种旅游院校创办模式是旅游总局和地方院校合作开展，包括杭州大学、南开大学和西北大学三所。其中，最早的是杭州大学，1980 年其创建了中国第一个旅游经济本科专业，并于 1984 年开始招收硕士研究生；1987 年旅游经济专业扩展成旅游系；1993 年杭州大学旅游学院正式成立；1998 年杭州大学整体并入浙江大学后，改为浙江大学管理学院旅游与酒店管理学系[11]。西北大学旅游管理专业（当初称旅游经济专业）于 1981 年 9 月开始招收第一批本科生，由旅游总局拨款 120 万元；1985 年，国家旅游局又拨款 240 万元设立旅游会计专业，同年成立旅游管理系，下设旅游管理经济、外语、会计三个教研室。南开大学也于 1981 年增设旅游管理和旅游英语两个本科专业（隶属历史系），并于全国各省招生；1982 年 4 月成立旅游学系，是中国高校中最早设立的旅游学系，同时改属经济学院领导。第三种旅游院校创办模式是国家中央部门的直属本科院校，这里的国家中央部门主要是国家旅游局和国务院侨务办公室（以下简称国务院侨办）两种。1983 年 2 月 1 日，国务院将北京第二外国语学院（以下简称北二外）由教育部划归国家旅游局主管，成为国家旅游局唯一直属本科院校；2000 年，随着高校体制改革，北二外由国家旅游局划归北京市主管。同样在 1983 年，直属国务院侨办的华侨大学开始筹建旅游系；1984 年，开始招收导游和旅游管理两个方向的大专生，两年后招收本科生；2004 年，旅游系升格为旅游学院[11]。

以上四所院校——杭州大学、西北大学、南开大学、北二外，在旅游本科专业创建过程中都得到了旅游总局（或国家旅游局）的资金支持和业务指导。长期以来，被中国旅游教育界尊称为"老四家"[10]。1986 年 9 月 25 日，国家旅游局与中山大学合作开办旅游酒店管理专业，学制四年；于 1987 年招生 20 人；1988 年起，每年招生 40 人，面向全国统一招生，统一分配；后来，旅游酒店管理专业发展成为酒店管理系，设在中山大学管理学院；2004 年，中山大学旅游学院成立。总之，在国家政策支持和行业带动下，中国旅游教育开创了崭新局面，旅游院校数量不断增加，师生队伍不断扩大，呈现出蓬勃生机。

二、旅游业与旅游教育互促增长

随着改革开放不断推进，我国对旅游业的发展提出了更高要求。同时，经过十几年的改革开放，我国人民的收入水平显著提高，由此也产生了较强的旅游需求。在这一宏观环境下，我国旅游业一方面继续深化市场化改革，释放旅游市场活力，推动旅游市场主体发展[3]，另一方面从注重入境旅游转为入境旅游和国内旅游并举[12]。1993 年 11 月 6 日，国务院办公厅转发的国家旅游局《关于积极发展国内旅游业的意见》中进一步强调了发展国内旅游的重要性，并作了具体部署。此后，1995 年我国工时制度的改革和 1999 年起"法定节假日"的增加均对国内旅游发展产生了巨大推动作用；同时出境旅游也从早期少量的"港澳游""边境游""赴台游"逐渐旺盛。

旅游业快速发展和旅游市场的迅速扩大也导致了一段时期内我国旅游人才供不应求。但旅游业对旅游人才需求的扩张得到了教育领域的积极回应，高等教育扩招等政策措施，为解决这一供需矛盾提供了有利抓手。

（一）高等教育院校招生数

受到高校扩招的教育改革政策影响，自 1998 年以来，全国的高等教育院校招生数具有显著性的增长，旅游高等教育院校的招生人数也持续上升。在 2009 年至 2017 年间，旅游高等教育院校招生人数占所有高等教育院校招生人数的比例稳定在 1.28%~1.79%区间内（见图 2）。

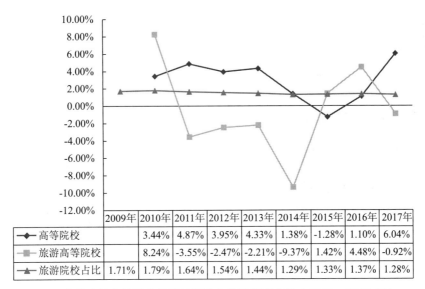

	2009年	2010年	2011年	2012年	2013年	2014年	2015年	2016年	2017年
◆ 高等院校		3.44%	4.87%	3.95%	4.33%	1.38%	-1.28%	1.10%	6.04%
■ 旅游高等院校		8.24%	-3.55%	-2.47%	-2.21%	-9.37%	1.42%	4.48%	-0.92%
▲ 旅游院校占比	1.71%	1.79%	1.64%	1.54%	1.44%	1.29%	1.33%	1.37%	1.28%

图 2　高等院校和旅游高等院校招生人数增长率变化（2009—2017 年）

数据来源：据 2010—2018 年《中国教育统计年鉴》《中国旅游统计年鉴》整理。

另外，2013—2017 年，各层次旅游院校的招生人数都较为稳定，总数维持在 26 万~30 万人（见表 1）。

表 1　2013—2017 年中国旅游院校招生人数（单位：人）

年度	博士生	硕士生	本科	高职高专	中专	总和
2013	200	1600	52100	129100	117000	300000
2014	167	1569	53386	110835	123000	288957
2015	257	1619	55611	110935	93000	261422
2016	360	1679	58000	116000	104000	280039
2017	336	2832	59000	113000	102000	277168

数据来源：根据 2014—2018 年《全国旅游教育培训统计基本情况》整理。

（二）旅游院校和在校生数

旅游院校是旅游教育的基础和主体。具体从高等旅游院校及开设旅游系（专业）的普通高等院校和在校学生数量来看，2010 年，在校生人数首次突破 50 万；2011 年，中国旅游高等院校数量首次超过 1000 所。截至 2017 年，中国旅游高等院校总数达到了 1694 所，约为 1998 年（187 所）的 9 倍。2016 年，中国旅游高等院校在校生人数约为 44 万，约为 1998 年（3.17 万人）的 13.5 倍（见图 3 和图 4）。

相比于我国旅游高等院校数量的不断增加，中等职业学校数量波动浮动较大（见图 5）。2000 年，中国旅游中等职业学校数量为 943 所；2005 年，降至 643 所；2010

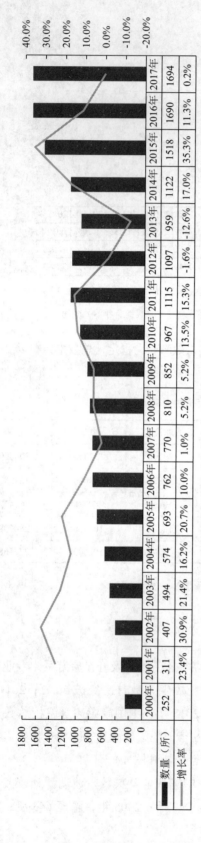

	2000年	2001年	2002年	2003年	2004年	2005年	2006年	2007年	2008年	2009年	2010年	2011年	2012年	2013年	2014年	2015年	2016年	2017年
数量（所）	252	311	407	494	574	693	762	770	810	852	967	1115	1097	959	1122	1518	1690	1694
增长率		23.4%	30.9%	21.4%	16.2%	20.7%	10.0%	1.0%	5.2%	5.2%	13.5%	15.3%	-1.6%	-12.6%	17.0%	35.3%	11.3%	0.2%

图 3 中国旅游高等教育院校数量及其增长率（2000—2017 年）

（数据来源：根据 2001—2018 年《中国旅游统计年鉴》整理）

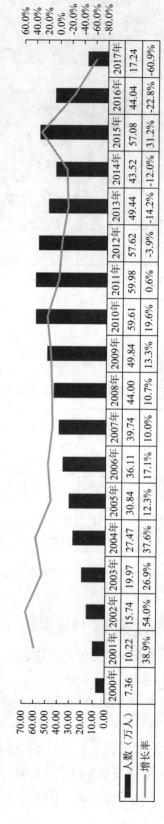

	2000年	2001年	2002年	2003年	2004年	2005年	2006年	2007年	2008年	2009年	2010年	2011年	2012年	2013年	2014年	2015年	2016年	2017年
人数（万人）	7.36	10.22	15.74	19.97	27.47	30.84	36.11	39.74	44.00	49.84	59.61	59.98	57.62	49.44	43.52	57.08	44.04	17.24
增长率		38.9%	54.0%	26.9%	37.6%	12.3%	17.1%	10.0%	10.7%	13.3%	19.6%	0.6%	-3.9%	-14.2%	-12.0%	31.2%	-22.8%	-60.9%

图 4 中国旅游高等教育院校在校生人数及其增长率（2000—2017 年）

数据来源：根据 2001—2018 年《中国旅游统计年鉴》整理。

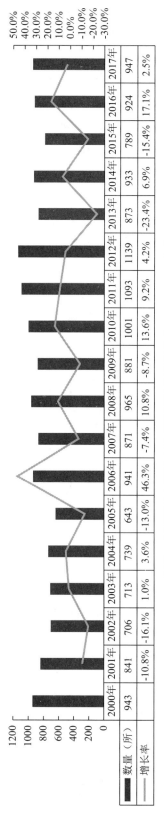

数量（所）	2000年	2001年	2002年	2003年	2004年	2005年	2006年	2007年	2008年	2009年	2010年	2011年	2012年	2013年	2014年	2015年	2016年	2017年
数量（所）	943	841	706	713	739	643	941	871	965	881	1001	1093	1139	873	933	789	924	947
增长率		-10.8%	-16.1%	1.0%	3.6%	-13.0%	46.3%	-7.4%	10.8%	-8.7%	13.6%	9.2%	4.2%	-23.4%	6.9%	-15.4%	17.1%	2.5%

图 5　中国旅游中等教育院校数量及其增长率（2000—2017 年）

数据来源：根据 2001—2018 年《中国旅游统计年鉴》整理。

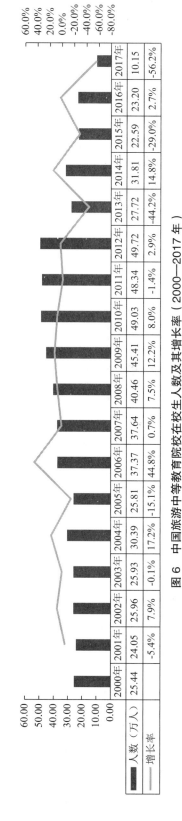

人数（万人）	2000年	2001年	2002年	2003年	2004年	2005年	2006年	2007年	2008年	2009年	2010年	2011年	2012年	2013年	2014年	2015年	2016年	2017年
人数（万人）	25.44	24.05	25.96	25.93	30.39	25.81	37.37	37.64	40.46	45.41	49.03	48.34	49.72	27.72	31.81	22.59	23.20	10.15
增长率		-5.4%	7.9%	-0.1%	17.2%	-15.1%	44.8%	0.7%	7.5%	12.2%	8.0%	-1.4%	2.9%	-44.2%	14.8%	-29.0%	2.7%	-56.2%

图 6　中国旅游中等教育院校在校生人数及其增长率（2000—2017 年）

数据来源：根据 2001—2018 年《中国旅游统计年鉴》整理。

年，首次超过 1000 所，并于 2012 年达到峰值（1139 所）；2017 年回落至 947 所。中等职业学校在校生学生数量总体呈现先上升后下降趋势（见图 6）。2000 年至 2012 年呈现上升趋势，从 25.44 万人增加到 49.72 万人；2013 年起，在校生学生数量快速下降，2013 年较 2012 年下降 44.2%，仅为 27.72 万人，2017 年降至 10.15 万人。

通过对比我国旅游高等和中等院校数量与在校生数可以看出，我国旅游教育层次不断提高，高层次人才比例持续提升（见图 7 和图 8）。从院校数量看，2000 年，我国旅游中等院校数量占旅游院校总数的 78.9%，高等院校占 21.1%。随后旅游高等院校数量不断提升，到 2005 年，高等院校数量与旅游中等院校数量基本持平，旅游高等院校数量占总数的 51.9%，并到 2017 年占比增至 64.1%。从在校生数来看，2000 年我国中等院校在校生数占旅游院校学生总数的 77.6%，旅游高等院校在校生数仅占 22%。到 2015 年，旅游高等院校在校生数占比增长至 71.%；2017 年稍稍回落至 62.9%。

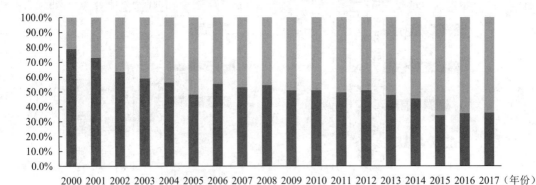

图 7　中国旅游高等和中等教育院校数占比（2000—2017 年）

数据来源：根据 2001—2018 年《中国旅游统计年鉴》整理。

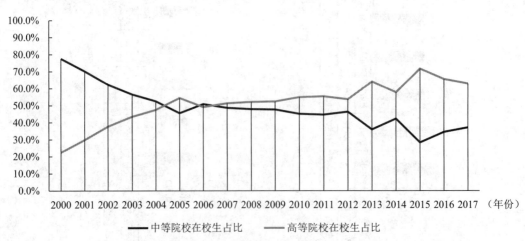

图 8　中国旅游高等和中等教育院校在校生数占比（2000—2017 年）

数据来源：根据 2001—2018 年《中国旅游统计年鉴》整理。

（三）旅游相关专业开设本科院校分布

1.旅游管理专业

2022 年，湖南、河南两个省份开设旅游管理专业的本科院校数量较多，均超过了 30 所；西藏、青海、宁夏三个地区的旅游本科院校数量分别都仅有 3 所。大部分旅游业或者经济较为发达的地区，如江苏、广东、四川、山东、浙江等省份的旅游本科院校数量皆超过平均水平（16.6 所）。可见，旅游院校的数量与当地旅游业发展水平、经济发展总体水平密切相关；中国的旅游本科院校数量存在一定的空间不均衡（见表 2）。

表 2　2022 年旅游管理专业本科院校各地区分布情况

（单位：所）

省份	数量	省份	数量	省份	数量
湖南	32	广西	19	上海	12
河南	30	吉林	18	重庆	12
江苏	27	黑龙江	17	天津	10
广东	27	江西	17	内蒙古	9
湖北	26	贵州	17	甘肃	8
四川	25	安徽	16	海南	6
辽宁	24	云南	16	西藏	3
山东	24	北京	14	青海	3
浙江	22	山西	13	宁夏	3
陕西	21	福建	13		
河北	19	新疆	13	合计	516

数据来源：阳光高考网，教育部高校招生阳光工程指定平台。

2.酒店管理专业

2022 年，全国共有 29 个省市区的本科院校开设酒店管理专业（见表 3）。其中，河南省开设酒店管理专业的本科院校数量最多，为 19 所；其次为安徽、云南两省，均为 17 所；新疆、青海院校数量小于 3 所。从分布来看，本科院校开设酒店管理专业多集中于旅游业或者经济较为发达的地区，存在一定的空间不均衡。

表 3　2022 年酒店管理专业本科院校各地区分布情况

（单位：所）

省份	数量	省份	数量	省份	数量
河南	19	广西	11	天津	6
安徽	17	贵州	11	上海	5
云南	17	山西	9	北京	4

续表

省份	数量	省份	数量	省份	数量
湖南	15	辽宁	9	浙江	4
江苏	14	河北	8	陕西	4
湖北	14	甘肃	8	内蒙古	3
山东	13	黑龙江	7	吉林	3
广东	13	江西	7	新疆	2
四川	12	海南	7	青海	1
福建	11	重庆	7	合计	261

数据来源：阳光高考网，教育部高校招生阳光工程指定平台。

3. 会展经济与管理专业

2022 年，全国共有 27 个省市区的本科院校开设会展经济与管理专业。其中，广东省开设会展经济与管理专业的本科院校数量最多，为 12 所；其次为四川，为 10 所；上海、浙江、河南、湖北、北京、河北、福建 7 个省市，均超过 5 所；内蒙古、江苏为 1 所。从分布来看，会展经济与管理专业开设本科院校多集中于经济较为发达、展览中心较多的地区（见表 4）。

表 4　2022 年会展经济与管理专业本科院校各地区分布情况

（单位：所）

省份	数量	省份	数量	省份	数量
广东	12	天津	4	云南	3
四川	10	安徽	4	陕西	3
上海	8	湖南	4	山西	2
浙江	8	海南	4	江西	2
河南	7	重庆	4	甘肃	2
湖北	7	贵州	4	内蒙古	1
北京	6	辽宁	3	江苏	1
河北	6	吉林	3		
福建	6	黑龙江	3		
山东	5	广西	3	合计	127

数据来源：阳光高考网，教育部高校招生阳光工程指定平台。

4. 旅游管理与服务教育专业

2022 年，全国共有 17 个省市区的本科院校开设旅游管理与服务教育专业。其中：福建、江西、湖北开设旅游管理与服务教育专业的本科院校数量最多，均为 4 所；其次为河北、内蒙古、贵州、云南等地区，均为 3 所。从数量来看，旅游管理与服务教育专业相比于其他旅游类专业开设院校数较少。从分布来看，各地区差异较小（见表 5）。

表 5　2022 年旅游管理与服务教育专业本科院校各地区分布情况

（单位：所）

省份	数量	省份	数量	省份	数量
福建	4	云南	3	安徽	1
江西	4	浙江	2	广西	1
湖北	4	山东	2	重庆	1
河北	3	广东	2	陕西	1
内蒙古	3	四川	2	甘肃	1
贵州	3	山西	1	合计	38

数据来源：阳光高考网，教育部高校招生阳光工程指定平台。

旅游业作为第三产业具有劳动密集型的特征，不断提升旅游教育质量，培养适应旅游业发展的高层次人才，是旅游业实现高速增长的助推器。改革开放之初我国旅游业刚刚起步，饭店、旅行社、景区等行业急需旅游人才，在此环境推动下，旅游教育兴起，并凭借 1999 年高等教育扩招政策东风，我国高等院校为旅游行业输送了大量人才，人才供需矛盾得以缓解，尤其是旅游业高层次人才的紧缺状况得到了较大改善。

三、旅游院校调整适应新形势

随着旅游业增速放缓，各旅游院校也不断地调整专业设置和招生数以应对旅游人才空缺逐渐缩小甚至结构性人才过剩的问题。例如，旅游院校和在校生数量上总增长率呈现逐步下降的趋势；2010 年以来，与全国所有高等教育院校招生数增长率相比，旅游高等教育院校多处于负区间。

（一）本科院校旅游相关专业设置情况

近年的高校旅游本科专业设置情况也能反映出旅游人才需求减少的情况。本科高校的专业变动包括新增和撤销专业两种情况，往往会与院校的教育战略部署（例如，学科评估、"双一流"评价）有关，一定程度上能够反映该专业在行业中的地位、与社会发展或人才市场需求的匹配程度以及开办该专业所需条件或能力的变化。根据教育部公布的2016-2021年度普通高等学校本科专业备案和审批结果，获批新增或撤销旅游管理类（含旅游管理、酒店管理、会展经济与管理、旅游管理与服务教育专业）本科专业的高等教育院校及数量，如下表6所示。从各个专业新增和撤销的数量来看，近6年新开设酒店管理专业的高校数量最多，共计达64所；撤销该专业的高校数量仅有4所。其次是新开设会展经济与管理的高校，共计37所；撤销该专业的高校数量为7所。紧随其后的是旅游管理专业，新开设该专业的高校数量为34所；但是撤销该专业的高校数量有19所。旅游管理与服务教育是特设专业，社会需求量相对较少，新开设的高校数量相对最少，为23所；撤销该专业的高校数量为6所。从新增和撤销旅游管理类专业的院校类型来看，大部分高校为地方院校。

从新增设各个专业的高校数量来看，自2018年起，旅游管理、酒店管理、会展经济与管理三个专业的新增数量都呈现出明显的逐年下降趋势。可以认为，新冠肺炎疫情对全国各地的旅游业造成了极大的冲击，旅游行业的发展处于困难甚至危险期，对旅游劳动力的需求明显下降。旅游行业发展前景尚不明朗，直接影响了旅游高等教育院校对新设或者撤销旅游管理类专业的战略部署。

表6 2016—2021年度普通高等学校本科专业备案和审批结果

（单位：所）

专业名称	年份	新增备案和审批院校	撤销院校	新增数量	撤销数量	合计
旅游管理	2016	张家口学院、太原科技大学、黄山学院、武夷学院、广州航海学院、电子科技大学中山学院、广东培正学院、桂林旅游学院、四川工业科技学院、昌吉学院	南京大学	10	1	9
	2017	北京体育大学、山东青年政治学院、信阳农林学院、湖北商贸学院、昭通学院、西藏农牧学院、宁夏大学新华学院	西安交通大学、哈尔滨工业大学、重庆邮电大学	7	3	4
	2018	河北外国语学院、汉江师范学院、湖南财政经济学院、湖南信息学院、广东技术师范学院天河学院、贵州大学、文山学院、保山学院	东华理工大学长江学院	8	1	7
	2019	郑州商学院、武汉学院、贵州商学院、甘肃民族师范学院	西安科技大学	4	1	3
	2020	武夷学院	湖南大学、重庆大学、天津体育学院、保定理工学院、长春人文学院、安徽工业大学、长江大学、武昌首义学院、西安培华学院	1	9	-8
	2021	辽宁对外经贸学院、北京体育大学、中国劳动关系学院、青海民族大学	合肥工业大学、山西农业大学、沈阳体育学院、长春科技学院	4	4	0

专业名称	年份	新增备案和审批院校	撤销院校	新增数量	撤销数量	合计
酒店管理	2016	邯郸学院、长治学院、呼伦贝尔学院、辽宁师范大学、辽东学院、吉林师范大学、南京晓庄学院、南京航空航天大学金城学院、江苏第二师范学院、安庆师范大学、青岛黄海学院、信阳师范学院、湖北商贸学院、湖北师范大学文理学院、吉林大学珠海学院、广东外语外贸大学南国商学院、广西师范大学、西昌学院、成都文理学院、贵州师范大学、西南林业大学、保山学院、兰州交通大学博文学院	—	23	0	23
	2017	天津商业大学宝德学院、南通理工学院、福建江夏学院、福建商学院、烟台南山学院、山东女子学院、洛阳师范学院、河南牧业经济学院、郑州财经学院、郑州工程技术学院、广东海洋大学寸金学院、四川工商学院、六盘水师范学院、茅台学院、兰州城市学院	—	15	0	15
	2018	唐山师范学院、山西工商学院、内蒙古农业大学、山东协和学院、济南大学泉城学院、郑州升达经贸管理学院、湖南应用技术学院、广东第二师范学院、桂林电子科技大学信息科技学院、安顺学院、云南经济管理学院、滇西应用技术大学、兰州文理学院	—	13	0	13
	2019	浙江理工大学科技与艺术学院、亳州学院、河南工学院、河南财政金融学院、玉林师范学院、梧州学院、琼台师范学院、楚雄师范学院	—	8	0	8
	2020	景德镇艺术职业大学、成都大学、运城学院	西南林业大学、西京学院	3	2	1
	2021	烟台理工学院、喀什大学	忻州师范学院、延安大学西安创新学院	2	2	0
会展经济与管理	2016	吉林工商学院、长春科技学院、南昌师范学院、河南牧业经济学院、武汉晴川学院、成都理工大学、成都信息工程大学银杏酒店管理学院	—	7	0	7
	2017	北京城市学院、河北环境工程学院、晋中学院、浙江越秀外国语学院、河南财政金融学院、桂林理工大学、广西师范大学漓江学院、四川电影电视学院、西安外事学院	西安外国语大学	9	1	8
	2018	保定学院、辽宁传媒学院、闽江学院、南昌大学、信阳师范学院、信阳农林学院、贵州师范学院、云南大学旅游文化学院、河西学院	天津工业大学、武汉纺织大学	9	2	7
	2019	河北民族师范学院、河北传媒学院、合肥学院、青岛恒星科技学院、吉林大学珠海学院	长春科技学院	5	1	4

续表

专业名称	年份	新增备案和审批院校	撤销院校	新增数量	撤销数量	合计
会展经济与管理	2020	河北外国语学院、昌吉学院	—	2	0	2
	2021	辽宁对外经贸学院、黑龙江工程学院昆仑旅游学院、福建师范大学、中原科技学院、伊犁师范大学	湖北商贸学院、云南民族大学、丽江文化旅游学院	5	3	2
旅游管理与服务教育	2016	保定学院、阿坝师范学院、凯里学院		3	0	3
	2017	山西师范大学现代文理学院、鄂尔多斯应用技术学院、兴义民族师范学院	闽南师范大学	3	1	2
	2018	江西应用科技学院、齐鲁师范学院	—	2	0	2
	2019	福建商学院、福建技术师范学院、济宁学院	云南师范大学、云南民族大学	3	2	1
	2020	萍乡学院、南昌交通学院、豫章师范学院、桂林旅游学院、成都银杏酒店管理学院、河北环境工程学院	西北师范大学	6	1	5
	2021	太原师范学院、江苏理工学院、衢州学院、南昌应用技术师范学院、青岛恒星科技学院、武汉设计工程学院	浙江师范大学、淮北师范大学	6	2	4

数据来源：根据历年教育部公布的普通高等学校本科专业备案和审批结果整理。

（二）本科院校旅游相关专业招生情况

近年来，各高校对旅游管理类专业招生数上也作出了一定的调整（见表7）。由于各高校的招生方式不同，部分按专业招生，部分按大类招生，统计口径和年份较难统一，因此本报告选取了各地区较具代表性的七所高校进行分析。2018—2020年，中山大学、北京第二外国语学院、上海师范大学、桂林旅游学院这四所高校的招生数有所减少，四川大学、新疆大学的招生数增加，而西北大学则维持不变。

表7　2018—2020年部分高等院校旅游管理类专业本科招生数

（单位：人）

年份	中山大学	四川大学	北二外	西北大学	新疆大学	上师大	桂林旅院
2018	135	86	214	26	61	219	711
2019	162	78	270	27	63	220	470
2020	150	94	267	27	91	203	270

数据来源：各高校招生网。

（三）职业教育旅游相关专业设置情况

2021 年，为贯彻《国家职业教育改革实施方案》，加强职业教育国家教学标准体系建设，落实职业教育专业动态更新要求，教育部对职业教育专业目录进行了全面修（制）订，形成了《职业教育专业目录（2021 年）》（以下简称《目录》）。《目录》按照"十四五"国家经济社会发展和 2035 年远景目标对职业教育的要求，对接现代产业体系，服务产业基础高级化、产业链现代化，统一采用专业大类、专业类、专业三级分类，共设置 19 个专业大类、97 个专业类、1349 个专业，其中中职专业 358 个、高职专科专业 744 个、高职本科专业 247 个。

1. 中等职业教育专业

中等职业教育专业旅游大类（74）分为旅游类（7401）和餐饮类（7402）。其中，旅游类下设 6 个专业，餐饮类下设 3 个专业。此次专业调整主要涉及两个方面：一是将原旅游服务与管理专业、景区服务与管理专业合并为旅游服务与管理专业；二是将原中餐烹饪与营养膳食更名为中餐烹饪（见表 8）。

表 8　2021 年中等职业教育专业旅游大类

分类	专业名称	原专业名称	调整情况
旅游类	旅游服务与管理	旅游服务与管理	合并
		景区服务与管理	
	导游服务	导游服务	保留
	康养休闲旅游服务	康养休闲旅游服务	保留
	高星级饭店运营与管理	高星级饭店运营与管理	保留
	茶艺与茶营销	茶艺与茶营销	保留
	会展服务与管理	会展服务与管理	保留
餐饮类	中餐烹饪	中餐烹饪与营养膳食	更名
	西餐烹饪	西餐烹饪	保留
	中西面点	中西面点	保留

2. 高等职业教育专科专业

高等职业教育专科专业旅游大类（54）分为旅游类（5401）和餐饮类（5402）。其中，旅游类下设 13 个专业，餐饮类下设 5 个专业。此次专业调整较大：一是在旅游类中新增了定制旅行管理与服务、民宿管理与运营和智慧旅游技术应用 3 个专业；二是对旅行社经营与管理、酒店管理与数字化运营等 8 个专业进行更名，如原景区开发与管理更名为智慧景区开发与管理；三是调整茶艺与茶文化、会展策划与管理专业归属（见表 9）。

表 9　2021 年高等职业教育专科专业旅游大类

分类	专业名称	原专业名称	调整情况
旅游类	旅游管理	旅游管理	保留
	导游	导游	保留
	旅行社经营与管理	旅行社经营管理	更名
	定制旅行管理与服务		新增
	研学旅行管理与服务	研学旅行管理与服务	保留
	酒店管理与数字化运营	酒店管理	更名
	民宿管理与运营		新增
	葡萄酒文化与营销	葡萄酒营销与服务	更名
	茶艺与茶文化	茶艺与茶叶营销	归属调整、更名
	智慧景区开发与管理	景区开发与管理	更名
	智慧旅游技术应用		新增
	会展策划与管理	会展策划与管理	归属调整
	休闲服务与管理	休闲服务与管理	保留
餐饮类	餐饮智能管理	餐饮管理	更名
	烹饪工艺与营养	烹调工艺与营养	更名
	中西面点工艺	中西面点工艺	保留
	西式烹饪工艺	西餐工艺	更名
	营养配餐	营养配餐	保留

3. 高等职业教育本科专业

高等职业教育本科专业旅游大类（34）分为旅游类（3401）和餐饮类（3402）。其中，旅游类下设 3 个专业，餐饮类下设 1 个专业。此次专业调整主要涉及两个方面：一是在旅游类中新增旅游规划与设计专业；二是在旅游大类中增加餐饮类，并新增烹饪与餐饮管理专业（见表 10）。

表 10　2021 年高等职业教育本科专业旅游大类

分类	专业名称	原专业名称	调整情况
旅游类	旅游管理	旅游管理	保留
	酒店管理	酒店管理	保留
	旅游规划与设计		新增
餐饮类	烹饪与餐饮管理		新增

四、新形势下旅游教育发展

旅游人才是指在旅游产业之中工作，具有一定的旅游相关专业知识或者专门的旅游技术技能，参与旅游活动各环节的专业人才。新形势下，旅游教育亟须向"内涵式"发展方向转变，对于旅游人才知识、能力和素质的培养缺一不可[13]。首先，知识是对客观事物和客观规律认识的积累，是高层次系统化的信息；其次，能力是指人们表现出来的解决问题可能性的个性心理特征，是完成任务、达到目标的必要条件；最后，素质是反映人的内在的、本质的、基本的品行和心理特征的范畴。知识、能力和素质三者是相辅相成的。一方面，知识不经内化不能形成素质，内化了的知识不经运用，也不可能形成能力。另一方面，知识是能力和素质的载体，没有丰富的知识，较难具备高素质和强能力；反过来，能力和素质又有助于知识的生成和获取。

当前，主题化的旅游教育，即将旅游人才应具备的知识进行分类培养，成为重要趋势。主题化的旅游教育有助于提升旅游人才的培养质量，使旅游教育能更好地满足旅游企业和旅游产业人才培养的需求。旅游教育中包含综合型知识、功能型知识和市场/产品导向型知识三个领域。综合型知识指掌握旅游业宏观层面所需的跨学科知识，涉及的知识不指向某个特定领域。功能型知识指学生对旅游产业某一领域的专业知识，常包括信息技术、市场营销、规划等方面。市场/产品导向型知识指开发某一细分产品和市场所需的专业知识，如遗产旅游、乡村旅游、生态旅游等。对旅游教育和旅游知识作这样三个主题的划分，有利于旅游学术研究和旅游企业职业教育彼此之间在未来形成更好的理解，也有利于旅游产业人才未来形成独特的竞争力。

另外，HALL.G 提出的本位教育理论强调能力是完成一定职业任务所需的知识、态度、经验和反馈[14]。旅游业是应用性较强的行业，旅游学科以及旅游知识具有强实用性，因此旅游人才的培养必须注重实践。在旅游人才的培养中，"能力"有两层含义：一是整合所学知识、树立全局观念、进行批判性思考的理论能力；二是灵活运用所学知识应变解决实际问题的实践能力。未来旅游人才应分别掌握目的地管理能力、政治能力、道德能力、人力资源能力、业务能力五种核心能力。

对于旅游人才的培养，不仅要突出对知识和能力的重视，而且要强调人才应具备的政治思想、职业道德、服务意识、审美等方面的素质。旅游人才的道德与法治素质是指从业人员应具备相应的政策法规素质和职业道德素质。人力资源开发研究中指出道德与法治是人力资源应具备的核心素质[15]。此观点同样适用于对旅游产业人才的培养。从现实的角度来看，旅游活动复杂多变、市场竞争激烈，加之缺乏统一的监管主体，使得旅游产业乱象丛生。因此需要旅游产业人才具备较高的道德与法治素质，从根本上解决此问题。从需求的角度看，旅游业的发展需要大批高素质的旅游人才，其中政策法规素质、德育素质是首要素质。从行业特性来看，旅游业是综合性的服务行业，因此旅游教育要立足于全面提高学生及从业人员的素质，特别是重视思想品德、职业道德和政策法规方面的培养。

五、讨论

在旅游行业和旅游教育中，旅游人才的培养与旅游行业整体环境的发展息息相关。20 世纪 80 年代初，中国从旅游方面着手打开对外交流的窗口，我国现代旅游教育也由此诞生。旅游人才的需求市场迅速扩大，旅游教育为旅游行业源源不断地供给着人才力量。40 多年来，旅游行业与旅游教育持续的良性互动、相互促进，加上 90 年代末颁布的高校扩招政策，两者不论在数量还是质量上均得到了迅速提升。然而，随着旅游行业的不断发展变化，中国旅游行业对旅游人才的需求也随之改变。旅游教育是一项系统的工程，中国旅游教育仍然处于不断探索发展的阶段。

突如其来的新冠肺炎疫情对我国社会经济造成了严重影响，其中旅游业首当其冲，遭受了巨大冲击。在 2020 年年初疫情防控最严密的时期，几乎所有与旅游有关的企事业单位都处于停滞状态。2020 年 8 月 25 日，联合国秘书长古特雷斯发布的"新冠肺炎疫情与旅游业"政策简报中指出新冠肺炎疫情给全球旅游业带来了沉重打击，2020 年前 5 个月已损失 3200 亿美元（约合人民币 2.21 万亿元）。同时，作为劳动密集型产业，全球每 10 个人中就有 1 人从事旅游相关行业，新冠肺炎疫情使得 1.2 亿旅游从业者的工作岗位受到威胁[16]。新冠肺炎疫情下，旅游企业运营压力加大、人才需求锐减，不仅使旅游从业者失业率迅速攀升，也导致旅游专业毕业生择业空间受到严重挤压。为了应对不断变化的制度和市场环境，高校开始重新审视旅游专业的设置，而家长和学生对旅游专业的报考持更加谨慎的态度。例如，2022 年旅游管理专业本科招生院校数量大幅减少至 516 所，相当于 2014 年水平；各层次本科院校旅游管理类专业招生数出现了不同程度的降低，其中 985 院校降幅最大，减少了 34.49%。

四十多年来，旅游高等教育呈现"外延式"发展。旅游人才需求的分层化与培养的同质化、人才需求的专业化与培养的"宽口径、厚基础、强能力"两大矛盾，使得我国旅游业面临"人才过剩"和结构性人才短缺的矛盾[17]。因此在新冠肺炎疫情下，旅游高等院校在调整旅游专业设置和缩减旅游专业招生数的同时应进一步思考旅游人才培养策略和方向，依据各校情况培养不同层次、不同专业技能、不同知识结构的旅游人才，实现学生的全面发展、旅游院校的可持续发展和旅游行业的未来发展相互结合。

参考文献

[1] 徐虹，刘海玲. 转型期中国旅游行业协会法人治理机制研究：基于全国 31 个省、市、自治区的调研[J]. 旅游学刊，2016，31（5）：89-100.

[2] 戴学锋. 把旅游业作为进一步深化改革的抓手[N]. 中国旅游报，2014-08-25（2）.

［3］夏杰长，徐金海.中国旅游业改革开放 40 年：回顾与展望［J］.经济与管理研究，2018，39
　　（6）：3-14.

［4］刘德谦.中国旅游 70 年：行为、决策与学科发展［J］.经济管理，2019，41（12）：177-
　　202.

［5］国家统计局.全国年度统计公报［EB/OL］. http：//www.stats.gov.cn/tjsj/tigb/ndtjgb/.

［6］中国知网.中国旅游统计年鉴［EB/OL］. https：//data.cnki.net/yearbook/Single/N2020030028.

［7］赖邦英.国内旅游市场化［J］.旅游学刊，1993（5）：18-20.

［8］保继刚，朱利斌，辛晓东，等.中国旅游研究生教育年度报告（2014—2015）［M］// 中国
　　旅游协会旅游教育分会.中国旅游教育蓝皮书（2016）.北京：中国旅游出版社，2016.

［9］关晶，张朝枝.中国旅游研究生教育年度报告（2016—2017）［M］// 中国旅游协会旅游教
　　育分会.中国旅游教育蓝皮书（2017—2018）.北京：中国旅游出版社，2018.

［10］张凌云.现代中国旅游教育的发展历程与趋势［M］// 中国旅游协会旅游教育分会.2014 中
　　国旅游教育年度报告.北京：中国旅游出版社，2014.

［11］张凌云.改革的先声：我国旅游高等教育缘起和最初十年发展［M］// 中国旅游协会旅游教
　　育分会.中国旅游教育蓝皮书（2017—2018）.北京：中国旅游出版社，2018.

［12］张城铭，翁时秀，保继刚.1978 年改革开放以来中国旅游业发展的地理格局［J］.地理学
　　报，2019，74（10）：1980-2000.

［13］隽雨仙，陈苑仪，保继刚.新冠肺炎疫情下中国旅游本科教育的困境与反思［J］.旅游论
　　坛，2022，15（1）：102-114.

［14］HALL G. Competency-based education：a process for the improvement of　education［M］.
　　New Jersey：Prentice-hall，1976.

［15］SWANSON R. Human resource development and its underlying theory［J］. Human resource
　　development international，2001，4（3）：299-312.

［16］联合国.政策简报：COVID-19 和旅游业转型［R］.2020-08.

［17］保继刚，朱峰.中国旅游本科教育萎缩的问题及出路：对旅游高等教育 30 年发展现状的思
　　考［J］.旅游学刊，2008，23（5）：13-17.

Part 2

第二部分

分报告

中国旅游研究生教育年度报告（2020—2021）

保继刚　陈苑仪[①]

20 世纪 80 年代，中国旅游业的快速发展催生了旅游教育，旅游教育也为旅游行业提供了坚实的人才力量，两者互促互补，共同发展。然而，近年来由于全球化形势变化、新冠肺炎疫情等因素对中国甚至全球旅游业造成冲击，旅游市场对人才的需求急剧萎缩，直接影响了旅游研究生教育的本土和国际化发展进程。2020 年 9 月，教育部、国家发改委、财政部联合印发《关于加快新时代研究生教育改革发展的意见》（以下简称《意见》），指出研究生教育肩负着高层次人才培养和创新创造的重要使命，《意见》包括：要以服务需求为导向，合理扩大人才培养规模；优化培养类型结构，大力发展专业学位研究生教育；适应社会需求变化，加快学科专业结构调整；坚持质量导向，完善学位授权审核工作等。在《意见》指导下，旅游研究生教育需要根据社会经济发展现状进一步提升。

本次报告将聚焦于中国旅游研究生教育，首先将对旅游相关专业（方向）的研究生培养单位的数量变化、空间分布、方向设置情况进行总体分析；在此基础上，进一步探究旅游研究生教育的国际化合作交流发展状况；最后总结中国旅游研究生教育在高校扩招和新冠肺炎疫情影响下存在的困境并提出提升教育质量的对策。

一、旅游相关专业（方向）研究生培养情况

根据中国研究生招生信息网硕博士专业目录及部分高校 2020—2021 年的硕博士研究生招生目录，截至 2021 年，我国共有 191 所高校（院所）具有旅游管理专业（或相关方向）研究生招生资质（不含港澳台地区，下同）。

---

① 保继刚，教授，博士生导师，国家高层次人才，中国旅游协会旅游教育分会会长，中山大学旅游学院创院院长，中山大学旅游发展与规划研究中心主任。主要研究领域为旅游地理、旅游可持续发展、主题公园、旅游规划、旅游影响。陈苑仪，中山大学地理科学与规划学院博士生，研究方向为旅游地理学。

（一）研究生培养单位总体情况

1. 培养单位数量变化和空间分布

1990 年以来，中国旅游研究生教育发展已有 30 余年。随着中国旅游业的蓬勃发展，旅游行业对高层次人才的需求也日益旺盛，由此推动了旅游研究生培养高校（院所）快速发展（见图 1）。根据旅游研究生培养单位数量的增减变化可知，1990 年至 2001 年间，中国旅游研究生教育发展处于初级阶段；2001 年后至 2012 年间，旅游研究生培养单位数量突破 100 所，旅游研究生教育进入快速发展阶段；2012 年后，培养单位数量突破 150 所，旅游研究生教育发展趋势逐渐平稳，2021 年又有一次比较大增长，达 191 所。

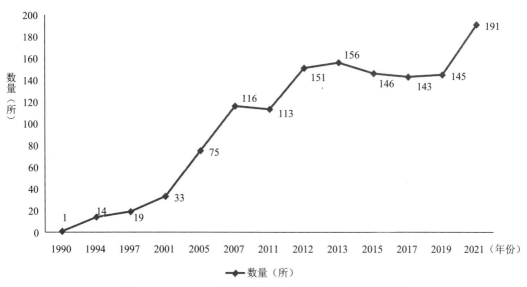

图 1　1990—2021 年中国旅游研究生培养单位数量变化

数据来源：各高校、院所研究生招生网站，中国研究生招生信息网。

从空间分布来看，国内现有的 191 所旅游相关专业（方向）培养单位存在分布不均衡的情况（如图 2 所示）。从各地区分布来看，华东地区（53 所）数量显著高于华北、西南、华中等地区；而华北（33 所）、西南（26 所）、华中（22 所）、东北（22 所）、西北（19 所）及华南（16 所）地区间差异相对较小。从平均数量来看，华东地区每省平均拥有 7.57 所高校（院校），略高于华中（7.33 所）和东北（7.33 所）地区；相较上述三个地区而言，华北（6.60 所）、华南（5.33 所）、西南（5.20 所）地区数量处于中游区间，西北地区每省则仅有 3.80 所。

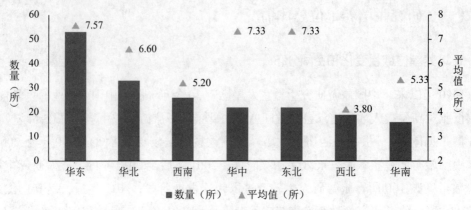

图 2　2021 年中国旅游研究生培养单位空间分布

数据来源：中国研究生招生信息网。

截至 2021 年，旅游相关专业（方向）研究生培养单位已于全国范围内设立，具体情况如表 1 所示。其中，北京（17 所）、上海（13 所）、辽宁（11 所）为拥有旅游研究生招生资质的高校（院所）较多的三个地区；而西藏和宁夏各仅有 1 所，地区间差异显著。结合上述分析，可认为当前中国旅游研究生教育发展仍存在一定的空间不均衡性，而此种不均衡与各地区经济发展水平、旅游业发展水平密切相关。具体而言，全国范围内，华东地区整体经济发展水平及旅游业发展水平均处于较高位置，且地区内部各省份（直辖市）间发展差异较小，因此华东地区的培养单位存在总量大、平均值高的特点；而华北、东北、西北和华南地区内各省份的经济发展水平和旅游业发展水平差异较大，存在个别省份的培养单位数量显著多于其他省份，从而拉高了平均值的情况；最后，西南和华中地区内各省份的整体经济发展水平和旅游业发展水平差距相对较小，因此各地区内旅游研究生培养单位的空间分布相对较为均衡、数量间差异也较小。

表 1　2021 年中国各地区旅游研究生培养单位数量

（单位：所）

华东		华北		西南		华中		东北		西北		华南	
上海	13	北京	17	重庆	8	湖北	8	辽宁	11	陕西	8	广东	8
江苏	9	内蒙古	5	四川	7	湖南	8	吉林	7	甘肃	4	广西	5
浙江	8	天津	4	云南	7	河南	6	黑龙江	4	青海	3	海南	3
山东	8	河北	4	贵州	3					新疆	3		
江西	7	山西	3	西藏	1					宁夏	1		
福建	5												
安徽	3												
合计 53		合计 33		合计 26		合计 22		合计 22		合计 19		合计 16	

数据来源：中国研究生招生信息网。

2. 旅游相关专业（方向）设置

截至 2021 年，各高校（院所）旅游相关专业（方向）主要依托于管理学学科门类，且数量显著高于其他专业方向（如理学、经济学、工学等学科门类）。这种发展趋势一定程度上反映了当前中国旅游研究生教育体系正在逐渐发展完善，形成高度集中或相对独立于其他二级学科的结构。

旅游涉及基本的"食、住、行、游、娱、购"六要素，是一门综合性极强的行业，因此旅游学科、旅游教育的发展也具有综合性和交叉性极强的特点。在旅游相关专业（方向）的研究生培养过程中，各高校（院所）通常选择依托学校（院系）所具有的学科优势对旅游研究生进行教育和培养，所以有的高校（院所）会建立相对独立的旅游管理专业甚至学院，有的高校（院所）则会将其归属于其他一级学科下。根据国务院学位委员办公室、教育部印发的《学位授予和人才培养学科目录（2018 年）》，现阶段各高校（院所）会把旅游及其相关专业（方向）分别归属于管理学、理学、经济学、法学、教育学、工学、农学、文学、哲学、历史学和艺术学等学科门类下进行招生，具体如表 2 所示。

表 2　2021 年旅游研究生培养单位旅游相关专业（方向）设置情况

学科门类	一级学科	二级学科
管理学	● 管理科学与工程 ● 工商管理	✓管理科学与工程 ✓企业管理 ✓旅游管理 ✓旅游管理（专业学位）
理学	● 地理学 ● 地质学	✓自然地理学 ✓人文地理学 ✓生态地质学
经济学	● 理论经济学 ● 应用经济学	✓人口、资源与环境经济学 ✓国民经济学 ✓区域经济学 ✓产业经济学 ✓国土资源与生态经济学 ✓国际商务（专业学位）
法学	● 社会学 ● 民族学	✓社会学 ✓人类学 ✓民俗学 ✓民族学 ✓中国少数民族经济 ✓中国少数民族艺术 ✓民族旅游 ✓社会工作（专业学位）

续表

学科门类	一级学科	二级学科
教育学	● 教育学 ● 体育学	✓ 课程与教学论 ✓ 体育人文社会学 ✓ 体育教育训练学 ✓ 民族传统体育学 ✓ 体育管理 ✓ 休闲体育学 ✓ 职业技术教育（专业学位）
工学	● 地质资源与地质工程 ● 环境科学与工程 ● 城乡规划学 ● 风景园林学	✓ 旅游地质与地质遗迹 ✓ 景观生态规划与管理 ✓ 城市与区域规划 ✓ 生态旅游 ✓ 城乡规划学 ✓ 风景园林学
农学	● 林学 ● 农业	✓ 林学 ✓ 农村发展（专业学位）
文学	● 外国语言文学	✓ 翻译学 ✓ 英语笔译（专业学位）
哲学	● 哲学	✓ 旅游哲学
历史学	● 中国史	✓ 旅游文化史
艺术学	● 设计学	✓ 景观规划设计

数据来源：各高校、院所研究生招生网站，中国研究生招生信息网。

（二）硕士研究生培养单位情况

旅游相关专业（方向）硕士研究生分为科学学位和专业学位。根据中国研究生招生信息网全国硕士研究生招生专业目录及部分高校硕士研究生招生目录，2021 年，旅游相关专业（方向）的硕士研究生培养单位数量共有 191 个，涵盖全国 31 个省、直辖市、自治区，各地区高校（院所）名单（如表 3 所示）。

表 3　2021 年旅游相关专业（方向）硕士研究生培养单位情况

（单位：所）

地区	高校（院所）名单	数量
北京	北京大学、北京第二外国语学院、北京工商大学、北京交通大学、北京联合大学、北京林业大学、北京师范大学、北京石油化工学院、北京体育大学、对外经济贸易大学、首都经济贸易大学、首都师范大学、中国地质大学（北京）、中国科学院大学、中国社会科学院大学、中央财经大学、中央民族大学	17
上海	复旦大学、华东师范大学、上海师范大学、上海交通大学、华东理工大学、上海大学、上海对外经贸大学、上海工程技术大学、上海海事大学、上海理工大学、上海社会科学院、上海体育学院、东华大学	13

续表

地区	高校（院所）名单	数量
辽宁	渤海大学、大连理工大学、大连外国语学院、东北财经大学、辽宁大学、辽宁师范大学、辽宁石油化工大学、沈阳大学、沈阳航空航天大学、沈阳农业大学、沈阳师范大学	11
江苏	东南大学、江苏师范大学、南京财经大学、南京大学、南京工业大学、南京农业大学、南京师范大学、苏州大学、扬州大学	9
广东	中山大学、华南理工大学、华南师范大学、暨南大学、广东财经大学、广东工业大学、广东外语外贸大学、广州大学	8
湖北	湖北大学、华中师范大学、武汉大学、武汉科技大学、武汉轻工大学、中国地质大学（武汉）、中南财经政法大学、中南民族大学	8
湖南	湖南工商大学、湖南工业大学、湖南理工学院、湖南师范大学、吉首大学、湘潭大学、中南大学、中南林业科技大学	8
山东	鲁东大学、青岛大学、曲阜师范大学、山东财经大学、山东大学、山东工商学院、山东师范大学、中国海洋大学	8
陕西	宝鸡文理学院、陕西科技大学、陕西师范大学、西安财经大学、西安科技大学、西安石油大学、西安外国语大学、西北大学	8
浙江	杭州电子科技大学、宁波大学、浙江大学、浙江工商大学、浙江工业大学、浙江海洋大学、浙江农林大学、浙江师范大学	8
重庆	西南大学、重庆大学、重庆工商大学、重庆交通大学、重庆科技学院、重庆理工大学、重庆三峡学院、重庆师范大学	8
吉林	北华大学、东北师范大学、吉林农业大学、吉林师范大学、吉林外国语大学、延边大学、长春大学	7
江西	东华理工大学、赣南师范大学、江西财经大学、江西科技师范大学、江西农业大学、江西师范大学、南昌大学	7
四川	四川大学、西南财经大学、西南民族大学、成都大学、成都理工大学、四川农业大学、四川师范大学	7
云南	云南大学、昆明理工大学、西南交通大学、西南林业大学、云南财经大学、云南民族大学、云南师范大学	7
河南	郑州大学、河南财经政法大学、河南大学、河南师范大学、信阳师范学院、中原工学院	6
福建	厦门大学、华侨大学、福建师范大学、福州大学、福建农林大学	5
广西	广西大学、广西民族大学、广西师范大学、桂林理工大学、南宁师范大学	5
内蒙古	内蒙古财经大学、内蒙古大学、内蒙古工业大学、内蒙古农业大学、内蒙古师范大学	5
甘肃	兰州大学、兰州财经大学、甘肃政法大学、西北师范大学	4
河北	河北地质大学、河北经贸大学、河北师范大学、燕山大学	4
黑龙江	东北林业大学、哈尔滨商业大学、黑龙江大学、牡丹江师范学院	4
天津	南开大学、天津财经大学、天津大学、天津商业大学	4
安徽	安徽师范大学、安徽大学、安徽财经大学	3
贵州	贵州财经大学、贵州大学、贵州师范大学	3
海南	海南大学、海南热带海洋学院、海南师范大学	3
青海	青海大学、青海民族大学、青海师范大学	3

续表

地区	高校（院所）名单	数量
山西	山西大学、山西财经大学、太原师范学院	3
新疆	新疆大学、新疆财经大学、新疆师范大学	3
宁夏	宁夏大学	1
西藏	西藏民族大学	1

数据来源：各高校、院所研究生招生网站，中国研究生招生信息网

2020—2021 年旅游相关专业（方向）的硕士研究生招生，涉及管理学、理学、经济学、法学、教育学、工学、农学、文学、历史学和艺术学等学科门类，如表 4 所示。其中，以管理学学科门类、工商管理一级学科为依托学科的高校（院所）数量最多，其次为以理学学科门类、地理学一级学科为依托学科的高校（院所）。

表 4　2021 年部分高校（院所）旅游相关专业（方向）硕士研究生招生方向

学科门类	一级学科	二级学科	研究方向	部分高校名单
管理学	管理科学与工程；工商管理	管理科学与工程；企业管理；旅游管理；旅游管理（专业学位）	都市旅游、都市旅游发展与管理、都市旅游与休闲娱乐、海洋旅游规划与管理、会展节事管理、会展经济与管理、会展旅游、会展与节事管理、活动管理、节事与会展管理、旅游产业经济、旅游产业运行与管理、旅游大数据与管理决策、旅游服务管理、旅游工程、旅游管理、旅游规划、旅游规划与开发、旅游规划与设计、旅游接待业创业管理、旅游经济、旅游开发与规划、旅游目的地管理与规划、旅游目的地规划与管理、旅游目的地开发与管理、旅游目的地营销、旅游企业管理、旅游企业管理与创新、旅游企业战略管理、旅游市场营销、旅游投资与目的地管理、旅游文化、旅游休闲经济与战略管理、旅游营销与大数据、旅游与大数据管理、旅游资源规划与开发、旅游资源开发与规划、生态旅游管理、文化旅游、文旅产业经济与发展规划、文旅产业与管理、文旅投融资研究等、休闲农业与乡村	北京交通大学、首都师范大学、北京第二外国语学院、中国社会科学院大学、复旦大学、上海海事大学、华东师范大学、上海师范大学、上海对外经贸大学、上海大学、上海社会科学院、沈阳师范大学、渤海大学、中南民族大学、湖北大学、暨南大学、华南师范大学、广东财经大学、广州大学、四川大学、四川农业大学、四川师范大学、西南财经大学、西南民族大学、成都大学、陕西师范大学、西安外国语大学、苏州大学、东南大学、南京农业大学、南京师范大学、南京财经大学、扬州大学、南昌大学、江西师范大学、江西财经大学、山东大学、山东师范大学、青岛大学、郑州大学、河南大学、河南师范大学、信阳师范学院、河南财经政法大学、湖南师范大学、湘潭大学、云南大学、西南林业大学、云南师范大学、云南财经大学、云南民族大学、重庆交通大学、重庆师范大学、重庆理

续表

学科门类	一级学科	二级学科	研究方向	部分高校名单
管理学	管理科学与工程；工商管理	管理科学与工程；企业管理；旅游管理；旅游管理（专业学位）	旅游开发、休闲农业与乡村旅游开发管理、遗产资源开发、邮轮游艇业经营等	工大学、南开大学、延边大学、长春大学、桂林理工大学、广西师范大学、甘肃政法大学、西北师范大学、兰州财经大学、厦门大学、福建农林大学、黑龙江大学、哈尔滨商业大学、浙江工商大学、安徽大学、安徽财经大学、安徽师范大学、新疆师范大学、新疆财经大学、山西大学、山西财经大学、贵州财经大学、青海民族大学、海南大学、西藏民族大学、北京联合大学、河北师范大学、太原师范学院、上海体育学院、江苏师范大学、曲阜师范大学、湖南理工学院、海南热带海洋学院、重庆三峡学院、贵州师范大学、内蒙古师范大学、宁夏大学、首都经济贸易大学、浙江师范大学、重庆科技学院、赣南师范大学、中山大学等
理学	地理学	人文地理学；自然地理学；景观生态规划与管理；城市与区域规划；生态旅游	地貌景观与旅游开发、地域文化与旅游开发、国土空间与区域旅游规划、环境生态与生态旅游、经济与旅游地理、旅游地理与GIS、旅游地理与旅游规划、旅游规划、旅游规划与管理、旅游规划与开发、旅游规划与旅游产业发展、旅游规划与旅游地理、旅游规划与文化地理、旅游开发与管理、旅游开发与规划、旅游开发与旅游规划、旅游开发与区域发展、旅游企业管理、旅游气候与GIS、区域旅游开发与规划、生态旅游与景区规划、文化地理与旅游规划、文化与休闲旅游、县域发展与旅游规划、资源评价与旅游开发、自然文化遗产与旅游规划等	北京大学、北京联合大学、北京师范大学、成都理工大学、东华理工大学、福建农林大学、福建师范大学、广州大学、贵州师范大学、河北师范大学、湖南师范大学、华东师范大学、华南师范大学、江苏师范大学、江西师范大学、兰州大学、南京大学、南京师范大学、南宁师范大学、宁夏大学、曲阜师范大学、陕西师范大学、上海师范大学、首都师范大学、太原师范学院、西安外国语大学、西北师范大学、西南林业大学、新疆师范大学、云南师范大学、中国地质大学（北京）、中国科学院大学、中山大学、重庆师范大学等

续表

学科门类	一级学科	二级学科	研究方向	部分高校名单
经济学	理论经济学；应用经济学	人口、资源与环境经济学；国民经济学；区域经济学；产业经济学；国土资源与生态经济学；国际商务（专业学位）	旅游经济管理、旅游生态经济学、区域旅游经济文化开发、区域旅游开发与规划、旅游经济与乡村发展、旅游产业发展、旅游经济、旅游经济学、国际旅游商务、旅游社会工作等	桂林理工大学、海南大学、湖北大学、湖南理工学院、暨南大学、江西财经大学、江西师范大学、西南财经大学、中国社会科学院大学、中国社会科学院大学、重庆师范大学等
法学	社会学；民族学	社会学；民俗学；民族学；中国少数民族经济；中国少数民族艺术；民族旅游；社会工作（专业学位）	民族地区社会经济发展（含西藏发展研究、民族地区旅游研究）、民俗文化与旅游、旅游人类学、民族地区旅游与生态经济、民族艺术与民族旅游、旅游社会学、非物质文化遗产与旅游、民俗旅游文化、文化旅游开发、生态旅游开发、旅游新业态等	海南热带海洋学院、江西财经大学、南宁师范大学、内蒙古师范大学、四川大学、西南民族大学等
教育学	教育学；体育学	课程与教学论；体育人文社会学；体育教育训练学；民族传统体育学；体育管理；休闲体育学；职业技术教育（专业学位）	旅游管理、旅游服务、民族传统体育资源开发与利用、户外运动（体育旅游）教学训练理论与方法、体育旅游项目与资源开发、体育旅游管理研究等	北京体育大学、山西大学、上海体育学院、沈阳师范大学、云南师范大学等
工学	地质资源与地质工程；城乡规划学；风景园林学	旅游地质与地质遗迹；城乡规划学；风景园林学	旅游地质与地质遗迹、热带风景旅游资源开发利用、乡村旅游规划与信息技术、旅游规划、风景旅游规划与景观管理等	北京林业大学、桂林理工大学、海南大学、昆明理工大学、浙江工商大学等
农学	林学；农业	林学；农村发展（专业学位）	热带生态修复与旅游规划、乡村旅游规划与管理、乡村振兴与旅游产业发展、生态乡村规划与设计等	海南大学、河南师范大学、湖南工业大学等
文学	外国语言文学	翻译学；英语笔译（专业学位）	旅游与文化翻译、旅游翻译	桂林理工大学、西安外国语大学
历史学	中国史	旅游文化史	旅游文化史	四川师范大学
艺术学	设计学	景观规划设计	园林建筑文化与旅游规划研究	华东理工大学

数据来源：各高校、院所研究生招生网站，中国研究生招生信息网。

　　进一步对 2020—2021 年旅游相关专业（方向）硕士研究生招生的研究方向进行词频分析，结果如图 3 所示。与主要依托的学科为管理学、理学、经济学相一致，主要研究方向中"管理"一词的词频最高（196次），"企业"一词则处于第四位，体现了管理学的学科特点；其后为"规划""开发""区域"，体现了地理学科的特色；而"文化"则反映了当下国家政策指引下重视文旅融合的时代发展背景；"经济""发展""资源""产业"等高频词，体现的是经济学科的核心研究话题。

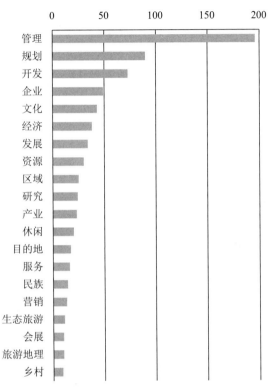

图3　2020—2021年旅游相关专业（方向）硕士研究生招生研究方向高频词

数据来源：各高校、院所研究生招生网。

（三）博士研究生培养单位情况

根据中国研究生招生信息网全国博士研究生招生专业目录及部分高校博士研究生招生目录，2021年，旅游相关专业（方向）的博士研究生培养单位数量共有66个，涵盖全国24个省、直辖市、自治区，各地区高校（院所）名单如表5所示。

表5　2021年旅游相关专业（方向）博士研究生培养单位情况

（单位：所）

地区	高校（院所）名单	数量
北京	北京大学、北京工商大学、北京交通大学、北京林业大学、北京体育大学、对外经济贸易大学、首都经济贸易大学、首都师范大学、中国科学院大学、中国社会科学院大学、中央民族大学	11
广东	中山大学、华南理工大学、暨南大学、华南师范大学	4

地区	高校（院所）名单	数量
湖北	华中师范大学、湖北大学、武汉大学、中南财经政法大学	4
江苏	南京大学、南京师范大学、东南大学、苏州大学	4
辽宁	东北财经大学、大连理工大学、辽宁大学、辽宁师范大学	4
上海	复旦大学、华东师范大学、上海社会科学院、上海体育学院	4
云南	云南大学、昆明理工大学、云南师范大学、云南财经大学	4
福建	厦门大学、华侨大学、福州大学	3
广西	广西大学、广西师范大学、桂林理工大学	3
湖南	中南林业科技大学、湖南师范大学、中南大学	3
四川	四川大学、西南财经大学、西南民族大学	3
浙江	浙江大学、浙江工商大学、浙江工业大学	3
贵州	贵州财经大学、贵州师范大学	2
山东	山东大学、中国海洋大学	2
陕西	西北大学、陕西师范大学	2
天津	南开大学、天津大学	2
安徽	安徽师范大学	1
甘肃	兰州大学	1
海南	海南大学	1
河北	燕山大学	1
河南	河南大学	1
江西	江西财经大学	1
山西	山西财经大学	1
重庆	重庆大学	1

数据来源：各高校、院所研究生招生网站，中国研究生招生信息网。

2020—2021 年旅游相关专业（方向）的博士研究生招生，涉及管理学、理学、经济学、教育学、工学、法学、农学和历史学等学科门类，如表 6 所示。其中，以管理学学科门类、工商管理一级学科为依托学科的高校（院所）数量最多，其次为以理学学科门类、地理学一级学科为依托学科的高校（院所），与硕士研究生招生方向情况类似。

表6 2021年部分高校（院所）旅游相关专业（方向）博士研究生招生方向

学科门类	一级学科	二级学科	研究方向	部分高校名单
管理学	管理科学与工程；工商管理	管理科学与工程；企业管理；旅游管理	旅游产业经济、旅游产业生态与旅游供应链、旅游产业与区域发展、旅游产业运行管理、旅游产业转型与可持续发展研究、旅游创业、旅游大数据挖掘与预测、旅游电子商务、旅游发展评价与管理、旅游服务与管理创新、旅游工程研究、旅游规划、旅游规划与旅游资源开发、旅游教育创新及大数据研究、旅游经济与产业管理、旅游经济运行与危机管理、旅游决策与恣纵消费管理、旅游开发管理与区域经济战略、旅游开发管理与信息技术、旅游开发与景观保育、旅游开发与企业管理、旅游开发与市场分析、旅游理论与市场、旅游市场与营销管理、旅游特殊性与基础理论研究、旅游体验、旅游协同创新、旅游信息化与大数据管理、旅游移动性与旅游交通、旅游营销管理、旅游营销商务智能分析决策、旅游营销与消费者行为、旅游影响、旅游与大数据管理、旅游与文化创新管理、旅游与现代服务业、旅游与休闲发展研究、旅游政策与发展研究、旅游资源管理、民族旅游开发与管理、目的地营销与管理、农业系统与旅游管理、区域旅游发展与规划、全域旅游与旅游规划、人工智能与旅游（服务）体验、山地旅游可持续发展、数字生活新服务、文化旅游幸福产业研究、文化旅游与区域发展、文化遗产开发与管理、文化与旅游管理、文旅产业数字化发展、文旅产业与管理、文旅创新与旅游目的地战略管理、文旅企业创业管理与创业生态系统、文旅融合、文旅投融资研究、文旅消费与管理创新、乡村旅游及全域旅游与旅游运营管理、信息技术与	北京工商大学、北京交通大学、大连理工大学、东北财经大学、东南大学、对外经济贸易大学、福州大学、复旦大学、广西大学、贵州财经大学、海南大学、河南大学、华东师范大学、华南理工大学、华侨大学、暨南大学、昆明理工大学、辽宁大学、南开大学、厦门大学、山东大学、山西财经大学、陕西师范大学、首都经济贸易大学、四川大学、西北大学、西南财经大学、云南财经大学、云南大学、浙江大学、浙江工商大学、中国海洋大学、中国社会科学院大学、中南财经政法大学、中山大学等

续表

学科门类	一级学科	二级学科	研究方向	部分高校名单
管理学	管理科学与工程；工商管理	管理科学与工程；企业管理；旅游管理	旅游者行为、休闲产业与旅游经济、休闲农业与乡村旅游发展、医疗康养旅游行为研究、遗产资源开发、游客行为研究等	
理学	地理学	自然地理学；人文地理学	城市旅游与旅游地理、喀斯特文化地理与旅游、旅游产业经济与规划、旅游地理、旅游地理学、旅游地理与国家文化公园、旅游地理与旅游规划、旅游地理与生态旅游、旅游开发与规划、旅游区域效应与旅游规划、旅游社会地理、旅游生态与环境、区域发展与旅游规划、区域旅游发展与管理、区域旅游管理与旅游规划、世界遗产保护与旅游地理、自然与人文旅游景观研究等	贵州师范大学、湖南师范大学、华南师范大学、兰州大学、辽宁师范大学、南京大学、南京师范大学、首都师范大学、云南师范大学、中国科学院大学等
经济学	理论经济学；应用经济学	人口、资源与环境经济学；产业经济学；国土资源与生态经济学	文化和旅游产业、生态资源与旅游发展、旅游经济与金融等	上海社会科学院、湖北大学、江西财经大学、重庆大学等
教育学	体育学	体育人文社会学；体育管理	体育旅游产业、体育产业、体育旅游、体育赛事与体育旅游、旅游管理等	北京体育大学、广西师范大学、上海体育学院等
工学	风景园林学；环境科学与工程	风景园林学；环境科学与工程	旅游规划、旅游规划与环境管理	北京林业大学、桂林理工大学
法学	社会学；民族学	民族地区公共行政管理	文化遗产、民俗文化及旅游研究、乡村旅游与可持续发展、国家公园与旅游管理、旅游管理	中央民族大学
农学	林学	林学	森林游憩与公园管理	中南林业科技大学
历史学	中国史	旅游文化史	旅游文化史	河南大学

数据来源：各高校、院所研究生招生网站，中国研究生招生信息网。

进一步对 2020—2021 年旅游相关专业（方向）博士研究生招生的研究方向进行词频分析，结果如图 4 所示。与硕士研究生招生的研究方向高频词类似，由于博士生招生也主要依托管理学、理学、经济学等学科，因此主要研究方向中"管理"一词的词频最高（53 次），"企业""营销"等词也体现了管理学的学科特点；其后为"规划""开发""旅游地理""区域"，体现了地理学科的特色；而"发展""产业""经济"等高频词，体现的则是经济学科的核心研究话题。

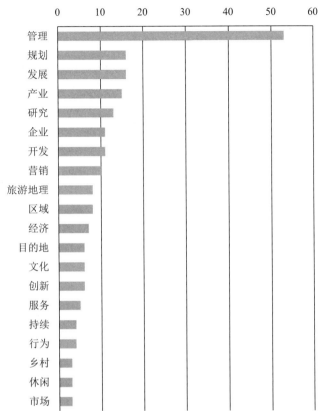

图 4　2020—2021 年旅游相关专业（方向）博士研究生招生研究方向高频词

数据来源：各高校、院所研究生招生网。

二、旅游研究生教育国际化发展情况

教育国际化是指教育要素在国际间的流动，通过"国内"和"国际"两个教育市场，优化配置教育资源和要素，培养出在国际上有竞争力的高素质人才。教育资源和要素包括"人力资源"——教师和学生，以及"物质资源"——课程、教材、课件等，这些资源和要素流动的载体就是各类不同形式的国际教育项目。在中国，通过教育国际化进行资源重新配置的方式主要有出国留学和访学、联合培养、合作办学和国际会议等。

（一）中外校际合作

中外校际合作指的是国内高校（院所）与国/境外高校（院所）开展国际合作项目，共同建立教育培养体系。在研究生阶段中，常见的合作项目包括本硕双学位项目、硕士双学位/学历项目、博士单学位和博士双学位项目。2021 年及以前国内高校（院所）在旅游管理专业已经开展的中外校际合作情况如表 7 所示。

表 7　2021 年部分高校（院所）旅游管理专业研究生教育中外校际合作情况

高校（院所）	本硕双学位	硕士双学位 / 学历	博士单学位	博士双学位
中山大学 旅游学院	4+1（英国萨里大学）；3+1+1（美国天普大学、美国伊利诺伊大学香槟分校）	—	攻读博士学位；博士研究生联合培养（澳大利亚格里菲斯大学）	—
南开大学 旅游与服务学院	4+1（英国萨里大学、英国格拉斯哥大学）；3+1（英国萨里大学）	1+1（英国格拉斯哥大学）	—	双学位博士研究生联合培养（英国格拉斯哥大学）
华南师范大学 旅游管理学院	4+1（美国密苏里州立大学）；3+2（夏威夷大学马诺阿分校）	—	—	—
上海师范大学 旅游学院	3+2（澳大利亚格里菲斯大学）（筹备中）	1+1+1（美国塞勒姆州立大学）	—	—
厦门大学 管理学院	—	1+1（美国俄克拉荷马州立大学）	—	—
西南财经大学 工商管理学院	—	1+1（澳大利亚昆士兰大学、法国斯特拉斯堡商学院）	—	—
东华大学 旭日工商管理学院	3+2（泰国宋卡王子大学）	—	—	—

数据来源：各高校官方网站。

在本硕双学位项目中，不同高校（院所）的中外校际合作各有差异，分别有"4+1""3+1""3+2"这三种模式，指的是学生在国内高校（院所）完成 4 或 3 年本科学习并获得学士学位后，剩下的 1 或 2 年赴国外合作高校（院所）攻读硕士学位；"3+1+1"指学生先在国内完成 3 年本科学习，再赴国外进行 1 年硕士课程学习，然后回国完成最后 1 年硕士学习，最后获得国内学士学位和国外硕士学位。本硕双学位项目的优势在于，通过国内三至四年以及国外一至两年的学习生活，有利于巩固专业知识基础的同时拓展国际视野，并能够充分融合国内外先进教学理念和经验，培养国际化专业人才；还可通过申请奖学金降低出国留学的资金成本。此模式可能存在的挑战在于，学生需要在攻读硕士学位的一年间完成毕业论文，同时还要克服国内外文化差异，在学习和生活中面临的压力较大。

在硕士双学位 / 学历项目中，分别有"1+1"和"1+1+1"模式。"1+1"模式指的是学生需要在 2 年时间里分别修读完成国内外高校（院所）规定的课程及毕业论文；而

"1+1+1"模式则要求学生回国完成第3年硕士学习。不同高校（院所）的合作项目对学生赴国外高校（院所）修读课程或完成毕业论文的学年时间安排会有所差异。硕士双学位/学历项目的优点是能够同时获得国内外的旅游教育的学术培养，拓展国际视野和思维，为继续攻读博士学位增加了可能性。此项目可能存在的挑战在于，学生面临较高强度和密度的专业课程、毕业论文任务，以及国内外的文化差异，在学习和生活上面临的压力都比较大。

在博士单学位项目中，有直接攻读国外高校博士学位和联合培养两种模式。其优势在于能够同时获得双方合作高校导师的指导，获得各种科研资源，拓展国际化视野，掌握坚实、多元的基础理论和系统、深入的研究方向相关的知识，塑造成为综合性、实践性、创新性强的高层次创造性人才。申请得到奖学金后，能够降低出国留学的资金成本。

博士双学位项目主要指联合培养模式。此模式不仅具备与博士单学位项目类似的优势，还能同时获得国内外两个博士学位。

（二）中外合作办学

根据《中外合作办学条例》和《中外合作办学条例实施办法》的有关规定，中外合作办学是指中国教育机构与外国教育机构依法在中国境内合作举办以中国公民为主要招生对象的教育教学活动，有合作设立机构和合作举办项目两种形式。

根据教育部审批和复核的中外合作办学机构与项目名单，2020—2021年各有合作办学机构5个、合作办学项目5个，共10个项目/机构开展了旅游研究生教育的中外合作办学，如表8所示。2018—2019年，合作办学机构仅有2个、合作办学项目为4个；相较之下，2021年合作办学机构数量增长了150%、合作办学项目数量增长了25%。

在上述10个旅游研究生教育中外合作办学机构与项目中，分别包含办学层次和类别为硕士学位教育的项目/机构8个，以及博士学位教育的合作办学项目/机构2个，主要分布在浙江（4个）、广东（2个）、湖北（2个）、海南（1个）以及辽宁（1个）五个省份。

表8 2021年中国旅游研究生教育中外合作办学机构与项目

办学层次和类别：硕士学位教育					
地区	项目/机构	名称（含内地与港澳台）	学制	中方颁发证书	港澳台/外方颁发证书
浙江	合作办学机构	宁波大学昂热大学联合学院	3年	硕士研究生毕业证书、硕士学位证书	法律、经济、管理类硕士之旅游学科酒店、餐饮、会展专业硕士文凭及硕士学位

续表

地区	项目/机构	名称（含内地与港澳台）	学制	中方颁发证书	港澳台/外方颁发证书
浙江	合作办学项目	宁波大学与法国昂热大学合作举办旅游管理专业硕士研究生教育项目（已并入宁波大学昂热大学联合学院）	3 年	硕士研究生毕业证书、硕士学位证书	区域发展咨询专业硕士学位证书
		浙江大学与香港理工大学合作举办酒店及旅游业管理硕士学位教育项目	3 年	无	酒店及旅游业管理理学硕士学位证书
广东	合作办学机构	北京师范大学—香港浸会大学联合国际学院	境外研究型硕士学位教育：2 年；境外授课型硕士学位教育：1 年	无	哲学硕士学位证书；会计学硕士学位证书；文学硕士学位证书；社会工作硕士学位证书；理学硕士学位证书
海南	合作办学机构	海南大学亚利桑那州立大学联合国际旅游学院	硕士研究生学历教育：3 年；外国硕士学位教育：2 年	硕士研究生毕业证书、硕士学位证书	社区资源与管理理学硕士学位；公共管理硕士学位
湖北	合作办学项目	华中师范大学与美国科罗拉多州立大学合作举办区域旅游与环境硕士学位教育项目	1.5 年	无	旅游管理专业硕士学位证书
		华中师范大学与美国科罗拉多州立大学合作举办自然旅游与生态保护专业硕士学位教育项目	1.5 年	无	公园与保护地管理硕士学位证书
辽宁	合作办学机构	东北财经大学萨里国际学院	2.5 年	普通高等教育硕士研究生毕业证书、硕士学位证书	国际商务管理专业理学硕士学位证书；信息系统专业理学硕士学位证书；旅游管理专业理学硕士学位证书
办学层次和类别：博士学位教育					
地区	**项目/机构**	**名称（含内地与港澳台）**	**学制**	**中方颁发证书**	**港澳台/外方颁发证书**
浙江	合作办学项目	浙江大学与香港理工大学合作举办酒店及旅游管理博士学位教育项目	5 年	无	酒店及旅游管理博士学位证书
广东	合作办学机构	北京师范大学—香港浸会大学联合国际学院	4 年	无	哲学博士学位证书

数据来源：教育部中外合作办学监管工作信息平台。

从课程或专业设置情况看，以教授管理学学科知识为主要目的。宁波大学昂热大学联合学院、海南大学亚利桑那州立大学联合国际旅游学院、东北财经大学萨里国际学院、浙江大学与香港理工大学合作举办的酒店及旅游业管理硕士 / 博士学位教育项目、华中师范大学与美国科罗拉多州立大学合作举办的区域旅游与环境和自然旅游与生态保护专业硕士学位教育项目主要设旅游管理、酒店与旅游业管理、公共管理、企业管理、社区资源与管理、区域旅游与环境、自然旅游与生态保护七个专业。此外，北京师范大学—香港浸会大学联合国际学院针对授课型和研究型教育开设了不同的课程。对于境外授课型硕士学位教育，主要课程包括会计学、传播学、社会工作与管理、数据科学、应用英语语言学等，属于偏应用型的知识和技能；对于境外研究型硕士、博士学位教育，主要课程包括概率论与数理统计、生物学、化学、计算机科学与技术，会计学与企业管理、经济学、传播学、应用英语语言学、应用数学，构建了研究型和应用型结合、综合性较强的课程体系。

从招生方式来看，主要包括统一招生和自主招生两种方式。其中，宁波大学昂热大学联合学院、海南大学亚利桑那州立大学联合国际旅游学院（硕士研究生学历教育）及东北财经大学萨里国际学院颁发中方硕士学位证书的办学机构，其招生纳入全国硕士研究生招生计划，参加全国硕士研究生统一入学考试，并按国家硕士研究生招生录取政策进行录取；而浙江大学与香港理工大学合作举办的酒店及旅游业管理硕士 / 博士学位教育项目、北京师范大学—香港浸会大学联合国际学院、海南大学亚利桑那州立大学联合国际旅游学院（外国硕士学位教育）、华中师范大学与美国科罗拉多州立大学合作举办的区域旅游与环境硕士学位教育项目和自然旅游与生态保护专业硕士学位教育项目则采用自主招生方式，只获得外方颁发的硕士 / 博士学位证书。

从招生规模来看，硕士学位教育方面，宁波大学昂热大学联合学院每年招生数相对最少（20 人）；华中师范大学与美国科罗拉多州立大学合作举办的区域旅游与环境硕士学位教育项目每年招生数为 30 人、自然旅游与生态保护专业硕士学位教育项目每年招生数为 60 人；海南大学亚利桑那州立大学联合国际旅游学院每年招生数为 60 人（外国硕士学位教育及硕士研究生学历教育各 30 人）；浙江大学与香港理工大学合作举办酒店及旅游业管理硕士学位教育项目、东北财经大学萨里国际学院招生数相对最多，各为 80 人。博士学位教育方面，浙江大学与香港理工大学合作举办酒店及旅游管理博士学位教育项目每年招生数为 25 人。

与直接出国留学相比，中外合作办学机构和项目的优势在于既可以让学生获得国外的师资力量、教育资源，提高外语水平，又可以降低生活、学费成本。在新冠肺炎疫情期间，中国教育部也支持部分中外合作办学机构和项目通过自主招生缓解疫情影响下学生无法出国学习的困难，其中之一就包括了海南大学亚利桑那州立大学联合国际旅游学院。

三、旅游研究生教育困境与提质对策

（一）研究生教育现存困境

1. 高校扩张政策和新冠肺炎疫情的影响

1999 年 1 月，国务院颁布《教育振兴行动计划》，中国高等教育的扩张和改革正式启动[1]。高校扩招政策使得普通高等教育学校的数量和学校规模大幅增加，有利于全面提高中国青年人口的素质、缓解人才需求问题。然而，扩招政策也带来了辅助性政策及措施失配、学校教学及生活条件匮乏、教学质量滑坡和毕业生就业困难等系列问题[2]。此外，2020 年年初暴发的新冠肺炎疫情对中国乃至全球的旅游业都造成了极大的影响。旅游行业是一项劳动密集型产业，且人才需求与行业发展情况密切相关，要求学生具备一定的专业知识和技能。然而，在二十余年高校扩张政策的影响下，加上新冠肺炎疫情对旅游行业的冲击，旅游市场出现一定程度的萎缩，对人才的需求锐减，现在人才市场上的供给已趋于饱和，多数高校也不断地调整专业设置和招生数以适应旅游人才空缺逐渐缩小甚至人才过剩的现状[2]。因此旅游研究生教育需要应对不断变化的旅游市场现实环境和制度，以缓解人才现实供给和需求的结构性错位问题。

2. 复杂多变的国际环境带来新挑战

旅游业作为中国最早开放的产业和最深度融入全球化体系的产业之一，对旅游教育的影响极其深远[3]。然而，随着全球化形势的不确定性越来越高，地缘政治、全球经济、新冠肺炎疫情等事件都会对全球旅游人口、旅游资本的流动带来极大的不确定性，从而影响国内的旅游行业和教育发展。目前国内的旅游研究生教育国际合作主要集中在欧洲（英国、法国）、美国、澳大利亚，以把学生送出去为主[3]。随着国际环境的不断变化，旅游研究生教育的国际合作模式也需要不断创新，更多地与其他中国出入境旅游目的地国家或地区开展旅游合作办学；专业设置也可以从酒店和旅游管理向会展管理、休闲与创意文化产业等方向或专业拓展，适应文旅融合的国家战略和行业发展需求。

（二）研究生教育提质路径与对策

1. "知识、能力、素质"提升并重

在旅游教育中，知识、能力和素质的培养缺一不可，三者共同影响人才培养的质量[4]。首先，从知识提升方面来看，可将旅游研究生应具备的知识进行分类归纳，构建综合型知识、功能型知识和市场 / 产品导向型知识的主题化旅游教育知识体系，使得旅游学术研究和旅游企业职业教育之间形成更好的理解，帮助研究生形成独特的竞争

力。其次，从能力提升方面来看，旅游教育需具备较强的实用性以满足旅游业强应用性的行业特点。因此，旅游研究生的教育需注重实践，提高其批判性思考的理论能力以及灵活运用所学知识积极应对解决实际问题的能力。最后，从素质提升方面来看，要注重提升研究生教育中的政治思想、职业道德、服务意识、审美等方面素质，尤其要立足于全面提高学生及从业人员思想品德、职业道德和政策法规方面的认知水平。

2. 申请设立旅游专业博士学位

旅游研究生教育应根据行业发展需求，申请设立旅游专业学位博士授权点，拓展人才培养类型。在中国，学位授权审核制度的建立和实施，确立了学科建设在研究生教育体系中的基础地位，形成了比较完备的培养研究生的学科专业结构体系。因此，学位调整有助于促进学科结构调整、地区布局调整和授权层次结构调整。2020年，国务院学位委员会、教育部印发《专业学位研究生教育发展方案（2020—2025）》，提出要增设一批博士专业学位类别，大幅增加博士专业学位研究生数量，加快发展博士专业学位研究生教育。中国于1997年最早设立临床医学专业博士学位，后来陆续在口腔医学、中医学、兽医、工程和教育等领域设立专业博士学位。2021年，国务院学位委员会下发《博士、硕士学位授予和人才培养学科专业目录》（征求意见稿），其中对于管理学门类的调整之一，包括增设会计学、审计学博士专业学位。旅游研究生教育可进行借鉴参考，尽快申请设立旅游管理博士专业学位。此举一方面可以在培养旅游专业型博士的过程中，更注重培养研究生的实际应用能力和灵活运用知识的能力，满足企业的实际需求和工作要求；聚焦于提高应用型、开发性研究和设计能力，从根本上重视实践与理论的结合，满足人才市场的需求。另一方面，有助于加快建设旅游一级学科的进程，从而提升旅游学科地位。

3. 扩大国内、国际交流与合作办学

2019年，教育部启动一流本科专业建设"双万计划"，鼓励不同类型的普通本科高校建设一流本科专业，分类发展，特色发展[5]，不同类型的旅游院校、系（所）专业也开始重视特色化和差异化发展。部分院校较为重视国内校际交流与合作或国际化合作，以此提高教育竞争力。国际化合作主要是高校旅游院系与国外高校的合作，以及和一些国际组织（例如，世界旅游组织）的合作。这些合作有助于为学生开拓国际视野、培养战略思维能力，有助于搭建国际化教育平台为中国旅游教育的国际化建设发挥积极的影响[6]。近年来受到全球化形势和新冠肺炎疫情的影响，部分中外高校的合作办学陷入停滞，因此扩大国际交流与合作，可以通过以下方式：一、举办国际学术会议，加强校际合作办学，把原有的与欧洲、美国、澳大利亚合作高校拓展至其他国家或地区（如"一带一路"沿线国家）；二、吸引国外留学生来华，鼓励中国教师出国访学、外国教师来华交流，促进国内外企业交流等，深化国际化交流与合作；三、增强旅游教育

与产业、研究机构的协作；四、扩大国内东部与西部高校之间的交流与合作，互取所长，共同提升旅游教学和科研力量，缓解国内旅游研究生教育资源空间不均衡的情况。

参考文献

［1］强乐颖.基于中国高教改革的高等教育扩招政策对学生发展影响的思考与建议［J］.教学方法创新与实践，2020，3（13）：169-174.

［2］隽雨仙，陈苑仪，保继刚.新冠肺炎疫情下中国旅游本科教育的困境与反思［J］.旅游论坛，2022，15（1）：102-114.

［3］张朝枝."十四五"时期旅游教育基本背景及其发展路径思考［J］.旅游学刊，2020，35（6）：12-13.

［4］宋克慧，田圣会，彭庆文.应用型人才的知识、能力、素质结构及其培养［J］.高等教育研究，2012，33（7）：94-98.

［5］张俊娇，姚延波.一流本科专业建设"双万计划"背景下我国旅游教育国际认证的新思路［J］.旅游学刊，2020，35（5）：4-6.

［6］杨晶晶.新时代一流旅游本科教育：政产学研合作中不断提升和完善［J］.旅游学刊，2020，35（5）：9-11.

中国旅游本科教育年度报告
（2020—2021）

田 里 刘 亮[①]

2020—2021 年度中国旅游本科教育的最大特点表现为国家系列行动计划驱动的发展模式。在"新文科建设"、"双万计划"、"六卓越一拔尖"计划 2.0、虚拟教研室建设等重要倡议和行动计划推动下，中国旅游本科教育的内涵式发展特征更为突出。与此同时，新冠肺炎疫情暴发让全球旅游产业陷入停滞，旅游行业经历了迄今为止最为艰难的两个年度，旅游行业承受着空前压力，导致旅游本科毕业生就业面临巨大压力，这对旅游本科教育提出了全新挑战和改革要求。

一、旅游本科教育总体发展情况

（一）办学总体规模

在教育部系列建设计划与旅游行业市场变化的共同作用下，中国旅游本科教育办学规模呈现出总体上升、增速放缓的变化态势。2016 年，中国大陆开设有旅游管理类专业的本科院校共有 565 所，到 2021 年，这一规模增加至 609 所（如图 1）[②]，在 2016—

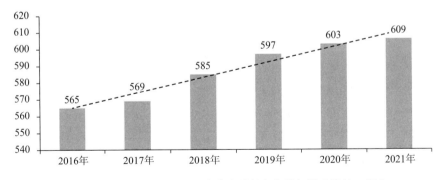

图 1 2016—2021 年中国旅游本科教育办学规模（院校：所）

---

① 田里，云南大学工商管理与旅游管理学院教授、博士生导师，国家教学名师，任教育部旅游管理类专业教学指导委员会主任、中国旅游协会旅游教育分会副会长。刘亮，云南大学工商管理与旅游管理学院 2020 级旅游管理博士研究生。
② 资料来源：以 2017 年数据为基础，根据教育部公布的历年高校本科专业备案和审批结果整理得出。

2021年中，2017年增加数量最少，仅有4所；2018年增加最多，共有16所；2020年、2021年新增院校各有6所。总体上仍呈现出增加态势。

（二）专业新增情况

中国旅游本科教育在经历了40余年的发展后逐渐形成了相对完整的专业体系，旅游管理类下设旅游管理、酒店管理、会展经济与管理、旅游管理与服务教育4个专业。2020年，全国共有16所院校获批新设旅游管理类专业，2021年共有12所，相较于2018年的34所、2019年的31所[①]，新增专业点明显减少，这既是旅游本科教育走内涵式发展的重要体现，也反映了疫情影响下旅游本科教育面临的现实困境。从获批具体专业看，2020—2021年获批28个专业中，仅1所院校获批新设旅游管理，有11所院校获批新设酒店管理，有7所院校获批新设会展经济与管理，有9所院校获批新设旅游管理与服务教育（见表1、表2）。值得注意的是，旅游管理、酒店管理、会展经济与管理三个专业新增数量均有明显下降，而旅游管理与服务教育则有所上升，2018—2019年仅有5所院校获批新设该专业，由此可以看出，师范类院校的旅游管理与服务教育专业受到重视。

（三）院校新增情况

2020—2021年，共有28所本科院校获批新设旅游管理类本科专业，其中首次开设旅游管理类专业的院校共有12所（见表1、表2）。2020年，全国有6所院校首次开设旅游管理类专业，分布在浙江、安徽、河南、海南、河北、福建六省（市、区），集中在东部、中部地区，而西部地区未有新增院校。2021年，全国有6所院校首次开设旅游管理类专业，分布在湖北、江西、四川三省（市、区），西部地区仍仅有四川一地。从首次开设旅游管理类专业的院校地区分布来看，西部地区在2020—2021年表现乏力，而2018—2019年内蒙古、宁夏、四川、云南、贵州、西藏等西部地区均有院校首次开设旅游管理类专业，这在一定程度上说明了西部地区旅游发展受到疫情冲击明显，旅游本科教育相应受到影响，地方院校对旅游管理类专业的申请积极性开始下降；不能忽略的是，这一现象源于东部、中部地区的高等教育资源更为丰富，西部地区开设旅游管理类专业的院校规模已经相对饱和，故而新增数量较少。

表1　2020年旅游管理类本科专业新增情况

新增专业	培养单位	数量（所）
旅游管理	—	0
酒店管理	浙江理工大学科技与艺术学院 *、亳州学院 *、河南工学院 *、河南财政金融学院、玉林师范学院、梧州学院、琼台师范学院 *、楚雄师范学院	8

---

① 参见中国旅游协会旅游教育分会编写的《中国旅游教育蓝皮书（2019—2020）》（中国旅游出版社2020年出版）。

续表

新增专业	培养单位	数量（所）
会展经济与管理	河北民族师范学院、河北传媒学院 *、合肥学院、青岛恒星科技学院、吉林大学珠海学院	5
旅游管理与服务教育	福建商学院、福建技术师范学院 *、济宁学院	3
合　计		16

资料来源：《教育部关于公布 2019 年度普通高等学校本科专业备案和审批结果的通知》（注：带"*"者表示该培养单位首次获批开设旅游管理类本科专业），未纳入新增审批专业和院校。

表 2　2021 年旅游管理类本科专业新增情况

新增专业	培养单位	数量（所）
旅游管理	武夷学院	1
酒店管理	景德镇艺术职业大学 *、成都大学 *、运城学院	3
会展经济与管理	昌吉学院、河北外国语学院	2
旅游管理与服务教育	河北环境工程学院、萍乡学院 *、南昌交通学院 *、豫章师范学院 *、桂林旅游学院、成都银杏酒店管理学院 *	6
合　计		12

资料来源：《教育部关于公布 2020 年度普通高等学校本科专业备案和审批结果的通知》（注：带"*"者表示该培养单位首次获批开设旅游管理类本科专业），未纳入新增审批专业和院校。

（四）新兴专业申报

2020—2021 年，全国各旅游学院积极申报新的旅游管理类专业，如南开大学申报"数字文旅"专业，桂林理工大学申报"智慧旅游"专业，以及其他院校申报"旅游文创"等专业，尽管旅游管理类专业新增专业尚未获批突破，但也反映出旅游管理类专业根据文旅产业发展实践和学科交叉渗透趋势探索新兴专业的努力，体现出旅游管理类专业与文化产业、数字经济、健康养生、体育运动等学科专业渗透发展的新趋势。

二、国家一流本科专业建设情况

（一）专业建设情况

1.基本概况

2019 年 4 月，教育部办公厅正式发布《关于实施一流本科专业建设"双万计划"的通知》，计划 2019—2021 年，建设 10000 个左右国家级一流本科专业建设点和 10000

个左右省级一流本科专业建设点，其中首批国家级一流本科专业建设点 4054 个，省级一流本科专业建设点 6210 个。到 2021 年，教育部已经开展了三批国家一流专业建设试点工作，其中 143 所院校的 152 个旅游管理类专业进入国家一流专业建设试点名单，成为中国旅游本科教育改革的主力军。

2. 赛道分布

国家一流本科专业推荐评审分为中央赛道与地方赛道，部属高校和部省合建高校通过中央赛道参与评选，其他高校通过地方赛道参与评选。从 2019—2021 年旅游管理类国家一流本科专业建设试点来看，2019 年共有 48 所院校获得建设试点，其中有 10 所中央赛道院校，包括南开大学、中山大学、中南财经政法大学、云南大学等；2020 年共有 49 所院校获得建设试点，其中有 14 所中央赛道院校，包括复旦大学、四川大学、厦门大学、中国海洋大学等；2021 年共有 55 所院校获得建设试点，其中有 12 所中央赛道院校，包括北京体育大学、山东大学、西藏大学等。从旅游管理类国家一流本科专业赛道分布来看，地方院校在旅游本科教育国家一流专业建设试点以 78.18 的比例占据较大比重，是国家一流专业建设中的基础性力量（见表 3）。

表 3 旅游管理类国家一流专业评审赛道

年份	中央赛道院校（所）	占比（%）	地方赛道院校（所）	占比（%）	合计
2019	10	20.83	38	79.17	48
2020	14	28.57	35	71.43	49
2021	12	21.82	43	78.18	55
合计	36	23.68	116	76.32	152

资料来源：2019—2021 年旅游管理类国家一流本科专业建设试点名单。

3. 专业构成

旅游管理类专业下属四个专业，其中旅游管理作为"国控"专业，是国家一流专业建设的主体力量。从 2019—2021 年旅游管理类国家一流专业基本构成来看，三年共有 143 所院校的 152 个旅游管理类专业获得建设试点，其中有 126 个旅游管理专业点、16 个酒店管理专业点、9 个会展经济与管理专业点、1 个旅游管理与服务教育专业点，说明旅游管理专业仍是当前旅游本科教育的主体力量。值得注意的，在全国 29 所开设有旅游管理与服务教育专业的院校中，三明学院于 2021 年获得了国家一流专业建设试点，说明旅游管理与服务教育在旅游本科教育中的地位逐渐上升（见表 4）。

表4　旅游管理类国家一流专业基本构成

（单位：个）

年份	旅游管理	酒店管理	会展经济与管理	旅游管理与服务教育	合计
2019	41	5	2	0	48
2020	41	5	3	0	49
2021	44	6	4	1	55
合计	126	16	9	1	152

资料来源：2019—2021年旅游管理类国家一流本科专业建设试点名单。

（二）院校构成分布

1. 院校构成

综合型院校是获得旅游管理类国家一流专业建设试点最多的院校类型，且大多数院校仅获得1个国家一流本科专业，仅有9所院校获得2个国家一流专业。从数量来看，2019—2021年三年间共有143所院校获得152个专业建设试点，其中北京第二外国语学院、北京联合大学、桂林旅游学院、海南大学、华侨大学5所院校获得旅游管理、酒店管理2个国家一流专业，中山大学、南开大学、四川大学、华南理工大学4所院校获得旅游管理、会展经济与管理2个国家一流专业。从类型来看，综合类院校国家一流专业试点数量最多，其次是师范类、财经类院校，再次为工科、语言、民族类院校，林业、农业、体育、医药类院校最少。由此可以看出，旅游管理类专业分布最多的高校依次是综合类、师范类、财经类、工科类、语言类、民族类、林业类、农业类、体育类、医药类（见表5）。

表5　旅游管理类国家一流专业院校类型

（单位：所）

年份	综合	师范	财经	工科	语言	民族	林业	农业	体育	医药	合计
2019	17	9	13	5	2	1	1	0	0	0	48
2020	24	8	8	3	2	2	0	1	1	0	49
2021	20	15	8	5	2	2	0	1	1	1	55
合计	61	32	29	13	6	5	1	2	2	1	152

资料来源：2019—2021年旅游管理类国家一流本科专业建设试点名单。

2. 区域分布

旅游管理类国家一流专业建设试点院校的区域差异不明显。从区域层面上来看，在2019—2021年三年间，东部、中部、西部各有64个、40个、48个旅游管理类国家一流专业建设点（见表6），旅游管理类国家一流专业建设试点分布与东部、中部、西部高等教育规模数量基本一致，西部地区数量多于中部地区反映出旅游业发展对旅游高等教育的需求状况。从省域层面来看，广东、四川两地旅游管理类国家一流专业建设试点数量最多，各有10个，其次为湖南（9）、山东（8）、广西（7）、湖北（7）、上海（7）、北京（6）、福建（6）、河南（6）、云南（6）。国家一流专业建设试点省际分布差异反映了各省（市、自治区）旅游高等教育基本规模与数量。

表6 旅游管理类国家一流专业院校分布

（单位：所）

年份	东部	中部	西部	合计
2019	22	14	12	48
2020	18	14	17	49
2021	24	12	19	55
合计	64	40	48	152

资料来源：2019—2021年旅游管理类国家一流本科专业建设试点名单。

（三）建设试点特征

1. 本科办学基础

旅游管理类国家一流专业建设试点是在统筹学校类型、学校层次、区域背景等条件基础上推荐入选的专业，较为全面地反映了我国旅游本科教育的基本面貌与水平。从入选的143所高校来看，尤其是拥有两个国家一流专业建设点的院校，具有较长办学历史、较大办学规模、较高学术影响力是其共同特征。首先，如中山大学、南开大学、北京第二外国语学院等院校，均是我国最早开设旅游本科专业的高校，具有深厚的办学底蕴；其次是学校下设的旅游管理类专业较为齐全，且均以完整独立的学院存在，从而保证了办学规模与招生数量；最后是教学与科研并重，具有浓厚的学术氛围与鲜明的科研导向，教师教学与科研兼顾保障了人才培养质量。

2. 区域布局均衡

旅游管理类国家一流专业建设试点覆盖大陆31个省、直辖市、自治区，在区域布局上保持相对均衡。从区域分布来看，东部、中部、西部三大区域的国家一流专业建设试点数量差距不大，且符合区域社会经济的梯级分布规律；从省域尺度来看，青海、西藏分别于2020年、2021年各获得1个专业建设试点，从而实现了国家一流本科专业在大陆地区的全覆盖，保证了旅游本科教育在各地的相对均衡布局，为各个区域旅游发展、人才培养提供了有力支持。

3. 服务产业导向

旅游管理类国家一流专业建设试点具有明显的服务产业发展特征，符合旅游管理类专业的应用型专业性质。从 2019 年到 2021 年三年间推荐入选的国家一流专业建设试点来看，北京、上海、广东、四川、山东、湖南、广西、福建、云南等入选专业较多的省份分布与旅游业发展规模及水平基本一致；以泰山学院、黄山学院、桂林旅游学院、大理大学、吉首大学、九江学院等为代表的院校均位于我国著名的旅游目的地，这类院校突出应用型人才培养；以北京第二外国语学院中瑞酒店管理学院、成都银杏酒店管理学院、丽江文化旅游学院等为代表的民办独立学院入选，且这类院校多以酒店管理专业入选，更凸显实践操作型人才培养。旅游管理类国家一流专业建设试点入选院校层次与试点布局体现了旅游管理类专业建设"服务产业"的新文科建设要求。

三、其他本科教育建设专项计划

（一）新文科建设

1. 建设诉求

2020 年 11 月 3 日，教育部新文科建设工作组在山东大学（威海）组织召开了新文科建设工作会议，发布了《新文科建设宣言》，标志着中国高等教育进入一个新的发展阶段。从"新工科、新医科、新农科、新文科"（以下简称"四新"）建设对标战略来看，新工科支撑中国制造，新医科服务健康中国，新农科助推乡村振兴，新文科则面向对外开放，致力于提升中国国际话语权。具体来看，新文科建设包括四个方面诉求：第一，塑造时代精神，立足人文精神、民族精神、关怀精神等具体内涵，致力于中国经济腾飞、社会繁荣和文明进步；第二，涵养中国价值观，提升中国学生、中国人对中国经验、话语、文化、道路的认同感、理解力与坚守度；第三，迎接世界挑战，在世界格局深刻变化的当今时代，软实力提升成为各国参与国际治理的重要目标，新文科建设则致力于增加中国文化对世界的影响；第四，回应科技发展，当今时代是科学技术繁荣进步的时代，互联网、人工智能、物联网等技术在社会生活的融入程度不断提升，这就需要新文科建设来培养复合型人才[①]。

2. 旅游新文科建设

2021 年 11 月 2 日，教育部办公厅公布首批新文科研究与改革实践项目，包括有 22 个类别、1011 个项目，这意味着新文科在全国范围内开始真正进入建设阶段。在首批

---

① 龙宝新. 中国新文科的时代内涵与建设路向［J］. 南京社会科学，2021（1）：135–143.

新文科研究与改革实践项目中，共有 11 个旅游管理类专业相关项目，主要包括 6 个类型（见表 7），即原有文科专业改造提升改革与实践类、新文科建设改革与发展研究类、新兴文科专业建设探索与实践类、新文科课程体系和教材体系建设实践类、政产学研协同育人机制创新与实践类、文科复合型人才培养创新与实践类，从中可以发现新文科背景下提升旅游本科教育质量的基本方向和任务，即专业内容改革、课程体系建设和育人机制构建；从 6 个具体项目来看，产业融合是主要操作路径，如科技与旅游融合、文化与旅游融合、体育与旅游融合、农业与旅游融合等，提质升级是主要目标指向。总体来看，新文科建设为旅游管理类专业改革提供了抓手、指明了方向，有助于推动旅游本科教育模式全面优化；但值得注意的是，在高素质涉外人才培养创新与实践、新文科创新创业教育与实践等领域，旅游管理类项目处于空白，仍然需要围绕这些领域进行深入探索。

表 7　旅游管理类专业相关新文科研究与改革实践项目

序号	类型	名称	单位
1	原有文科专业改造提升改革与实践	基于科技与文化融合的旅游管理国家一流专业建设路径探索与实践	长沙学院
2		"三融一改"：民族地区旅游管理类专业升级改革与实践	桂林理工大学
3	新文科建设改革与发展研究	基于文旅融合的链条式育人机制探索与实践	西南民族大学
4	新兴文科专业建设探索与实践	体旅融合背景下体育旅游跨学科人才培养模式研究	北京体育大学
5		旅游管理类专业"农旅融合"人才培养模式创新与实践	四川农业大学
6	新文科课程体系和教材体系建设实践	旅游管理专业课程及教材体系建设	云南大学
7	政产学研协同育人机制创新与实践	旅游管理专业政产学研协同育人机制创新与实践	贵州大学
8		政产学研驱动，文旅融合引领的创新协同育人机制和模式	河北大学
9		面向乡村振兴文旅产业链人才需求的政产学研协同育人机制创新与实践	中南林业科技大学
10	文科复合型人才培养创新与实践	新文科背景下数字文旅人才培养创新与实践	南开大学
11		"三专业交叉、双目标驱动"：文旅＋电商跨学科复合型人才培养创新与实践	广西师范大学

资料来源：教育部办公厅公布的首批新文科研究与改革实践项目名单，http://www.moe.gov.cn/srcsite/A08/moe_741/202111/t20211110_578852.html。

（二）一流课程建设

1. 基本概况

课程建设是专业教学建设的基础因素，在旅游本科教育中占有重要地位。2019年10月，教育部发布《关于一流本科课程建设的实施意见》，计划认定10000门左右国家级一流本科课程和10000门左右省级一流本科课程，2021年11月25日，教育部公布首批国家级一流本科课程认定结果，共有5118门课程，其中包括线上课程1875门、虚拟仿真实验教学课程728门、线下课程1463门、线上线下混合式课程868门、社会实践课程184门 [①] 5种基本类型课程。2021年4月8日，教育部办公厅决定开展第二批国家级一流本科课程认定工作，目前第二批课程仍在认定过程中。

2. 旅游管理类一流本科课程

首批旅游管理类国家级一流本科课程覆盖5个类型14门课程（见表8）。5个类型包括线上一流课程（2门）、虚拟仿真实验教学一流课程（1门）、线下一流课程（7门）、线上线下混合式一流课程（3门）、社会实践一流课程（1门）。（1）从课程类型来看，旅游管理类一流课程5个类型均有覆盖，其中线下一流课程数量最多，共有7门；虚拟仿真实验教学一流课程和社会实践一流课程数量最少，各有1门，即山东大学黄潇婷团队《景区旅游产品开发虚拟仿真实验》课程和深圳大学刘艳红团队《文化旅游产业创业与创新》实践课程。（2）核心课程来看，根据《旅游管理类教学质量国家标准》，旅游管理类专业4门大类核心课程中，仅有《旅游学概论》进入首批国家一流本科课程建设名单，其他3门核心课程仍然缺位；在专业核心课程方面，旅游管理专业三门课程中《旅游经济学》《旅游规划与开发》进入一流课程建设名单，《旅游法规》缺失；酒店管理专业3门核心课程中《酒店管理概论》进入一流课程建设名单，《酒店运营管理》《酒店客户》缺失；会展经济与管理专业3门核心课程中，《会展概论》《会展营销》《会展策划与管理》都未进入建设名单。（3）在专业选修课程方面，未有系统性选修课程入选，旅游管理、酒店管理、会展经济与管理、旅游管理与服务教育四个专业都缺乏体现专业特色的系统性选修课程。总体来看，在课程类型上，线上课程、线上与线下混合课程、社会实践课程是旅游管理类专业潜力巨大、大有可为的建设课程类型；在旅游管理类国家一流本科课程中，旅游管理专业、酒店管理专业有一流课程入选，但核心课程入选比例较低；会展经济与管理专业、旅游管理与服务教育专业一流课程建设进度仍十分缓慢，未有入选课程。

---

① 资料来源：中华人民共和国教育部官方网站，http://www.moe.gov.cn/srcsite/A08/s7056/202011/t20201130_502502.html。

表8　首批旅游管理类国家一流本科课程名单

序号	类型	名称	建设单位	开课平台
1	线上一流课程	旅游经济学导论	长春师范大学	智慧树网
2		酒店管理原理	华南理工大学	爱课程（中国大学MOOC）
3	虚拟仿真实验教学一流课程	景区旅游产品开发虚拟仿真实验	山东大学	—
4	线下一流课程	旅游经济学	北京第二外国语学院	—
5		旅游经济学	郑州大学	—
6		旅游规划与开发	湖北大学	—
7		旅游电子商务	暨南大学	—
8		前厅与客房管理	桂林旅游学院	—
9		导游业务	海口经济学院	—
10		酒店督导	武汉商学院	—
11	线上线下混合式一流课程	旅游学概论	成都理工大学	—
12		酒店管理概论	湖南师范大学	—
13		畅游赣鄱——水文化英文之旅	南昌工程学院	—
14	社会实践一流课程	文化旅游产业创业与创新	深圳大学	—

资料来源：教育部公布的首批国家级一流本科课程认定结果名单，http://www.moe.gov.cn/srcsite/A08/s7056/202011/t20201130_502502.html。

（三）专业教材建设

1.基本背景

　　教材是课程的依托载体，也是课程建设的基础，教材建设是实现教育质量全面升级的重要途径。在我国教材建设过程中，曾经通过国家规划教材、优秀教材评选等举措推进教材建设。为规范教材建设工作和提高教材建设水平，2020年10月27日，国家教材委员会发布了《关于开展首届全国教材建设奖评选工作的通知》，决定设立全国教材建设奖，每4年评选一次，由国家教材委员会主办、教育部承办，首届全国教材建设奖评选工作于2020年启动。全国教材建设奖是教材领域最高奖，是检阅、展示教材建设服务党和国家人才培养成果，增强教材建设工作者荣誉感、责任感，推动国家中国特色、世界水平教材体系的一项重大制度。2021年10月，《国家教材委员会关于首届全国教材建设奖奖励的决定》发布，奖励内容涵盖基础教育类、职业教育与继续教育类、高等教育类、教材建设先进集体、教材建设先进个人。高等教育类全国优秀教材获特等奖 4 项、一等奖 80 项、二等奖 315 项；全国教材建设先进集体 99 个，先进个人 200 名。

2. 建设成效

在教育部"新文科建设"推进和《旅游管理类教学质量国家标准》宣贯背景下，以新的教学理念、新的课程体系、新的编写体例为指导的旅游管理类本科教材建设取得进展。华中科技大学出版社推出了"旅游管理类专业综合改革试点项目配套规划教材"，重庆大学出版社推出了"高校旅游管理类专业系列教材"，高等教育出版社于 2021 年 7 月出版了"新文科·高等学校旅游管理类专业课程精品系列教材"，以《旅游学概论》《旅游消费者行为》《旅游目的地管理》《旅游接待业》等为代表的核心课程教材陆续出版投入使用。上述教材建设在课程资源挖掘、教学方法创新等方面做出了积极探索，在探索旅游管理类专业知识体系和课程体系方面迈出了坚实的步伐。

在首届全国教材奖评选中旅游管理高等教育获得 4 项奖励。海南大学谢彦君主编的《基础旅游学（第四版）》（商务印书馆）、云南大学田里（田卫民）主编的《旅游经济学（第四版）》（高等教育出版社）获得了高等教育类全国优秀教材二等奖，湖北大学马勇、云南大学吕宛青获得全国教材建设先进个人奖。旅游管理类本科教育在首届全国优秀教材评选中荣膺获奖教材与获奖个人，反映出地方性院校的旅游管理类本科教育受到更多的重视，表明旅游管理本科教育的教师们长期坚持不懈的教学追求和"以本为本"重视本科教学的建设成绩，保持了与全国各个专业本科教育同频共振的步伐。

四、疫情背景下旅游本科教育发展方向

（一）现实挑战

1. 专业扩大面临困境

2019 年年底新冠肺炎疫情的暴发让旅游行业面临着前所未有的挑战与困难，旅游本科教育发展也受到明显影响，表现之一为专业扩大面临困境。通过分析 2018-2020 年教育部公布的旅游管理类专业撤销情况可以发现（见表 9），2018 年、2019 年共撤销了 8 个专业点，包括 4 个旅游管理、3 个会展经济与管理、1 个旅游管理与服务教育，然而到 2020 年、2021 年，撤销专业增加至 16 个，尤其是在 2021 年，并且撤销专业主要为旅游管理。值得注意的是，2021 年，湖南大学、重庆大学两所"双一流"院校旅游管理专业均被撤销，进一步说明旅游本科教育在当前面临的困境。

表9　2018—2021 年旅游管理类专业撤销情况

（单位：个）

年份	旅游管理	酒店管理	会展经济与管理	旅游管理与服务教育	合计
2018	3	0	1	1	5
2019	1	0	2	0	3
2020	1	0	1	2	4
2021	9	2	0	1	12
合计	14	2	3	4	24

资料来源：《教育部关于公布 2017、2018、2019、2020 年度普通高等学校本科专业备案和审批结果的通知》。

2. 招生规模部分减小

旅游管理类专业受疫情影响招生人数也部分减少。从拥有两个国家一流专业建设试点的7所院校来看（见表10）[①]，2020 年，北京联合大学、海南大学、四川大学招生计划有所增加，尤其是海南大学，增长率达 32%，其余大多数院校招生人数计划部分减少，桂林旅游学院减少幅度最大，达到 42.55%。由此可见，受到疫情影响，尽管旅游管理类专业招生计划数量变动存在院校差异，但是总体情况是招生人数呈总体下降。其主要原因在于疫情暴发影响下旅游行业整体处于停滞状态。

表10　2018—2020 年部分院校旅游管理类专业招生计划

（单位：人）

年份	2018	2019	2020	2021
北京第二外国语学院	269	293	285	195
北京联合大学	160	150	154	138
桂林旅游学院	600	470	270	299
海南大学	410	250	330	240
华侨大学	142	182	125	131
四川大学	84	89	94	106
中山大学	153	203	153	—

资料来源：各高校 2018—2020 年本科专业招生计划。

3. 满意程度出现波动

疫情背景下，学生对旅游本科教育的满意度评价发生了波动变化。基于教育部"阳光高考"信息平台的满意度调查数据，从办学条件、教学质量、就业、综合四个维度对旅游本科教育进行评价分析（表11）。从办学条件来看，旅游管理专业满意度未发生改

① 注：华南理工大学、南开大学未收集到相关数据，未列在表内。

变，其余三个专业都有所下降，表明与行业关系密切的专业评价呈下降波动；从教学质量来看，旅游管理、酒店管理、旅游管理与服务教育满意度明显下降，说明疫情背景下教学方式、教学手段等对教学质量存在明显影响，需要不断优化和提升教学方式；从就业来看，旅游管理满意度有所上升，其余三个专业评价都有下降，表明疫情影响下与行业密切度越高的专业就业受影响越大。总体而言，旅游本科教育中旅游管理专业评价较为稳定，反映该专业的办学历史较长、专业成熟度较高、专业教学质量较好的特征。

表 11　2018—2022 年旅游管理类专业满意度

维度	查询年份	旅游管理	酒店管理	会展经济与管理	旅游管理与服务教育
办学条件	2018	3.80	3.76	3.79	3.87
	2020	3.80	3.79	3.76	3.86
	2022	3.80	3.60	3.70	3.70
教学质量	2018	3.83	3.78	3.74	3.99
	2020	3.83	3.81	3.72	3.97
	2022	3.80	3.60	3.70	3.70
就业	2018	3.56	3.62	3.51	3.53
	2020	3.55	3.62	3.47	3.51
	2022	3.60	3.40	3.40	3.20
综合	2018	3.95	3.91	3.92	3.96
	2020	3.94	3.90	3.88	3.94
	2022	3.90	3.70	3.80	3.70

资料来源：2018 年、2020 年数据来源于中国旅游协会旅游教育分会编写的《中国旅游教育蓝皮书（2017—2018）》《中国旅游教育蓝皮书（2019—2020）》，2022 年数据来源于教育部"阳光高考"信息平台，数据截至 2020 年 12 月 31 日。

（二）发展趋势

1.专业发展紧扣时代呈现新增长

新文科背景下旅游本科教育的专业拓展成为发展趋势。尽管在 2020—2021 年间旅游管理类专业未获得批准新增专业，但旅游与科技、旅游与文化、旅游与体育、旅游与农业、旅游与遗产等学科专业、产业行业等的交叉融合，以专业方向形式不断成长，已成为发展潮流并势头强劲，以"数字文旅""智慧旅游""旅游文创"等为代表的专业拓展正从教学内容、教材编写、课程设置、专业特色等方面展现新发展方向，旅游管理本科教育在现有的 4 个专业基础上也正在孕育着新的专业方向或新兴专业。

2. 线上与线下结合教学成为常态

疫情影响下，线上教学成为中国高等教育发展的重要特征。至 2021 年年底，旅游管理本科在爱课程、学堂在线、智慧树、优课联盟、旅超星发现等主要开课平台推出了 40 多门在线课程，面向全社会开放。首批 14 门旅游类国家一流课程中，线上课程、虚拟仿真实验教学课程、线上线下混合课程共 6 门，超过了获批国家一流课程三分之一的比例。2020 年 2 月 4 日，教育部高等教育司发布了《关于在疫情期间做好高校在线教学组织与管理工作的指导意见》，为线上教学提供了政策基础。旅游本科教育课程的国际化、生活化、表现力强等特征，为线上课程开发提供了较好的基础。以专业核心课程、方向特色课程等为重点将正成为旅游本科教育课程发展的重点与方向。

3. 产教融合的实践导向不断强化

旅游本科教育的实践导向特征呈现出不断强化的发展态势。作为与产业发展密切关联的本科专业，旅游本科教育人才培养一直面临着实践导向不足的现实问题，成为制约旅游本科教育质量提升的薄弱环节。旅游新文科建设、一流课程建设、教学成果奖培育、创新创业大赛等深入推进，将旅游本科教育的实践导向不断推向新高度，如首批新文科研究与改革实践项目中，贵州大学、河北大学、中南林业科技大学各自承担了一项政产学研协同育人机制创新与实践类项目，同时，深圳大学也获得了一项社会实践国家一流本科课程《文化旅游产业创业与创新》，这都表明旅游本科教育正不断强化人才培养过程中的实践导向。

（三）发展建议

1. 理念强化：培养复合型文旅人才

旅游本科教育需要弱化传统理论型本科人才培养理念，转向当今复合型本科人才培养新方向。新冠肺炎疫情的暴发使得一批新兴旅游业态成为市场热点，如户外露营、文创研学、虚拟旅游等，这些市场变化急需旅游院校提供符合需求的旅游人才，在这一时代背景下，旅游相关院校需要对培养方案、教学环境、课程体系等进行调整，以综合化、数字化为基本方向，结合时代需求培养复合人才。同时，旅游本科教育还面临着国家高等教育布局调整的现实背景，尤其是以话语权提升为目标的新文科建设，需要旅游本科教育以中国本土实践为基础，培养一批兼具本土情怀与国际话语的优秀旅游人才。

2. 手段更新：应用现代先进科学技术

充分应用现代科学技术，从课程开发、教学手段、课程实践等实现旅游本科教育质量的提升。一方面，突如其来的新冠肺炎疫情让线上教学成为旅游本科教育中的重要组成部分，有效保证了教学任务按时按量完成，然而，由于技术手段、管理运营等方面仍存在不成熟之处，线上教学质量存在不确定性，在疫后旅游本科教育中，依靠单一的线上平台进行教学难以满足新时代的人才需求。另一方面，需要继续推进虚拟仿真教学课程、线上线下混合课程的打造，全面应用虚拟现实、增强现实、人工智能、物联网等新兴科技，提升线下课程、社会实践课程质量，以实现教学效率与教学质量双提高目标。

3. 模式构建：构建政产学研协同机制

以平台打造与机制构建为路径，推动旅游本科教育政产学研的协同发展。构建政产学研协同机制的最终目的在于提高旅游本科教育的社会经济发展服务能力，可从两个方面进行切入：第一，搭建地方政府与旅游院校的合作平台，鼓励院校旅游教师申请智库团队，为政府旅游决策提供专业意见，同时，地方政府可以定期召开政产学研联席会议，推动政界、学界、业界之间积极交流沟通，共同助力旅游发展；第二，鼓励院校结合自身特色与相关企业搭建产学研平台，以文化、体育、农业、工业等行业为突破口，采取多维融合的发展路径，实现人才培养与行业需求的双向对接，提高人才培养质量。

4. 教学质量：课程资源的深度开发

课程是实施教学的基本载体，是师生面对面完成知识传递的主要平台。旅游管理本科教育需要在梳理核心课程基础上，以《旅游管理类教学型质量国家标准》为依据，打造以核心课程为主体的国家一流课程：第一，开发多种类型核心课程，包括下线课程、线上课程、线上线下混合课程、虚拟仿真实验课程、社会实践课程，尤其是线上课程、线上线下混合课程、社会实践课程方面旅游管理类专业蕴藏较大潜力；第二，单门课程的深度开发，建立包括教材、大纲、教案、图谱、概念、习题、问答、案例、图照、视频等教学资源库，提升课程的含金量和知识传授的精准性；第三，改进知识传递的教学方法，实现教师从"讲授者"到"导演者"的角色转换，践行从"泛化"讲解向"精准"传授的方式转变，完成从"图文知识"向"视频知识"的展现手段转换，实施从"结果性"考核向"过程性"考核的考评方式转变。

中国旅游高等职业教育年度报告（2020—2021）

周高华　刘　颖　高　明　王昆欣[①]

一、全国旅游高职教育事业概览

（一）院校数量与布局

2020—2021 年，全国招收高职旅游类专业的院校呈小幅下降趋势，总量（含招收高职旅游类专业的本科院校）为 1245 所，较上一统计年度减少 0.56%。本报告顺应区域一体化及数字经济趋势，对既往统计口径做了修正。在旅游高职院校认定上，再次将开设旅游大类专业及与旅游相关的部分交通运输大类、农林牧渔大类和教育与体育大类专业的高职院校纳入了统计范畴。

从区域分布来看，旅游高职院校表现出较为鲜明的"东高西低"态势。旅游高职院校多集中在东部沿海省份，山东省、江苏省、浙江省、福建省、广东省及上海市的旅游高职院校占统计总量的 26.83%。包括西藏自治区、青海省、宁夏回族自治区、甘肃省、新疆维吾尔自治区及内蒙古自治区在内的西部省份，院校设置依然稀疏，数量仅占全国的 8.35%。受疫情影响，四川省、湖北省、安徽省、黑龙江省、陕西省和广西壮族自治区的旅游高职院校有所减少，全年累计减少 25 所，占全国减少旅游高职院校总数的 51.02%。不过，河南省、云南省和新疆维吾尔自治区在统计周期中新增 21 所院校开设旅游大类专业，占全国增加旅游高职院校总数的 50%。上述院校布局的衰减规律与疫情发生后文化和旅游业的发展情境高度契合（表 1，表 2）。

表 1　全国旅游高职院校省域分布及增减统计

院校数（所）	省域分布
0~9	西藏（2，+1）、青海（4，−1）、宁夏（8，+3）
10~19	海南（13，−2）、天津（14，−3）

① 周高华，浙江旅游职业学院千岛湖国际酒店管理学院酒店管理与数字化运营专业主任。刘颖，副教授，浙江旅游职业学院厨艺学院党总支副书记。高明，浙江旅游职业学院酒店管理学院教师。王昆欣，教授，浙江旅游职业学院，教育部全国旅游职业教育教学指导委员会副主任委员，中国旅游协会旅游教育分会副会长。

院校数（所）	省域分布
20~29	北京（21，−3）、上海（23，−2）、甘肃（23，+2）、吉林（29，−1）、重庆（29，−1）
30~39	陕西（30，−4）、黑龙江（31，−4）、贵州（32，−2）、新疆（32，+6）、浙江（35，−1）、内蒙古（35，−1）、辽宁（37，+1）
40~49	广西（40，−4）、福建（42，+5）、云南（43，+8）、山西（43，+3）、湖南（45，−3）
50~59	河北（50，−2）、江西（53，−1）、安徽（58，−5）
60~69	湖北（65，−4）
70~79	江苏（72，−1）、广东（76，+1）、四川（76，−4）
80~89	山东（86，+5）
90~99	河南（98，+7）

表 2　各区域旅游高职院校数量分布统计

区域	所属省份	院校数（所）	增减情况（所）
华东	上海市、江苏省、浙江省、安徽省、福建省、山东省、江西省	369	0
华中	河南省、湖北省、湖南省	208	0
西南	重庆市、四川省、贵州省、云南省、西藏自治区	182	+2
华北	北京市、天津市、河北省、山西省、内蒙古自治区	163	−6
华南	广东省、广西壮族自治区、海南省	129	−5
西北	陕西省、甘肃省、青海省、宁夏回族自治区、新疆维吾尔自治区	97	+6
东北	辽宁省、吉林省、黑龙江省	97	−4

资料来源：2022 年高等职业教育专业设置备案结果。

（二）新专业目录与设置

2021 年 3 月 12 日，教育部正式颁布《职业教育专业目录（2021 年）》（以下简称《目录》）。根据《目录》设置要求，在相关学校和行业提交增补专业建议的基础上，教育部在 2020—2021 年统计周期内，增补了定制旅行管理与服务、民宿管理与运营、智慧旅游技术应用三个专业，自 2021 年起执行。截至 2021 年年末，全国高职高专旅游管理类招生专业共计 25 个，具体如下：

（1）13 个旅游类（专业类 5401）包括：旅游管理（专业代码 540101）、导游（专业代码 540102）、旅行社经营与管理（专业代码 540103）、定制旅行管理与服务（专业代码 540104）、研学旅行管理与服务（专业代码 540105）、酒店管理与数字化运营（专业代码 540106）、民宿管理与运营（540107）、葡萄酒文化与营销（专业代码 540108）、茶艺与茶文化（专业代码 540109）、智慧景区开发与管理（专业代码 540110）、智慧旅游技术应用（专业代码 540111）、会展策划与管理（540112）、休闲服务与管理（专业代码 540113）。

（2）5 个餐饮类（专业类 5402）包括：餐饮智能管理（专业代码 540201）、烹饪工艺与营养（专业代码 540202）、中西面点工艺（专业代码 540203）、西式烹饪工艺（专业代码 540204）、营养配餐（专业代码 540205）（表 3）。

（3）7 个其他类包括：高速铁路客运服务（专业代码 500113）、国际邮轮乘务管理（专业代码 500304）、空中乘务（专业代码 500405）、森林生态旅游与康养（专业代码 410210）、旅游英语（专业代码 570203）、旅游日语（专业代码 570207）、高尔夫球运动与管理（专业代码 570313）。

从专业设置观之，旅游管理专业在全国高职院校热门专业 TOP10 榜单中列居第七位，其中新设置的研学旅行管理与服务专业跻身 2021 年开设高校数增长率最快的十大新兴高职专科专业之一。[①] 受疫情冲击和行业深度调整的影响，全国高职院校开设旅游管理专业的院校数达 807 所，开设酒店管理与数字化运营专业的高职院校为 678 所，较上年分别减少 27 所和 5 所。值得一提的是，新兴细分领域专业——国际邮轮乘务管理专业减幅最大，共减少了 27 所院校，占比下降了 22.5%。研学旅行管理与服务作为新增专业，有 93 所高职院校开设。旅游英语专业是旅游高职教育的"新星"，统计周期内新增旅游英语专业的较上一统计周期增加了 75 所高职院校，占比增加了 4.7 倍（表 4）。

表 3　高等职业教育专科院校旅游大类专业开设情况统计

序号	专业代码	专业名称	原专业代码	原专业名称	调整情况
5401 旅游类					
545	540101	旅游管理	640101	旅游管理	保留
546	540102	导游	640102	导游	保留
547	540103	旅行社经营与管理	640103	旅行社经营管理	更名
548	540104	定制旅行管理与服务			新增
549	540105	研学旅行管理与服务	640107	研学旅行管理与服务	保留
550	540106	酒店管理与数字化运营	640105	酒店管理	更名
551	540107	民宿管理与运营			新增
552	540108	葡萄酒文化与营销	640108	葡萄酒营销与服务	更名
553	540109	茶艺与茶文化	630704	茶艺与茶叶营销	归属调整更名
554	540110	智慧景区开发与管理	640104	景区开发与管理	更名
555	540111	智慧旅游技术应用			新增
556	540112	会展策划与管理	640301	会展策划与管理	归属调整
557	540113	休闲服务与管理	640106	休闲服务与管理	保留

① 金平果中国科教评价网，http://www.nseac.com/html/226/687747.html。

序号	专业代码	专业名称	原专业代码	原专业名称	调整情况
5402 餐饮类					
558	540201	餐饮智能管理	640201	餐饮管理	更名
559	540202	烹饪工艺与营养	640202	烹调工艺与营养	更名
560	540203	中西面点工艺	640204	中西面点工艺	保留
561	540204	西式烹饪工艺	640205	西餐工艺	更名
562	540205	营养配餐	640203	营养配餐	保留

资料来源：2022 年教育部高等职业教育专科新旧专业对照表。

表 4　旅游高职院校专业开设情况统计

序号	专业	院校数	占比（%）	序号	专业	院校数	占比（%）
1	旅游管理	807（−27）	24.71	14	餐饮智能管理	48（+12）	1.47
2	酒店管理与数字化运营	678（−5）	20.76	15	西式烹饪工艺	45（+11）	1.38
3	空中乘务	520（1）	15.92	16	智慧旅游技术应用	37（−）	1.13
4	烹饪工艺与营养	213（22）	6.52	17	高尔夫球运动与管理	33（+2）	1.01
5	会展策划与管理	145（−9）	4.44	18	智慧景区开发与管理	32（+2）	0.98
6	研学旅行管理与服务	93（−）	2.85	19	民宿管理与运营	26（−）	0.8
7	国际邮轮乘务管理	93（−27）	2.85	20	定制旅行管理与服务	25（−）	0.77
8	旅游英语	91（+75）	2.79	21	旅游日语	17（+1）	0.52
9	高速铁路客运服务	84（−）	2.57	22	森林生态旅游与康养	16（−）	0.49
10	导游	65（−15）	1.99	23	葡萄酒文化与营销	11（−）	0.34
11	休闲服务与管理	58（−3）	1.78	24	营养配餐	11（−1）	0.34
12	中西面点工艺	56（+15）	1.71	25	旅行社经营与管理	10（−6）	0.31
13	茶艺与茶文化	52（−）	1.59				

资料来源：2022 年教育部高等职业教育专业设置备案结果；备注：括号内为开设该专业的院校增减数。

（三）招生规模与趋势

全国旅游高职院校的招生规模在 2020—2021 年周期中规模持续下降。根据教育部教育统计数据[①]，2020 年，1172 所涉及旅游专业大类的高职院校，其旅游专业大类的招生人数由 2019 年的 155969 人下降为 2020 年的 146402 人，降幅达 6.13%。

---

　①　中国教育部网站，http://www.moe.gov.cn/jyb_sjzl/moe_560/2020/quanguo/202108t20210831_556335.html。

二、主要旅游高职院校图谱分析

（一）院校分布

据教育部官网 2021 年 10 月 25 日公布的全国普通高等学校名单，截至 2021 年 10 月，全国有 30 所独立建制的旅游类高等职业院校，如表 5 所示。本报告以全国 30 所独立建制旅游高职院校为主要样本展开分析，为研究全国旅游高职院校办学情况提供样本数据。

表 5　独立建制旅游高职院校名单

序号	学校名称	学校标识码	所在省	所在地	备注
1	河北旅游职业学院	4113012887	河北省	承德市	
2	太原旅游职业学院	4114013696	山西省	太原市	
3	山西旅游职业学院	4114013697	山西省	太原市	
4	黑龙江旅游职业技术学院	4123013729	黑龙江省	哈尔滨市	
5	上海旅游高等专科学校	4131010275	上海市	上海市	
6	南京旅游职业学院	4132014180	江苏省	南京市	
7	扬州中瑞酒店职业学院	4132014528	江苏省教育厅	扬州市	民办
8	江苏旅游职业学院	4132014604	江苏省	扬州市	
9	浙江旅游职业学院	4133012867	浙江省	杭州市	
10	浙江舟山群岛新区 旅游与健康职业学院	4133016408	浙江省	舟山市	
11	安徽旅游职业学院	4134014165	安徽省	阜阳市	民办
12	江西旅游商贸职业学院	4136012932	江西省	南昌市	
13	青岛酒店管理职业技术学院	4137013011	山东省	青岛市	
14	山东旅游职业学院	4137013858	山东省	济南市	
15	烟台文化旅游职业学院	4137014707	山东省	烟台市	
16	郑州旅游职业学院	4141013791	河南省	郑州市	
17	郑州商贸旅游职业学院	4141014380	河南省	郑州市	民办
18	洛阳文化旅游职业学院	4141014750	河南省	洛阳市	
19	三峡旅游职业技术学院	4142014258	湖北省	宜昌市	
20	长沙商贸旅游职业技术学院	4143012603	湖南省	长沙市	
21	湖南高尔夫旅游职业学院	4143014309	湖南省	常德市	民办
22	广东酒店管理职业技术学院	4144014572	广东省	东莞市	民办
23	三亚航空旅游职业学院	4146013931	海南省	三亚市	民办
24	三亚中瑞酒店管理职业学院	4146014612	海南省	三亚市	民办
25	重庆旅游职业学院	4150014316	重庆市	重庆市	
26	天府新区航空旅游职业学院	4151014645	四川省	眉山市	民办

序号	学校名称	学校标识码	所在省	所在地	备注
27	南充文化旅游职业学院	4151014728	四川省	南充市	
28	贵州文化旅游职业学院	4152014769	贵州省	贵阳市	
29	云南旅游职业学院	4153014381	云南省	昆明市	
30	陕西旅游烹饪职业学院	4161014031	陕西省	西安市	民办

较之上一统计周期，全国独立建制旅游高职院校新增了南充文化旅游职业学院、烟台文化旅游职业学院、洛阳文化旅游职业学院和贵州文化旅游职业学院四所院校。其中，南充文化旅游职业学院于2020年3月经四川省人民政府批准设立，是全国第一所文化旅游融合的全日制公办普通高等职业院校；烟台文化旅游职业学院于2020年3月在烟台工贸技师学院基础上建立，是全国第二所以"文化旅游"产业命名的全日制公办普通高等职业院校；贵州文化旅游职业学院于2021年2月经贵州省人民政府批准设立，是一所以全日制普通高职教育为主，同时开展中等职业教育，学科门类以文化艺术、旅游等为主的全日制公办普通高职院校；洛阳文化旅游职业学院于2021年5月经洛阳市政府、市教育局批准，是一所以洛阳幼儿师范学校为主体申报设置的公办高等职业院校。

从表5可以看出，华东6省1市的独立建制旅游高职院校数量继续居于首位，占比36.67%，累计达11所。华中地区的院校数量紧随其后，拥有6所旅游高职院校，占比20%。2020—2021年统计周期内，西北、东北、华南和华北地区的院校数量保持不变，华东和华中地区的独立建制旅游高职院校各增加1所，西南地区增加2所。上述变化与河南省、西南地区重点发展以文化和旅游为代表的产业经济密不可分。以河南为例，疫情后中华文化的持续出圈和河南籍生源的高位输出为文旅类高职院校的发展提供了"养分"。此外，在国际旅游岛建设热潮下，海南省独立建制的旅游高职院校数量居于全国前列，其密度已与浙江、山西、湖南省相当。就院校的所有权性质来看，30所旅游高职院校中公办院校占比70%，民办院校占比30%。

（二）办学条件

表6　30所独立建制旅游高职院校学生规模、校园面积及专业数量

序号	学校名称	学校标识码	主管部门	所在地	在校生规模（人）	校园面积（亩）	专业数	2020—2021年新增专业	办学性质
1	河北旅游职业学院	4113012887	河北省	承德市	约10000	503	33	-9	公办
2	太原旅游职业学院	4114013696	山西省	太原市	约6000	313.82	43	2	公办
3	山西旅游职业学院	4114013697	山西省	太原市	约5108	438.45	40	9	公办

续表

序号	学校名称	学校标识码	主管部门	所在地	在校生规模（人）	校园面积（亩）	专业数	2020—2021年新增专业	办学性质
4	黑龙江旅游职业技术学院	4123013729	黑龙江省	哈尔滨市	约4043	694.05	36	−1	公办
5	上海旅游高等专科学校	4131010275	上海市	上海市	约4496	326	20	5	公办
6	南京旅游职业学院	4132014180	江苏省	南京市	约6300	428.1	26	5	公办
7	扬州中瑞酒店职业学院	4132014528	江苏省教育厅	扬州市	约3000	220	22	7	民办
8	江苏旅游职业学院	4132014604	江苏省	扬州市	约9914	1176	36	−8	公办
9	浙江旅游职业学院	4133012867	浙江省	杭州市	约12256	1080	30	2	公办
10	浙江舟山群岛新区旅游与健康职业学院	4133016408	浙江省	舟山市	约3154	236	11	0	公办
11	安徽旅游职业学院	4134014165	安徽省教育厅	阜阳市	约2000	500	8	−6	民办
12	江西旅游商贸职业学院	4136012932	江西省	南昌市	约17000	1068	56	12	公办
13	青岛酒店管理职业技术学院	4137013011	山东省	青岛市	约14000	659.34	38	1	公办
14	山东旅游职业学院	4137013858	山东省	济南市	约9000	1009.5	29	−3	公办
15	烟台文化旅游职业学院	4137014707	山东省	烟台市	约1500	500	18	12	公办
16	郑州旅游职业学院	4141013791	河南省	郑州市	约17410	1251	48	6	公办
17	郑州商贸旅游职业学院	4141014380	河南省教育厅	郑州市	约3612	170.06	42	11	民办
18	洛阳文化旅游职业学院	4141014750	河南省	洛阳市	约7000	420	13	8	公办
19	三峡旅游职业技术学院	4142014258	湖北省	宜昌市	约7000	810	35	13	公办
20	长沙商贸旅游职业技术学院	4143012603	湖南省	长沙市	约9000	712	32	17	公办

续表

序号	学校名称	学校标识码	主管部门	所在地	在校生规模（人）	校园面积（亩）	专业数	2020—2021年新增专业	办学性质
21	湖南高尔夫旅游职业学院	4143014309	湖南省教育厅	常德市	约10000	6000（含水面3000亩）	28	9	民办
22	广东酒店管理职业技术学院	4144014572	广东省教育厅	东莞市	约6000	908	32	6	民办
23	三亚航空旅游职业学院	4146013931	海南省教育厅	三亚市	约6000	644.2	47	24	民办
24	三亚中瑞酒店管理职业学院	4146014612	海南省教育厅	三亚市	约5500	362	17	11	民办
25	重庆旅游职业学院	4150014316	重庆市	重庆市	约6000	312	30	14	公办
26	天府新区航空旅游职业学院	4151014645	四川省教育厅	眉山市	约12000	350	16	4	民办
27	南充文化旅游职业学院	4151014728	四川省	南充市	约5100	1000	16	0	公办
28	贵州文化旅游职业学院	4152014769	贵州省	贵阳市	约6000	300	14	9	公办
29	云南旅游职业学院	4153014381	云南省	昆明市	约12300	213.93	47	13	公办
30	陕西旅游烹饪职业学院	4161014031	陕西省教育厅	西安市	约4500	300	13	–13	民办

1. 学生规模

就学生规模而言，统计周期内全国 30 所独立建制的旅游高职院校的在校生人数继续增长，同比增长约 28.4%。具体言之，学生数在 1 万人以上的院校达到 8 所，分别是郑州旅游职业学院、江西旅游商贸职业学院、青岛酒店管理职业技术学院、云南旅游职业学院、浙江旅游职业学院、天府新区航空旅游职业学院、河北旅游职业学院、湖南高尔夫旅游职业学院，5000 人以上的高校共计 22 所。5000 人及以上办学规模的独立建制旅游高职院校占总数的 73.3%（见表 5）。这体现了高等教育步入大众化的今天，文化和旅游业以及头部旅游高职院校在学生心目中依然保有一席地位。

2. 校园面积

表 6 显示，全国独立建制的 30 所旅游高职院校中，校园面积超过 1000 亩的学校有 7 所，占比 23.3%；校园面积不足 300 亩的学校有 4 所，占比 13.3%。较大的面积差异呈

现了现阶段我国旅游高职教育资源分配相对不均衡的现状。校园面积差异较大的原因主要有三：一是学校办学规模，二是学校所处区位条件，三是办学时间。

近年来，随着办学规模的持续扩大，不少院校启动了新建校区的计划。不过事先规划不足的拘囿也随着发展而相伴相生，部分学校出现了等到需要扩展规模时，周围已无地可征的情况。不过，我国独立建制的旅游高职院校的校园环境得到了大幅度提升，诸多院校以景区标准打造了校园环境，绿水环绕、秀木成行，与建筑相映成趣的态势初步建立，育人氛围得到了显著改善。此外，2020—2021 年间，独立建制的 30 所旅游高职院校均提高了教学、实训、文体及生活设施的建设标准，公办院校的指标依然要优于民办院校。据不完全统计，30 所院校中校园生均教学辅助及行政用房面积为 20.88 平方米/人，教学科研仪器设备总值平均数为 9998.45 万元。较之上一统计年度，30 所独立建制旅游高职院校的硬件条件持续改善，生均财政拨款水平、生均教学科研仪器设备值、企业提供的校内实践教学设备值等指标均呈现稳中有升趋势。

（三）专业建设

1. 专业设置

2019 年 12 月，教育部公布了《中国特色高水平高职学校和专业建设计划建设单位名单》（双高计划）第一轮建设单位名单。本报告同时就入选双高计划的旅游大类专业进行了统计，共 5 所院校的专业入选，详见表 7 "双高计划"旅游大类专业群设置。

海南经贸职业技术学院旅游管理专业群入选高水平学校建设单位（C 档），浙江旅游职业学院导游专业群入选高水平专业群建设单位（B 档），陕西职业技术学院旅游管理专业群入选高水平专业群建设单位（B 档），青岛酒店管理职业技术学院酒店管理专业群入选高水平专业群建设单位（C 档），长沙商贸旅游职业技术学院餐饮管理专业群入选高水平专业群建设单位（C 档）（见表 7）。

表 7 "双高计划"旅游大类专业群设置

序号	省份/城市	学校名称	专业群名称	所属类别
1	海南（海口）	海南经贸职业技术学院	旅游管理	高水平学校建设单位（C 档）
2	浙江（杭州）	浙江旅游职业学院	导游	高水平专业群建设单位（B 档）
3	陕西（西安）	陕西职业技术学院	旅游管理	高水平专业群建设单位（B 档）
4	山东（青岛）	青岛酒店管理职业技术学院	酒店管理	高水平专业群建设单位（C 档）
5	湖南（长沙）	长沙商贸旅游职业技术学院	餐饮管理	高水平专业群建设单位（C 档）

2.课程建设

2019 年，浙江旅游职业学院、太原旅游职业学院和云南旅游职业学院联合建设的景区专业教学资源库入选国家级教学资源库，30 所独立建制的旅游高职院校立项国家级职业教育专业教学资源库累计达到 6 个，省级教学资源库 5 个，建成国家级精品资源共享课 8 门，国家精品在线开放课程 12 门，国家级精品课程 14 门，详见表 7 部分独立建制旅游告知院校课程建设情况汇总（见表 8）。

表 8　部分独立建制旅游高职院校课程建设情况汇总

序号	院校名称	国家级教学资源库（个）	省级教学资源库（个）	国家级资源共享课（门）	国家精品在线开放课程（门）	国家级精品课程（门）
1	河北旅游职业学院	—	—	1	—	4
2	太原旅游职业学院	—	1	—	—	1
3	山西旅游职业学院	—	—	5	—	—
4	黑龙江旅游职业技术学院	2	—	—	—	—
5	上海旅游高等专科学校	—	—	—	—	1
6	南京旅游职业学院	—	—	—	1	—
7	江苏旅游职业学院	1	—	—	8	—
8	浙江旅游职业学院	1	—	2	—	3
9	江西旅游商贸职业学院	—	—	—	—	3
10	青岛酒店管理职业技术学院	—	2	—	2	—
11	山东旅游职业学院	—	1	—	—	1
12	长沙商贸旅游职业技术学院	1	—	—	—	—
13	三亚航空旅游职业学院	1	—	—	1	—
14	重庆旅游职业学院	—	1	—	—	—
15	陕西旅游烹饪职业学院	—	—	—	—	1
	合计	6	5	8	12	14

资料来源：各高校官网信息，不完全统计。

3.实训设施

30 所独立建制旅游高职院校目前拥有各级财政支持示范性实训基地数量如表 9 所示，江西旅游商贸职业学院拥有 3 个中央级支持的实训基地，河北旅游职业学院、太原旅游职业学院分别拥有 2 个。与上一年度相比，受到省级财政及以上支持的示范性实训基地数量增幅不明显。其中，浙江旅游职业学院有省级财政支持实训基地数量最多，达 13 个，其次为太原旅游职业学院有 8 个，山西旅游职业学院均拥有 5 个。

表 9　独立建制旅游高职院校中央级、省级实训基地汇总

序号	院校	中央级（个）	省级（个）
1	河北旅游职业学院	2	—
2	太原旅游职业学院	2	8
3	山西旅游职业学院	1	5
4	黑龙江旅游职业技术学院		
5	上海旅游高等专科学校	1	—
6	南京旅游职业学院	1	2
7	江苏旅游职业学院	1	3
8	浙江旅游职业学院	1	13
9	浙江舟山群岛新区 旅游与健康职业学院	—	3
10	江西旅游商贸职业学院	3	2
11	青岛酒店管理职业技术学院	1	1
12	郑州旅游职业学院	1	3
13	三峡旅游职业技术学院	1	—
14	长沙商贸旅游职业技术学院	1	—
15	湖南高尔夫旅游职业学院	—	1
16	三亚航空旅游职业学院	—	1
17	重庆旅游职业学院	1	—

资料来源：各高校官网信息，不完全统计。

（四）科学研究

1. 高水平科研项目立项情况

旅游高职院校的科学研究的质量与水平是旅游职业教育教育内涵的重要体现，也是我国旅游教育发展的不竭动力。本报告以 2021 年国家社科基金、教育部人文社科基金、国家自然科学基金、全国旅游科学研究项目等主要人文社科类省部级及以上项目立项名单为依据，分析主要旅游高职院校的高水平科研能力。总体而言，较之本科院校，科研仍是旅游高职院校的短板，尤其是在高水平科研项目立项上。

以 2020—2021 年度教育部人文社会科学基金的立项课题为例，27 项课题与旅游相关，其中本科院校获得 24 项，高职院校获得 3 项，分别为：山东外贸职业学院董文静的《中国文化产业和旅游产业融合发展的内在机理及现实路径研究》（青年基金项目），南京旅游职业学院顾至欣的《遗产活化视角下的苏州古典园林博物馆化利用研究》（青年基金项目）；浙江旅游职业学院巫程成《基于多源异构数据的文化旅游知识图谱构建

及数字化融合路径研究》（青年基金项目）。

2. 论文发文情况

本报告以中国知网（CNKI）为数据来源，以作者单位为关键词搜索，对 30 所独立建制旅游高职院校在 2020—2021 年发表论文进行分析统计，结果见表 9。其中，青岛酒店管理职业技术学院、江苏旅游职业学院、南京旅游职业学院、浙江旅游职业学院、长沙商贸旅游职业技术学院、山西旅游职业学院、江西旅游商贸职业学院、河北旅游职业学院 8 所院校，年发表论文数量达 300 篇以上。值得一提的是，2020—2021 年，青岛酒店管理职业技术学院、江苏旅游职业学院、南京旅游职业学院、浙江旅游职业学院在 CNKI 中发表论文数均超过 400 篇，青岛酒店管理职业技术学院发文总量位居榜首。当然，也有 3 所院校未见有关学术论文发表。

另外，本报告还对 30 所独立建制旅游高职院校在旅游类 CSSCI 来源期刊及 RCCSE 来源期刊的发文情况作了统计。2020—2021 年，在《旅游学刊》《旅游科学》《旅游论坛》三种期刊上发表的有关旅游学科论文进行统计。查询中国知网结果显示，2020—2021 年，《旅游学刊》收录论文 437 篇，仅广东酒店管理职业技术学院郑丽敏老师发表 1 篇文章，《旅游论坛》2020—2021 年收录论文 110 篇，仅浙江旅游职业学院王昆欣教授、吴盈盈助理研究员、高明博士、池静讲师、王瑜铭经济师等发文 5 篇，占全年刊发文章总数的 5.45%。《旅游科学》2020—2021 年收录论文 73 篇，无独立建制旅游高职院校发表文章。

表 10　独立建制旅游高职院校中国知网（CNKI）中论文数汇总

学校名称	论文总数（篇）	旅游相关论文数（篇）
河北旅游职业学院	305	96
太原旅游职业学院	215	110
山西旅游职业学院	312	126
黑龙江旅游职业技术学院	59	10
上海旅游高等专科学校	118	46
南京旅游职业学院	448	233
扬州中瑞酒店职业学院	20	8
江苏旅游职业学院	505	108
浙江旅游职业学院	431	200
浙江舟山群岛新区旅游与健康职业学院	57	34
安徽旅游职业学院	—	—
江西旅游商贸职业学院	312	98
青岛酒店管理职业技术学院	552	102

学校名称	论文总数（篇）	旅游相关论文数（篇）
山东旅游职业学院	76	56
烟台文化旅游职业学院	26	7
郑州旅游职业学院	208	96
郑州商贸旅游职业学院	1	1
洛阳文化旅游职业学院	—	—
三峡旅游职业技术学院	59	25
长沙商贸旅游职业技术学院	344	36
湖南高尔夫旅游职业学院	61	8
广东酒店管理职业技术学院	48	18
三亚航空旅游职业学院	172	55
三亚中瑞酒店管理职业学院	92	58
重庆旅游职业学院	199	55
天府新区航空旅游职业学院	79	26
南充文化旅游职业学院	43	17
贵州文化旅游职业学院	—	—
云南旅游职业学院	125	54
陕西旅游烹饪职业学院	1	—

（五）社会服务

1. 双师型教师培养

本报告对 30 所独立建制的旅游高职院校双师型教师结构进行了统计分析。结果显示，双师教师的占比均值为 62.62%，双师比例超过 80% 的院校有 7 所，占比 23.33%。尚有 4 所院校双师比例在 40% 以下。师资队伍建设表现出较大的差异性。随着职业教育"双师型"教师队伍建设越来越受到重视，各旅游高职院校从政策、内涵、问题到专业标准和培养模式对"双师型"教师的培养都在持续攻坚。但是，制约教师实践能力的因素依然存在。举例而言，下企业实践制度的不完善，致使校企合作层次仍停留在专业认知、工学结合实习等浅表层面，"双师型"教师培养的迭代亟待破解。另外，片面强调技能的"操作工"式的教师依然存在，科学研究依然是提高教师理论水平、实践能力和跨学科能力的重要途径。太原旅游职业学院"送教入企"助力景区服务提升，课程关注旅游从业人员能力和素养提升，开设一系列理论与实践相结合的课程。山西旅游职业学院师生组成的"乡村振兴"社会实践团走进临汾市永和县乾坤湾乡东征村，循着红色足迹，挖掘红色资源，开展兴旅助农志愿活动。

2. 服务地方

2020 年以来，旅游高职院校利用专业优势提供志愿服务、公益活动，助力欠发达地区发展、助力乡村振兴。例如，浙江旅游职业学院连续五年开展送教下乡工作，2021 年又率先以"五个角色"打造立体化的社会服务体系。科研人员、培训名师、专业名师、规划师、乡村社区的骨干教师等师生团队各司其职，为我国的共同富裕建设添砖加瓦。又如，河北旅游职业学院 800 余名服务者圆满完成北京冬奥会志愿服务工作。重庆旅游职业学院师生发挥专业优势，牵头举办主题为"走进旅游学院，体验民族文化——我和我的家乡"的公益研学活动。

（六）国际合作

2020 年以来，我国旅游高职院校的国际化办学进程出现了新变化。概括来看，在方向上，加速向"一带一路"沿线转移；在模式上，线上交流日趋频繁；在师资建设上，国际化培育成果更加丰硕；在人才培养上，国际化水平不断拓展。

例如，2021 年，河北旅游职业学院开设首批教师海外学历提升项目；2021 年，上海旅游高等专科学校增加了 2 所学分互认的海外高校，分别是：英国牛津布鲁克斯大学和芬兰 Novia 大学；2021 年，江苏旅游职业学院和美国费尔利迪金森大学联合举办的专业教师"旅游教育国际化"专题国际研修班；2021 年，山东旅游职业学院酒店管理、旅游管理、旅游英语、航空服务、营养与烹饪（中餐）5 个专业获得联合国世界旅游组织旅游教育质量认证（UNWTO.TedQual）；2021 年，烟台文化旅游职业学院与芬兰萨塔昆塔教育联合会签署合作谅解备忘录；

（七）职业能力

1. 职业竞赛

受疫情影响，统计年度内国内外各类各项职业技能竞赛数量锐减。但一些传统赛事仍然举办。2021 年全国职业院校技能大赛高职组导游服务赛项在青海西宁城市职业技术学院举办、高职组餐厅服务赛项在山东青岛酒店管理职业技术学院举办、高职组烹饪赛项在辽宁现代服务职业技术学院举办，中国旅游协会旅游教育分会组织的全国旅游院校服务技能（导游服务）大赛在山东青岛酒店管理职业技术学院举办。

2. "1+X"职业技能等级证书

中国旅游协会旅游教育分会切实把握行业需求脉搏和职业教育发展方向，充分发挥自身指导、组织和研究能力，促进校企深度融合，协同培养旅游人才，推动旅游职业教育发展。积极尝试探索职业技能等级证书工作，牵头开发旅行策划、景点讲解、民宿管家三项职业技能等级标准。经申报，旅行策划技能等级证书于 2020 年 12 月 31 日正式列为教育部"1+X"证书制度第四批试点证书。证书分为初、中、高 3 个级别，高职旅游类专业学生可以报考初级和中级证书。证书首次统考于 2021 年 12 月举行，2022 年 6 月举办了第二次考试，两次考试共有 5000 余名学生参加，取得证书试点阶段性成果。

自 2019 年来，教育部共发布了四批"1+X"试点证书，其中与旅游大类专业有关的证书有 16 项，涵盖了旅游管理、酒店管理与数字化运营、导游、研学旅行管理与服务、烹饪工艺与营养、葡萄酒文化与营销、定制旅行管理与服务、智慧旅游技术应用、会展策划与管理等旅游大类主要专业。

大样本抽样调研发现，专业课程学时数开设不足是现阶段 X 证书执行中的难点之一。比如，山西、浙江、辽宁、湖北等省的高职旅游管理专业传统课程体系因内容缺失、学时数开设不足。另外，岗位技能课程分布零散。依据学生成长规律、专业学习要求制定的传统教学安排，通常是职业知识教学模块课程先于专业岗位技能教学模块课程。先开设知识性理论性课程，然后开设技能性实践性课程。尽管目前旅游类 X 证书考试分期分批开展，但由于原有课程设置的学时分散性，通过常规教学完成某一个证书全部知识、技能考点掌握及标准学时数或完全具备考证申报条件，需要耗时 2~4 个学期。耗时长将削弱学生学习的积极性，碎片式的教学不利于学生高效掌握技能。其他方面，教师职业能力不强、知识结构和能力结构固化、授课内容老化等共性问题也与旅游类 X 证书要求的复合型技术技能存在较大差距。

（八）社会影响

本报告主要从项目、荣誉的获得情况对独立建制旅游高职院校的社会影响进行分析。在 30 所独立建制旅游高职院校中，目前有 1 所国家示范性高职院校；1 所国家骨干高职院校；9 所省级示范院（骨干）校及优质院校；1 所民办高校被评为全国民办高校先进单位；3 所院校通过联合国世界旅游组织旅游教育质量认证；7 所被批准为教育部职业教学现代学徒试点单位；5 所被批准为省（市）级职业教学现代学徒试点单位；5 所省优质高等职业院校建设单位。

三、新时代中国旅游高职教育展望

（一）世纪疫情加速旅游高职教育的变革进程

新冠肺炎疫情给我国乃至全世界经济发展都带来了巨大影响，全球经济社会政治正处于百年未有之变局中。一个共识是，新冠肺炎疫情的影响短期内不会消失。在双循环、共同富裕和高质量发展等国家顶层设计的驱动下，我国职业教育，尤其是旅游高职教育将更加凸显其对于国家经济发展的支撑作用，愈加彰显急用先行的应用价值。三年来，旅游业是受冲击最深的产业，旅行社、景区、酒店、旅游交通等企业的用人规模都有严重的萎缩，使学生跟岗实习、顶岗实习到岗率降低，就业机会减少，就业压力大幅度增加。旅游高职教育一方面需要学校和企业一道研究市场变化，精准人才培养定位，调整人才培养方案，对学生实行小规模定向化培养，同时培养学生的综合素质和能力，使其成为复合型人才，拓宽就业面。另一方面，在学生到校外实训基地集中实训受阻的情境下，如何通过校内生产性实训基地和实训室的仿真教学软件弥补实习实训的功能缺失，这也是新形势下旅游高职教育高质量发展、适应性发展的必然思考。因此，要在以下几个方面持续发力：

一是发挥制度优势，用好政策红利。疫情之下，旅游高职院校的招生计划势必向产业发展急需人才倾斜，应用型、技术技能型和复合型人才培养比重进一步增大。要用好用足国务院发布《国家职业教育改革实施方案》（简称"职教 20 条"）的政策红利，加快产教融合、校企合作、产学研一体的实验实训实习设施、平台和基地建设步伐。二是旗帜鲜明的扎根产业行业。疫情倒逼旅游教育强基固本、寻求变革。旅游高职教育的升格要匹配产业行业的升级，将职业教育的科学理念贯穿到整个教育体系和社会体系之中，为之找到最恰切的历史站位，坚定践行中国特色和中国方案的职业教育模式。一方面，公办的院校继续发挥主力军作用，另一方面，社会资本也将进入旅游职业教育领域。政府统筹管理、社会多元办学的格局将逐步形成。三是立足全球，着眼当下，旅游高职教育应积极开展广泛的国际合作，无论是人员交流往来、教育教学方式，还是教育治理体系和发展理念，都可以进一步加强国际交流。

（二）课程思政加速立德树人德技并修的旅游教育实践

课程思政是高校思想政治教育教学改革的内在要求。对旅游高职教育而言，旅游学基础理论、旅游活动核心要素、旅游新业态、文旅融合等专业课程的考核评价都浸润着思政教育要素。旅游教育工作者要站在文化自信的视角，立足时代，精准结合行业发展动态，抓住课程思政的切入点，贯穿全程，真正做到"传道、授业、解惑"。旅游课程其教学任务不仅要向学生"授业"（即传授旅游基础知识），"解惑"（即掌握旅游服务与管理方法），更要"传道"（即培养学生良好的品德），使学生接受符合新时代发展要求的教育，具言之：

一要持续提高课堂的育人成效。"德"与"技"的培育、养成及发展并不是一朝一夕，相反，"德"与"技"对学生有效渗透的过程是循序渐进。旅游高职院校应借助"双高"的东风，在大范围组建教学团队的基础上切实提高学生的课堂吸收率，要不断探索专业群协同发展机制，优化课程设置，巧妙设计教学环节，注重专业核心技能的传授，将理论与实践相结合，要做到对整个课堂教学活动的不断总结与反思。教研团队要通过虚拟教研室机制积极挖掘各类课程中包含的思想政治元素，将德育理念融入每一节课堂教学过程中，实现思想政治教育与专业知识教育的有机融合。二要拓展实践的育人空间。课堂不再是德技并修育人的单一场所，课外的实践活动也需走进众人视野。旅游高职院校要在延展第二课堂上下功夫，鼓励师生参与丰富多彩的活动，为技能实训课注入新鲜的活动形式。应抢抓经济逐步复苏的上升周期，积极开展不同层次的技能大赛，为师生技能经验的交流与提升开拓新的空间。此外，各类"三下乡""西部计划""志愿者服务"等活动，将第二课堂的活动与专业课教学相结合，有助于提高学生的思想品德和动手实践能力，做到"德"与"技"的共融互通。三要开启网络的育人形式。高质量发展离不开互联网和大数据时代下的网络课程。旅游高职院校要利用好网络大平台，基于数据及时获取学生的发展需求，第一时间将相关视频与新闻推送到学生手中。线上开设道德教育礼仪规范、职业规划讲堂、技能演练示范课程，可不断为德技并修的推进指明方向。此外，还应线上与线下相结合，共同设立旅游高职院校的技能标兵、德育标兵，不断延展榜样的传播渠道和价值。

（三）新专业目录加速旅游高职教育体系的再升级

新专业目录推动旅游高职教育新升级，为旅游人才培养指明了以下几点方向。

一是愈加注重培养有更广博的跨行业属性的旅游人才。《目录》中有关专业调整的情形主要包括适应经济社会发展新变化新增专业，根据产业转型升级更名专业，根据业态或岗位需求变化合并专业，对不符合市场需求的专业予以撤销。随着旅游产业边界不断拓展和延伸，融合了众多"旅游＋"产业，多种资源整合开发。旅游成为主导但并非唯一的产业，这就意味着旅游基础理论扎实、知识结构和技能储备更为复合多样的旅游人才更能适应全域旅游快速发展的需要。二是愈加注重培养有更全面的综合素质的旅游人才。《目录》体现了未来的旅游行业将更为关注旅游的品质和质量，关注游客的满意度和幸福感，这就对从业人员的服务意识和质量提出了更高要求。学校要更全面地培养学生的综合素质，包括职业忠诚度、工匠精神、诚信耐劳、团队合作等，以及终身学习能力的培养。三是愈加注重培养有多元创新能力的旅游人才。《目录》中新增的"数字化""智能""智慧"等词汇，体现了旅游产业与众多相关产业深度融合，将形成更多新的旅游业态。旅游市场将诞生领域极为广阔的旅游产品，以打破传统旅游对时间、空间的束缚，从而实现旅游动态化发展，这需要有创新意识和创新能力的旅游人才来支撑。

（四）共同富裕加速旅游高职教育的体系迭代

推进共同富裕有多重目标和实现路径，为全体人民创造公平的受教育机会就是其中之一。对于多数人来说，劳动是致富根本，职业教育发展就是提升我国人力资本必不可少的支撑体系。国家明确共同富裕的目标重点是扩大中等收入群体规模，而技术工人是中等收入群体的重要组成部分。加大技能人才培养力度，提高技术工人工资待遇，吸引更多高素质人才加入技术工人队伍，这些与新职业教育法的推动方向是一致的。因此，职业教育发展本质上可以将教育与劳动致富相结合，增强向上流通性，构建稳定的社会经济结构，助力实现共同富裕目标。

在抓疫情防控和抓经济发展并重的历史节点上，旅游高职院校要进一步瞄准经济社会发展需求和人民群众对职业教育的期待，牢牢扎根本土大地、扎根文旅事业，以产教融合为主线，以创新服务为己任，以开放合作为路径，重点做深"三篇文章"：一是行业服务的文章，持续深入开展"服务产业行动计划""师生团队助力乡村文旅发展建设""暑期送教下乡"等活动；二是产业研发的文章，以研究平台为主攻方向，把攻克行业企业技术"瓶颈"，提供问题解决方案作为实现校企紧密型合作的"突破口"，力求建设成为"政府智库、行业智囊和学术高地"；三是旅游职业教育影响力的文章，以教育部全国旅游职业教育教学指导委员会、中国旅游协会旅游教育分会等为阵地，合力发出旅游高职教育的最强音，扩大旅游职业教育的话语权、影响力、带动力。

（五）"双高计划"加速旅游职业教育高地建设

高职院校省级及以上"双高计划"建设申报并公示的旅游大类专业群共有 15 所院校的 16 个专业群。"双高计划"的纵深推进使得人才培养模式创新、课堂教学资源创新、教材与教法改革、师资队伍建设、实践基地建设等各个领域的高地效应愈加明显，通过打破传统平衡激发了旅游高职院校的活力和创造力。两年来，"双高计划"加速了旅游高职院校迈入人工智能时代的步伐，高职院校的人才培养已加速从职前教育的传统模式中迭代蜕变而出。在旅游高职教育领域，适应时代变革的个体终身学习已逐渐成为"刚需"，阶段性的学校教育已不能满足个体终身成长需求。一个典型的实践是，诸多旅游高职院校通过制定国家资历框架，建设职业教育国家"学分银行"、建设社区教育示范基地等，强化"双高计划"建设主体的社会继续教育功能，推动学历教育与职业培训并举并重，完善全民终身学习制度体系。

"双高计划"建设使得我国旅游高职院校的绩效评价转变为以技术技能人才的终身成长为目的，考察建设主体对人才成长条件的提供情况和终身学习能力的培养情况。作为新时代职业教育重点建设政策，以人才终身成长为目的的评价，将引发社会对成长型思维和终身职业技能的广泛关注。对旅游高职教育而言，以"产教融合、校企合作、工学结合、知行合一"为突出代表的"四合机制"将促进技能型社会的形成。

（六）1+X证书制度加速旅游高职教育资历框架重构

习近平总书记在第 39 届国际标准化组织大会的贺信中指出，"世界需要标准协同发展，标准促进世界互联互通"。职业教育同样也需建立以标准为代表的"通用语言"，1+X 证书制度有利于推动职业院校技能人才培养质量标准的优化和完善。从旅游高职教育的实践看，1+X 证书制度统一教学标准，高效优化教学组织实施。如前文所述，旅游高职教育的人才培养水平差距较大，很大程度上是教师队伍、教学条件等方面的支撑度不一致所致。1+X 证书制度在一定程度上设计了统一的教学保障标准，借助培训评价组织凝聚行业、企业和院校资源，帮助一大批教师通过师资培训提升教学能力、更新教学理念，同时将新技术、新知识、新标准及时融入教学资源，统一向相关职业技能等级证书试点学校开放，有效弥补职业院校办学力量不足。1+X 证书制度统一人才评价标准，便于横向对比人才培养质量。

随着 1+X 证书制度在旅游教育中的持续推进，制度在增强技能人才培养适应性方面的正向作用越发凸显。一是制度设计重视学生获得，补充学生技术技能不足。现阶段执行的旅游类职业技能等级证书客观反映了获取者在相关职业活动领域的技术技能水平，获得过程也是学生对照行业需求补充所学专业领域相关的技术技能、实现专业素质提升的过程。二是促进个体技能的全面发展，提高就业竞争力。通过赋予旅游高职院校的自主选择权，学生可根据自身情况在获得学历证书的同时自主选择多类职业技能等级证书，既可拓展学生专业所学的局限性，促进学生进一步成长为高素质复合型技术技能人才，也可增强学生的多岗位适应性，助力毕业生"长技能、好就业"。

（七）教学创新团队建设加速旅游高职教师的专业化成长

教学改革创新的落地，需要创新性教师教学团队来落实。高水平、结构化教师教学创新团队建设是"双高计划"建设的重要目标，同时也是服务"双高计划"建设的重要组织形式，高水平体现在示范、引领新时代旅游高职院校高素质"双师型"教师队伍建设，深化旅游高职院校"三教"（教师、教材、教法）改革，为职业教育"增值赋能、提质培优"提供强有力的师资支撑。

教育部印发了《全国职业院校教师教学创新团队建设方案》的通知（教师函〔2019〕4 号），具体建设目标：（1）经过 3 年左右的培育和建设，打造 360 个满足职业教育教学和培训实际需要的高水平、结构化的国家级团队；（2）通过高水平学校领衔、高层次团队示范，教师按照国家职业标准和教学标准开展教学、培训和评价的能力全面提升，教师分工协作进行模块化教学的模式全面实施；（3）辐射带动全国职业院校加强高素质"双师型"教师队伍建设，为全面提高复合型技术技能人才培养质量提供强有力的师资支撑。

2021 年教育部公布了第二批国家级职业教育教师教学创新团队立项名单，文体旅游专业领域有 18 个团队立项，需要说明的是在教育部第一批国家级职业教育教师教学创新团队立项名单中没有旅游大类专业团队立项（表11）。

表 11　教育部第二批国家级职业教育教师教学创新团队（文体旅游）立项名单

序号	学校名称	专业名称	省份
1	广西师范大学	旅游管理	广西
2	长沙商贸旅游职业技术学院	餐饮智能管理	湖南
3	哈尔滨商业大学	烹饪与餐饮管理	黑龙江
4	青岛职业技术学院	旅游管理	山东
5	无锡商业职业技术学院	旅游管理	江苏
6	成都职业技术学院	旅游管理	四川
7	浙江旅游职业学院	智慧景区开发与管理	浙江
8	青岛酒店管理职业技术学院	酒店管理与数字化运营	山东
9	江西旅游商贸职业学院	旅游管理	江西
10	山东理工职业学院	研学旅行管理与服务	山东
11	湖南体育职业学院	运动训练	湖南
12	苏州工艺美术职业技术学院	文化创意与策划	江苏
13	江西陶瓷工艺美术职业技术学院	文物修复与保护	江西
14	广西经贸职业技术学院	文化创意与策划	广西
15	沈阳市旅游学校	旅游服务与管理	辽宁
16	北京市外事学校	高星级饭店运营与管理	北京
17	苏州旅游与财经高等职业技术学校	旅游服务与管理	江苏
18	海南经贸职业技术学院（培育单位）	旅游管理	海南

　　旅游高职教育作为一种类型而存在，"教什么""怎么教"是一个需要深入研究的问题。"教什么"属于课程建设范畴，真正的能力本位课程要求直接把职业能力清单作为教学内容，即旅游大类中每种职业能力就是一个教学模块，而不是仅仅把职业能力作为教学目标。"怎么教"属于教学论范畴，要着眼于促进旅游学课程系统与教学内容的优化，通过高水平、结构化教师创新团队建设，形成教育教学改革的合力，推动学校与企业的深度合作，开发课程、重构教学流程，实行项目化教学、情景式教学、工作过程导向教学，打破学科教学的传统模式。可见，"三教"改革是一项系统工程，而高水平、结构化教师教学创新团队便是推进"三教"改革的助跑器。近年来，我国旅游高职院校大量招聘了具有研究生学历的应届毕业生，虽然采取培训、培养、下企业等多种途径提升教师的生产实践技能，但"双师型"教师发展一般都是处于自身摸索的状态，缺乏教学团队的支撑。高水平结构化教师教学创新团队不仅是为学生提供所需技能的一种手段，更是促进教师自身专业发展的一种优选方式。

（八）数字产业化与产业数字化加速旅游高职教育融合

　　2021 年年末，国家《"十四五"旅游业发展规划》正式发文。规划中累计 11 次提及"科技"，57 次提及"创新"，12 次提及"智慧"，向社会各界传达了科技赋能旅游更美好的发展愿景。从需求侧看，数字化生活习惯也进一步推动旅游产业数字化转型。艾瑞咨询在《2021 年中国在线旅游行业研究报告》中认为，未来在线旅游市场将加速呈现年轻化、内容化、数字化趋势。旅游用户年轻化趋势将推动行业及产品转型，用户属性年轻化和用户习惯内容化也将进一步推动旅游内容产业发展。策应于数字产业化和产业数字化进程，旅游高职教育应遵循循序渐进的原则，在夯实基础的前提下在融入行业层面实现网络化的互联互通。进一步，先行地区的旅游高职院校和全国的"双高计划"院校，要率先在应用层面寻求突破点，结合现实的应用场景，将大数据、人工智能、区块链、元宇宙、虚拟现实等技术应用在人才培养的全流程中，围绕产业链打造创新链。

从消费互联网到产业互联网的转移过程离不开优秀的行业人才，产业转型升级的同时也对旅游产业所涉及的相关行业从业人才提出了新的要求。当前旅游跨界日益多样化、细分化、数字化，客观上都要求行业尽快建立面向未来的创新人才培养体系，以不断培养出优秀的旅游管理人才、旅游技术技能型人才。对此，旅游高职院校要强化使命意识，加快优化旅游相关专业设置，推动专业升级，完善旅游管理类专业教学质量标准，大力发展旅游管理的专科—本科—研究生教育衔接贯通模式，加强旅游管理学科建设。另外，要健全适合智慧旅游、云旅游等发展特征的从业人员培训机制，为文化出圈、旅游强基、产业强国储备复合型人才。

中国旅游中等职业教育年度报告
（2020—2021）

四川省旅游学校课题组[①]

2020年本是全面建成小康社会和"十三五"规划收官之年，也是职业教育改革发展开启新征程、谱写新篇章的关键之年。但2020年年初新冠肺炎疫情在世界范围内扩散，严重影响了我国经济发展和人民的正常生活秩序，也深刻影响了我国旅行业发展走向与格局变化。在党中央及国家有关部门的领导下，文化和旅游部积极争取纾困政策、指导地方用足用好政策，抓好项目建设、推动产业创新发展，旅游业在下半年缓慢恢复。

随着疫情防控旅游业复苏，后疫情时代反而催生了旅游业的转型升级。后疫情时代旅游业格局的变化对旅游职业人才需求也提出更高更新的要求。

一、调研内容和方法

为了保证本报告的客观、真实性，我们成立了课题组，开展了2020—2021年度全国旅游中职教育发展情况相关内容的调研工作。

（一）调研内容

本调查以"2020—2021年度全国旅游中职教育发展情况"为主要研究内容，内容涵盖在校生基本情况、招生和就业情况、专业建设情况、师资队伍建设、职教贯通培养情况、课程建设情况、智慧校园建设情况、校企合作与实习实训基地建设情况、社会服务工作、校园文化等内容，课题组力图在调研样本数据汇总的基础上，勾勒出我国旅游中等职业教育的发展现状，为旅游中等职业教育未来发展相关研究与探索提供有益的参考。

[①] 四川省旅游学校课题组成员：赵晓鸿、马友惠、谢琳。马友惠执笔。
赵晓鸿，教授，四川省旅游学校党委书记、校长，中国旅游协会旅游教育分会副会长。马友惠，高级讲师，四川省旅游学校旅游管理系主任。谢琳，讲师，四川省旅游学校科研校地合作处副主任。

（二）调研方法

由于新型冠状病毒肺炎疫情影响，无法实地走访，我们主要采用线上问卷调查、电话问询、网络信息采集方法对上述十方面的相关内容进行了为时 1 个月的调查研究。

网络信息采集主要通过各省、市、自治区教育厅官方网站，重点样本学校官方网站以及网络问卷途径。课题组使用网络信息采集法对 31 个省份（省级行政区中除了香港、澳门、台湾之外）的招生考试网上中职学校招生指南发布的本年度旅游类专业进行了统计分析。线上问卷主要通过"问卷星"App 发布《2020—2021 年度中国旅游中等职业教育调研问卷》，由中国旅游协会旅游教育分会面向旅游中等职业会员学校发放《关于开展 2020—2021 年度中国旅游中等职业教育调研的通知》进行了问卷调研。最后收回问卷 57 份，回收率为 74%。

课题组还通过电话问询调研了包括近百所中国旅游协会旅游教育分会会员单位和 50 所开设有旅游类专业的非会员单位。

本年度报告采用问卷调研数据样本分析与网络信息数据采集相结合的方式进行调研结果统计分析。

（三）调研对象情况

此次受调研学校包括中职教育的所有类型，包括开设旅游相关专业的综合类中职学校、独立设置的旅游中专、设置在高职学校里的中职部分。其中开设旅游相关专业的综合类中职学校占比 86.67%，独立设置的旅游中职学校占比 10.33%，设置在高职学校里的中职部分占比 3%。

问卷调研和电话问询的对象覆盖了全国 23 个省份。参与调研的中职学校数量排名前六的分别为四川、浙江、江苏、山东、广东、上海等省份。

二、2020—2021 年全国旅游中等职业学校的现状

（一）在校生情况

根据样本分析，95% 的学校的在校生总人数相比 2019—2020 年度都呈现下降趋势。主要原因是旅游行业受疫情影响不景气，不少从业人员失业或者转行，让不少家长和学生放弃选择旅游类专业。受调研的中等职业学校在校生人数相比 2019—2020 年度平均下降 11%。

各专业在校生占比也发生了较大变化。2020—2021 年度各专业排序情况如下：旅游服务与管理专业排位第一，主要原因是全国综合类中职学校基本都开设有旅游服务与管理专业，基于办学条件把所招收的旅游类专业的其他专业的学生都纳入旅游服务与管理

专业；高星级饭店运营与管理专业位居第二。中餐烹饪与营养膳食、西餐烹饪排名第三、第四。导游服务专业、会展服务与管理专业为第五名、第六名，较前一年均有所上升，旅游外语和景区服务与管理第七、第八，较前几年下滑到最后。如图1所示：各专业由高到低排序变为：旅游服务与管理专业、高星级饭店运营与管理、中餐烹饪与营养膳食、西餐烹饪、导游服务专业、会展服务与管理专业、旅游外语专业、景区服务与管理。

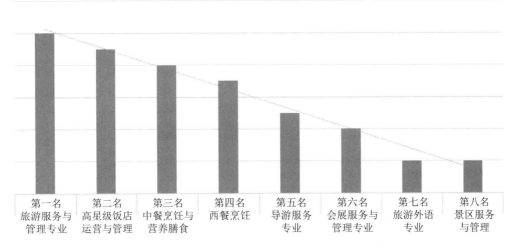

图1 2020—2021年度中职旅游类各专业排序情况

资料来源：课题组根据调研数据整理。

（二）毕业生情况

据样本结果分析，2020—2021年度旅游中等职业学校毕业生总数比2019—2020年度下降了1.81%。各专业由高到低排序依然为：旅游服务与管理专业、高星级饭店运营与管理、中餐烹饪与营养膳食、西餐烹饪、旅游外语专业、导游服务专业、会展服务与管理专业、景区服务与管理。与2018—2019年度全国招生时各专业占比排序基本一致。

2020—2021年度旅游类专业在校生毕业生总体就业率约为77.41%。毕业生行业内就业率为47.32%，近三届毕业生行业内就业率平均值为61.57%。总体就业率、行业内就业率以及近三届毕业生行业内均呈现下降趋势。下降原因和旅游行业遭遇新冠肺炎疫情，旅游行业按下暂停键之后又缓慢复苏直接相关。

样本结果分析显示，旅游类专业毕业生就业一年后的月收入情况如图2所示：2000~3000元占比21.34%，3000~4000元占比38.69%，4000元以上占比39.97%；2020—2021年旅游类专业毕业生就业三年后的月收入：3000~4000元占比19.16%，4000~5000元占比29.44%，5000元以上占比51.4%；毕业生就业五年后的月收入：4000~5000元占比9.33%，5000~6000元占比23.15%；6000元以上占比67.52%。

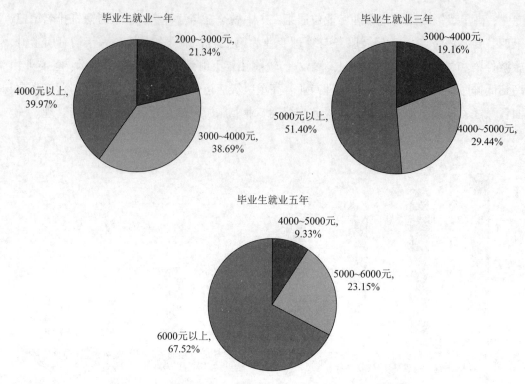

图2　旅游类专业毕业生就业一年、三年、五年的月收入情况

（三）招生情况

2020 年教育部办公厅发布《关于做好 2020 年中等职业学校招生工作的通知》，明确"坚持职普比例大体相当，适度扩大中职招生规模"。样本调研结果分析显示，2020—2021 年度旅游中等职业学校招生数均大幅下降。各专业新生人数占比排序如图3所示：旅游服务与管理专业、中餐烹饪与营养膳食专业、高星级饭店运营与管理专业、西餐烹饪专业、导游服务专业、会展服务与管理专业。样本中，旅游外语专业、景区服务与管理两个专业已经没有招到新生。这个结果和新冠肺炎疫情之下，旅游行业业态发生变化息息相关。

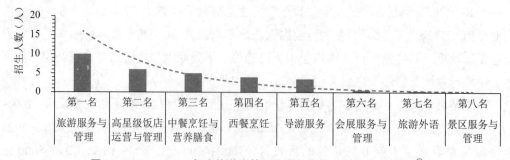

图3　2020—2021 年度旅游中等职业学校各专业招生人数排序①

---

①　课题组根据调研数据整理。

（四）师资情况

2020—2021 年，样本结果分析如图 4 所示：旅游中等职业学校平均师生比为 17.38∶1。专任教师占比 66.15%。聘用校外兼职教师占比 33.85%，其中，企业兼职教师占比 7.9%。双师型教师占比 87.11%。

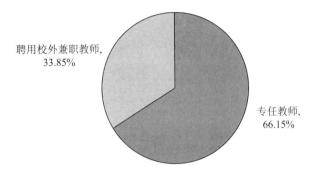

图 4　旅游中等职业教育教师专兼职构成情况

专兼任教师职称构成情况，占比从大到小依次为中级职称、高级职称、初级以下。如图 5 所示，具有高级职称占比 27.34%，中级职称占比 48.13%，初级及以下职称占比 24.53%。

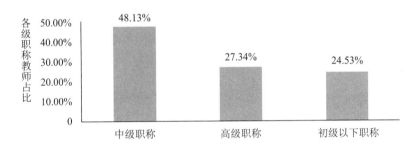

图 5　旅游中等职业教育教师职称构成情况

专兼任教师年度人均培训进修线上线下 15 天，参与国际培训项目人均 0 项，年度人均企业挂职天数仅 3 天。受新冠肺炎疫情影响，以上数据相比于前几年均呈明显下降趋势。

（五）职教贯通培养情况

开设旅游类专业的中职学校目前的贯通培养形式主要有"中职＋高职分段贯通培养"和"中职＋高职＋本科分段贯通培养"两种形式。如图 6 所示，样本结果分析显示，63.33% 的开设旅游类专业的中职学校开通了"中职＋高职分段贯通培养"，即"3+2"分段贯通培养。这种方式主要集中在旅游服务与管理、高星级饭店运营与管理、中餐营养与膳食、西餐营养与膳食等专业；10% 开设旅游类专业的中职学校开通了"中职＋高职＋本科分段贯通培养"即"3+4"分段贯通培养方式，主要集中在旅游服务与管理、高星级饭店运营与管理专业。

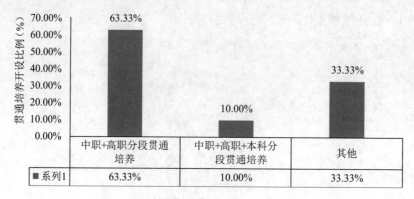

图6　旅游中等职业教育职教贯通培养情况

（六）课程建设

调研样本结果分析显示，旅游类专业课程类别构成情况如图7，公共基础课程学时占总学时的比例约为33.15%；网络课程（共享课程、MOOC课程等）学时占总学时的比例约为37.93%；实践课程（军训、劳动课、实训课、生产性实训、跟岗实习、顶岗实习等）学时占总学时的比例约为40.17%；理论课程的学时占总学时比例约为34.12%；理实一体化课程的比例约为25.71%。网络课程学时增加和2020年全国突发新型冠状病毒肺炎疫情有关，不少开设旅游类专业的中职学校延迟开学到校，采用通过互联网如期开学，上网课的方式进行教学。全国不少学校首次尝试了直播、录课等线上教学方式。

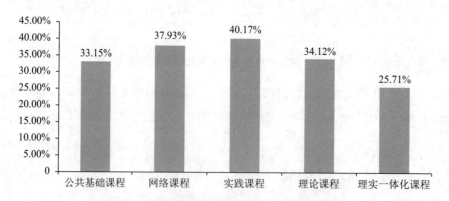

图7　旅游中等职业教育专业的课程构成情况

有36.67%的学校开设有创新创业类课程，这些课程分别有：就业心理与创业指导、中职生创新创业教育实践、调酒和咖啡制作、非遗＋旅游、旅游 VR 设计与应用、创新茶调饮、西点烘焙、插花艺术、茶艺茶技表演等。

创新创业类课程师资来源如图8所示，有43.33%的学校师资来自校内专任教师；23.37%的学校来自校外兼职教师，有33.3%的学校来自其他途径如委托相关专业公司或者校企合作企业共同完成。

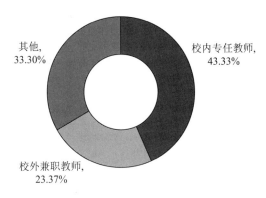

图8 创新创业类课程师资来源情况

（七）校企合作与实习实训基地建设

样本结果分析，开设旅游类专业的中职学校校内实训基地平均有6个。校外实训基地平均有13个，校企共建实训场馆数量平均为1个，经营性实训场馆数量平均0.5个。省外实训基地占比7%。省外实训基地较前几年大幅减少也与疫情有关。

校企合作建设中，签订校企合作协议企业数量平均为15个。有70%的学校与合作单位签订订单式培养协议。66.67%的学校加入旅游职业教育集团。

（八）智慧校园

样本结果分析，有63.33%的开设旅游类专业的中职学校启动了智慧校园建设。"智慧校园建设"的开展形式主要有学校自筹、校企合作共建、校政合作共建的形式。"学校自筹"开展的有30%；"校企合作共建"开展的有13.33%，"校政合作共建"开展的有10%。选择其他形式的有46.67%。有47.34%建有"智慧校园建设"专题网站（如图9）。

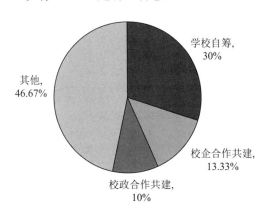

图9 "智慧校园建设"的开展形式

开设旅游类专业的中职学校的"智慧校园"信息化应用系统建设主要基于四大平台，提供包含服务中心、学习中心、管理中心和资源中心等应用。主要建设项目集中在校园管理、教学授课、师生服务、平安校园、节能生态等项目上。调研显示如图 10，建设智慧校园项目中的学校中，用于"校园管理"占比 66.67%，"教学授课"占比 56.67%，"师生服务"占比 56.67%，"平安校园"占比 43.33%，"节能生态"占比 26.67%，其他项目的占比 10.00%（如图 10）。

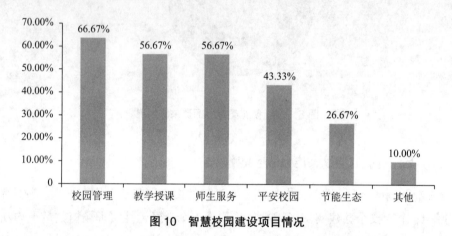

图 10　智慧校园建设项目情况

（九）社会服务工作

样本结果分析显示如图 11 所示：开设旅游类专业的中职学校年平均培训旅游行业从业人员 324 人 / 次，实现收入 12.07 万元。培训对象主要有旅游饭店或餐饮企业从业者、旅行社从业者、旅游景区从业者、旅游行政人员、旅游专业教师等。样本参与培训类型占比分别为："旅游饭店或餐饮企业从业者"为 53.33%，"旅行社从业者"为 26.67%，"旅游景区从业者"为 23.33%，"旅游行政人员"为 3.33%，"旅游专业教师"为 13.33%，其他旅游从业人员为 13.33%。

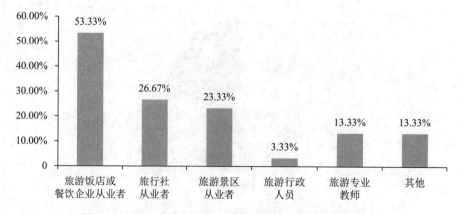

图 11　开设旅游类专业的中职学校参与培训类型占比情况

样本结果分析，有40%的开设旅游类专业的中职学校参与乡村振兴工作，26.67%的学校为政府主管部门或行业提供了旅游技术服务。提供旅游技术服务的主要方式多样，参与程度如图12所示：旅游景区规划项目，参与度6.67%；旅游企业服务质量提升项目，参与度33.33%；旅游教育及产业相关调研，参与度23.33%；旅游企业管理咨询，参与度4.67%；区域旅游整体发展规划，参与度2.52%；还有其他技术服务形式，参与度5.05%。

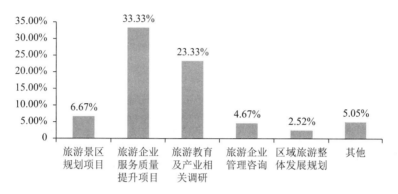

图12　开设旅游类专业的中职学校提供旅游技术服务情况

（十）校园文化

调研样本结果分析，有90%的旅游类专业中职学校认为本校校园文化建设体现并融入了旅游职业文化。校园文化融入旅游职业文化载体通过校园活动、课程开发、师生行为、职业素质/文化专项实训或培训、教育管理、教学/实训区域环境建设等途径。占比90%旅游中职学校选择使用"校园活动"载体，占比73.33%的学校选择使用"课程开发"。占比63.33%的学校选择使用"师生行为"载体，占比83.33%的学校选择使用"职业素质/文化专项实训、培训"载体，占比53.33%的学校选择使用"教育管理"载体、占比83.33%的学校选择使用"教学/实训区域环境建设"载体。具体实施情况如图13所示：

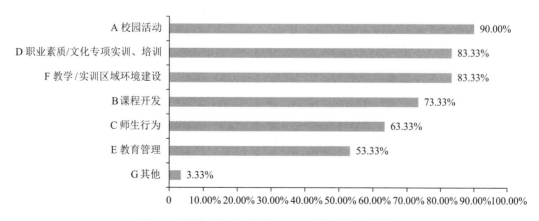

图13　校园文化融入旅游职业文化的途径实施情况

在校园文化中，融入旅游职业文化载体通过氛围营造、环境建设、校内外媒体宣传、学生活动、教师队伍建设、学生教育教学活动等途径。占比73.33%的学校选择使用"氛围营造"载体，占比66.67%的学校选择使用"环境建设"载体。占比80%的学校选择使用"校内外媒体宣传"载体，占比66.67%的学校选择使用"学生活动"载体，占比73.33%的学校选择使用"教师队伍建设"载体以及"学生教育教学活动"载体。具体实施情况如图14所示：

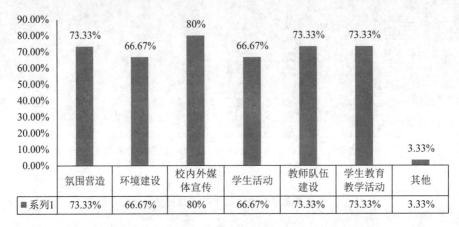

	氛围营造	环境建设	校内外媒体宣传	学生活动	教师队伍建设	学生教育教学活动	其他
■系列1	73.33%	66.67%	80%	66.67%	73.33%	73.33%	3.33%

图14 企业文化融入旅游职业文化的途径实施情况

特别需要说明的是，调研中我们保留了以往都有的国际化建设调研内容。和我们预测的一样，因为新型冠状病毒肺炎疫情的原因，样本中没有一所学校有国际化建设相关内容了。访谈了解到以前开展国际交流的少数学校也因为疫情暂时中断国际交流相关内容。

三、2020—2021年度全国旅游中职教育取得的成果

极不寻常的2020—2021年度，旅游行业和旅游职业教育皆面临前所未有的困境与挑战，旅游中职教育战线全体师生经受了疫情考验，在抗击新冠肺炎疫情过程中做出了特有的贡献，甚至不少学校发挥自己的专业优势为行业和社会在抗疫中做出了贡献。疫情之下，旅游中等职业教育在继续落实国家职教政策、建立教育保障机制、三教改革、"1+X"证书制度等方面依然取得不少成绩。

（一）响应抗击新冠肺炎疫情号召，旅游中职教育师生积极行动

为有效抗击疫情，教育部、人社部，省市教育、人社厅局先后提出停课不停学要求，提倡实施网上远程教学，提倡使用信息化、现代化教学手段，推进教学现代化进程。

中国旅游协会旅游教育分会更是积极作为，向全体旅游院校发出《关于延期开学期

间充分利用在线教学资源开展教学活动的倡议书》，引导院校充分利用在线课程平台、直播课堂、微信群等多种手段转变教学方式，推荐旅游管理类在线开放课程累计130门，专业基础书目67册。全国旅游中等职业教育广泛响应国家号召，四川省旅游学校、绵阳市旅游学校、佳木斯旅游职业学校、常州旅游商贸专业技术学校等学校纷纷出台了《新冠肺炎防控期间"停课不停学"个性化学生线上线下自主学习指导方案》。旅游教育分会还在2—7月精选会员院校，就疫情防控、在线教学、就业服务、开学复课、思政教育、学者研究等方面的举措、经验和成果进行推介。在疫情发展的不同阶段，发布"打赢战疫，旅游院校在行动""科学防控，有序复学，旅游院校迎大考""旅游院校新动态"三个系列推文。还实施举办线上师资培训班、博士训练营、线下师资培训班。四川省旅游学校作为旅游中等职业教育学校代表之一，承办了线上、线下培训班，吸引了来自全国的旅游院校教师积极参与。线上培训的方式突破了线下培训人数的限制，培训的规模、覆盖范围远超往年，培训质量和社会效益也超出预期。

（二）继续落实国家职教政策，完善旅游中职教育质量保障机制

2019年国务院印发《国家职业教育改革实施方案》（以下简称《方案》），强调把职业教育摆在教育改革创新和经济社会发展中更加突出的位置。2020—2021年度中等旅游职业教育受到新冠肺炎疫情冲击，所有学校都面临竞争加剧的挑战，这反而倒逼各学校进一步激发办学活力，提高人才培养质量，寻求更多合作和支持。

2020年新冠肺炎疫情发生以来，全国旅游中等职业教育战线积极行动，克服困难，在做好复课复学、毕业生升学就业等工作的同时，持续推进落实"1+X"证书制度试点等教学改革；开展旅游职业教育校企深度合作项目建设，促进产教融合、校企合作；开展全国旅游职业教育"课程思政"展示活动，坚持立德树人，把思想政治工作贯穿教育教学全过程，实现全程育人、全方位育人。旅游中等职业教育众多学校还参与开展中国旅游人才供需研究等工作，旅游类国家级、省级示范校（专业）建设，大力推进旅游职业教育高质量发展。

2020年9月，由教育部等九部门印发的《职业教育提质培优行动计划（2020—2023年）》（以下简称《行动计划》）正式发布。这标志着我国职业教育正在从"怎么看"转向"怎么干"的提质培优、增值赋能新时代，也意味着旅游中等职业教育也从"大有可为"的期待开始转向"大有作为"的实践阶段。

（三）新增康养休闲旅游服务专业的教学标准研制完成

为更好地体现新技术革命和产业升级对职业教育的新要求，促进专业对接产业，引导中等职业学校科学合理地设置和调整专业，提高人才培养质量，在文化和旅游部科教司、教育部职成教司领导下，全国旅游职业教育教学指导委员会参与完成了职业教育旅游类中等职业教育专业目录修（制）订工作。2019年5月教育部新增茶艺与茶营销、

中西面点、康养休闲旅游服务 3 个旅游中等职业教育专业。

2020—2021 年度，教育部组织力量研制新增专业康养休闲旅游服务专业的教学标准。在全国旅游职业教育教学指导委员会（简称"旅游行指委"）的指导下，由四川省旅游学校牵头，全国多所旅游职业学校共同参与，研制完成康养休闲旅游服务专业标准。年底四川省旅游学校、旅游教育出版社联合举办的"首届康养休闲旅游服务专业师资培训暨系列教材编写研讨会"在成都召开，全国康养休闲旅游教材编写会议也是康养休闲旅游服务专业首批师资的培训，共吸引了来自四川大学、云南旅游职业学院、太原旅游职业学院、青岛酒店管理职业技术学院、沈阳市旅游学校、贵州省旅游学校等全国 20 多个地区院校的 60 多位专家、教师参加，全国首套康养休闲旅游教材正式出版发行，填补了职业教育无康养休闲旅游系列教材的空白。

（四）推动"三全育人"，在线"课程思政"出成果

在文化和旅游部科技教育司指导下，全国旅游职业教育教学指导委员会组织开展了全国旅游职业教育"课程思政"在线展示活动，为中等旅游职业教育领域进一步深化"课程思政"工作提供了借鉴与启发。

2020 年 11 月，全国旅游职业教育"课程思政"在线展示活动得到了全国职业院校的高度重视和积极参与。中职组有 37 个作品参展。15 位专家组成评审专家委员会，进行严格评审，最终评出 80 个作品，亮点纷呈。

活动内容丰富、形式多样，既有课堂教学也有实践教学，参与展示的教师充分挖掘课程思政内涵，采用多种教学方式，提高思政教育效果。中职组宁夏旅游学校《宁夏导游基础》课程贴近现实生活，将技能培养与弘扬革命传统有效结合。为让学生真切体验红军长征途中物资匮乏的艰苦生活，深刻领会红色景区景点承载的精神内涵，特意在课堂上加入生活体验环节，通过"劳动教育 + 文化教育"的方式，让学生们对红色旅游景点的讲解更加生动、饱含感情。

（五）落实1+X证书制度试点要求，创新人才培养模式

启动 1+X 证书制度试点是党中央国务院对职业教育改革做出的重要部署，是落实立德树人根本任务，完善职业教育和培训体系，深化产教融合、校企合作的一项重要的制度设计创新，是关于复合型技术技能人才培养模式、评价模式、教育教学管理模式的全新制度试验，是"职教 20 条"中的一大亮点。从 2019 年开始在职业院校启动"1+X"证书制度试点工作。旅游业界和旅游职业教育产教深度融合，持续推进试点工作，取得积极成效。

中国旅游协会旅游教育分会积极探索职业技能等级证书工作，牵头开发"旅行策划""景区讲解""民宿管家"三项职业技能等级标准，与四川省旅游学校、杭州市旅游学校等旅游中职头部学校合作尝试证书转化，进行师资培训和证书考试。经申报，2020

年 12 月 31 日旅行策划职业技能等级证书正式获批列为教育部"1+X"证书制度第四批试点证书。包括四川省旅游学校等全国 13 所旅游中职学校近 600 名学生于 2021 年参加了首次证书试点考试。

（六）旅游中职教育优质资源抱团取暖，引领职业教育创新发展

中国旅游中职教育"七金"联合体（以下简称"七金"联合体）由广东省旅游职业技术学校、四川省旅游学校、海南省旅游学校、苏州旅游与财经高等职业技术学校、北京市外事学校、沈阳市旅游学校于 2015 年联合发起成立。2020 年是"七金"联合体成员校第一轮轮值的收官之年。

"七金"联合体成员学校强强联合，探索开展跨省教师互派，合作开发旅游教学资源库，联合开展教科研活动和技能竞赛，共享优质教学资源，探索实习生托管模式，是中国旅游中等职业教育优质资源抱团取暖，引领旅游中等职业教育创新发展的组织。

2020 年 12 月 25 日，主题为"共融 共享 共创"的中国旅游中职教育"七金"联合体 2020 年会在沈阳举办，本次年会由沈阳市旅游学校承办，广东省旅游职业技术学校、四川省旅游学校、苏州旅游与财经高等职业技术学校、海南省旅游学校、沈阳市旅游学校 5 所学校校长及相关领导、教师代表参加了会议。

（七）推进"三教"改革，按下旅游中职教育快进键

全国旅游中等职业教育相关学校在贯彻落实《国家职业教育改革实施方案》（"职教 20 条"）的背景下，重点关注并研究解决旅游中等职业教育教师、教材、教法中存在的问题，抓住旅游中职教学改革的"牛鼻子"，对进一步深化内涵建设具有重要的实践意义和理论价值。

2020 年由浙江省教育厅职成教教研室主办、杭州市旅游职业学校承办的浙江省中职旅游专业教研大组理事会，与会 40 多个学校代表积极参与新一轮旅游专业教改，分享了中高职一体化课程与教学改革的经验，并就培养目标、课程对接、评价考核等方面的问题和困惑开展研讨。

贵州省旅游学校开展深化产教融合，推进三教改革。一是组织学习、钻研职业教育相关文件精神，从大局上把握好职业教育发展方向。二是要利用好学校自身资源和优势，继续深入推动与相关企业的合作，打破传统共同探讨多种校企合作模式。三是推进"三教改革"，教师要有意识向"双师型"教师进行转变，脱离单一发展模式。转变人才培养观念，优化教学模式。

福州落实"东西部教育帮扶协议"，全面推进定西市职业教育改革发展，福州、定西两地职业教育定期交流共同为定西市职业教育改革发展把脉问诊，共商现代职业教育改革发展的定西智慧和定西方案。福州市中等职业学校为定西市 8 所中等职业学校开展支教帮扶活动，福州旅游职业中专学校"4433"的"现代学徒制"工作过程及取得的成

效，对定西市职业学校深化改革、推进校企一体化办学起到很好的指导作用。

四、全国旅游中职教育存在的问题

调研结果显示，目前职业教育作为"类型"教育、技能人才作为"类型"人才的地位尚未确立。旅游中等职业教育招生困难、生源质量受限、中职生流失率高的情况在全国依然较为普遍。中职学校总体办学质量缺乏保障，不少学校的实习实训设备、生均建筑面积等硬件设施与国家基本要求仍存在较大差距。在软件方面，师资队伍存在数量不足、结构不优、质量不高、校企双向流动不畅、专业化水平偏低等问题，尤其是"双师型"教师和教学团队短缺，制约旅游中等职业教育发展。

（一）新冠肺炎疫情加剧了旅游中等职业教育就业与招生困难

2020 年年初暴发的新冠肺炎疫情对旅游业的影响既包括众多旅游企业及相关从业人员实实在在的直接损失，也包括旅游业各关联行业的间接损失。家长和初中毕业生因为目睹旅游业因为按下暂停键带来的就业困难，从而放弃选择旅游职业教育。2020—2021 年度旅游中等职业教育招生人数明显下滑，集中体现在受疫情影响严重的酒店、景区、旅游目的地相对应的高星级饭店运营与管理专业、导游服务专业。不少学校因为旅游外语、景区服务与管理、会展服务与管理等专业新生人数骤减或者几年都招收不到新生致使该专业失去开设资格。

（二）后疫情时代旅游职业教育人才培养落后市场需求

疫情催生旅游业需求变化，成为旅游业进一步迭代升级的重要契机。在人流、物流受到限制的情况下，以新技术应用为支撑的线上活动在旅游业得到广泛应用，如许多旅游地和景区企业开始逐渐加码线上主题策划、宣传普及等内容，云观展、云旅游、云直播受到关注，一些在线旅游企业（Online Travel Agency，OTA）也积极联合相关企业灵活拓展企业经营边界，通过线上业务的拓展来降低损失等。这些变化推动了观念认识与技术应用的实践，加速传统旅游产业数字化融合进程，促进我国旅游产业高质量发展。

再加上旅游市场受市场规律影响本来就瞬息万变，旅游业发展的新格局对人才提出新需求，对旅游职业教育人才培养提出新要求。但旅游人才培养的改革需要时间论证和制定相应的人才培养标准，致使人才培养总是落后于市场需求。

（三）文旅融合产业迭代升级，中职旅游类专业设置相对滞后

文化和旅游融合发展新时代，是大众旅游、全域旅游和优质旅游发展新时期，旅游业加快转型升级、提质增效。国家大力推进康养旅游、休闲旅游、研学旅行、智慧旅游等，旅游业的人才需求增大，中等职业学校培养的技能实用型人才需求急剧增加。

国家的中等职业旅游类专业适用市场调整相对滞后，原有的旅游外语专业、景区服务与管理专业、会展服务与管理等专业在全国很多中职学校招生困难。而满足市场需求拟新增的康养旅游服务、休闲旅游服务、茶艺与茶营销、中西面点等新专业的论证需要时间和过程。专业设置落后于业态变化。

（四）职教贯通培养在旅游中等职业教育中地位较为尴尬

职教贯通培养在我国已经探索了很长一段时间，纵向贯通、横向融通是我国职教体系的特色，但长期以来，由于职教体系一些老问题没有得到根本解决，到底侧重于"贯通培养升学"还是"毕业就业"在旅游中职学校的人才培养目标和职业面向中模棱两可。

近年来，由于学生和家长的意愿强烈，很多旅游中职学校开通了贯通培养。"3+2"、"3+4"、普职融通、五年一贯制、单招升学、对口升学等新的办学模式解决了中等职业学校学生与家长的学历提升要求以及相应高职院校的生源需求。但实际上贯通培养渠道窄，中职升学比例不理想。有的省份旅游中职对口本科招生报名近年来人数持续大幅增长，但受招生计划少、专业类别设置不全等影响，对口本科录取率偏低。

横向融通也不畅通，普通高中政策不明。普职融通存在普通高中和中职学籍管理系统未联通、中职生转入普通高中受限多等门槛，普通高中与中职学校之间所授课程的科目及难度差异，给建立学分互认系统造成困难。此外，探索普职融通的普通高中在定位、招生对象、考核评价等方面尚不明晰。

（五）产教融合中"人才供给侧""企业需求侧"矛盾依然存在

旅游中等职业教育产教融合与校企双元主体不突出的问题仍然存在，给中职教育培养技能人才带来了困难。中职学校深化产教融合办学的目的是依托文旅产业、旅游企业的信息、技能、设施和就业等优势，不断弥补旅游中等职业教育教材内容滞后于产业升级，学校教师专业技能滞后于企业技师操作能力，学校实训设备滞后于企业设施设备等的不足。中等职业教育在开放办学中有产教融合、校企合作、工学结合这"三合"，产教融合包含校企合作和工学结合，侧重于学校层面办学指向；校企合作体现了产教融合和工学结合，侧重于专业建设层面；工学结合落实了产教融合和校企合作，侧重于教学层面。三者从宏观、中观和微观的角度深化了职业教育改革向纵深发展指引，也是职业学校提高人才培养质量的内在要求，更是职业教育改革与发展的必然途径和主要方向。

然而，在现实操作中，产教融合推进中旅游技能人才供给侧与企业需求侧"两张皮"问题长期存在，旅游技能人才常年短缺与教育质量长期不高并存，学校与企业职业教育人才培养双主体地位难以真正落实。呈现出产教融合中"政府很想动、企业不主动、学校不敢动、老师不愿动、学生没法动"的尴尬局面。

（六）师资队伍结构明显改善，但专任教师综合能力需要提升

中等职业旅游教育师资经过多年的建设，师资队伍结构趋于合理，且素质较高。从年龄上层次、学历结构上、职称结构都改善明显，提升很快。

调研发现专业课教师队伍中大部分来源高校，学科背景是旅游或者师范，虽然具备一定的专业理论知识，但缺乏行业职业技术岗位实践经历和经验，缺乏相应的实践操作技能和理论联系实际的能力，导致教师指导学生实践、组织学生参与实习能力不足。

中职旅游职业教育教师是专业课和实习指导课教师整体不足；兼职教师比例更低，企业兼职教师偏少；双师型教师的比例偏低。多数教师对自己承担的教学学科有一定的理论研究和教学经验，但是缺乏对教学所需知识的整体把握和前沿知识的及时了解。智慧校园建设更多地投入在设施设备和软件运用与管理上，旅游专业教师的现代教育技术应用能力较为薄弱，这与信息时代对教师的要求不相适应。

五、旅游中等职业教育的发展思考

《中华人民共和国国民经济和社会发展第十四个五年规划和 2035 年远景目标纲要》中提出增强职业技术教育适应性。突出职业技术（技工）教育类型特色，深入推进改革创新，优化结构与布局，大力培养技术技能人才。完善职业技术教育国家标准，推行"学历证书＋职业技能等级证书"制度。创新办学模式，深化产教融合、校企合作，鼓励企业举办高质量职业技术教育，探索中国特色学徒制。深化职普融通，实现职业技术教育与普通教育双向互认、纵向流动。

"十四五"期间要发展更高质量的中等职业教育，亟须从重视旅游中等职业教育作为类型教育的根本出发，让专业设置满足社会经济发展需求，并对旅游职业教育相关学校提升办学质量、拓宽升学或就业渠道、推进深度产教融合、强化师资队伍建设等方面发力，让旅游中等职业教育培养的学生"有出路"，从而改变"国家重视、地方浅视、社会轻视、学校短视、家长矮视"的现象，做强做优旅游中职教育。

（一）完善类型教育的顶层设计，为中等职业教育依法赋能

职业教育是跨界教育，办好职教，政行校企需形成合力。无论是建立校企双赢的激励机制和成本分担机制，还是推进混合所有制院校改革，均需政策护航。进一步修订完善职业教育法等，为职业教育提供利益合作、资本融合的法律保障；同时，可借鉴科技等领域混合所有制改革试点经验，填补保护校企合作不同所有制主体合法权益的法律空白。

补足对中等职业学校经费投入，落实简政放权，释放办学活力。加大职业教育政策落实、资金到位的督查力度，在经费投入上扭转"重普轻职"的局面。通过整合撤并散

小弱的中职学校，实施中职学校标准化建设和质量提升工程，建立区域职业教育办学条件达标水平的年度公报制度，做优做强中职教育。

借鉴高职中国特色高水平高等职业学校和专业建设计划，启动中职"高品质"计划，倒逼地方中职教育加大投入，打造一批具有领航意义的中职教育"高峰"学校。同时，扩大和落实职业院校的办学自主权，在专业设置、人才聘用、绩效奖励、社会培训等方面给予学校更多权力。释放公办中职学校面向企业和社会培训的服务能力，所得收益可按一定比例用于学校建设和教师绩效工资。如此，可激发职校整合各方资源、筹措经费能力，减少公办职校过度依赖财政拨款。

完善与职业教育发展相适应的管理、投入、考评体制机制，如在职业教育质量评价体系中，突出职业化特征，将院校高技能人才培养与对接国家发展战略、区域经济社会发展需求、市场需要等纳入考核指标，考核结果与生均经费挂钩。

（二）以升学就业"出口"促"入口"，构建衔接培养体系

职业教育要真正成为一种"类型教育"，需在构建职业启蒙教育、中等职业教育、职业专科教育、职业本科教育和应用型本科教育，甚至专业学位研究生教育纵向衔接的培养体系。完善职教的中考、高考制度，从根据中考成绩强制把学生"分层"，转变为根据学生的能力、兴趣进行职普"分流"，选拔适合就读职校的优质生源，培养一流技术人才。

积极探索建设"职教高考"制度，以增加职教高考本科招生计划为重点，打通学业晋升通道。扩大中职对口本科招生的培养规模，提高技术技能人才培养层次和水平。

（三）深入调研，科学调整旅游类中等职业教育专业目录

深入调研后疫情时代旅游产业发展新趋势，随着旅游产业中互联网数字技术的广泛运用，旅游中等职业教育开启了"互联网+"和"旅游+文化+"融合发展模式。需要积极探索相关专业或专业方向的设置，优化专业结构，加强与相关行业部门合作，完善开发新课程体系，推进"旅游+"复合型人才的培养。

旅游中等职业教育明确人才培养目标，进行教学模式改革，制定适应市场需求的教学标准。强化实习实训，探索现代学徒制以及校内外多种形式结合的实践教学模式。在校内改善实训条件，增加实践教学。与企业行业合作，做好见习、跟岗实习、顶岗实习，让学生深入了解企业行业，熟练掌握岗位职责与技能。实现中等职业教育的实用技能型培养目标。

（四）研制新增专业教学标准，修订传统专业教学标准

中职旅游教育发展的趋势是松散型管理、经验性办学向规范化管理、科学化办学转化。这也是旅游职业教育自我改革和完善的迫切需求。

2019 年教育部组织相关各专业教学指导委员会进行专业目录调整论证，2020 年发布新增 46 个新专业。全国旅游教育教学指导委员会组织了对中职旅游类新增专业教学标准的研制，为新专业的教学和质量评估提供了基本依据。

旅游类中职传统专业旅游服务与管理、高星级饭店运营与管理、旅游外语、景区服务与管理、导游服务等专业在 2014 年教学标准颁布之后，业态发生了翻天覆地的变化。2021 年修订符合我国旅游产业发展需求，科学合理的中等旅游职业教育专业教学标准，势在必行。

（五）通过提质培养，增强学校办学信誉度和招生吸引力

发展旅游中职教育首先要突破招生"瓶颈"，解决"招生难"问题。旅游中等职业学校必须加强管理，从严治校，打造优良校风、学风和教风，大力提高教育教学质量，培养出既有良好职业道德，又有一技之长的毕业生。

学生毕业出路不畅是制约旅游中职教育发展的最大障碍。充分利用国家和地方在贯通培养上出台的利好政策，实行中职与高职"3+2"、中职与职教本科"3+4"分段培养机制，以及高职扩招、职业教育本科试点、普通高等学校专升本扩招等，为旅游中职学生接受更高层次职业教育提供了更多机会。此外，学校和地方政府还要通过与区域内外优秀旅游企业加强联系，搞好合作，积极为毕业生创造好的就业渠道，从而提高学校办学信誉度和招生吸引力。

落实贯彻《职业教育提质培优行动计划（2020—2023 年）》。强化计划要求一方面加强顶层设计，对落实立德树人根本任务、推进职业教育协调发展、完善服务全民终身学习的制度体系、深化职业教育产教融合校企合作、健全职业教育考试招生制度等进行部署。另一方面聚焦关键改革，实施职业教育治理能力提升行动、"三教"改革攻坚行动、信息化 2.0 建设行动、服务国际产能合作行动，创新发展高地建设行动等 5 项行动。

（六）以校企深度合作为基础，建立产教学研一体化平台

旅游中等职业教育专业升级将在产教融合框架下深度发展，触碰并解决专业建设的实质性问题，深化产教融合，推广一体化办学方法，规范双师培养，丰富旅游实训内涵，健全职业指导机制。

要真正落实校企合作，国家对校企合作模式要给予一定的政策和资金上的支持，出台相应的制度与办法，对参与校企合作的企业的利益制定相关的政策保护和激励措施，以调动企业参与校企合作的积极性；政府主管部门和教育部门要研讨成立专门的协调机构，制订校企合作相关制度、完善有效合作准则和指导手册、考核评价手册等，保障合作的顺利运行；学校也要与行业企业建立稳定的合作关系，校企合作共同制订培养方案、共同开发课程与数字化资源、共同开发岗位标准、共同开展对学生进行职业生涯规划与设计教育、共同搭建产学研一体化平台。例如，校企双方可以通过人员互派方式互

通有无加强联系。一方面学校派教师到旅游企业挂职，参与企业的管理、培训、甚至旅游规划项目。另一方面，企业派管理人员和技术骨干到学校兼职讲师或者担任行业指导师。校企双方在合作中找到双方的共同利益点，取长补短达到双赢。

旅游产业的产教融合的主战场面向生产一线，派出教师、学生服务团，帮助地方优势特色旅游产业发挥比较优势，错位发展，引导特色产品形成聚集区，打造品牌。针对一二三产业融合发展，新产业新业态不断出现的现状，旅游中等职业教育校要采取校企、校校、校政合作的方式，及时调整专业设置，建立与地方经济社会发展高度契合的专业体系，培养"素质高、技能强、下得去、用得好"的技术技能型人才。还要发挥智力与技能优势，开展多层次全方位的技术技能培训，为当地经济发展各领域培养一线高级服务人才和初级管理人才。

（七）后疫情时代，深化中等职业教育"双师型"教师队伍建设

后疫情时代对旅游中等职业教育的师资的素质与水平也提出了要求。旅游中等职业相关学校要落实贯彻《深化新时代职业教育"双师型"教师队伍建设改革实施方案》。建设分层分类的教师专业标准体系；推进以双师素质为导向的新教师准入制度改革；构建以职业技术师范院校为主体、产教融合的多元培养培训格局；完善"固定岗＋流动岗"的教师资源配置新机制；建设"国家工匠之师"引领的高层次人才队伍；聚焦1+X证书制度开展教师全员培训；建立校企人员双向交流协作共同体；深化突出"双师型"导向的教师考核评价改革；落实权益保障和激励机制提升社会地位；加强党对教师队伍建设的全面领导；强化教师队伍建设改革的保障措施。

中国旅游管理硕士专业学位（MTA）教育项目年度报告（2020—2021）

姚延波　成红波　刘小迪[①]

引　言

近两年我国经济社会的发展环境面临深刻复杂的变化，由此也给研究生教育工作带来了新挑战与新要求：一方面，受新型冠状病毒肺炎疫情影响，全国各地学校纷纷开展"停课不停学"的线上教学，依赖在线教学手段的分隔式教育在后疫情时代发挥了持续学习的作用，但是也深深地改变着研究生培养与管理模式；另一方面，新时代研究生教育迈向内涵式高质量发展阶段，质量成为学位与研究生教育的生命线，发展更高质量的专业学位研究生教育已成为新的时代诉求。整体来看，MTA 教育近两年实现了从规模凸显到质量提升的转变，探索并逐渐建立了以实践能力培养为重点、以产教融合为途径的特色学位培养模式，培养并输送了一大批旅游专业人才，培养方向与课程设置与行业需求紧密衔接。面对新时代的新要求，MTA 教育还存在一些问题，如培养机制不够灵活、个别培养单位发展缓慢、培养模式仍需创新、培养质量亟待提高、人才需求与就业状况的动态反馈机制不够完善、产教融合育人机制需要健全等，未来需要在产学研协同育人、全过程质量管理、导师岗位管理等方面继续优化，推进 MTA 教育发展，切实提升 MTA 培养质量。

一、MTA 招生规模稳步增长

我国 MTA 教育项目从 2011 年开始运行，经过十多年的发展，已经达到了一定的规模。截至 2020 年年初，MTA 在校生人数 3646 人，年平均招生增速达 17%。MTA 教育累计已为文化和旅游行业培养、输送应用型和复合型人才超过 4600 人，成为我国文化和旅游领域高端人才培养的重要力量。

---

① 姚延波，南开大学旅游与服务学院教授、博士生导师、副院长，MTA 教指委秘书处秘书长。成红波，南开大学旅游与服务学院副教授，MTA 教指委秘书处工作人员。刘小迪，南开大学旅游与服务学院博士研究生。

（一）总体规模

2010 年 9 月被国家列入 2011 年全国研究生统一招生计划，允许在全国 24 个省、直辖市和自治区的 57 个 MTA 教育授权点进行招生，标志着我国 MTA 教育项目在全国正式启动。经过十余年的积极探索，MTA 教育体系已初具规模。2011 年全国共有 57 所 MTA 培养单位；2017 年年底 MTA 教育授权点院校达到 97 所；2019 年年底 MTA 教育授权点院校达到 104 所；截至 2021 年年末，全国共有 MTA 教育培养单位共 139 家。MTA 教育获得了快速的发展，MTA 教育培养单位对学生的培养处于不断的完善之中，包括教学模式、教学内容、教学方法等。

（二）MTA 教育授权点的省市分布

截至 2021 年年底，MTA 教育共 139 个授权点，覆盖了 31 个省市区，如表 1 所示。从招生单位的省市分布来看，MTA 授予单位最多的是山东省（9 个），其次是北京市、河南省和湖南省（7 个），内蒙古自治区、辽宁省、上海市、浙江省、重庆市、四川省、云南省（6 个）；最少的是宁夏回族自治区（1 个）。这种分布格局基本反映了我国当前旅游业发展和旅游教育的不平衡性。

表 1　MTA 教育授权点省份分布

序号	省份	数量（个）	序号	省份	数量（个）
1	北京市	7	17	湖北省	5
2	天津市	2	18	湖南省	7
3	河北省	2	19	广东省	5
4	山西省	5	20	广西壮族自治区	5
5	内蒙古自治区	6	21	海南省	4
6	辽宁省	6	22	重庆市	6
7	吉林省	3	23	四川省	6
8	黑龙江省	2	24	贵州省	3
9	山东省	9	25	云南省	6
10	上海市	6	26	西藏自治区	2
11	江苏省	4	27	陕西省	4
12	浙江省	6	28	甘肃省	2
13	安徽省	3	29	青海省	2
14	福建省	4	30	新疆维吾尔自治区	4
15	江西省	5	31	宁夏回族自治区	1
16	河南省	7	总计		139

资料来源：根据全国 MTA 教育指导委员会官方网站的资料整理。

（三）MTA教育授权点的区域分布

从区域分布来看，139个MTA培养单位基本上覆盖了东北、华北、华东、华中、华南、西南和西北各个区域，其中华东地区属于第一梯队，分布数量遥遥领先，共有37个，分布也较为集中；其次是西南地区23个、华北地区22个、华中地区19个，属于第二梯队；第三梯队包括华南地区14个、西北地区13和东北地区11个，这三个地区是MTA授权点分布相对较少的区域，招生院校主要集中在辽宁省、广东省和广西壮族自治区（表2）。

表2　授权点单位区域分布

序号	地域	数量（个）
1	华东地区	37
2	华北地区	22
3	华中地区	19
4	西南地区	23
5	华南地区	14
6	东北地区	11
7	西北地区	13

资料来源：根据全国MTA教育指导委员会官方网站的资料整理。

二、持续推动优秀教学案例开发评选

（一）MTA优秀案例评选

为进一步提高全国MTA项目的教学质量，全面推动MTA教学案例的开发和建设工作，MTA教指委秘书处于2020年和2021年组织了第六届和第七届全国MTA优秀案例的征集和评选工作，最终筛选出了13篇优秀案例（见表3和表4）。

表3　2020年全国MTA优秀教学案例入选名单

序号	作者	单位	案例名称
1	黄海玉	厦门大学	了不起的鼓浪屿——文化旅游与共创体验探索之路
2	孔莉	云南大学	诗与远方的碰撞："张衡传拓技艺研学馆"的商业化之路
3	陈晔	南开大学	山西晋城市"司徒小镇"构建游客消费链、探索旅游小镇经营模式
4	白凯	陕西师范大学	袁家村跨地方品牌化延伸之路
5	曹国新	江西财经大学	江西庐山景区管理体制改革的实践
6	何会文	南开大学	北方展的成功关键与社会网络视角下的再审视
7	张辉	中山大学	海底捞变态服务之困——服务变革做加法还是减法

表4 2021年全国MTA优秀教学案例入选名单

序号	作者	单位	案例名称
1	储德平	福建师范大学	人才振兴如何促进陕西袁家村旅游业内源式发展——基于知识流动视角
2	张瑛	中央民族大学	直面疫情"生死大考"，看杭州开元名都大酒店如何"危中觅机"？
3	孙文选	大连外国语大学	砥砺精进，创新致远——辽宁北方假日国际旅行社有限公司的经营管理创新之道
4	李文勇	西南财经大学	雪域高原的格桑花：域上和美集团的文旅融合创新发展
5	刘俊	华南师范大学	新冠肺炎疫情冲击下小微旅游企业危机应对与社交电商转型——以广东丹霞山燕子呢喃依山民宿为例
6	沈和江	河北师范大学	利用产业促进大会的政策机制促进全域旅游发展——以河北省旅游产业发展大会为例

（二）MTA案例研究中心和实践基地建设

国务院学位办和教育部高度重视案例开发和教学在专业学位教育中的作用，出台了一系列案例教学和实践基地建设的政策和要求。对MTA教育而言，案例教学和研究逐步成为MTA教育的重要培养特色和教学质量提升的重要手段，MTA专业学位教育必须开发高水平MTA案例，建设高质量MTA案例库，助推MTA培养模式改革，提升MTA人才培养质量。为持续推进全国MTA案例建设，提高MTA案例的水平和质量，一方面，秘书处鼓励实践者参与，与产业部门联动，注重质量提升，积极助推具有理论创新的案例研究成果转化为高质量教学案例，以此推进教学改革。另一方面，加强与教育部学位中心、中国专业学位案例中心的案例库的深入合作和交流，积极参与教育部学位与研究生教育发展中心开展的专业学位案例库建设、案例评审专家推荐、专业学位优秀案例教师申报、视频案例与文字案例征集工作，并在此基础上，积极推进全国MTA优秀案例的入库工作。

三、持续推进"两班"师资培训模式

在国务院学位办、原国家旅游局和文化和旅游部的大力支持与资助下，全国MTA教育指导委员会秘书处坚持多年持续主办"两班"。MTA核心课程师资培训班开办于2011年，旨在加强全国MTA院校核心课程教学与研究的交流，学习国内外相关课程建设的优秀经验，增强理论与实践的联系，提高全国MTA师资队伍质量和教学水平。MTA案例开发与教学培训班开办于2014年，旨在推动MTA案例开发与教学的质量和水平，切实提高全国MTA教师在案例编写和教学方面的能力，并有效促进MTA案例建设的教师经验交流和分享。

（一）举办第十一届MTA核心课程师资培训班

2021 年 11 月 18—19 日，第十一届全国 MTA 核心课程《旅游产业经济分析》师资培训班暨课程教学研讨会举办。培训班主要围绕"十四五"文旅产业发展和《旅游产业经济分析》课程建设两大主题开展师资培训和前沿问题研讨。来自全国各相关院校的 350 多位专业人员参加了线上培训，培训班正式报名的 115 名一线 MTA 教学专任教师学员顺利完成培训，获得培训证书。

（二）举办第六届全国MTA案例开发与教学培训班

2020 年 12 月 17—20 日，第六届全国 MTA 案例师资培训班暨首届 MTA 案例训练营在北京举办。受疫情影响，本届培训班首次采用"线上 + 线下"方式进行培训，线下培训人数近 80 人，线上参与人数达到 1.5 万人，基本覆盖了全国 104 家 MTA 授权点院校。培训班邀请了在案例开发、教学和案例研究方面的国内著名专家学者进行专题授课。同时安排赴中国青旅集团大美儿童世界进行现场案例教学。在案例训练营中，云南大学、太原师范学院、厦门大学、南开大学旅游与服务学院、云南大学等 MTA 培养院校的教师进行了案例授课示范讲解，并接受了专家现场点评。本届培训班是 MTA 秘书处首次尝试与企业合作举办 MTA 案例师资培训班和案例训练营，是对 MTA 师资培训模式的创新探索。

从 2011 年开始，MTA 秘书处已连续成功举办十一届核心课程师资培训班，邀请了多位国内外学界业界专家授课。同时，秘书处每年还举办了全国 MTA 案例师资培训班。两类师资培训班累计培训 MTA 专任师资达 1400 多人（线下），线上参与学习和培训人次累计达 22199 人，取得了良好的培训效果，为全国 MTA 院校的师资培养和队伍建设奠定了良好基础。

四、顺利完成研究生教育综合改革专项任务

（一）完成国务院学位办学位授权点专项评估

根据国务院学位委员会、教育部《关于开展 2020 年学位授权点专项评估工作的通知》（学位〔2020〕9 号）文件精神和要求，全国 MTA 教指委组织制定了《全国 MTA 教指委关于 2020 年 MTA 专业学位合格评估工作方案》，通过两轮专家匿名评审，征询教指委委员意见等严格程序，顺利完成了 2020 年对于华中师范大学的专业学位水平评估，并提交评估报告。2021 年，全国 MTA 教指委认真组织开展了 2018—2021 年旅游管理专业硕士学位（MTA）授权点评估工作，顺利完成了 17 所 MTA 授权点院校的合格评估工作。

（二）完成MTA学位授权审核申请条件修订工作

根据国务院学位委员会关于印发《关于进一步规范和加强研究生培养管理的通知》精神，按照学位办相关规定和要求，2020 年，MTA 教指委秘书处组织全体教指委委员，对《MTA 学位授权审核申请条件》进行了多轮专家意见征集，完成《MTA 学位授权审核申请条件》的修订，这将有助于规范 MTA 学位授予程序，严格学位授予全方位全流程的管理，进一步强化 MTA 导师、学位论文答辩委员会和学位评定委员会责任；促进 MTA 培养单位规范管理，从而提高 MTA 培养质量。

（三）完成MTA学位授权点基本状态信息表编制工作

2021 年 5 月 25 日，全国 MTA 教育指导委员会委员第二届第三次专题工作会围绕《学位授权点基本状态信息表（专业学位）》的编制工作进行了专题研讨，提出了面向"十四五"的《MTA 专业学位授权点基本状态信息表》科学可行的修改意见，促进了信息表能够切实反映 MTA 授权点院校人才培养实际、MTA 学科专业特色，能够切实帮助和督促各 MTA 培养单位加强日常质量监控，助力服务与质量监测与评估评价。

（四）完成MTA核心课程指南出版工作

受国务院学位办委托，MTA 教指委于 2018—2019 年组织编写完成了《旅游目的地开发与管理》《旅游营销》等共七门 MTA 核心课程指南，经第二届全国 MTA 教指委第二次会议全体委员大会研讨审定，提交学位办，并由学位办于 2020 年组织正式出版。

（五）开展MTA专业学位研究生核心教材试点编写

基于 2018—2019 年国务院学位办委托编写的《MTA 核心课程指南》指导，按照教育部和学位办工作要求，秘书处在 2021 年组织 MTA 教指委委员和专家学者开展了两门全国 MTA 核心课程的核心教材试点编写工作。

（六）完成文化和旅游部"提质培优（MTA类）"行动

2021 年，文化和旅游部启动"提质培优（MTA 类）"行动计划，秘书处根据文旅部通知与安排，向 MTA 院校单位发布了文旅部"提质培优"行动相关通知，收集报名材料，并组织了专家对报送的项目进行评审，最终评选出 21 个 MTA 类项目获得立项。

五、现状与问题

（一）部分MTA课程内容滞后

旅游业的发展与社会经济的发展密切相关，这就要求 MTA 教育课程的设置内容也要与时俱进，及时把握行业动态与行业发展方向与热点，因此课程的设置应当具有先进性和专业性。课程内容是实现教学目标的有效载体。旅游业的迅猛发展带动旅游教育的不断完善，但知识更新速度的加快和旅游高层次人才培养滞后性的矛盾日益突出，因此，课程内容必须体现先进性、基础性和综合性。目前，我国 MTA 教育项目的部分课程内容仍然存在着缺少前瞻性，对旅游热点问题、产业实践问题与方向、旅游研究的难点等问题的关注度不足的一系列问题，需要进一步改进。

（二）缺少专用教材、教学方法单一

北京大学旅游规划研究中心对全国旅游教材进行的一项调查显示，针对研究生的教材只有 27 种，只占旅游教材总数的 5%，从这点可以看出，我国旅游管理专业的研究生教材处于短缺状态。此外，专业硕士研究生所需要的教材与学术性研究生是不同的，他们的教材应该更注重对行业管理的指导。一方面，教材上的理论知识能够很好地指导他们解决现实行业中的管理问题，另一方面就是对行业管理案例教材的需求，优秀的、经典的管理案例能够很好地提高学生分析问题解决问题的能力。在现有的教学中，主要以老师的课堂讲授为主，学生参与的较少。小组讨论、实地调查研究等教学方法应用的较少，教学手段单一。以教师为中心，学生参与性差，忽视了学生的主体地位。

（三）旅游教师队伍水平需要提高

师资力量是 MTA 教育质量的根本保证。MTA 教育配套的"双师型"师资队伍短缺，"双师型"教师是教育教学能力和企业工作经验兼备的复合型人才，旅游管理专业硕士师资队伍水平还不能完全满足 MTA 教育需要，不能适应旅游业人才培养的需求。在现有的旅游教师队伍中，部分教师缺少在旅游行业的实际工作经历，不能及时把握行业动态，对学生知识、技能的培养就会缺乏针对性。此外，虽然很多高校都聘请旅游业界的专家行业领袖以及旅游行政部门的官员作为兼职教授或行业导师，但这些兼职教授或导师授课的形式以讲座为主，对学生的指导缺乏系统性。与国外知名旅游院校对老师的要求相比，我国 MTA 教育的教师队伍水平还需要很大的提高。

六、总结与展望

总体来看，在全国 MTA 教指委及各 MTA 培养单位的共同努力下，MTA 教育呈现出良好的发展态势。尤其是近两年来，随着文旅深度融合，旅游业人才需求增长和社会对 MTA 的认知和接受度提高，各主要高校的 MTA 教育明显步入上升通道，MTA 教育授权点从 2019 年的 104 家上升至 2021 年 139 家，增长了 33.7%，而且招生质量、培养水平及就业能力都得到了持续增强。从总体招生统计来看，2011 年至今，全国 MTA 招生整体呈稳步增长状态，2020—2021 年全国 MTA 报名情况仍保持良好的态势。从

MTA 教育质量来看，受国务院学位办委托，MTA 教指委成立了七门 MTA 核心课程指南编写组，完成了《旅游目的地开发与管理》《旅游营销》《服务管理》《旅游产业经济》《旅游投资与财务管理》《旅游信息系统》《旅游规划》共七门 MTA 核心课程指南，并于 2021 年组织开展了全国 MTA 七门核心课程的核心教材试点编写工作。此外，通过举办全国 MTA 核心课程师资培训班，对 MTA 授权点的专任教师进行培训，通过举办全国 MTA 案例师资培训班和全国 MTA 优秀案例的征集和评选等活动，有力地促进 MTA 培养质量的提升。

虽然 MTA 教育发展取得了较好的成果，但也存在个别院校招生情况不理想、培养目标不明确、课程设置缺乏特色、导师团队不合理、实践教学缺重视等问题。未来全国 MTA 教指委秘书处将进一步明确 MTA 培养目标，不断加强精品课程建设，组织核心教材编写，提高案例水平和质量，推动实践基地建设，做到理论和实践教学相结合。同时，不断提高师资队伍整体质量与水平，强化产业实践导向，提升教师自身的实践能力和科研素养，推动 MTA 专业学位的高质量发展。

七、相关政策梳理与解读

近年来，国务院学位办和教育部等相关部门陆续出台了《关于加快新时代研究生教育改革发展的意见》《关于进一步严格规范学位与研究生教育质量管理的若干意见》《专业学位研究生教育发展方案（2020—2025）》等系列政策文件，不断完善专业学位授予标准、健全专业学位管理机制、推动专业学位教育规模稳健增长。

（一）坚持服务国家战略，促进产学研协同育人

研究生教育背负着高层次人才培养和创新的重要使命，是应对全球人才竞争的基础布局，随着中国特色社会主义进入新时代，人民群众对保证和提高学位与研究生教育质量的关切日益增强，各行各业对高层次创新人才的需求也更加迫切，现代旅游产业的建设也急需大量优质的现代旅游专业人才，旅游产业经济的创新发展为 MTA 人才培养模式创新提供了机遇，同时也提出了更高的要求。习近平总书记关于研究生教育工作的重要指示强调了研究生教育必须适应党和国家事业发展需要，教育部、国家发展改革委、财政部发布的《关于加快新时代研究生教育改革发展的意见》中也指出，必须把思想政治工作贯穿研究生教育教学全过程，增强研究生教育服务国家战略和经济社会发展的能力。

发展新时代 MTA 教育，必须着眼于党和国家事业发展的需要，全面贯彻党的教育方针，坚持走内涵式发展道路，以"立德树人、服务需求、提高质量、追求卓越"为主线，坚持需求导向，扎根祖国大地，面向经济社会发展主战场、人民群众新需求、国家治理大战略，全面提升 MTA 教育服务国家和区域发展能力。根据文旅融合、大众旅游、

公共服务、休闲度假等行业特征及人才培养需求进行改革，培养造就大批德才兼备的高层次 MTA 人才。

一方面，要坚持正确的育人导向，加强 MTA 思想政治教育，加强学术道德和职业伦理教育，把正确的政治方向和价值导向贯穿 MTA 教育和管理工作全过程。引领 MTA 学生胸怀远大理想，厚植家国情怀，把小我融入大我，引导 MTA 学生增进文化认同、坚定文化自信、建设文化强国，锤炼 MTA 学生担当精神，将社会实践纳入 MTA 教育范畴，以实际行动锤炼忠诚担当的政治品格，为坚持和发展中国特色社会主义、实现中华民族伟大复兴的中国梦提供强有力的人才和智力支撑。另一方面，指导 MTA 学位授予单位不断深化科技融合、产教协同，围绕国家战略、旅游行业发展等需要，充分挖掘旅游产业、行业、企业等育人属性，建立紧密对接旅游产业链、创新链的学科专业体系，统筹产教融合资源。推进全国各 MTA 培养单位与行业产业共同制定培养方案，共同开设实践课程，共同编写精品教材，推进课程设置与专业技术能力考核的有机衔接，加强旅游人才供需对接，推动人才培养与产业急需的融合贯通。

（二）坚持深化改革创新，实施全过程质量管理

目前，我国正处于由研究生教育大国向研究生教育强国奋进的关键节点，人才培养质量是研究生教育的生命线，深化研究生教育质量保障体系改革至关重要。改革开放特别是党的十八大以来，我国研究生教育坚持正确政治方向，规模持续增长，结构布局不断优化。近年来，国务院学位委员会和教育部等部门先后印发了《关于加强学位与研究生教育质量保证和监督体系建设的意见》《关于加快新时代研究生教育改革发展的意见》等一系列文件，充分彰显了国家筑牢研究生教育保障体系的坚定决心。MTA 教育质量保障体系是一项系统工程，只有 MTA 教指委、各 MTA 培养单位、导师队伍等责任主体协同奋进，切实承担起招生、培养、学位授予等环节的各项责任，才能全过程守好 MTA 教育质量保障的生命线，为党和国家事业发展培养造就大批德才兼备的高层次人才。

紧紧围绕统筹推进"五位一体"总体布局和协调推进"四个全面"战略布局，落实立德树人根本任务，近年来，全国各 MTA 授权点院校大力推进 MTA 人才培养机制改革，统筹构建质量保障体系，突出创新能力培养，推进 MTA 教育治理体系和治理能力现代化。新发展格局下，需要进一步落实学位授予单位质量保证主体责任，建立以培养质量为主导的 MTA 教育资源配置机制，把握好课程学习、实习实践、论文开题、中期考核、论文评阅和答辩、学位评定等关键环节，多措并举、系统实施，落实全过程管理责任，推动 MTA 创新和实践能力持续提升。

其中，招生工作的质量管理是构建 MTA 教育质量保障体系的基础。首先，全国各 MTA 培养单位要严格规范考试招生程序，研究并推动 MTA 招生选拔机制改革和培养体系建设，进一步优化考试招生制度，将招考纪律贯穿命题、初试、复试、调剂、录取等招考工作全流程，完善分类考试、综合评价、多元录取、严格监管的研究生考试招生

制度体系，确保招考工作科学透明。其次，加强 MTA 培养的关键环节质量监控是构建 MTA 教育质量保障体系的过程保障。MTA 培养单位要紧密结合经济社会发展需要，遵循旅游学科发展和人才培养规律，科学合理设计 MTA 培养环节，优化课程体系，加强实践教育，并建立 MTA 培养各环节责任清单，利用信息化手段加强对 MTA 培养关键环节自我管理和专项检查，及时发现问题，立查立改。最后，严抓 MTA 学位论文和学位授予管理是构建 MTA 教育质量保障体系的有效举措。发挥导师作为 MTA 培养第一责任人的作用，严格把关学位论文研究工作、写作发表、学术水平和学术规范性，学位论文答辩委员会、学位评定分委员会要切实承担学术评价、学风监督责任，对申请人培养计划执行情况、论文评阅情况、答辩组织及其结果等进行认真评议，严把学术水平和学术规范性。

（三）强化导师岗位管理，全面落实育人职责

党的十八大以来，习近平总书记就加强教师队伍做出系列重要指示，强调广大教师是教育工作的中坚力量，教师队伍建设是基础性工作。为全面深化导师立德树人职责，教育部也先后印发了《关于全面落实研究生导师立德树人职责的意见》《研究生导师指导行为准则》等政策性文件，推动"导学思政"，落实作为导师研究生培养第一责任人的要求，明确导师在提升研究生思想政治素质、培养研究生学术创新能力、增强研究生社会责任感、指导研究生恪守学术道德规范等方面的职责。广大研究生导师为培养 MTA 人才、MTA 教育事业发展做出了突出贡献，秉承科学精神，严格遵守学术规范，正确履行指导职责，合理指导 MTA 学习、科研与实习实践活动，强化 MTA 学术规范训练，指导 MTA 做好论文选题、开题、研究及撰写等工作，对 MTA 学位论文质量严格把关。

加强 MTA 导师队伍建设需要 MTA 学位授予单位建立科学公正的师德师风评议机制，把良好师德师风作为 MTA 导师选聘的首要要求和第一标准，同时编发 MTA 导师指导手册，明确导师职责和工作规范，加强 MTA 导师岗位动态管理。MTA 学位授予单位还应对导师实行常态化分类培训，切实提高 MTA 导师指导研究生和严格学术管理的能力，其中首次上岗的导师实行全面培训，连续上岗的导师实行定期培训，确保政策、制度和措施及时在指导环节中落地见效。此外，健全 MTA 导师评价考核和激励约束机制，将 MTA 在学期间及毕业后反馈评价、同行评价、管理人员评价、培养和学位授予环节职责考核情况科学合理地纳入 MTA 导师评价体系，综合评价结果作为招生指标分配、职称评审、岗位聘用、评奖评优等的重要依据。

规范 MTA 导师指导行为还需要 MTA 导师切实履行立德树人职责，发挥言传身教作用，积极投身教书育人，教育引导 MTA 坚定理想信念，指导 MTA 潜心读书学习、了解学术前沿、掌握科研方法、强化实践训练，加强科研诚信引导和学术规范训练，掌握学生参与学术活动和撰写学位论文情况，增强 MTA 知识产权意识和原始创新意识，杜绝学术不端行为。综合开题、中期考核等关键节点考核情况，提出学生分流退出建

议。严格遵守《新时代高校教师职业行为十项准则》、研究生导师指导行为准则，不安排 MTA 从事与学业、科研、社会服务无关的事务。关注 MTA 个体成长和思想状况，与 MTA 思政工作和管理人员密切协作，共同促进研究生身心健康。

参考文献

［1］白长虹，妥艳娟.中国旅游管理硕士专业学位（MTA）教育项目年度发展报告（2016—2017）［M］.中国旅游教育蓝皮书（2017—2018）.中国旅游出版社，2018.

［2］白长虹，妥艳娟.中国旅游管理硕士专业学位（MTA）教育项目年度发展报告（2018—2019）［M］.中国旅游教育蓝皮书（2019—2020）.中国旅游出版社，2020.

［3］刘佳，李莹莹.我国旅游管理硕士专业学位研究生教育发展的现实思考与对策探究［J］.学位与研究生教育，2016（10）：16-21.

［4］华春燕.专业学位研究生教育高质量发展：价值、隐忧与前瞻［J］.国家教育行政学院学报，2022（6）：28-35.

［5］王姗姗，邱均平.以新发展理念引领专业学位研究生教育高质量发展［J］.研究生教育研究，2022（3）：75-82.

［6］吴必虎，黎筱筱.中国旅游专业教育发展报告［J］.旅游学刊，2006，21（z1）：9-15.

［7］教育部.习近平对研究生教育工作作出重要指示强调适应党和国家事业发展需要培养造就大批德才兼备的高层次人才李克强作出批示［EB/OL］.［2020-07-29］.http：//www.moe.gov.cn/jyb_xwfb/s6052/moe_838/202007/t20200729_475754.html.

［8］教育部、国家发展改革委、财政部发布《关于加快新时代研究生教育改革发展的意见》［EB/OL］.［2020-09-21］.http：//www.moe.gov.cn/srcsite/A22/s7065/202009/t20200921_489271.html.

［9］国务院学位委员会、教育部发布《关于进一步严格规范学位与研究生教育质量管理的若干意见》［EB/OL］.［2020-09-28］.http：//www.moe.gov.cn/srcsite/A22/moe_826/202009/t20200928_492182.html.

［10］国务院学位委员会、教育部印发《专业学位研究生教育发展方案（2020—2025）》［EB/OL］.［2020-09-30］.http：//www.moe.gov.cn/srcsite/A22/moe_826/202009/t20200930_492590.html.

［11］教育部印发《研究生导师指导行为准则》［EB/OL］.［2020-11-04］.http：//www.moe.gov.cn/srcsite/A22/s7065/202011/t20201111_499442.html.

［12］人民日报.推动研究生教育迈上新台阶［EB/OL］.［2020-07-31］.http：//www.moe.gov.cn/jyb_xwfb/s5148/202007/t20200731_476003.html.

［13］中国教育报.构建更加完善的研究生教育质量保障体系［EB/OL］.［2020-08-04］.http：//www.moe.gov.cn/jyb_xwfb/xw_zt/moe_357/jyzt_2020n/2020_zt15/baodao/pinglun/202008/t20200813_477870.html.

Part 3

第三部分

理论研究

中国旅游地理学的发展与创新

保继刚　杨虹霓　翁时秀[①]

　　要充分理解一种科学，永远只有详细研究它的历史发展才有可能[1]。中国旅游地理学在过去 40 多年的发展中，形成了不断回顾与反思的良好习惯[2-22]，对学科发展的梳理也逐渐超越了研究成果的分类汇总与评价，越来越多地对学科发展的内外部条件[11, 13]、知识溢出[15]、代际关系[17]等深层问题进行思考，越来越具有"思想史"的意味。其中，保继刚[11, 13]对 1978—2008 年中国旅游地理学发展历程的分析，采用了内外部相结合的视角，从宏观社会背景的变迁入手，揭示了 30 年间学科演变背后的深层次原因，并对其研究成果的理论价值和现实意义进行了整体评价。

　　相比于内部视角的学科发展与创新内容总结，内外部相结合的视角有助于更好地理解学科发展的动因和特点、评价学术成果的水平和贡献、推演未来研究的方向和重点。因此，本文将延续内外部相结合的学科考察进路，并将"外部视角"聚焦于旅游供需关系变化，视其为旅游产业演进的根本动力；而"内部视角"则聚焦于旅游地理学的核心任务：以地理学视角探索产业发展的空间规律和地理影响，总结实践经验，并通过理论发展与创新对产业当前问题与未来发展进行有效指导。因此，尽管中国旅游地理学在发展过程中始终伴随着旅游规划、制定国家标准、为地方发展提供决策依据等社会服务工作，且其服务内容之多、介入程度之深、社会反响之大，都有很多经验教训值得总结，但限于篇幅和主题，本文主要梳理"学科发展和创新"本身，对于促进了学科发展与创新的社会服务和影响将会有所提及，其他则不做讨论。

　　基于以上研究视角和研究焦点，本文将中国旅游地理学研究成果置于旅游产业供需变化的背景中考察二者关系：①旅游供需关系的变化在不同阶段分别体现为何种特征。②旅游地理学是否对这些变化做出了合适的响应。③这些响应是否推动了产业实践与学术研究的发展与创新。

---

　　① 基金项目：国家自然科学基金项目（41920104002）。保继刚，教授，博士生导师，国家高层次人才，中国旅游协会旅游教育分会会长，中山大学旅游学院创院院长，中山大学旅游发展与规划研究中心主任。主要研究领域为旅游地理、旅游可持续发展、主题公园、旅游规划、旅游影响。杨虹霓，中山大学旅游学院博士研究生，研究方向为旅游地理学与旅游规划。翁时秀，中山大学地理科学与规划学院副教授、博士，主要研究领域：旅游地理学、地理学思想史、地理学理论与方法。

一、分析进路

首先，为把握中国旅游供需关系变化的整体特征和各阶段主要矛盾，本研究全面查阅了《中国旅游大事记（1949.10—1994.12）》《中国旅游大事记（1995—2005）》、1990年以来的《中国旅游年鉴》和《中国文化和旅游年鉴》，凝练主要事件及其影响，划分阶段、总结阶段特征。

其次，为刻画各阶段旅游地理研究成果的基本特征及其对供需变化的响应，对《地理学报》《地理科学》《地理研究》《自然资源学报》《地理科学进展》《经济地理》《人文地理》《热带地理》《地理与地理信息科学》《地域研究与开发》《干旱区地理》等国内地理刊物上的旅游类论文，《旅游学刊》《旅游科学》《旅游论坛》等国内旅游类刊物上的旅游地理学论文、Annals of Tourism Research、Tourism Management、Journal of Travel Research、Journal of Sustainable Tourism、Tourism Geographies 等英文旅游刊物上所发表的中国旅游地理研究进行了全面检索与分类分析。

最后，基于以下两点评价相关研究对于推动产业实践与学术研究发展与创新的贡献：①对于以应用为导向的研究成果，检视其呼应现实问题的能力。②对于"纯理论"研究成果，则分析其促成学术共同体关于旅游地理本体论和认识论之转变的能力，或其促成产业发展实践思路与方式之转变的能力。

二、中国旅游地理学对旅游供需关系变化的响应

改革开放至今，旅游供需关系的主要矛盾经历了数次转换。最初，在建设资金极度短缺的情况下，如何满足团队观光旅游需求而建立最有效率的供给体系是主要矛盾；此后，旅游需求逐渐多元化，旅游供给在逐渐摆脱资金制约后，如何提供更丰富的旅游产品以满足多元需求成了主要矛盾；随后，团队观光旅游逐渐丧失主导地位，旅游日渐成为国民日常休闲活动的一部分且其品质要求越来越高，旅游供给体系日渐庞杂且将越来越多的生产要素、生态环境和社会群体裹挟进旅游产业，导致旅游可持续发展问题日益突出；最后，在一系列政治经济变革下，旅游业的供给侧改革成为主要矛盾。

据此，本文将旅游供需关系划分为四个阶段：观光旅游主导阶段（1978—1988年）、旅游供需多元化阶段（1989—1998年）、旅游日常化阶段（1999—2012年）和旅游供给侧改革阶段（2013年至今）。此处需要说明两点：①各阶段的命名以体现该阶段供需关系主要矛盾为目标，并不意味着供需多元化、旅游日常化、供给侧改革等现象只存在于特定阶段，其他阶段就不存在。②供需关系主要矛盾的变化是一个逐渐演替的过程，并不存在完全明确的转换时间点。各阶段起始年份的选择存在一定主观性，本文的选择依据为：1978年是改革开放起始年份，该年10月9日邓小平首次纵论旅游[23]；1989年深圳"锦绣中华"开业，摆脱传统旅游资源束缚的重资产型吸引物取得巨大成功，旅游供

给的空间逻辑发生转变；1999 年黄金周假日制度的实施使中国居民逐渐将旅游内化为日常生活的一部分；2013 年，国家层面的一系列措施预示着中国旅游业的变革[24]。

在每一个阶段，随着供需关系的变化，旅游业所面临的主要现实问题也发生相应的转变，从而对旅游地理学的理论研究提出不同的挑战。

（一）观光旅游主导阶段（1978—1988年）

这一阶段，不管是最初以赚取外汇为主要目标大力发展入境旅游，还是 1985 年提出"从只抓国际旅游转为国际、国内一起抓"，团队观光都是最主要的旅游需求，且呈现快速增长态势。反观供给侧，由于缺乏发展基础，"旅游地少、路难行、车难搭、住宿难"的问题十分突出。因此，在改革开放初期极度缺乏建设资金的情况下，如何选择最有吸引力的观光旅游资源进行开发并配套相应设施就成了关键现实问题。必须要有合适的理论来指导旅游投资建设，从而让有限资金发挥最大效益。

中国旅游地理学便在这一背景下发轫。与上述现实问题相契合，在开创代学者陈传康、郭来喜、杨冠雄等的引领下，旅游地理学在旅游资源区划、分类、评价与开发等方面开展了大量研究[25-26]，回答了哪些资源应优先开发的问题；同时，对资源—市场对应变换关系[27-28]、游客量预测[29-30]、旅游者行为[31-32]、引力模型[33-34]等也开展了相应研究，初步回答了一个旅游地的开发所能吸引的市场范围和游客量的问题；环境容量[35]、旅游业区位论[36]、地段设计[37]及区域旅游发展战略的研究[3]则为这一阶段的旅游规划和发展实践提供了有效的理论指导。因此，这一阶段的旅游地理学研究，紧密围绕关键现实问题，努力探寻旅游发展"规律"并用以指导产业实践，理论与实践之间形成了良性互动。

尤其值得注意的是，在研究国外旅游地理学教材的基础上，郭来喜、保继刚对旅游地理学研究的核心内容进行了梳理，建构了中国旅游地理学的学科体系。这一体系可视为这一时期的旅游地理学者针对旅游发展现实需求而给出的旅游地理学系统研究方案。保继刚等总结这一阶段的研究成果于 1993 年出版的《旅游地理学》教材是其中的典型代表[38]。

（二）旅游供需多元化阶段（1989—1998年）

进入 20 世纪 90 年代，国内旅游需求日益旺盛。团队观光旅游仍是主流，但需求多样化突显。同时，资金不再是旅游开发的制约因素，旅游投资热情高涨，观光旅游资源开发逐渐从顶级资源往次一级资源转移，其他类型的旅游资源开发也日益增加，资本驱动型旅游吸引物不断涌现。

供需关系在多元化的过程中，其复杂性也呈指数增长。例如，同样是主题公园，在 20 世纪 80 年代兴建的一批游乐园纷纷倒闭之后，1989 年开业的深圳"锦绣中华"却能迅速收回投资并持续盈利，而此后的主题公园建设却又多数不成功，原因何在？

度假需求在这一阶段开始勃兴，国家于 1992 年批准了 12 家国家级旅游度假区，为其发展提供了一系列当时最为优厚的优惠措施和开放力度，但度假区的发展却始终不尽如人意，为什么？ 这些现实问题对这一阶段的旅游地理学提出了第一个新挑战：如何建构合适的理论来指导各类新兴旅游产品的开发或建设？

此外，随着旅游开发热潮的到来，旅游产品和旅游地的同质化竞争或过量供给问题在现实中突显，旅游地的空间竞争与合作成为该阶段最为关键的问题。因为只有在整体上形成良性竞争与协同发展，旅游投资效率才能提高，旅游供给的空间体系才能得到优化。因此，特定类型的旅游产品如何竞争、如何优化空间布局，旅游地空间竞争的基本规律是什么，一个区域内的多个旅游地如何在良性竞争中实现协同发展，这些问题是这一阶段的旅游发展对旅游地理学提出的第二个理论挑战。

最后，在旅游需求迅速扩大、旅游开发快速推进背景下，旅游地社会和环境问题开始显现。如何实现旅游地的可持续发展问题开始浮出水面，这是这一阶段面临的第三个理论挑战。

从这一阶段的旅游地理学成果看，研究者们对上述问题均做出了响应。

第一，相关学者在上一阶段所建立的旅游地理学学科体系内，持续深化旅游资源与区域开发研究[5-6, 8]，拓展了旅游资源的概念与评价[39]、加强了旅游市场研究[40-41]，并在主题公园[42]、城市旅游[43]、生态旅游[44]、社区旅游[45]、遗产旅游[46]、山岳旅游[47]等领域进行了诸多开创性研究。这些研究大多能够较好地回答这些新兴旅游产品是什么、能吸引哪些游客的问题。有些研究甚至能够透彻分析产品特性并通过理论建构对产业发展做出有效指导。如主题公园选址和发展的理论研究[42, 48-49]，不仅对这一阶段主题公园的发展起到了很好的引导作用，而且为后来迪士尼乐园、环球影城进入中国大陆的论证奠定了理论基础。

第二，部分学者关注到旅游地竞争与合作问题的重要性，提出了替代性竞争和非替代性竞争等对实践具有重要启发的概念，对一些重要旅游资源或旅游地的空间竞合进行了颇有价值的研究[50-53]。例如，关于喀斯特洞穴的开发，取得了"在同一地域上出现多个喀斯特洞穴时只能选择其中最有价值的一个进行开发"[54]等一系列基础指导理论，这些理论可在实践中结合旅游地的具体情况指导其喀斯特洞穴开发，而一旦遇到特殊情况（如张家界[55]），便可通过修正或发展理论，使之具有更强的指导价值。这样的基础指导理论，对于理论发展和产业实践都具有不可估量的价值。可惜的是，这一阶段虽然发展出了某些特定类型的旅游地或旅游资源竞争理论，却没有形成合力，构建出具有较好的实践指导意义和理论发展潜力的一般旅游地空间竞合系统理论。

第三，在可持续发展理念的指引下，旅游影响研究得到高度重视，社区旅游、生态旅游、可持续旅游研究开始出现。其中，最有影响的工作是郭来喜主持完成的国家自然科学基金重点项目《中国旅游业可持续发展理论基础宏观配置体系研究》[56]。当然，由于可持续发展问题极为复杂，而这一阶段旅游产业在中国的真正发展仅 20 年时间，很多影响可持续发展的问题并未突显，无法开展实证研究。因此，这一阶段比较有价值的工作主要集中在特定地域特定类型的旅游影响研究上，整体性系统化的旅游可持续发展理论尚难以构建。

总之，这一阶段旅游地理学者对于某些新兴产品的开发建设问题进行了较好的理论回应。而没有得到及时回应的问题（例如，历史城镇开发中的关键问题），这一阶段的研究也为后续研究奠定了基础。同时，这一阶段敏锐地捕捉到了旅游可持续发展的重要性，并在旅游影响研究领域开展了不少有价值的工作。

对于这一阶段来说，最遗憾的是没能构建一个旅游地空间竞合的系统理论。而这一阶段正好是旅游规划需求高涨，旅游地理学家纷纷进入旅游规划领域成为旅游规划主力军的时期，由于缺乏对旅游地空间竞争和协同发展基本规律的系统研究，尽管旅游规划框架和模式不断成熟，但大多规划却无法真正解决旅游地发展问题，导致了很多地方旅游发展的失误，加重了旅游开发的负面影响。这一问题至今没有得到妥善研究。

（三）旅游日常化阶段（1999—2012年）

1999年以来，旅游越来越成为中国居民日常休闲活动的一部分。一系列因素造成了旅游的"日常化"。首先，国民收入的普遍提高为此提供了经济基础。其次，中国城市社会发生了"从苦行者社会到消费者社会"[57]的转变，社会心态发生变化，旅游被视为提高生活质量和幸福感的手段，不少居民开始追求旅游消费的"品质性"甚至"奢侈性"。再次，假日制度改革为周末旅游和黄金周旅游提供了时间保障[58]，普通家庭的节假日旅游蔚然成风，旅游在理念上被内化为生活的一部分。最后，随着私家车的普及、交通基础设施的提升、航空票价实际承受能力的提高，游客出游能力大大提升[59]。

在此背景下，大众旅游的"散客化"趋势越来越明显，高端消费不断涌现，奢侈度假、出境旅游日渐频繁。旅游供给相应地出现了一系列新变化：第一，非观光型旅游地得到了充分的发展机会，大城市周边旅游项目、乡村旅游越来越盛行；第二，出现了一批广受游客认可的精品化大众旅游产品，如乌镇东栅、《印象·刘三姐》、长隆欢乐世界等，这些产品推动了旅游供给的提质升级；第三，高端奢侈消费涌现，"旅游＋地产"、第二居所、高端度假区和度假酒店的供给加速。

旅游日常化使旅游产业规模加速壮大，产业地位越来越高，2009年《国务院关于加快发展旅游业的意见》提出，将旅游业培育成为国民经济的战略性支柱产业和人民群众更加满意的现代服务业。越来越多的生产要素、生态环境和社会群体被旅游产业所裹挟，旅游发展中的环境保护和社会公平问题频频进入学者和公众的视野。

这一阶段对旅游地理学所提出的核心挑战有：①各类已有和新兴旅游产品的供给理论仍需随供需关系变化而完善（"打补丁"甚至是理论重构），如乡村旅游的不断升级[60-61]、智慧旅游的兴起对供需关系的影响[62]等，都要求理论的完善或重构。②各类旅游产品的再开发、提质升级、生命周期的延长甚至跃升等问题，在这一阶段亟须总结经验、探寻规律。③旅游发展所带来的负面影响在这一阶段体现得比上一阶段更加明显，旅游发展对于环境保护和社会公平的诉求成为重点问题。④旅游地的良性竞争与协同发展问题仍然是重要问题，但是由于上一阶段未能建立基础指导理论，而这一阶段旅游产业所涉及的空间范围[63-64]、所牵涉的自然和社会要素都大为深广，且资本在空间中的流动性和利润积累大大加速，因此，旅游地的良性竞争与协同发展的复杂性远较之前为甚，这一方面的宏大理论建构难度呈指数增长。

这一阶段旅游地理学的响应则体现在以下方面：

第一，越来越多的学者成为社区旅游、遗产旅游、乡村旅游、生态旅游等单一领域的专家，推动了这些领域的深化研究[65-70]。尽管这一阶段的部分成果显得分散或没有"地理味"，但跨学科研究和新的研究领域的出现，增强了旅游地理学对现实问题的解释力度[11]。而且，由于研究规范作为学术研究基本前提的重要性得到重视，出现了一批可以与国际同行进行学术交流的研究成果[71-74]，推动了中国旅游地理学的国际化。

第二，旅游可持续发展研究的数据积累和理论深度都有所推进。例如，中山大学与联合国世界旅游组织合作，成立旅游可持续发展监测点管理与监测中心，对多个典型旅游地开展长时间跟踪研究，为中国旅游可持续发展的理论研究积累了众多经验材料。与此同时，针对旅游地社会问题，在借鉴社会学、人类学、管理学、经济学等学科的研究视角和理论工具的基础上，开展了社区参与、社区增权、旅游减贫、旅游商业化等方面的研究[75-80]，提出了制度机会主义、旅游吸引物权、再贫困化等引起政府管理部门和学界关注的概念。针对环境问题，旅游生态足迹、低碳旅游、遗产地和保护区旅游等[72, 81-83]的研究则尝试构建相应的理论和方法，以用于旅游环境保护。

第三，在面对日益复杂的旅游地域系统的宏观问题时，旅游地理学对重大问题的响应能力有所减弱。这一阶段，一方面，受制于学术考核机制，很多学者无法专注于重大问题的解决，也难以针对重大问题开展真正的合作研究，另一方面，在应对旅游发展中的宏观复杂问题时，这一阶段实际上需要一场"范式"变革，需要重新整理研究问题体系，建立一套宏观复杂问题的研究方法论，并能吸引年轻一辈的学者投入这一问题体系的研究中。但这一阶段未能完成问题整理，所吸收进来的研究方法中，定性方法大多是微观研究方法，定量方法大多是线性方法。在这些方法的指引下，研究成果的科学性有不小提高，但对宏观复杂非线性问题却始终无法进行有效的学术应对。

（四）旅游供给侧改革阶段（2013年至今）

2013年，中央八项规定的落实、"一带一路"倡议的提出、《旅游法》的施行、《国民旅游休闲纲要（2013—2020年）》的颁布等一系列措施预示着中国旅游业的变革[24]。

从需求侧看，最直接的影响是八项规定压缩了泡沫需求，推动了市场正常化[24]，奢侈性需求让渡给更多的平民化需求，有预算的消费开始增长[84]。但同时，大众消费品位的升级使其品质追求更高，游客越来越愿意为旅游中的舒适性付费。

需求侧的转变显露出供给侧结构性短缺和结构性过剩并存的问题[24,85]。对此，一方面，需要挖掘国内优质供给潜力、控制劣质项目、提升产品品质，另一方面，魏小安等[24]认为，也可以借鉴日本的"出国旅游倍增计划"，在游客"出海"的同时激励企业和资本出海。这一思路实则是将境外资源和供给纳入供给侧改革的范畴中。从实际情况来看，也已有旅游企业和资本开始出海。

因此，这一阶段随着时空压缩的增强、全球旅游系统日趋一体化，尤其是在"一带一路"倡议的推动下，中国旅游产业开始面临实质性全球化。而受地缘政治格局重构、新冠肺炎疫情等的影响，其面对的是与以往全球化有所不同的新全球化。同时，国家在这一时期提出了"构建国内国际双循环相互促进的新发展格局"。显然，不同行业的"双循环"存在巨大差异，旅游业如何构建双循环新格局则成了当下旅游供给侧改革的新命题。由此，经济层面的供给侧改革对旅游地理学提出的新挑战是：如何构建一套关于当前世界旅游地理和全球旅游系统的知识体系，为旅游业的"一带一路"倡议、新全球化和双循环的顺利推进提供知识平台。

除经济层面的含义外，供给侧改革还意味着"旅游事业"的回归。《旅游法》和《国民旅游休闲纲要（2013—2020年）》中的一系列提法预示着旅游休闲的一些性质需要重新定义，需要重新体现旅游的"事业"属性。当然，这一阶段的旅游事业应该是在继续做强旅游产业的同时强调旅游休闲的公共属性，在深化产业改革的基础上强化公共产品供给和公共服务完善的"旅游事业"，完全不同于改革开放前"旅游事业"的概念[24]。"事业"属性回归的背后是旅游与日常生活的紧密交织。尤其是在日渐强调"共同富裕"的背景下，其公共属性将越来越被看重。旅游的供给侧改革中，非营利供给的改革与强化，已经成为当下需要面对的一个问题。

当然，这并不意味着"产业"性质的减弱，相反，正是由于旅游所具有的强大的产业属性，它在国家乡村振兴、新型城镇化、"一带一路"建设中，成了国家引导资本有序流动、各类要素合理布局、实现乡村地区脱贫致富和共同富裕的重要手段。因此，这一阶段，旅游产业跟国家战略更加紧密地结合在一起，也具有了更强的响应国家战略的能力。

在产业和事业的双重驱动下，供给侧改革的目标有了多重叠加并对旅游可持续发展研究提出了极其综合而复杂的挑战：①旅游已经成为涉及人类和自然多个方面的一种超大规模的流动性，必须解决上一阶段遗留的问题，对旅游影响中的复杂非线性问题开展系统性实证研究；②要在充分理解旅游的产业事业双重属性和国家战略目标的前提下，将可持续发展的抽象原则转变为一整套切实可行的旅游可持续发展目标体系，并在实证研究的基础上，结合系统模拟方法，探索不同的实践措施在实现这些目标中的作用和局限。

以此反观这一阶段的旅游地理学研究可以发现：

首先，与旅游地域系统相关的方方面面，现有研究几乎都有涉及，而且，由于对旅游地理学界此前普遍存在的研究问题缺失、理论贡献不足的现象进行了深入反思[12, 86]，学术研究的问题意识得以建立，研究规范进一步增强，研究的科学性和理论贡献均有较大提高，很多研究达到国际领先水平[22]。

其次，在旅游社会文化影响、经济影响和环境影响等关涉旅游可持续发展的重要领域，这一阶段取得了大量成果[87-91]，但整体来看，这些成果还较为分散，尚未以可持续研究的思维加以整合。对此，部分学者开始整合相关成果开展综合性的可持续旅游研究，并以社会实验的方式将研究成果谨慎地转化为实践计划，以期在实践中检验理论并以最小的试错成本产生满足特定条件下综合发展目标的政策成果。例如，保继刚主持的国家自然科学基金重点国际（地区）合作研究项目《旅游可持续发展与生计—能源—粮食—水的关联研究》及其团队开展的"阿者科计划"，即此类研究。

再次，当面对重大现实问题时，由于认识到重新思考旅游地理学的任务、性质、发展方向等问题的重要性[11]，不少学者基于20世纪80年代所构建的中国旅游地理学研究体系，对旅游地理学研究的核心问题进行了新的讨论，并开始思考建立新的旅游地理学理论框架的可能性[18, 20-22, 92-93]。这些讨论和思考对于凝聚共识、构建新的学科体系具有重要价值。目前还需努力推进的是，将理论框架和学科体系转变为真正的科学问题体系，并针对科学问题系统性地探寻有效的研究方法和技术，进而组织中国旅游地理学术共同体开展协同研究。

最后，迄今为止，中国旅游地理学界的研究对象绝大部分仍局限在国内，尚未开展全球旅游的实质研究。未来或许应重构"世界旅游地理"研究体系，跳出区域旅游地理的思维，以服务全球旅游合理布局与协同发展为目标，研究全球旅游系统的结构特征和演变机制。

三、结论与展望

1978年以来，旅游供需关系日趋复杂，中国旅游产业也从赚取外汇的出口产业发展为"国民经济战略性支柱产业"，并在精准扶贫、新型城镇化、乡村振兴等国家战略中发挥越来越重要的作用。在此过程中，旅游业从一个外在于国民日常生活的简单经济子系统，逐步发展为涉及中国社会与生态方方面面的复杂巨系统，并出现超越国境的全球化态势。从地理学的角度看，供需关系多元化、产业系统复杂化导致不同发展条件的旅游目的地以不同的方式卷入这一系统，产生了方方面面的现实问题。中国旅游地理学在不断应对现实问题的过程中，学科视野随之开阔，理论话题也越来越多。

在观光旅游主导阶段，旅游地理学紧密围绕关键现实问题，努力探寻观光旅游发展规律并用以指导产业实践，理论与实践之间形成了良性互动；在旅游供需多元化阶段，部分新兴产品的开发建设问题得到了较好的理论回应，但没能构建一个旅游地空间竞合的系统理论；在旅游日常化阶段，越来越多的学者成为单一领域的专家，推动了相关领域的深化研究，相关成果的科学性也大为提高，但对于宏观复杂非线性问题，却始终无法进行有效的学术应对；在旅游供给侧改革阶段，很多研究达到国际领先水平，综合性的可持续旅游研究也开始出现，对新的旅游地理学学科体系和理论框架的讨论日益增多，但迄今尚未在更加系统而全局的视野中建立真正的科学问题体系，并针对科学问题系统性地探寻有效的研究方法和技术。与此同时，旅游地理学"代际转换"的压力越来越大[17, 22]。第一代学者（现在 50~65 岁）继续工作 5~10 年后，新生代学者是否能够"接上班"仍然有较大的变数[22]。必须充分重视旅游地理学的人才培养问题，鼓励地理学背景出身的青年学者留在旅游地理学界里继续任职、从事学术研究[87]，壮大旅游地理学界的研究队伍，群策群力地梳理问题体系、探寻有效方法、开展协同研究。

展望未来，世界正经历百年未有之大变局，中国已经难以在西方主导的全球化模式中不假思索地走下去[94]。同样的，中国旅游地理学所面对的现实问题已经呈现出很多不同于西方的特征，学科未来的发展方向也很难按照西方的发展议题来推进。因此，短期内如何对新冠肺炎疫情、地缘政治、双循环新格局等所带来的旅游供需关系变化及其空间响应做出更多的预判和更全面的分析，长期如何对全球旅游系统的演变过程、机制及中国旅游产业在其中所受的影响和所产生的影响进行模拟和推演，都是需要予以重视的问题。旅游地理学应在回顾已有成就的基础上，尽快解决过去遗留的理论问题，并做好应对未来变化的准备。

参考文献

[1] 阿尔夫雷德·赫特纳. 地理学：它的历史、性质和方法 [M]. 北京：商务印书馆，1983.

[2] 杨冠雄. 我国旅游地理学的发展 [J]. 国外人文地理，1988（1）：43-46.

[3] 郭来喜，保继刚. 中国旅游地理学的回顾与展望 [J]. 地理研究，1990，9（1）：78-87.

[4] He Z Q. Progress of geography of tourism in People's Republic of China [J]. GeoJournal，1990，21（1）：115-121.

[5] 保继刚，吴必虎，陆林. 中国旅游地理学 20 年（1978—1998）[C] // 吴传钧，刘昌明，吴履平. 世纪之交的中国地理学. 北京：人民教育出版社，1999.

[6] 刘锋. 旅游地理学在中国的发展回顾 [J]. 地理研究，1999，18（4）：434-443.

[7] 魏小安. 关于旅游发展的几个阶段性问题 [J]. 旅游学刊，2000（5）：9-14.

[8] 吴必虎，冯若梅，张丽. 90 年代中国旅游地理学进展研究 [J]. 经济地理，2000，20（3）：91-95，128.

[9] 马耀峰. 中国旅游地理学的优势与挑战 [J]. 地理学报，2004，59（S1）：139-144.

[10] 保继刚，张骁鸣. 1978 年以来中国旅游地理学的检讨与反思 [J]. 地理学报，2004，59（S1）：132-138.

[11] 保继刚. 从理想主义、现实主义到理想主义理性回归——中国旅游地理学发展 30 年回顾

　　　　〔J〕.地理学报，2009，64（10）：1184-1192.

〔12〕保继刚.中国旅游地理学研究问题缺失的现状与反思〔J〕.旅游学刊，2010，25（10）：
　　　　13-17.

〔13〕Bao J G，Ma L J C. Tourism geography in China，1978-2008：Whence，what and whither？〔J〕.
　　　　Progress in Human Geogra-phy，2011，35（1）：3-20.

〔14〕保继刚，尹寿兵，梁增贤，等.中国旅游地理学研究进展与展望〔J〕.地理科学进展，
　　　　2011，30（12）：1506-1512.

〔15〕保继刚，翁时秀，徐红罡，等.旅游地理学学科建设与高层次人才培养——基于"知识溢
　　　　出"的审视〔J〕.中国大学教学，2014（8）：29-34.

〔16〕Lu L，Bao J，Huang J F，et al. Recent research progress and prospects in tourism geography of
　　　　China〔J〕. Journal of Geo-graphical Sciences，2016，26（8）：1197-1222.

〔17〕翁时秀，保继刚.中国旅游地理学学术实践的代际差异与学科转型〔J〕.地理研究，2017，
　　　　36（5）：824-836.

〔18〕葛全胜，钟林生，陆林.中国旅游地理学发展历程与趋势〔J〕.中国生态旅游，2021，11
　　　　（1）：1-10.

〔19〕张捷，董雪旺，汪侠，等.国家战略需求与中国旅游地理研究实践〔J〕.中国生态旅游，
　　　　2021，11（1）：27-41.

〔20〕陆林，肖洪根，周尚意.中国旅游地理研究的重点问题：学术内涵、核心概念和未来方向
　　　　〔J〕.中国生态旅游，2021，11（1）：42-51.

〔21〕吴必虎，黄潇婷，刘培学，等.中国旅游地理研究：成果应用转化和研究技术革新〔J〕.中
　　　　国生态旅游，202 1，11（1）：52-65.

〔22〕保继刚，席建超，沈世伟，等.中国旅游地理学研究转型与国际化对比〔J〕.中国生态旅
　　　　游，2021，11（1）：11-26.

〔23〕国家旅游局.邓小平与旅游〔M〕.北京：中国旅游出版社，2001.

〔24〕魏小安，蒋曦宁.中国旅游发展新常态、新战略〔M〕.北京：中国旅游出版社，2016.

〔25〕陈传康.陈传康旅游文集〔M〕.青岛：青岛出版社，2003.

〔26〕郭来喜，杨冠雄.旅游地理文集〔M〕.北京：中国科学院地理研究所旅游地理组，1982.

〔27〕陈传康.区域旅游发展战略的理论和案例研究〔J〕.旅游论坛，1986（1）：14-20.

〔28〕陈传康，徐君亮.陆丰县的海滨旅游资源开发层次结构〔J〕.热带地理，1986，6（3）：
　　　　222-231.

〔29〕保继刚.北京市国内游客预测模式〔J〕.青年地理学家，1986，2（4）：45-49.

〔30〕陆林.黄山国内游客流量预测〔J〕.安徽师范大学学报：自然科学版，1988（3）：94-99.

〔31〕陈健昌，保继刚.旅游者的行为研究及其实践意义〔J〕.地理研究，1988，7（3）：44-51.

〔32〕岳祚弗.旅游动机研究与旅游发展决策〔J〕.旅游学刊，1987，2（3）：32-36.

〔33〕张凌云.旅游地引力模型研究的回顾与前瞻〔J〕.地理研究，1989，8（1）：76-87.

[34] 保继刚.旅游系统研究——以北京市为例［D］.北京：北京大学，1986.

[35] 刘家麒.旅游容量与风景区规划［J］.城市规划研究，1981（2）：44-49.

[36] 张凌云.旅游业区位问题初探［J］.旅游论丛，1985（2）：34-38.

[37] 陈传康，郑洁华.综合自然地理学自上而下的深化应用开拓——地段设计实例研究［J］.热带地理，1991，11（2）：97-104.

[38] 保继刚，楚义芳，彭华.旅游地理学［M］.北京：高等教育出版社，1993.

[39] 郭来喜，吴必虎，刘锋，等.中国旅游资源分类系统与类型评价［J］.地理学报，2000，55（3）：294-301.

[40] 张捷，都金康，周寅康，等.自然观光旅游地客源市场的空间结构研究——以九寨沟及比较风景区为例［J］.地理学报，1999，54（4）：71-78.

[41] 吴必虎，唐俊雅，黄安民，等.中国城市居民旅游目的地选择行为研究［J］.地理学报，1997，52（2）：3-9.

[42] 保继刚.主题公园发展的影响因素系统分析［J］.地理学报，1997，52（3）：47-55.

[43] 李蕾蕾.城市旅游形象设计探讨［J］.旅游学刊，1998（1）：46-48.

[44] 孙根年.我国自然保护区生态旅游业开发模式研究［J］.资源科学，1998，20（6）：42-46.

[45] 唐顺铁.旅游目的地的社区化及社区旅游研究［J］.地理研究，1998，17（2）：34-38.

[46] 陶伟.中国"世界遗产"的可持续旅游发展研究［M］.北京：中国旅游出版社，2001.

[47] 陆林.山岳风景区旅游者空间行为研究——兼论黄山与美国黄石公园之比较［J］.地理学报，1996，51（4）：315-321.

[48] 保继刚.大型主题公园布局初步研究［J］.地理研究，1994，13（3）：83-89.

[49] 楼嘉军.试论我国的主题公园［J］.桂林旅游高等专科学校学报，1998，9（3）：47-51.

[50] 张凌云.旅游地空间竞争的交叉弹性分析［J］.地理学与国土研究，1989，5（1）：40-43.

[51] 保继刚，彭华.名山旅游地的空间竞争研究——以皖南三大名山为例［J］.人文地理，1994，9（2）：4-9.

[52] 窦文章，杨开忠，杨新军.区域旅游竞争研究进展［J］.人文地理，2000，15（3）：22-27.

[53] 陶伟，戴光全.区域旅游发展的"竞合模式"探索：以苏南三镇为例［J］.人文地理，2002，17（4）：29-33.

[54] 保继刚.喀斯特洞穴旅游开发［J］.地理学报，1995，50（4）：353-359.

[55] 保继刚，侯灵梅.非市场竞争条件下喀斯特洞穴旅游竞争研究［J］.旅游科学，2007，21（3）：52-58.

[56] 郭来喜.中国旅游业可持续发展理论与实践研究——国家自然科学基金"九五"重点旅游课题浅释［J］.人文地理，1996，11（S1）：17-25.

[57] 王宁.从苦行者社会到消费者社会：中国城市消费制度、劳动激励与主体结构转型［M］.北京：社会科学文献出版社，2009.

[58] 刘德谦.中国旅游70年：行为、决策与学科发展［J］.经济管理，2019，41（12）：177-202.

［59］汪德根，陈田，陆林，等.区域旅游流空间结构的高铁效应及机理——以中国京沪高铁为例［J］.地理学报，2015，70（2）：214-233.

［60］何景明，李立华.关于"乡村旅游"概念的探讨［J］.西南师范大学学报：人文社会科学版，2002，28（5）：125-128.

［61］王兵.从中外乡村旅游的现状对比看我国乡村旅游的未来［J］.旅游学刊，1999（2）：38-42，79.

［62］张凌云，黎巎，刘敏.智慧旅游的基本概念与理论体系［J］.旅游学刊，2012，27（5）：66-73.

［63］马耀峰，李永军.中国入境后旅游流的空间分布研究［J］.人文地理，2001，16（6）：44-46，35.

［64］陈秀琼，黄福才.中国入境旅游的区域差异特征分析［J］.地理学报，2006，61（12）：1271-1280.

［65］保继刚，孙九霞.社区参与旅游发展的中西差异［J］.地理学报，2006，61（4）：401-413.

［66］李山，王铮，钟章奇.旅游空间相互作用的引力模型及其应用［J］.地理学报，2012，67（4）：526-544.

［67］张朝枝，保继刚.休假制度对遗产旅游地客流的影响——以武陵源为例［J］.地理研究，2007，26（6）：1295-1303.

［68］王云才，郭焕成，杨丽.北京市郊区传统村落价值评价及可持续利用模式探讨——以北京市门头沟区传统村落的调查研究为例［J］.地理科学，2006，26（6）：735-742.

［69］钟林生，唐承财，郭华.基于生态敏感性分析的金银滩草原景区旅游功能区划［J］.应用生态学报，2010，21（7）：1813-1819.

［70］章锦河，张捷.旅游生态足迹模型及黄山市实证分析［J］.地理学报，2004，59（5）：763-771.

［71］Ma X L，Ryan C，Bao J G. Chinese national parks：Differences，resource use and tourism product portfolios［J］. Tourism Management，2009，30（1）：21-30.

［72］Ryan C，Zhang C Z，Zeng D. The impacts of tourism at a UNESCO heritage site in China：a need for a meta-narrative？ The case of the Kaiping diaolou［J］. Journal of Sustainable Tourism，2011，19（6）：747-765.

［73］Zhang X M，Ding P Y，Bao J G. Patron-client ties in tourism：The case study of Xidi，China［J］. Tourism Geographies，2009，11（3）：390-407.

［74］Huang X T，Wu B H. Intra-attraction tourist spatial-temporal behaviour patterns［J］. Tourism Geographies，2012，14（4）：625-645.

［75］保继刚，苏晓波.历史城镇的旅游商业化研究［J］.地理学报，2004，59（3）：427-436.

［76］保继刚，左冰.旅游招商引资中的制度性机会主义行为解析——西部A地旅游招商引资个

案研究［J］.人文地理，2008，23（3）：1-6.

［77］左冰，保继刚.制度增权：社区参与旅游发展之土地权利变革［J］.旅游学刊，2012，27（2）：23-31.

［78］翁时秀，彭华.旅游发展初级阶段弱权利意识型古村落社区增权研究——以浙江省楠溪江芙蓉村为例［J］.旅游学刊，2011，26（7）：53-59.

［79］李佳，钟林生，成升魁.民族贫困地区居民对旅游扶贫效应的感知和参与行为研究——以青海省三江源地区为例［J］.旅游学刊，2009，24（8）：71-76.

［80］徐红罡.文化遗产旅游商业化的路径依赖理论模型［J］.旅游科学，2005（3）：74-78.

［81］赵同谦，欧阳志云，郑华，等.中国森林生态系统服务功能及其价值评价［J］.自然资源学报，2004，19（4）：480-491.

［82］章锦河，张捷.旅游生态足迹模型及黄山市实证分析［J］.地理学报，2004，59（5）：763-771.

［83］蔡萌，汪宇明.低碳旅游：一种新的旅游发展方式［J］.旅游学刊，2010，25（1）：13-17.

［84］保继刚.有预算的消费与中国旅游发展［J］.旅游学刊，2015，30（2）：1-3.

［85］曾博伟，魏小安.旅游供给侧结构性改革［M］.北京：中国旅游出版社，2016.

［86］Bao J G, Chen G H, Ma L. Tourism research in China：Insights from insiders［J］. Annals of Tourism Research, 2014, 45：167-181.

［87］Xu H G, Cui Q M, Ballantyne R, et al. Effective environmental interpretation at Chinese natural attractions：The need for an aesthetic approach［J］. Journal of Sustainable Tourism, 2013, 21（1）：117-133.

［88］刘春济，冯学钢，高静.中国旅游产业结构变迁对旅游经济增长的影响［J］.旅游学刊，2014，29（8）：37-49.

［89］Liang Z X, Bao J G. Tourism gentrification in Shenzhen, China：causes and socio-spatial consequences［J］. Tourism Geogra-phies, 2015, 17（3）：461-481.

［90］唐晓云.古村落旅游社会文化影响：居民感知、态度与行为的关系——以广西龙脊平安寨为例［J］.人文地理，2015，30（1）：135-142.

［91］Xu H G, Zhu D, Bao J G. Sustainability and nature-based mass tourism：lessons from China's approach to the Huangshan Scenic Park［J］. Journal of Sustainable Tourism, 2016, 24（2）：182-202.

［92］黄震方，黄睿.基于人地关系的旅游地理学理论透视与学术创新［J］.地理研究，2015，34（1）：15-26.

［93］保继刚，张捷，徐红罡，等.中国旅游地理研究：在他乡与故乡之间［J］.地理研究，2017，36（5）：803-823.

［94］翁时秀.地缘政治格局重构对全球旅游系统的影响［J］.旅游论坛，2021，14（2）：14-17.

新文科背景下旅游本科专业课程体系建设研究

田　里　刘　亮①

课程是人才培养的核心要素，完善的课程体系是专业发展成熟的标志。课程体系体现着特定领域的知识内容，是特定领域知识精华的沉淀与汇聚，通常以特定的概念范畴、学术命题、思维方法等来表征；课程体系也是专业领域知识的传递载体，是师生实现知识共享与专业教学目标的关键环节，通常以教材、大纲、课堂、讲授、考核等来表征。作为以旅游产业为依托的旅游本科教育，需要依据时代发展背景，审视自身存在的问题，在课程体系建设中不断优化专业课程设置，提高专业知识传承质量，有效支撑起旅游本科教育的高质量发展。

一、旅游本科专业课程建设的新文科背景

旅游本科教育属于知识体系的文科范畴。按照学界的基本界定，文科是"人文社会科学"（或称"哲学社会科学"）的简称，是人文科学和社会科学的统称。其中人文科学主要研究人的观念、精神、情感和价值；社会科学主要研究各种社会现象及其发展规律。按照我国《普通高等学校本科专业目录（2012 年）》，除了理学、工学、农学和医学外，哲学、经济学、法学、教育学、文学、历史学、管理学、艺术学等学科门类基本上都可纳入"文科"范畴。②

新文科建设的聚焦点在于专业课程重组。按照目前新文科的普遍共识，新文科是在现有传统文科基础上进行学科中各专业课程重组，形成文理交叉，即将现代信息技术融入哲学、文学、语言等课程中，为学生提供综合性的跨学科学习，达到知识扩展和创新思维培养的目的③。基于课程重组的新文科建设体现着中国社会经济发展对专业课程体系的时代诉求。

① 田里，云南大学特聘教授、博士生导师，任教育部旅游管理类专业教学指导委员会主任委员、中国旅游协会旅游教育分会副会长、中国旅游研究院学术委员会副主任。刘亮，云南大学工商管理与旅游管理学院 2020 级旅游管理博士研究生。

② 申树欣，于新娜.从理念到行动：中国特色新文科建设初步探索［J］,新文科理论与实践，2022（1）：93-97.
③ 樊丽明."新文科"：时代需求与建设重点［J］.中国大学教学，2022（5）：4-8.

（一）国际话语表达能力提升需要构建知识体系

新文科建设的核心要义之一是中国国际话语能力的提升[①]，而中国国际话语能力提升的关键在于供给力、竞争力、吸引力、影响力全面提高。从中国旅游本科教育课程的发展实际来看，目前供给力已初步具备，但竞争力、吸引力、影响力仍处于相对较弱水平，需要构建知识体系提升国际话语表达能力。

1. 竞争力提升需要增强知识自主性

中国旅游国际话语竞争力提升需要增强旅游知识的自主性。长期以来，中国旅游本科教育课程追随西方模式，在学习和借鉴西方的基本概念、分析框架、研究进路和研究方法基础上，通过知识移植，初步建立起旅游本科教育课程为参照系的知识体系，但是旅游知识自主性仍然不足。在国际舞台上，旅游知识自主性问题不仅使中国旅游本科教育课程缺乏国际竞争力，而且使中国旅游国际话语长期从属于西方，难以形成具有中国风格的国际话语体系。因此，为提升中国旅游国际话语竞争力，中国旅游本科教育课程就必须首先对知识自主性进行反思，结合中国实际，从知识本身出发，去思考和构建知识体系，逐步摆脱对西方的依赖，建立具有中国风格的国际话语体系。

2. 吸引力提升需要增强知识清晰性

中国旅游国际话语吸引力提升需要增强旅游知识的清晰性。从学科建设来看，中国旅游本科教育课程很多是依托于地理学、经济学、管理学、历史学等学科建立的，各个院校所教授的专业核心课程不一样，知识模块相对模糊，导致知识清晰性存在不足。在国际舞台上，具有清晰性更容易吸引学生的注意被学生所理解，同时也能够吸引国际学者的关注，提升旅游国际话语吸引力；而相对模糊的知识更容易被学生所遗忘，也不能引起国际学者的注意，吸引力相对较弱。因此，为提升中国旅游国际话语吸引力，中国旅游本科教育课程需要对知识清晰性进行系统性反思，以科学严谨的态度，建立起一套清晰的知识体系，才能逐步建立属于中国的旅游国际话语吸引力。

3. 影响力提升需要增强知识实践性

中国旅游国际话语影响力提升需要增强旅游知识的实践性。从学科性质来看，旅游本科教育课程与旅游产业发展实践高度关联，其知识需要根据产业发展不断更新，才能够正确地解释和指导实践。在国际舞台上，那些具有国际话语影响力的旅游本科教育课程通常与产业联系极为密切，其知识体系也伴随着旅游产业的发展不断更新，以提升旅游知识的实践性；而那些不随着与实践更新的知识虽然可以在一定时期指导实践，但终究会因为与实践相脱节而失去原有的国际话语影响力。因此，为提升中国旅游国际话语

[①] 王铭玉，汪洋."一带一路"话语体系构建路径［J］.人民论坛，2018（26）：47–49.

影响力，中国旅游本科教育课程需要紧跟旅游产业发展，及时回应出现的新现象和新问题，建立具有实践性的知识体系，才能够逐步建立属于中国的旅游国际话语影响力。

（二）促进学科专业交叉融合需要指向产业实践

学科专业交叉融合作为中国新文科建设核心要义之一①，其内在逻辑体现为通过依托产业发展实践，打破不同学科专业之间固有的壁垒，从而实现知识体系的重构与升级。在旅游本科专业发展中，旅游管理专业较早与地理学、经济学、社会学、管理学等学科实现了融合发展，但与工科、医科、农科的交叉融合仍十分缓慢，融合深度也未达到应有水平，而与这些学科专业对应的产业正是与中国旅游产业优质发展密切相关的产业门类。在新文科建设背景下，促进学科专业交叉融合需要落脚于旅游产业实践，通过推动旅游管理与新工科、新医科、新农科的交叉融合，提升旅游产业与制造、医疗、农业的融合发展水平。

1. 强化旅游装备制造能力与新工科交叉融合

旅游装备制造是夯实旅游产业发展的基础硬实力，这需要旅游本科专业与新工科相关学科专业实现交叉融合，注入新工科内容。从学科与专业归属与演变来看，旅游本科专业具有明显的经济管理学科属性，这决定了其知识体系内涵与外延的局限性，较为集中关注对产业运行规律探索，而忽略了旅游装备制造对产业发展的基础支撑作用。在新文科建设背景下，旅游本科专业建设需要与新工科交叉融合，聚焦于智能制造、人工智能、交通运输、机械工程等学科专业，打破旅游与工科知识体系之间的壁垒，落脚于交通设施、游乐设施、游览缆车、建筑建材等旅游设施装备，诸如直升机、滑翔机、邮轮、房车等大型移动旅游装备，无人机、帐篷、定位设施等小型移动装备，扩大专业知识外延并深化专业知识内涵，以服务于旅游产业发展实践。

2. 提升健康旅游发展水平与新医科交叉融合

健康旅游是促进旅游产业转型升级的重要方向，而这需要旅游本科专业与新医科相关学科专业实现交叉融合，引入新医科内容。自 2017 年"健康中国"战略提出以来，健康旅游成了诸多旅游目的地旅游发展的重要方向，虽然传统健康旅游业态已出现休闲度假、运动健身、温泉养生等形式，但仍然存在发展水平不高、业态产品成熟度低等现实问题，其中主要原因就在于新医科的融入程度有限。在新文科建设背景下，旅游本科专业升级需要与新医科交叉融合，以中医中药、民族医学、公共卫生等学科专业为载体，在旅游产品设计中实现不同学科知识的融合，打造并推出一批高水平的健康医疗主

---

① 沈洁，徐守坤，谢雯.我国高等教育产教融合政策的逻辑理路、实施困境与路径突破［J］.高教探索，2021（7）：11-18.

题公园、主题医院等，丰富中国健康旅游产品供给，助力"健康中国"战略实施。

3. 拓展农旅融合发展层次与新农科交叉融合

农旅融合是发挥旅游产业辐射带动乡村振兴的重要路径，这就更需要强化旅游本科专业与新农科相关学科专业的交叉融合，提供理论指导与方向指引。作为乡村振兴的有效抓手之一，旅游产业介入农业生产能够为乡村地区植入持续的内生动力，实现农民增收、农产增价、土地增值等效益。当前诸多地区农业发展与旅游产业的融合程度不高、类型单一，仍然以休闲观光、田园采摘、森林观光等初级业态为主。在新文科建设背景下，旅游本科专业建设需要与新农科交叉融合，以现代农业、休闲农业、农业资源、森林保护等领域学科专业为载体，通过交叉课程设计、专业方向布局等措施，培养兼具旅游与农学视野的复合型人才，服务于田园综合体、农业公园、主题农庄等的建设发展，拓展农旅融合发展层次，推动乡村振兴目标实现。

（三）推进现代科学技术应用需要紧跟科技发展

现代科学技术应用是中国新文科建设的核心要义之一[①]，旨在紧跟科技发展趋势，将大数据、云计算、5G 技术、人工智能（AI）、虚拟现实（VR）、增强现实（AR）、混合现实（MR）等技术手段融入课程开发建设中。课程建设主要涉及教师、学生和课堂三大内容，教师是课程建设的主导者，学生是课程建设的受益者，课堂是课程建设的主阵地，但是以往旅游本科教育课程建设仅在教师教学和学习环节中运用模拟导游、模拟酒店和模拟景区等传统技术软件，教师、学生、课堂一体化运用现代科技设备存在不足。因此，新文科背景下，实现三大环节一体化应用现代科技技术，重在改善教师教学方式、提升学生学习成效、打造智慧互动课堂。

1. 改善教师教学方式需要应用现代科学技术

教师教学应用现代科学技术旨在通过线上线下、课内课外、虚拟现实相结合等多样学习方式，提升传统的学习成效，改善传统的单一线下课堂教学方式。2018 年，新文科作为"四新"建设之一提出以来，节点事件包括"六卓越一拔尖"计划 2.0 启动大会（2019 年）、《新文科建设宣言》发布（2020 年）等。其中，"六卓越一拔尖"计划 2.0 之《教育部关于实施卓越教师培养计划 2.0 的意见》指出，"深化信息技术助推教育教学改革，推广翻转课堂、混合教学等新型教学模式"。从以上内容可看出，以往旅游本科教育课程建设中教师教学更多运用单一的线下课堂教学方式不能适应新文科背景下课程建设要求。在新文科背景下，教师应紧跟现代科学技术趋势，遵循课程思政建设、"两性一度"设计等原则，形成线下翻转课堂、线上在线教学和线上线下混合教学等多

---

① 罗陆慧英.信息科技在教学中的应用：国际比较研究［J］.教育研究，2021，31（1）：83-90.

元教学方式，使自己的教学方式趋向多样化。

2. 提升学生学习成效需要运用现代科学技术

学生学习应用现代科学技术旨在通过线下翻转课堂、线上在线教学和线上线下混合教学等多元教学方式，改善传统的单一线下课堂教学方式。2019 年，"六卓越一拔尖"计划 2.0 启动大会召开标志着"四新"建设正式启动，其中的《教育部等六部门关于实施基础学科拔尖学生培养计划 2.0 的意见》指出，"创新学习方式，以现代信息技术为支撑，创设线上线下、课内课外、虚拟与现实相结合的学习环境和机制，提高学习成效"。加之，同年"两性一度"金课标准提出，以往旅游本科教育课程建设中学生学习更多受制于线下、课内等时空限制中，不能适应新文科背景下课程建设要求。因此，新文科背景下，学生应紧跟现代科学技术趋势，逐步形成线上线下、课内课外、虚拟现实相结合等多样学习方式，使自己的学习成效得到提高。

3. 打造智慧互动课堂需要融入现代科学技术

现代科学技术融入课堂旨在通过虚拟现实、智能连麦、实时问答等互动方式，打造不同于以往问答式、演讲式、评点式等传统互动方式的智慧互动课堂。2018 年，教育部提出"四个回归"，其中之一即"回归常识"，即要围绕学生刻苦读书来办教育，引导学生求真学问、练真本领；对大学生又要合理"增负"，真正把内涵建设、质量提升体现在每一个学生的学习效果上。加之，2020 年，《新文科建设宣言》明确提出，"培养适应新时代要求的应用型复合型文科人才"。从以上内容可看出，以往旅游本科教育课程建设中课堂互动仅局限于问答式、演讲式、点评式等传统方式，不能适应新文科背景下课程建设要求。在新文科背景下，课堂应紧跟现代科学技术趋势，逐步打造虚拟现实、智能连麦、实时问答等智慧化课堂互动，满足新时代应用型复合文科人才培养需求。

（四）走内涵式发展建设之路需要发掘专业特色

新文科建设背景下，旅游本科教育课程体系建设要坚定不移地走内涵式发展道路[1]，秉承"打铁还需自身硬"信念，以挖掘专业潜力为发力点，通过交叉融合、知识重构、服务应用等途径，做精、做深旅游本科专业自身体系建设，拓展专业内在涵养与价值。

1. 交叉融合以涵养旅游课程的学科体系

新文科背景下的旅游本科教育课程建设需要通过交叉融合进一步深化自身的学科结构体系。旅游本科专业最早根植于经济学、地理学、管理学、历史学等传统学科专业，

---

[1] 樊丽娜，柳海民.高等教育内涵式发展的生成逻辑、价值与行动路向［J］.高教发展与评估，2021，37（5）：1-9，17，121.

多学科、跨专业的特征明显。新文科建设为旅游本科专业建设带来新气象，旅游本科专业正在转向更为深入的学科交叉融合，其中不仅包括人文社会科学内部的贯通，还指向与自然科学的联系。因此，旅游本科教育课程需要把握发展契机，积极参与到学科交叉进程中，融入旅游独有的"感受""体验""沉浸"等特性，利用人工智能、大数据、元宇宙等新科技赋予的变革性动能，拓展更多的旅游本科专业新方向，在保留与经济学、地理学、管理学、生态学等传统学科融合基础上，增进与数字信息、电子商务、智慧物流等新兴学科的交叉渗透，将旅游学科体系进一步沉淀与拓展以不断完善。

2. 知识重构以优化旅游课程的知识模块

新文科背景下的旅游本科教育课程建设需要通过提炼核心理论和重塑知识模块优化自身的知识理论。长期以来，旅游研究大多从多学科视角出发，形成一定的概念体系、理论和研究方法，虽然已取得可喜的理论成果，但旅游专业的原创性理论创新还有待进一步加强。同时，在多数情况下旅游本科专业还是其他学科知识体系的应用场景，本属于旅游自身的理论、框架和方法在一定程度上还有待于进一步探索。因此，旅游本科教育课程建设应以淬炼专业核心理论作为突破口，重构知识系统结构，形成原创的基础理论，突出旅游领域的知识创新，体现旅游专业的理论特色。立足于旅游专业进行知识生产、理论创新、现实回应，围绕旅游者、旅游地、旅游业三大支撑体构建旅游知识模块，打造高阶旅游专业知识体系。

3. 服务应用以夯实旅游课程的实践特色

新文科背景下的旅游教育课程建设要通过实践领域的服务应用以突出专业实践特色。旅游学科专业始终作为服务经济、带动发展的应用型学科而存在，随着当今社会新现象、新业态的层出不穷，旅游教育课程建设要加强理论与实践的联系，提升其现实中的服务应用价值，进一步展现旅游专业的实践特色。旅游教育课程建设要肩负起"产政学研"的教学使命，面对旅游现实发展中产生的重要问题，提出具有科学性、操作性的解决方案，并据此为旅游教育、旅游企业、行业组织和政府机构提供全方位智力支撑，充分体现旅游教育服务经济社会发展的作用与意义，进一步拓展旅游管理类专业的应用服务范围，延伸旅游专业的实践内涵。

二、旅游本科教育课程建设所面临的问题

中国旅游本科教育在四十多年间实现了数量规模的快速发展，成为我国高等教育本科专业目录中下辖4个专业的独立专业大类[①]，奠定了旅游高等教育本科—硕士—博士人

---

① 普通高等学校本科专业目录（2020 年版）。

才培养的基础层次根基，为旅游产业等相关行业发展输送了大量人才，成为高等教育专业群中充满生机与活力的专业。但就目前发展现状来看，中国旅游本科教育仍然存在诸多无法回避与亟待解决的发展问题，这集中表现在知识体系亟待完善、课程设置需要优化、教学组织有待改进等方面。

（一）旅游本科教育的专业知识体系亟待完善

专业设置的基础源自现实存在的特定范围现象，以及由此形成的专门知识领域，按此逻辑旅游本科专业既需要立足于旅游产业发展实践，又需要形成反映旅游产业运行规律的知识体系。经过多年发展的旅游本科教育仍然存在理论与实践契合度还不够深、专业知识模块仍然不清晰、专业核心知识尚不凸显的专业知识体系完善问题，从而影响着旅游本科教育的课程体系进一步优化。

1. 理论与实践契合度还不够深

作为产业关联度与开放度较高的现代旅游产业，是融入相关产业、吸纳现代科技、影响大众生活最为广泛的产业，但目前旅游理论知识更新速度还未能及时跟随旅游产业发展步伐，导致理论与实践存在契合度还不够深。旅游目的地的业态创新层出不穷，旅游消费者的需求变化日新月异，旅游接待业的经营方式千变万化，反映旅游目的地业态创新、旅游消费者需求变化、旅游接待业经营方式等的专业知识并未能与产业发展实践保持同频共振，目的地中的荒野探险旅游、旅游者中的沉浸式体验、接待业中的平台商企业等产业现象也未能在旅游专业知识体系中得到及时反映与体现。现有旅游本科教育中的理论知识仍然缺乏汇聚这些业态创新、需求变化、经营变革等现象的知识内容。因此，旅游管理本科类教育课程体系建设的首要任务是根据旅游产业运行规律梳理和淬炼专业知识体系。

2. 专业知识模块仍然不清晰

旅游产业关联性与开放性特征决定了旅游知识边界的模糊性和知识模块的不稳定性，加之依托院校的传统优势与区域产业差异，造成旅游本科教育专业知识体系缺乏系统性的模块结构。从旅游产业基本属性来看，经营管理内涵最为明显，饭店、旅行社、景区、车船、餐馆等都是具有显著经营管理特征的产业，因此经营管理类知识在旅游专业知识体系中应占有较大比重；从专业归属与演变来看，从 1963 年到 2020 年，中国普通高等学校专业设置经历了六次修订调整，旅游管理类专业也实现了从无到有的转变，由最初的经济类下的旅游经济专业转变为管理学门类下工商管理类的旅游管理专业，最终成为管理学门类下的旅游管理类专业，与工商管理类等专业大类处于同一个系列，由此可以发现旅游的经济属性开始弱化，其管理属性进一步凸显。总体来看，尽管当前已有《旅游管理类专业教学质量国家标准》对专业培养目标、课程体系等内容进行了规定，但旅游本科教育的知识模块仍有待重构与深化。

3. 专业核心知识尚不凸显

作为发展规模与发展势头都方兴未艾的旅游产业，需要探索和总结旅游产业现象及其运行发展规律，同样作为与旅游产业现象相呼应的旅游专业知识也需要形成反映特定现象的核心知识。全国大多数旅游院校创办旅游类专业和开展旅游学科研究，基本是依托原有的学科与专业，源自地理、林业、历史、外语、经济、管理等不同学科与专业的从教者和研究者，都从母体学科与专业审视旅游现象，都为旅游本科教育和学术研究做出了贡献，但同样也形成了旅游专业与学科发展的缺憾，在探索旅游专业知识模块、构建旅游学科框架、形成专属概念命题等核心知识构建方面始终未达到令人满意的程度，探索产业运行规律、汇聚专业核心知识、体现专业思维方式的努力成为一代旅游学人的方向。旅游系统由旅游目的地、旅游消费者、旅游接待业三大支撑体所构成，这一概念得到旅游学术界共同认可，旅游专业知识体系需要真实而准确地反映这一系统的基本构成面，应该是一个探索方向。

（二）旅游本科教育的专业课程设置需要优化

课程设置是专业核心知识的传播载体，课程体系作为人才培养的核心环节，是实现旅游本科教育内涵式发展的主要领域，但当前存在着核心课程定位不准、课程体系尚待优化、选修课程缺乏特色等发展问题。

1. 核心课程定位仍不够精准

中国旅游本科教育均是 20 世纪八九十年代依托地理、外语、经管、林业、历史等学科专业而发展起来，相对应的专业核心课程也主要以各自院校的优势学科和专业为基础，如依托地理学科与专业建立的旅游管理类专业更重视旅游地理学、旅游资源开发、旅游规划等课程，依托外语学科与专业建立的旅游管理类专业更重视国际旅游、旅游英语等课程，依托经管学科与专业建立的旅游管理类专业更强调旅游经济学、旅游企业运营管理、旅游财务会计等课程，从而导致不同院校的旅游毕业生缺乏对旅游本体知识的掌握。课程设置缺乏对旅游本科教育核心知识的定格与固化，课程开设缺少旅游专业思维与方法的系统训练，课程内容处于不稳定和要点不突出状况，严重制约着旅游本科教育水平的提升，各个院校也很难有效发挥为地方社会经济助力添瓦的作用。因此，依托旅游学科主干知识体系配置具有科学性的专业核心课程，是提升旅游本科教育水平需要解决的问题。

2. 课程设置结构缺乏层次性

2018 年，教育部发布的《旅游管理类专业教学质量国家标准》对旅游管理类专业的核心课程体系进行了明确，包括大类 4 门核心课程（旅游学概论、旅游接待业、旅游目的地管理、旅游消费者行为），专业 3 门核心课程，其中旅游管理 3 门专业核心课程（旅游经济学、旅游资源管理、旅游法规）。该标准课程设计思路可以概括为"4+3+N"模式：4 门为专业大类核心课程，体现旅游管理大类基本知识；3 门为专业核心课程，体现旅游管理专业的主要知识；N 门为专业方向性（选修）课程，体现各个区域的产业特色与各个院校的学科优势知识。以旅游管理专业为例，在 2019 年的 45 所"双一流"建设高校中，同时开设上述 7 门课程的高校仅有三所高校[①]，这一客观事实说明尽管有"国家标准"的约束，但旅游本科教育课程体系仍未得到有效推广，诸多院校依然以自身学科优势为开设课程的首要考虑因素，而对于旅游学科的本体知识关注不够。因此，依托"国家标准"优化课程结构，是新文科建设背景下提高人才培养质量的重要环节。

3. 课程开发缺少优势特色

除旅游本科教育专业大类 4 门核心课程、专业 3 门核心课程之外，其余课程都属于专业方向性（选修）课程。专业方向性（选修）课程需要尊重教师的学术兴趣与特长，但是更需要遵循知识传递使命和传播要求。而现实情况是方向性（选修）课程大多数均依据教师的研究兴趣、学术特长、课题研究等个人因素开设，方向性（选修）课程既不能反映区域产业发展特色，也没有体现学校的学科优势特长，更没有形成知识模块延伸方向。诸如地方发展中的旅游产业、文化产业、生态产业、遗产保护等发展特色，学校的地理学、民族学、生态学、历史学、经济学、管理学等学科优势，知识模块的旅游目的地方向、旅游消费者方向、旅游接待业方向等延伸方向，需要在核心知识课程与特色优势课程中进行科学设计与课程深度开发。

（三）旅游本科教育的专业教学组织有待改进

教学组织方式涉及教学角色、教学方式与教学环境等内容，是影响知识传递质量与效率的主要因素。教学角色转换不补充、教学方式应用欠多样、教学环境塑造无特色等都不利于教学水平的提升，而这恰好是当前旅游本科教育中的突出问题。

1. 教学角色转换不充分

课程教学以教师为主导、以学生为主体、双向互动实现教学目标。然而现有情况却是教师主导、学生主体的角色定位仅停留在理念层次，缺乏操作层面的实施要领，没有互动层面的技术支撑，无法有效完成高质量知识传递使命。因此，需要完成教师从课程讲授者向课程导演者的角色转换，教学从讲授知识向启发思维的转换，教师主导向教师

① ian L，Liu L. Tourism management undergraduate programs［C］//Bao J G，Huang S S. Hospitality and tourism education in China：developments，issues，and challenges. Abingdon：Routledge，2022：20-44.

与学生分享的学术主体转换，教师的专业知识储备的基本能力需要向知识高质量分享的传播力转换，要求教师们掌握和应用更加丰富的教学手段，建立起更具生机与活力的课程教学平台。

2. 教学方式应用欠多样

旅游本科教育中仍然存在教学方式相对单一问题，直接影响到旅游知识的传递效率与质量。中国旅游高等教育发展起步晚、速度快，教学方式多以传统线下课堂教学为主，这是当前中国旅游管理类专业普遍存在的问题。教育部 2020 年公布的首批国家一流本科课程名录也证实这一问题，在 14 门旅游相关国家一流课程中，线下课程共有 7 门，而线上课程仅有 2 门，线上线下混合课程仅有 3 门，虚拟仿真实验教学课程仅有 1 门，社会实践一流课程也仅有 1 门[①]，这说明旅游本科教学方式尚需丰富。随着旅游产业快速发展与教学改革深入，以传授知识为使命的高校需要根据产业发展新态势优化专业知识传授方式，调整教学方式，在传统线下课程基础上，开发更多线上、线上与线下混合、虚拟仿真、社会实践等类型课程。

3. 教学环境塑造无特色

旅游管理类作为产业依托性较强的专业，教学过程需要配置与教学目标配套的教学环境。旅游本科教育在教学的物质环境方面，还缺乏具有鲜明专业特色的教学场所、校舍建筑、教学设施、教学用具等硬件条件；在教学的心理环境方面同样缺少具有专业特质的班级规模、座位模式、班级气氛、师生关系等软件条件。

专业教学环境建设、专业人才培养缺乏与之相配合的环境条件，导致在培养学生的专业归属感、专业自豪感、专业忠诚度等过程中缺乏了环境塑造环节，进而影响到学生未来的职业稳定性、职业忠诚度、职业升迁走向等。高等教育中生命科学、工商管理等专业的实验室、实习基地、实验课程、班级编排、座位模式、班级范围等教学环境建设，与旅游本科教育中普遍存在的专业教学环境塑造缺陷形成鲜明对比，值得旅游本科各专业学习与借鉴。因此，在综合使用课堂环境、网络环境、现实环境等方面，旅游本科教育还有较大提升空间。

三、旅游本科教育课程体系的建设路径

课程体系的形成遵循着知识生产与传承的逻辑，以产业为依托的专业知识形成通常遵循着"产业认知—知识模块—课程体系—课程资源"的一般模式，体现教育部建设高水平本科教育和人才培养质量提出的"四个回归"之一的"回归常识"，旅游本科教育

---

① 资料来源：2020 年教育部公布的首批国家级一流本科课程认定结果名单。

课程体系形成更为典型地体现这一过程。因此，升华产业认知、重构知识模块、构建课程体系、开发课程资源是旅游本科教育课程体系建设的基本路径。

（一）以旅游产业实践为根基升华产业认知

旅游产业认知是重构旅游知识系统的前提。应用型专业的知识形成源于特定的产业实践领域，旅游知识体系日趋完善根源于旅游产业的系统构成及其运行规律，并在此基础上遵循知识生产的逻辑进行知识系统构建。国内外无论怎样定义旅游活动都离不开旅游者通过旅游业往返旅游地的核心要义[①]，旅游消费者、旅游目的地、旅游接待业始终是旅游产业运行的三大支撑体。研究者可以从旅游者、旅游地、旅游业不同视角描述旅游活动现象，也可以根据学术兴趣与个人偏好从各种切入点研究旅游活动，但是旅游活动基本构成及其运行状况应保持相对稳定的情况研判是旅游学界达成的共识。

1. 旅游系统构成主体——旅游者

旅游消费者作为旅游活动的主体，是旅游系统形成的前提条件。在旅游过程中，旅游消费者所追求的根本利益就是要获得一种令人愉悦的旅游体验。这种体验除了满足生理上的需要之外，主要体现在精神上的满足感，它贯穿于食、住、行、游、购、娱等多个环节。旅游消费者在获得根本利益的同时，会对旅游接待业、旅游目的地产生相应的影响。旅游消费者的数量规模、出行方式和消费水平是影响旅游接待业内在比例关系、协调关系的核心因素。旅游消费者的数量规模会影响旅游接待业规模；旅游消费者的出行方式会影响旅游接待业业态；旅游消费者的消费水平会影响旅游接待业品质。同样，旅游消费者的数量规模、出行方式和消费水平是影响旅游目的地内在比例关系、协调关系的重要因素。旅游消费者数量规模会影响旅游目的地规模大小；旅游消费者出行方式会影响旅游目的地旅游设施品质；旅游消费者消费水平会影响旅游目的地的旅游服务水平。

2. 旅游系统构成客体——旅游地

旅游目的地作为旅游活动的客体，是旅游系统形成的物质基础。旅游目的地通过为旅游消费者提供具有吸引力的旅游产品，满足他们追求旅游体验的心理需求。旅游目的地通常由旅游资源、旅游设施、旅游服务等要素组成。其中，旅游资源是核心，是吸引旅游消费者来访的关键。旅游设施、旅游服务等其他要素则对旅游目的地的形成和发展起到重要的支撑作用。显然，完善的旅游设施以及优质的旅游服务，将会大大提升旅游目的地的旅游形象，从而吸引更多旅游消费者的到来。旅游目的地还是旅游接待业赖以生存和发展的物质条件。旅游接待业主要以旅游目的地为依托，通过为旅游消费者提供

---

① 田里，陈永涛. 旅游学概论［M］. 北京：高等教育出版社，2021。

各种旅游商品和服务，实现经济利益的最大化。旅游接待业随着旅游目的地的兴起而获得发展，也会随着旅游目的地的衰退而没落。

3. 旅游系统构成介体——旅游业

旅游接待业作为旅游活动的介体，为主体与客体之间搭建起一座沟通的桥梁，帮助旅游消费者实现旅游体验。自前往旅游目的地旅行到在目的地逗留再到返回居住地，旅游消费者的整个行程都可由相关旅游企业代为安排并提供服务，正是得益于旅游接待业这种便利性中介作用，现代旅游活动才能迅速发展到如今的规模。在推动现代旅游活动开展方面，旅游接待业也是一个十分积极、活跃的因素。旅游接待业通过宣传、推广、招徕等各种商业活动，让不少"待在深闺"的特色景区景点迅速兴起并发展成为著名的旅游目的地，也由此推动了旅游活动的大规模开展。云南石林、四川九寨沟等我国一批位于偏远地区的景区能够发展成为大家都向往的热门旅游目的地，跟旅游接待业所做的推广、招徕工作是分不开的。

（二）以产业运行规律为基础重构三大知识模块

旅游知识系统是建立旅游课程体系的基础①。旅游本科教育课程体系建设的前提条件在于对旅游产业运行规律认知基础上形成系统化的知识体系。按照应用型专业知识生产"产业认知—知识模块—课程体系—课程资源"的生成逻辑，旅游本科教育需要对产业运行规律进行全面梳理与系统认知，建立稳定、科学的专业知识系统，形成清晰的知识模块结构。据此，重构知识模块是首要考虑的因素，主要路径包括构建三维知识结构、培育三大思维方法、延伸三大专业方向。

1. 构建三维知识结构

构建旅游知识结构需要以产业发展实践为基础，旅游产业运行所依托的是旅游消费者、旅游目的地、旅游接待业三大支撑体，因此，旅游知识结构是包括旅游者、旅游地、旅游业三大支撑体的完整体系。从基本要素来看，旅游者指离开常住地前往目的地游览体验的人，围绕这一内涵延伸出的理论知识包括旅游者基本特征、形成过程、行为模式、移动规律等；旅游地指接待旅游者开展旅游活动的特定区域，围绕这一内涵延伸出的理论知识包括旅游地基本要素、结构形态、演化发展、营销推广等；旅游业指为旅游者开展旅游活动提供产品和服务的综合性产业，围绕这一内涵延伸出的理论知识包括旅游业基础功能、企业类型、运营发展、社会责任等②。总体来看，围绕旅游者、旅游地、旅游业三大支撑体构建三维旅游知识结构，是新文科背景下旅游本科教育课程建设

---

① 田里，陈永涛. 旅游学概论［M］. 北京：高等教育出版社，2021.
② 田里，陈永涛. 旅游学概论［M］. 北京：高等教育出版社，2021.

中最为关键的底层逻辑。

2. 培育三大思维方法

思维方法是知识结构本身内在生成的思维倾向，提炼旅游思维方法需要依托旅游知识结构，旅游知识结构是围绕旅游者、旅游地、旅游业三大支撑体而延伸的知识体系，因此基于旅游知识结构三维特征的基本判断，对应旅游者、旅游地、旅游业三大模块，可以提炼心理行为分析、空间经济分析、运营管理分析三大思维方法。以旅游者相关知识模块为基础培育心理行为分析方法，对应具体方法包括调查法（问卷调查和深度访谈）、观察法（自然观察和实验室观察）、实验法（自然实验和准自然实验）以及个案研究法等；以旅游地相关知识模块为基础培育空间经济分析方法，对应具体方法包括空间相关性分析方法（地理分析指数和空间经济回归）、区域经济分析方法（计量经济分析）等；以旅游业相关知识模块为基础培育运营管理分析方法，对应具体方法包括对比分析、分类统计、趋势预测等。概而言之，旅游思维方法是对知识结构的提炼与抽象，也是对理论知识的进一步深化。

3. 延伸三大专业方向

专业知识方向是知识模块的自然延伸，探索旅游专业知识方向需要综合考虑旅游知识结构和思维方法，在此基础上结合区域和院校特色进行整体设计。基于旅游知识体系三大模块结构及其对应的三大思维方法，专业知识方向的深度探索成了知识模块延伸的重要路径。具体而言，围绕旅游者、旅游地、旅游业三大知识模块，旅游消费者方向导出旅游人类学、旅游消费者行为、旅游社区、旅游文化学等延伸知识；围绕旅游地方向导出生态旅游、旅游资源开发、国家公园管理、遗产管理等延伸知识；围绕旅游业方向导出国际旅游业、企业经营、智慧旅游、电子商务等延伸知识。对旅游专业方向的探索既是筑牢旅游知识结构、明晰旅游思维方法的关键，也为旅游本科教育课程体系的构建打下基础。

（三）以知识模块为依据构建本科课程体系

旅游知识系统是旅游课程体系构建的基础。课程体系是知识系统传递的载体，课程设置体现着专业知识的历史积累与精华沉淀，课程所承载的是专业领域公认的普适知识和稳定的知识系统。按照课程体系设计的普遍要求和知识传递的递进规律，旅游本科课程体系按照大类核心课、专业核心课、方向选修课三个递进层次设计，即"4+3+N"模式[①]。

---

① 教育部高等学校教学指导委员会.普通高等学校本科专业类教学质量国家标准（旅游管理类教学质量国家标准）[M].北京：高等教育出版社，2018.

1. 规范专业大类 4 门核心课程

大类核心课程表征着专业大类的基础知识，属于第一个层次课程。大类核心课程体现着旅游类专业的基础性知识，是该类专业必须具备的共通性知识，在课程设置中这类课程通常称为专业基础课程。旅游学概论、旅游消费者行为、旅游目的地管理、旅游接待业当属旅游管理类的专业基础课程。4 门专业核心课程是旅游产业运行中系统、主体、客体、介体在旅游课程设计上的产业认知升华，是旅游知识系统中概述、旅游者、旅游地、旅游业在课程设置上的知识模块呈现，也是心理行为分析、空间经济分析、运营管理分析在课程计划中的思维方法训练诉求。4 门课程基本反映了旅游类专业的知识结构和延伸方向，也体现了产业运行的支撑要素结构与思维倾向，更明确了旅游专业类核心知识的课程载体。避免了课程设置因人设课、因校设课、因缘设课的随意性弊端，规范了旅游管理类专业基础核心课程设置。

2. 规范各个专业 3 门核心课程

专业核心课程表征着专业的主干知识，属于第二个层次课程。专业核心课程体现着旅游管理、酒店管理、会展经济与管理、旅游管理与服务教育各个专业的主干知识，是各个专业必须具备的专业性共通知识，在课程设置中通常称之为专业必修课程。按照《旅游管理类教学质量国家标准》，旅游管理专业包括旅游经济学、旅游规划与开发、旅游法规 3 门核心课程，酒店管理专业包括酒店管理概论、酒店运营管理、酒店客户管理 3 门核心课程，会展经济与管理专业包括会展概论、会展营销、会展策划与管理 3 门核心课程，旅游管理与服务教育专业包括教育学、心理学、教学方法论 3 门核心课程。每个专业 3 门核心课程基本反映了各个专业的主干知识体系与知识深度，也体现了旅游产业中宏观管理、酒店管理、会展管理、旅游教育等行业特征与知识要求。专业必修课程设置避免了专业课程开设的不确定性与知识体系的不稳定性。尽管目前专业核心课程设计尚未达到完全成熟水平，但仍然是高校教师们努力探索的方向。

3. 凸显专业方向 N 门选修课程

方向性选修课程表征着专业的优势与特色，属于第三个层次课程。专业方向性选修课程体现着院校学科特色或区域产业优势，是学科优势、产业优势、专业特色、学术传统等因素叠加在课程体系上的反映，更体现着各个院校的办学特色与专业个性，通常以分组形式（N 组）开设系列选修课程。以旅游经济为研究重点的院校开设旅游产业经济、旅游统计、财务会计、创新创业等经济管理系列课程；以旅游目的地管理为研究重点的院校开设旅游地理学、旅游规划与开发、旅游景区管理、国家公园管理、生态旅游等旅游资源系列课程；以旅游人类学为研究重点的院校开设旅游人类学、旅游文化学、民族风情旅游、旅游策划学等人类学系列课程。专业方向性选修课程具有高度开放性，课程设置要与时俱进不断更新，这类课程的开设更能反映课程设置的创新性与时代性，更有利于发挥教师个人的学术专长，是院校学科特色、区域产业优势、专业建设风格、学术传统积淀的集中体现。

（四）以产教融合为导向深化课程资源开发

作为以产业实践为基础形成的应用型专业，旅游管理本科课程开发始终扎根于产业实践和服务于产业实践，"产教融合"既是课程形成的根基也是课程建设的路径。无论是"请进来"融合还是"走出去"融合以及"双向互动"融合，以课程为中心的教学资源开发都是全面提升教学质量的重点。

1. 增强课程传播形式的课程类型开发

课程类型表达着知识传递的表现方式。在疫情影响与科技进步叠加作用下，已经使专业课程出现了多种类型形式，按照教育部推荐的线上课程、线下课程、线上线下混合课程、虚拟仿真实验课程、社会实践课程5种课程类型，专业课程类型在不断多样化。旅游本科教育课程开发蕴藏着巨大潜力，专业教师的科研成果、应用成果、服务成果等仍然具有巨大的开发空间。旅游本科系列课程具有非常突出的表现力潜质，需要大幅度提高线上课程、线上线下混合课程的开设比例，加大虚拟仿真实验课、实践课程开发力度，全面提升旅游本科课程的内容深度、技术含量、课程表现力。

2. 强化课程质量的课程资源开发

课程资源表达着知识积累的丰度与厚度。课程所承载是知识精华，也是教师的心血，还是文明迭代的载体，每一门课程都是特定领域知识的承载体，知识内容的传承需要更为丰富与深厚的资源支撑，以教材、大纲、课件、习题、案例、图片、视频等为代表的课程资源开发，既是教师辛勤耕耘的课程开发的劳动成果，也表达着教师对专业知识的理解与领悟程度，还是专业知识传递质量保障的有效手段。以"教材＋课件"便可讲课的弊端，既是无视课程资源开发的要义，也是对知识接受者的不尊重，更不能有效保障知识传递质量。课程所承担的是每一位教师对讲授课程的尊重与信任，担负起教师知识积累与领悟的精准表达与知识有效传递的责任感。

3. 助力课程内涵的课程案例开发

案例开发成为课程资源的重要补充与教学特色。在民族复兴与国家崛起的背景下，确立文化自信、建立话语权、科技应用等成为课程建设需要体现发展理念与发展诉求，应用型专业教学中最具特色的教学方式即是案例教学。以开发本土案例为导向，以总结中国发展经验、梳理本土发展成就、归纳实践实验事例等作为努力方向，建立本土化的教学案例库；以案例衔接知识点为要务，增强案例分析与知识要点关联性，致力于案例遴选与知识框架衔接、案例分析与知识要点对接、案例讲授与案例应用融通的案例教学要领，克服案例教学与知识讲授两张皮现象弊端；同时增强案例表现的多样性，开发诸如文字案例、图片案例、视频案例、现场案例等多样化案例形式。让案例教学成为课程知识传递的得力助手与教学手段。

总之，在全国高等教育新文科建设背景下，提升国际话语权、促进学科交叉、推进科技应用、走内涵式发展之路构成了旅游本科教育课程体系建设的现实背景；面向旅游本科教育由数量规模增长向内涵式质量提升迈进的转折期，课程体系建设需要直面知识体系亟待完善、课程设置需要优化、教学组织有待改进等发展中存在问题；作为与产业发展密切关联的旅游本科教育，要遵循升华产业认知、重构知识模块、构建课程体系、开发课程资源等基本建设路径，有效推进旅游本科教育的高质量发展。

旅游学术共同体的概念与测评：
一个综述研究

吴必虎　　刘夕宁①

　　关于学术共同体的概念界定，学者们还没有形成一个统一的定论，对学术共同体的称呼和命名也各有不同，如有的从科学研究的视角将其称为"科学共同体"或"科学社团"，有的从团队的角度称其为"学术群体"或"学术团队"，还有的从职业性质视角将其称为"学术从业者共同体"或"学术职业共同体"等。一门学科的生存与发展必须有一批从事研究本学科领域的专家学者队伍，一批高质量的研究成果和一批以刊载旅游学术论文为主或经常刊载旅游学术论文的学术期刊，这些就是所谓的"学术共同体"[1]。旅游学术共同体是一个较新的概念，对其定义的讨论或实际使用，同样处于发展过程之中。本文将从学术共同体的概念演变、主要形式、典型案例等综述入手，以冀对旅游学术共同体及其绩效进行进一步的评价研究。

一、学术共同体的形成、发展与评价

（一）学术共同体的概念

　　从广义的概念来说，大学（university）和学院（college）最早的拉丁语词源意义为"为了共同目标聚焦起来的一群人"[2]，可见自中世纪诞生起，大学就是以学术共同体的形态而存在，并以"学科"作为其基本形态。"大学存在的事实本身，就说明了所有知识门类的统一性与整体性，而每一个单独的知识门类只是为了让我们能够在一个更加广泛的意义上来理解知识的统一性与整体性的含义"[3]。大学即学术共同体，学科是其内在发展逻辑。构建和发展大学学科其实就是在塑造高校学术共同体，而高校学术共同体的形成除大学学科发展之外别无他法[4]。

　　从狭义的概念来说，对学术共同体的基本认识可以从两个方面理解：其一，基于大

　　① 吴必虎，北京大学城市与环境学院旅游研究与规划中心主任，博士生导师、国际旅游研究院院士、国际旅游学会终身创会主席、中国旅游协会旅游教育分会副会长、中国旅游协会地学旅游分会会长、文化和旅游部十四五规划专家委员会委员、世界旅游城市联合会专家委员会委员。刘夕宁，女，博士，珠海城市职业技术学院讲师，旅游管理、定制旅行管理与服务专业主任，北京大学访问学者，珠海市旅游总会秘书，广东省职业院校学生技能大赛专家，裁判。

学治理结构的视角，教授治校的基础性，学院或系是学术共同体，包括校友；其二，基于学科中心的视角，学术自由的基础性，教师是学术共同体的主体，学科或学术团体、核心期刊是学术共同体。本文中所谈到的学术共同体即为其狭义概念。

在中国文化语境里，春秋战国时代的多个学说之"家"，如法家、儒家、墨家、阴阳家……也可以视为今天的学术共同体。春秋战国时代，是一个产生巨人的时代。老子和孔子等大家应运而生，中国哲学各派别兴起，也是墨子、庄子诸子百家风起云涌的时代。在诸子百家产生的时间排序中，道家产生数第一，道家之后是儒家。老子、孔子两巨人，闪亮辉耀在春秋。战国初墨子，战国中孟子、惠施、庄子、尹文子，战国末荀子、韩非子、吕不韦等文化巨人，出现了"学在官府移民间，诸子蜂拥出百家"的盛况。诸子皆有其成名之学，皆有其学术宗旨和学派所传知识。诸子所学，大体有古来的数术知识（如阴阳五行之类）、一般性的经典（如六艺、老子之类）、本学派经典，乃至小宗派（如儒家八派内部）的经典，由此可算学有所成。诸子派别内部，尚有自家的基础知识，有经有传[5]。韩非子在《显学》篇中说：世之显学，儒、墨也。儒之所至，孔丘也；墨之所至，墨翟也。自孔子之死也，有子张之儒，有子思之儒，有颜氏之儒，有孟氏之儒，有漆雕氏之儒，有仲良氏之儒，有孙氏之儒，有乐正氏之儒。自墨子之死也，有相里氏之墨，有相夫氏之墨，有邓陵氏之墨。由此可见，儒家一脉相承，师承有序，发展完善，具有典型学术共同体的特征。

诸子百家，三教九流，"经史子集"四部分类法的"子部"，是中国早期学术分类。用当今世界通用的科学语言说，诸子百家学说涉及经济、政治、伦理、哲学、逻辑、科学、技术、文学、艺术、教育、军事等各领域，包含现代科学的因素、胚胎和萌芽。中国古代朴素科学的本质，有普世性和全人类性。全人类科学认知，根源于同一客观世界和同一人类本性[6]。可以说，诸子百家开创了中国学术共同体的先河，随着历史演进，又不断融合发展，虽然与现代意义的近代大学创立的学术共同体有一些不同，但是，这是中国历史文化的宝贵思想与文化财富，对今天的学术思想研究与借鉴也具有现实意义[7]。

（二）学术共同体概念的演变

学术共同体概念最早是 1942 年英国哲学家迈克尔·博兰尼（M. Polanyi）在曼彻斯特文学与哲学学会上的演讲《科学的自治》中提出的"科学共同体"（scientific community）。他认为科学家是一个具有共同信念、共同价值和共同规范的并区别于一般的社会群体[8]。尔后希尔斯、默顿、库恩等一大批学者也有过类似阐述，其中库恩的描绘影响更为深远。他认为科学共同体就是产生科学知识的科学家集团，该集团成员由特定专业学术文化的管理、意义的管理、社会的整合等方面的从业者组成，接受共同的"范式"，有共同的价值标准，进而开展专业化的思想交流活动。库恩给出的定义中可以概括出科学共同体的以下特征：它是产生科学知识的科学家集团，集团的成员有经常性的充分的学术交流，他们的专业判断比较一致，拥有共同的范式。

1988 年里弗斯（M. Reeves）曾将学术共同体定义为"对价值规范具有共同认知"的教师共同体，这种共同认知使他们能够抵抗过度的外界压力以及缺少责任心的个人主义。

罗伯特·伯恩鲍姆（Robert Birnbaum）视"学术共同体"为已经获得终身聘用资格的教师组成的共同体。他认为这些学者间的互动大量的是非正式的，学者间是平等的，决策是民主的，强调深思熟虑和协商一致的决策。

2001 年著名高等教育学家伯顿·克拉克（Burton Clark）认为：所谓"学术共同体"最经常的是指学术人员之间的相互尊重，或者是指一组专业人员的自我治理。学术共同体作为一种治理形式，倡导一种"我们"意识，我们对于我们自己的选择负责。

王兴成明确将社会科学家共同体和社会科学知识体系纳入"学术共同体"的范畴。"学术共同体"推动高等教育发展与创新的积极影响在学术界已达成广泛共识；"学术共同体"相关理论在指导科学研究及管理方面成效显著；推动学术期刊评价及创新管理成为"学术共同体"在出版领域的重要职能；"教育学术共同体"的打造成为强化教育理论与教育管理方面的重要研究课题；在中国政治和国际政治研究方向确立上，"学术共同体"建设成为学术话语权建设的重要内容；"学术共同体"研究文献计量分析在图书情报与新闻传媒方面得到较多应用，且新方法新媒体的引入正在改造学术共同体研究的学术生态环境。韩启德指出，所谓的学术共同体就是指一群志同道合的学者遵守共同的道德规范，相互尊重、相互联系、相互影响，共同推动学术的发展，由此而形成的群体[9]。马骁将其定义为，由遵循同一范式的学术人所组成的科学研究群体，在这种范式的约束和自我认同下，其成员掌握大体相同的文献和接受大体相同的理论，并拥有相近的价值、观念和目标[10]。

总的来看：学术共同体首先是一种大学治理制度。作为一种治理制度，学术共同体首要关注的是学术共同体领导的产生。学术共同体的领导必须由共同体全体成员民主选举产生，经选举产生的学术领导只是学术共同体中的"平等首位者"。学术领导岗位是一个非永久性的、非全日制的职位，这就意味着学术领导只是一个时间段的领导，在任期结束后就回到他从前的学术岗位，再次成为共同体中的一般成员。学术共同体治理制度的最高原则是协商一致做出决策，学术共同体的决策必须以知识为基础。

（三）学术共同体的主要形式

学术共同体的存在形态主要有以下四种：一是专业化体系化的学术期刊系统，二是代表行业利益的学会系统，三是同行评议制度，四是研究平台和团队[11]。

学术共同体的活动形式主要有学术讨论会（Seminar）、专题讨论会（Workshop）和科研项目（Program）。学术成果主要涉及工作报告（Working Paper）、会议论文（Conference Paper）与公开发表的论文（Paper）[12]。学术共同体到今天还发展出了如科学交流、出版刊物、维护竞争和协作、把个人知识和地方知识变成公共知识、学术承认和奖励、塑造科学规范和方法、坚守科学标准、培育科学新人、争取和分配资源、与社会的适应互动、科学普及或科学传播等功能与性质。

（四）学术共同体的典型案例

学术共同体的典型案例具有研究的借鉴作用，在此分别以维也纳学派和华南学派为代表，观察国内外学术共同体的发展脉络。

维也纳学派是 20 世纪 20 年代在维也纳大学由一群具有数学、逻辑学和自然科学、社会科学学术背景，同时对哲学感兴趣的学者共同组织发起的倡导以科学的态度从事哲学研究的新兴哲学派别。主要成员有石里克（Moritz Schlick）、鲁道夫·卡尔纳普（Rudolf Carnap）等人。这些人中有物理学家、数学家，也有逻辑学家，当时他们有一个共同的关注点，就是都关心哲学和方法论问题。维也纳学派的成员来自不同的科学领域，用现在的说法是来自不同的学科专业，但是由于关注了同样的问题走到了一起，经常交流，形成了共同的看法，接受了共同的范式[13]。维也纳学派的工作成为 20 世纪科学哲学兴起的标志和起点。

维也纳学派兴起的背景，基于维也纳大学的哲学传统及"归纳科学哲学"教席的设置、"石里克小组"（维也纳学派的共同体）的雏形及形成、维也纳学派及其成员背景的构成情况以及两篇宣告维也纳学派成立的纲领及观点的文章发表情况：《科学的世界观——维也纳学派》（1929）和《逻辑实证主义：欧洲哲学中的一场新的运动》（1930）。同时，维也纳学派的重要表现在《认识》和《统一科学国际百科全书》两套出版物的发行。

维也纳学派的兴起绝不是偶然的。首先，它具备了哲学革新的思想内核：一方面，它有着数学、逻辑和自然科学的准备；另一方面，它也有着哲学对自身反思的要求，上述二者的汇合孕育出了以逻辑实证主义为标签的维也纳学派。其次，正是由于思想内核的汇聚，维也纳大学独具慧眼地设立了"归纳科学的哲学"教席。以此教席为名，石里克组织了一个具有共同目标的学术共同体——维也纳学派。该学派通过内部成员的学术交流和外部组织的国际会议学术交流，最后以两篇具有纲领性意义的文章使其思想得到传播。维也纳学派正式在哲学舞台上兴起[14]。

"华南学派"形成的首要条件在 20 世纪 30 年代已经开始奠定，中山大学的梁方仲先生和厦门大学的傅衣凌先生作为开宗立派的代表人物，他们具有很高的学术水平，并有独特的学术创造力，不仅形成了原创性理论体系，而且阐述命题具有极强的号召力。华南学派到改革开放之后，也是可以称为"学派"的学术共同体，其在国际学术界的影响甚至超过本土。

华南研究学术共同体改革开放以后的发展历程，大致可以分为三个阶段：其一是 20 世纪 80 年代，华南的朋友已经形成相近的研究取向，开始注重区域研究与田野调查，但尚未形成明确的学术认同，也缺乏密切的学术互动，是华南学术共同体的形成阶段；其二是 20 世纪 90 年代，华南的朋友通过合作研究与田野工作坊，开始确立民间文献解读与田野调查相结合的研究方式，力求从普通人的社会实践理解中国的历史与文化，是华南学术共同体的建构阶段；其三是 2000 年以来，华南的朋友开始走向全国、走向国外，力求寻找更多志同道合的朋友，在各种不同的历史场域检验与修正历史人类学的范式，是华南学术共同体的扩展阶段。

时至今日，华南学者的学术视野早已超出华南地区，从事历史人类学研究的学术群体也并不限于华南学者。华南学术共同体的主要学术贡献是其吸收人类学等学科的研究方法来变革传统史学研究方法的某些局限，从而大大拓宽了史学的研究视野，并由此获得了对中国历史特别是明清史和地域研究的某些重要发现和突破。《历史人类学学刊》创刊号上写过一篇论文，副标题是"被史学抢注的历史人类学"，介绍了这个领域的学术特点及华南研究的兴起。1995 年科大卫和萧凤霞主编了《植根乡土：华南社会的地域联系》一书，2001 年萧凤霞出版《廿载华南研究之旅》。

（五）学术共同体的评价

学术共同体具有以下两个方面的含义，一是指具有共同利益的学者圈子，二是指共享某种共同学术范式、旨趣的学者群体[15]。

系统而严格的学术评价，从理念到制度，再到操作方式，都起源于欧美。欧美现代学术重视即时的发表，离开了发表学术成果的机制和载体，譬如学术会议、专业刊物和出版机构，就几乎无从谈及学术。以美国学术评价的经验来看，构建自律（自主）的学术共同体，既是学术评价存在的前提，也是它良性运作的依托[16]。

1. 专业期刊评价

学术期刊与学术共同体是共生共存、相互依存的。一个好的学术期刊，能够凝聚优秀的学者，吸引忠实的读者；一批好的学术期刊，能够凝聚一群优秀的学者，吸引众多的忠实读者。以学术期刊为平台，有着共同的研究志趣、共同的价值理念、遵守共同的研究规范的学者，在学术的交流与探讨、争鸣中，相互启发、相互促进，从而逐步形成学术共同体。学术共同体由于学术期刊的滋养而形成和发展壮大。反过来，学术期刊又由于学术共同体的支撑而存续和发展。学术共同体能够发挥同行评议的功能，为学术期刊审稿并对学术期刊进行评价，从而使学术期刊更加科学、更加严谨、更加规范，学术水平和学术影响力、公信力不断提升和扩大。

学术共同体的一个重要功能，就是进行学术评价，对整个社会的学术活动进行全面的、系统的评价，不仅评价学术论文和成果本身的水平和价值，同时也评价了学术论文和成果的载体——学术期刊；不仅评价学者个人的学术水平和能力，也评价学术组织与机构的学术水平。在学术期刊与学术共同体的构建过程中，学术评价是一个必不可少的助推器。没有科学的学术评价，学术研究就失去了标尺，而没有标尺衡量的学术研究，就失去了学术公信力[17]。

2. 学会评价

学会作为最具学术共同体同行特性的学术社团，既有学术评价的悠久历史，又有其独特的优势，即学科同行性、评价民主性、学术交流性、利益超越性等。

在学术发达国家，具有权威性、公信力的学会是学术共同体成员的群体组织，加入学会等的条件很严格，这些学会等在学术评价活动中发挥了重要作用[18]。我国大部分的学会、研究会，都是改革开放后相继成立的，随着经济的发展、社会的变革，近年来得到了迅速的发展和成长。学术团体在组织学术交流、推动学科发展、促进学术规范、培养人才队伍等方面，都取得了丰厚的成果，也形成了较好的运行模式。但是，由于受到传统观念和现有体制的限制，学术团体的社会功能并没有充分发挥出来，特别是作为学术共同体的学术评价功能并没有真正得到体现，还缺少普遍认同性。因此，一方面需要学会自身治理能力的提升和功能的完善，特别是在科学精神、学术民主、学术道德、学者自律等方面起到规范作用，从而建立起良好的学术声誉，另一方面，还需要政府的支持，赋予学会更多的社会功能，使学会能够真正担当起学术管理的职责[19]。

二、旅游学术共同体的研究现状

经过40多年的改革开放和旅游发展，我国旅游研究已经逐步走出早期理论研究滞后于行业实践的困境，呈现了理论研究指导行业实践，科学研究适度超前的良好态势，形成了以多学科和跨学科交叉融合的旅游学术研究个人与团队。所谓的旅游学术共同体包括一批从事旅游学科领域的专家、学者队伍，一批高质量的研究成果以及刊载旅游学术研究成果的期刊等。旅游研究的可持续发展离不开旅游学术共同体的形成和发展，因此旅游学术共同体发展现状研究是认识我国旅游发展现状的重要前提。

从国内外学术期刊评估的演化与发展看，期刊评价从单一的学术质量评估逐渐转向多元的综合质量评估，评价体系大多采用文献计量学自上而下的定量研究。学术期刊品牌是建立在学术共同体心目中的价值，学术期刊品牌价值评估应然回归学术共同体。根据消费者品牌接受模型的认知、联想、情感、偏好四个维度，以学术期刊品牌价值的期刊知名度、期刊权威度、期刊认同度、期刊忠诚度四个指标，构建基于学术共同体的学术期刊品牌价值评估模型[20]。

在研究样本的选取上，一些学者倾向于选择某种或某几种旅游类期刊作为研究对象，对其刊载的旅游论文进行研究分析，如吴开军、冯晓兵、张凌云、赵瑞娟等人的研究；也有一些学者，如学者翁李胜、田里、张凌云等人的研究中，将通过主题词对中国知网（CNKI）或 CSSCI、SSCI 等数据库进行检索的所有所得结果作为研究样本。

在研究尺度上，一些学者的研究侧重于探索旅游学科或旅游研究整体发展脉络或研究态势，如张凌云（2011）以 2007—2009 年出版的《旅游学刊》《旅游科学》《旅游论坛》《北京第二外国语学院学报》4 种国内主流旅游刊物的共计 1833 篇文章作为统计分析的文献资料来源，通过构建选题内容的指标分类层次体系，分析 4 种旅游刊物在选题内容特征上的异同，以期为旅游学术期刊的选题定位提供借鉴和参考，同时在此基础上，试图探寻中国旅游研究的现状和趋势。翁李胜曾经利用 1994—2017 年国内游客数据和 1978—2017 年入境游客数据，通过 Logistic 模型对我国旅游地生命周期的研究进行了全方位的梳理；冯晓兵曾从研究内容、研究方法、基金资助和作者背景四个方面，对《旅游学刊》2008—2012 年发表的文章进行统计分析，探究了近五年我国旅游学术研究的发展情况。从而得出结论：当前我国旅游研究的内容以旅游管理，旅游经济和旅游发展类为主；研究方法以定性分析和混合研究为主；基金资助以国家自然科学基金和国家社会科学基金为主，接受资金资助文章的数量逐年增加；高校教师及在读的研究生是我国旅游学术研究的主力军，本科院校是旅游研究的主要阵地，我国的旅游研究存在显著的地域集聚性和资源经济导向性。

而另外一些学者，如戴湘毅、唐承财、陈娅玲、杨墨等人的研究则聚焦于针对某一研究领域或某一区域，比如体育旅游、遗产旅游、西藏旅游等。戴湘毅（2014）以中国学术期刊网络出版总库的"中文核心期刊"为数据来源，以"遗产"和"旅游"为主题检索，从年代、期刊、作者、作者机构、研究对象、研究地点、研究方法和研究主题等方面进行了文献计量分析。最后得出结论：我国遗产旅游研究经过近 10 年得到飞速发展已经形成了核心刊物群，但尚未拥有稳定的核心作者群，在研究机构上以北京，广州，南京等大城市和遗产资源集中区域的高校及科研院所为主；中国遗产旅游的研究对象趋向多元化，在研究地点上以国内研究为主，且集中在长江中上游，东北等区域，缺乏国际性研究；在研究方法上，以实证研究方法为主，新方法和手段仍有待加强；在研究主题上，中国遗产旅游关注的问题较为多样，但主要表现为五大内容，即价值属性，旅游发展，产业经济，游客及社区，保护管理。

陈娅玲（2010）依据中国期刊全文数据库中主题为"旅游（西藏）"目录下模糊检索到的论文样本，运用数理统计方法，对 30 年来西藏旅游研究进行梳理，分析后，得出：30 年来，西藏旅游研究文献在数量上随时间推移呈不断加速的阶梯形上升趋势，在研究水平上也随时间推移呈现出跨越式的提高，在旅游研究方法上也逐渐向定量化，个案化，理论化转变，呈现出不断趋向良性，繁荣的发展态势。但与此同时，也存在学科框架体系不均衡，研究焦点与热点相对滞后，研究视角单一等问题。未来西藏的旅游研究重点为：在特殊地域及民族文化条件下旅游产业水平提升研究，区域旅游联合发展的研究，旅游管理机制转化研究，"跨越式"发展战略下的旅游资源，环境保护研究。西藏旅游研究亟待关注的空白点：旅游危机管理，旅游援藏，旅游社会学，旅游人类学等问题和学科。

孙业红（2012）从新的角度较为系统地综述了城市旅游这个并不新颖，但却值得深入探索的问题，在西方文献的基础上提出了一些关于城市旅游发展创新性的思想和理论构架，并指出了未来几个重要的研究方向，如城市中旅游集聚造成的拥挤问题、城市遗产类旅游资源空间格局研究（包括非物质文化遗产的空间分布对城市发展的影响）、城市旅游规划中广泛存在的"复制与粘贴"问题对城市旅游竞争力的损害以及城市舞台化旅游发展中存在的种种问题等。在此基础上，文章结合中国城市旅游发展的研究现状，提出中国城市旅游发展可以借鉴的一些国际先进经验，以及在借鉴这些经验过程中需要注意的问题。

另外还有许多学者以英文学术期刊上发表的学术论文为对象研究我国旅游学术研究的国际影响力，如孙业红，张凌云、张丹等。在评价指标上，张凌云、乔向杰等人从分值、h 指数、g 指数等指标[1]对期刊、作者、机构进行评价排名。

可以看出，虽然不同学者在研究样本的选择、研究尺度、评价指标等方面略有不同，但是主流评价仍是以期刊评价为主。

三、旅游学术共同体测评指标、样本与未来研究方向

综上所述，20 世纪 80 年代以来，我国旅游学术共同体就已经存在，同时对旅游学术共同体的研究蓬勃发展，正在获得更多学者的关注。然而笔者认为，以往对旅游学术共同体测评的研究仍有许多不够全面之处，在未来一段时间的研究中可以尝试逐渐完善，以期使得该部分的研究逐渐趋于完善及更具科学性及合理性。主要体现在以下几个方面：

（一）指标的选取

如前文所述，现有的旅游学术共同体的测评主要采用的是"专业期刊评价"，但是基于众所周知的学理性，期刊文献不足以代表学术贡献与学术水平，仅仅以专业期刊上发表的学术论文作为评价指标是不够全面的，硕博毕业论文、国家基金理想情况、专著出版、新的学派的创立等指标均应该作为评价指标体系的一部分，并适当考虑权重比例。

（二）样本的选取

在对专业期刊的文献进行测评的过程中，以往的研究主要选取了 2003 年以来的数字化期刊文献，对此笔者也曾经与相关研究人员进行过探讨，国内期刊文献的数字化始于 2003 年，因此现有研究的样本选取均采纳了数字化文献库的资料。但是笔者认为该研究样本选取的理论依据不够充分，仅仅依赖数字化文献更加不足以代表整体的学术全貌。前文梳理学术共同体典型案例时已经阐述，我国旅游研究自 80 年代就已经开始

了，在此之前已经发表了许多有影响力的论文。国内著名旅游学者保继刚、吴必虎分别于1995年及1996年撰写了博士毕业论文"主题公园发展的影响因素研究"和"中国山地景区文化沉积研究"，并在那一时期的学术期刊《地理学报》《地理研究》《地理科学》等发表一系列具有重要影响力的文章……因此对研究样本的选取起始时间，应至少提前到1978年，不能仅仅局限于数字化文献开展相关研究，纸质文献的研究同样不容忽视。

（三）学术共同体的研究方向及建设方向

学术共同体最重要的核心是其应具有共同的价值取向和研究范式，现有研究几乎忽视了对这一部分的考量，仅从论文的数量及转载量等方面进行测评，随着研究的不断深入，应当注重对学术成果内容的测评，即如何构建一个相对更加全面和科学的指标体系对学者的学术成果的内容的价值取向、内容的创新性等方面进行研究，是十分重要的。近年来，随着受外文期刊评价体系的影响，量化研究受到了更多学者的青睐。不可否认，量化研究具有一定的科学性及规范性，作为一个重要的研究方法具有许多优势，但是同时也应该看到，任何一种研究方法都具有优势及劣势，不应一味片面追求。人文社科与自然科学的评价方式有许多不同，不是简单地运用模型进行数理统计就意味着结果科学可信，青年学者应致力于创造一套更加适合旅游学术共同体测评的全面的科学方法，而非一味照搬照抄自然学科的现有统计学模型。

基于构成要素和运行机制，考虑测定的可行性和现有资源库的资料，笔者认为对学术共同体的评价指标应当包括如下几个方面：

（1）成员，学术共同体首先应由一定数量的个体成员、组织成员或群体成员组成，他们探讨共同的旅游学术问题，具有相同或相近的价值观，体现在论文或著作的合著等方面；

（2）领域，学术共同体成员之间以较高的频率进行平等的学术交流，如参加学术会议或论文相互引用等，在论文领域、课题领域、服务领域等方面都有着较为密切的联系和交流；

（3）空间，包括物理空间、网络空间、混合空间，如合作者所属同一单位网络，或共同申报课题、共同发表著作、联合培养研究生等，都可以视为在一定空间内具有显著的关联；

（4）活动，有着一定数量的活动交集，如师生活动、会议活动、合作活动等；

（5）机制，成员之间具有相同的价值观和相似的研究范式，成员之间具有一定的评价机制和反思机制、规范机制和激励机制；

（6）成果，成员之间具有一定程度的成果共享。

如表1所示。

表1 学术共同体的评价指标

序号	指标	含义	构成要素	二级指标
1	成员	有一定数量的成员，构成群体	个体成员、组织成员、群体成员	论文、著作作者合作关系网络等
2	领域	在相关领域有交流、合作、共享	论文领域、课题领域、服务领域	论文、论著、课题主题词、关键词的频次和网络语义关系、学科分类等
3	空间	在线上、线下有关联	物理空间、网络空间、混合空间	合作者所属单位网络
4	活动	有活动的交叉，交集	师生活动、会议活动、合作活动	师生关系网络，或学术研讨会、专题讨论会、科研项目合作等
5	机制	有相同的价值观和研究范式	评价机制、规范机制、激励机制	被引量、转载量、著作版次和发行量、课题立项量等
6	成果	成果共享		署名、获奖等

（四）旅游学术共同体的构建创新

（1）推动构建方向凝聚、紧密联动的学术共同体。

（2）以机制设计为保障，构建学术规范、运行稳定的学术共同体。

（3）以新型资源平台为支撑，构建创新型学术共同体。

（4）谋划战略服务决策，构建智库型学术共同体[21]。

参考文献

[1]张凌云.近十年我国旅游学术共同体的发展格局与分类评价[J].旅游学刊，2013（10）：114-125.

[2]弗兰克·H.T.罗德斯.创造未来：美国大学的作用[M].王晓阳，等，译.北京：清华大学出版社，2007：37.

[3]卡尔·雅斯贝尔斯.大学之理念[M].邱立波，译.上海：上海世纪出版社，2007：122.

[4]李力，杜芃蕊，于东红.重塑大学学术共同体：基于大学学科发展的研究[J].国家教育行政学院学报，2012（8）：49-53.

[5]孙中原.诸子百家元研究[J].贵州民族大学学报（哲学社会科学版），2016，1：95-107.

[6]李锐.先秦诸子百家争鸣综说[J].江海学刊，2020（3）：161-170.

[7]李锐.诸子百家的治术争鸣[J].国学学刊，2018（1）：58-63.

[8]郄海霞.美国学术协会的功能及其对研究型大学的作用[J].清华大学教育研究，2012（1）：51-58.

[9]2009年9月8日，全国人大常委会副委员长、中国科协主席韩启德在第十一届中国科协年会致开幕词[Z].

[10]马骁.学术共同体及其组织理论研究[D].淮北：淮北煤炭师范学院，2009.

［11］周新原.新时代构建学术共同体的理论逻辑与现实路径［J］.教育评论，2019（6）：59–62.

［12］丁云龙.国外学术共同体学术研究体例述评［J］.东北大学学报（社会科学版），2002（4）：238.

［13］梁庆寅，等.学术共同体［J］.开放时代，2016（4）：11–42.

［14］黄佳越.维也纳学派的兴衰——其思想内核和社会建制的考察分析［D］.山西大学硕士论文，2021：20.

［15］王浩斌.学术共同体、学术期刊与学术评价之内在逻辑解读［J］.中国社会科学评价，2015（3）：69–81.

［16］李剑鸣.自律的学术共同体与合理的学术评价［J］.清华大学学报（哲学社会科学版），2014（4）：73–78.

［17］刘文山.学术期刊、学术共同体与学术评价［J］.岭南学刊，2016（2）：5–8.

［18］叶继元，袁曦临.中国学术评价的反思与展望［J］.中国社会科学评价，2015（1）.

［19］夏东荣.作为学术共同体的同行评价［J］.中国社会科学评价，2018（4）：61–74.

［20］江波.基于学术共同体的学术期刊品牌价值评估模型构建［J］.河南大学学报（社会科学版），2022（5）：137–144.

［21］李路路.协同创新与新型学术共同体的构建［J］.改革，2016（3）：144–147.

2021 年中国旅游基础理论研究评述

——以《旅游学刊》和《旅游科学》的期刊文献为例

谢彦君　于　佳[①]

从研究类型看，旅游基础理论研究、对策研究和应用研究构成了中国旅游研究的三大板块。旅游基础理论研究作为旅游研究金字塔的最基础和核心部分，关涉到旅游学科的建设和旅游教育的发展水平，然而目前旅游教育困境以及旅游学科的寄居地位，最根本源于旅游基础理论的不成熟，学科知识体系尚未建立，因此旅游学科的体系化和旅游基础理论的范式化的时代任务就迫切地摆在眼前。值得欣喜的是，历经四十余年的发展，旅游研究形成了数个较为特色的理论型式，如王宁的本真性理论、张凌云的惯常环境说、保继刚的旅游吸引物权，以及谢彦君的体验说、吴必虎的游历说等。尽管这些理论的原初并不归属旅游领域，但经过学者们的引介、扬弃和发展，已经成为赋有中国本土色彩的理论范式。在这些理论范式的引领下，学者们从不同细分领域展开探索和跟进，形成了较为丰富的研究成果和理论洞见。这其中，有值得发扬光大的理论转向的自觉态度和求索精神，也有具体操作层面值得反思的研究误区。因此，本文作为阶段性的旅游基础理论评述文章就显得十分必要。可以肯定的是，任何学科的理论发展都需要不断的研究实践和点滴的理论积累。在此，通过对发表于旅游类代表性期刊文献的梳理，归纳和总结出 2021 年旅游基础理论研究的结构性特点，以及理论形态的阶段性进展，进而为未来旅游基础理论研究提供方向性的建议和指导。

一、数据来源与评述程序

自 2020 年暴发新冠肺炎疫情以来，中国旅游研究在实地调研、数据采集、学术交流与研讨等方面受限。总体上，在寻找替代解决方案（如线上田野作业、研讨等）的基础上呈现出一系列丰富的旅游研究成果，如期刊论文、专著、研究报告、会议集刊等。在中国知网以"旅游"作为关键词进行不完全统计（检索时间设定为 2021 年），国内旅游研究相关文献的发表量达到了 38949 篇，其数量十分可观且庞杂。为了提高文献评述的效率，作者采用代表性抽样的评述进路，以此推论出 2021 年中国旅游基础理论研究的研究质量和水平。

---

　① 谢彦君，博士生导师，海南大学旅游学院教授。于佳，东北财经大学旅游与酒店管理学院博士研究生。

《旅游学刊》和《旅游科学》作为国内旅游领域传播知识的重要平台和出版刊物（其综合影响因子分别为 2.576 和 1.623），在一定程度上能够反映出中国旅游研究，尤其是旅游基础理论研究的发展质量和层次。笔者以发表在以上两本刊物的研究性论文为样本，以此管窥 2021 年中国旅游基础理论研究的发展水平，进而明确当前研究不足与未来努力方向。具体操作路线为，在中国知网（旧版）的学术平台上，以"出版物"作为检索方式，得到发表于两本期刊上的论文（涵盖笔谈、综述等文章）245 篇，见表 1。其中，发表于《旅游科学》的论文 35 篇，发表于《旅游学刊》的论文 210 篇。进一步，将这 245 篇论文划分为笔谈文章、创新文章和综述文章三类。出于本研究目的的考量，剔除两类期刊上的笔谈文章、综述论文 90 篇，最终得到 155 篇创新论文，成为本文定量研究的样本数据。除两本旅游主流期刊外，笔者还兼顾发表于其他的综合影响因子较高的期刊，如《地理研究》《人文地理》等刊物的旅游基础理论研究部分，及可以在当当网和亚马逊等购物平台上索引到的旅游专著，作为定性研究的补充资料。

表 1　发表论文的类型和数量

期刊名称	笔谈文章	创新论文	综述论文	总计
旅游科学	0	32	3	35
旅游学刊	78	123	9	210
总计	78	155	12	245

在评述程序上，本文兼用定量的结构性评价和定性的内容评价的形式。定量研究方面，依照研究方案中所确定的面向，从研究类型、研究方法、经验材料、研究领域四方面进行统计分析。定性研究方面，在研读 155 篇创新性论文的基础上，根据相关研究所呈现出的理论形态予以归纳和总结，并就部分典型的、代表性的论文作出理论评价，进而识别并研判 2021 年中国旅游基础理论研究的质量和水平。

二、2021 年中国旅游研究的结构性特征

研究主题、研究方法、研究类型、经验材料等维度是分析 2021 年中国旅游研究的主要结构性维度。旅游基础理论研究作为旅游研究的类型之一，在以上维度体现出特定的研究取向。因此，这部分文献的科学计量分析的目的在于，在掌握中国旅游研究的结构性特征基础上，从中反观旅游基础理论研究在其中的被关切程度和结构性特点。

基础理论研究是在理论层面以创新新知识为诉求的一种研究类型，其理论形态表现为范畴、命题和理论模型。本文中使用的"纯基础理论研究"范畴，指的是在研究过程中，理论建构的诉求最为彻底，与之相对，应用研究即为理论建构较为不彻底的另一类研究类型。对策研究是以解决实践问题为宗旨的研究，成为理论研究和应用研究的自然

延伸。三种类型的研究在整个科学研究领域具有不同的特点，承担着不同类型和不同层次的科学使命。根据这种划分依据，笔者对发表在两刊物上的文献类型进行数量统计，如图1所示。从统计结果看，发表在《旅游学刊》上的纯基础理论研究有35篇，占该期刊创新性研究的31.2%；发表在《旅游科学》上的纯基础理论研究有4篇，占该期刊创新性研究的12.5%。总体上，2021年中国旅游研究形成了以应用研究为主（73%），纯基础理论研究（27%）为辅的结构性特点（如图2）。从二者数量结构的比例关系看，应用研究在旅游研究的类型上占压倒性优势。

事实上，应用研究在目标诉求上尽管也寻求变量与变量间的关系或提炼出新范畴，但从两刊物反馈的结果看，这类研究大多借鉴已有研究的成熟变量、量表或范畴，通过在此基础上增加或删减变量，重新构建新的理论框架，并最终呈现出变量间的某种类似于显著/不显著、相关/不相关、强/弱等单一结构性关系。从旅游研究的长期价值考虑，这类研究对系统的旅游理论贡献是微弱且单一的。根本上，中国旅游研究还未真正走向理论自觉的大众阶段。但经过四十余年的学术践行和努力，现阶段的中国旅游研究已经摆脱纯对策的研究类型，走向以经验材料和数据为基础的科学研究阶段。

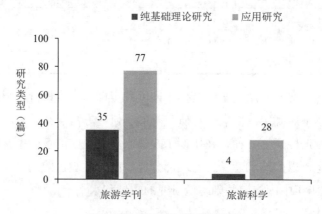

图 1　两本期刊上的研究类型

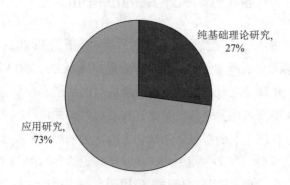

图 2　旅游研究的类型特征

从两刊物文章采用的研究方法看，旅游研究在方法上是比较规范的，多使用定性、定量或混合的实证主义研究方法。其中，使用定量研究方法最多，定性研究方法次之。从图 3 可以看到，《旅游学刊》上采用定量研究方法的论文有 71 篇，占该刊发文总量的 65.7%；《旅游科学》采用定量研究方法的论文篇数为 25 篇，占该刊发文总量的 86.2%。相比较，两刊物中采用定性研究方法的文章共有 41 篇，占两刊发表总量的 29.9%。分析结果与前文的研究类型相呼应，即在样本中，应用研究多以定量研究为主，纯基础理论研究多以定性分析为主。当然，定量的研究方法也可为基础理论研究服务，如聚类分析、因子分析、主成分分析等是常用的数量分类方法。但从两刊物论文的定量分析过程看，定量研究方法的采用并未以理论构建为核心目标，而是意在寻求变量间的某种正负、强弱及相关性等变量关系。在这种情况下，以定量研究为主要研究方法的应用研究与旅游基础理论研究的理论构建目标诉求相去甚远。

部分研究同时采用了多种研究方法，如谢彦君、于佳和王丹平等运用图像分析等方法从定量和定性的不同进路探讨乡愁作为一种旅游需要时对应的景观形态。混合研究方法的使用为研究观点的阐述提供了多维度的验证和补充，某种程度上提高了旅游研究的质量和水平。从目前旅游研究所采用的方法类型看，多数研究停留在单一的方法视角上。这其中，有出于研究问题的属性归因，也有出自研究效率的考量。此外，除定量和定性的实证主义方法外，思辨的哲学方法也是旅游研究的重要路径，但采用思辨方法的文章从数量上看占比很小，由此反映出目前旅游研究在方法论层面偏重实证主义范式的特点。事实上，科学与哲学的研究路径是旅游知识形成过程中的双重进路，不可偏废其一。在这一点上，思辨研究的方法是今后旅游研究在方法论层面需要加强的部分。

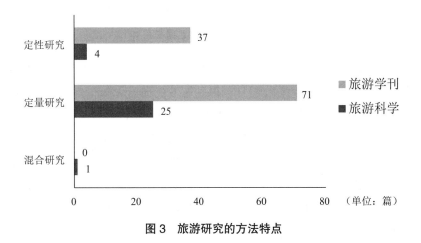

图 3　旅游研究的方法特点

在实证主义范式主导下，旅游研究的数据来源丰富多样，体现出一手和二手资料、线上田野和线下考察、宏观与微观视野并存的特点（如图 4）。其中，定量研究的数据主要来自官方数据（如中国旅游统计年鉴、旅游卫星账户、行业报告、各地方政府发布的统计公报等）、问卷调查、网络、实验数据等；定性研究的数据多源于访谈、观察和网络资料（如游记和旅游评论等），数据来源的丰富和广泛提升了旅游研究的深度和广度。总体上，排在前四位的数据来源为官方统计、问卷调查、访谈、实验和网络，四者构成了 2021 年中国旅游研究的主要经验数据类型。尽管实验数据的使用频率不高，但近两年实验方法在旅游研究中的运用日趋增多，因此实验数据未来也可能成为旅游研究的主要数据类型。从图 4 可以看到，官方统计和问卷调查作为两种旅游研究运用最广的数据类型，是应用研究的主要数据来源。由于官方发布的统计数据存在统计口径以及真实性等问题，不能精准地对研究问题作出回应，因此以官方发布的旅游统计数据作为分析资料得出的研究结论有待进一步验证，同时也需要结合其他经验材料作为辅助支撑。从构建理论的概率而言，田野或实地调研而来的一手资料更容易为旅游基础理论的提出提供适宜的土壤，进而开辟新的理论关注点。

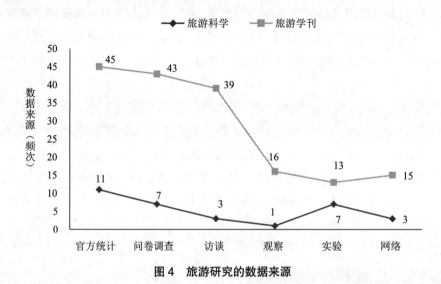

图 4　旅游研究的数据来源

研究领域反映出中国旅游研究在内容上的丰富度以及研究热点倾向。通过对两刊物上的文献内容做进一步的研究领域划分，得到图 5 的研究领域分布态势。由此可推断，中国旅游研究所涵盖的领域十分丰富，涉及旅游者、旅游产业、旅游产品、旅游资源等维度。其中，学者们主要的关切领域为旅游企业、旅游体验、旅游空间、旅游消费、旅游经济等几个板块。"旅游者"和"旅游企业"是中国旅游研究的主导研究领域。进一步研读这些文献发现，多数论文能够建基于特定情境，如某一案例地或调研地，并尝试从中抽象出普适性的范畴和理论模型，这进一步说明了中国旅游研究的情境依托倾向，以及从宏观领域向微观领域研究转向。

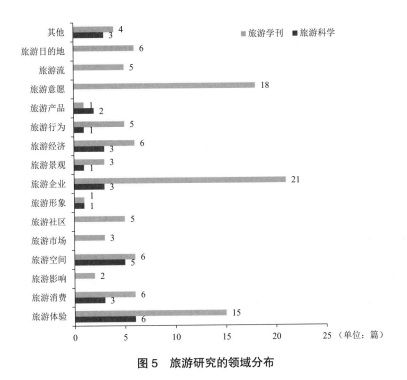

图 5　旅游研究的领域分布

较以往旅游研究，尤其对比中国旅游研究早期的研究风格取向，2021 年的旅游研究更加突出研究的规范性、科学性和严谨性，研究方法的实证主义取向、研究材料和研究领域的丰富也为未来旅游基础理论研究奠定了一定的方法、材料和领域基础。但同时也暴露出一定的结构性问题，其中尤以对旅游基础理论关切不够、研究方法偏量化以及由实证主义范式带来的其他研究范式（批评范式、阐释范式、常人方法论）的弱化、二手研究材料的真实性等问题较为突出。实际上，这几方面的问题相互关联，共同构成中国旅游基础理论研究的结构性障碍。

三、2021 年中国旅游基础理论研究的焦点与进展

根据理论的产出形态可以将基础理论研究的焦点划分为新范畴的提出、维度划分及量表开发、命题和理论模型构建三部分。在接下来的论述中，将依照以上三个维度展开。尽管应用研究也在命题和模型构建方面做出局域性的贡献，但从理论贡献度和文章铺展的篇幅考虑，应用研究的相关论述不在本文中予以探讨和展开。

（一）新范畴的提出

范畴指的是具有特定意涵的概念，基于特殊的旅游情境或语境而提出，是理论的基本形态。范畴又可以进一步划分为核心范畴和若干下位范畴。范畴提出的根本原因在于，现有理论成果无法解释旅游世界中纷繁复杂的现象和行为，范畴创新源于理论与现实间

的缺位。这里新范畴的含义更侧重核心范畴的提炼。在 2021 年的中国旅游研究的文献中，以范畴作为理论诉求的研究成果较为少见，尤其核心范畴的提炼。从笔者检索的两本主要刊物看，多数研究并未走向理论的"惊险一跳"，而是停留在现象的下位范畴的描述阶段。这其中的原因有理论自觉的缺位，也有囿于抽象能力的局限。总体上，仍有部分研究努力以构建新范畴、新命题等为理论目标，值得后续研究者加以借鉴和交流。

部分研究者以城市历史文化街区为研究对象，探讨与当下市民日常生活高度相融的历史文化街区集体记忆的表征和景观化凝视问题。曾诗晴、谢彦君和史艳荣将"日常生活的景观化凝视"范畴引入旅游体验研究领域。研究发现，历史文化街区旅游吸引力的重要来源是表征集体记忆的景观组成，焦点是当地居民有特色的日常生活，这种生活构成了旅游者对当地集体记忆的景观化凝视的重要对象。该研究所提出的范畴和观点呼应了张凌云教授在 2009 年提出的"惯常环境"与"非惯常环境"的旅游学研究框架。谢彦君、于佳和王丹平等在探讨乡愁的景观化问题时，也从另外角度再次印证了由惯常的时间和空间所构成的场域是重要的旅游吸引物的观点。

作为实现旅游目的地可持续发展的关键要素，目的地治理是旅游研究领域中的重要议题。刘婷婷和保继刚通过还原袁家村在旅游快速发展情境下良性消费环境的形成过程，试图厘清促成其规范市场秩序的内在机制。研究发现，旅游资源的垄断性是影响目的地能否接受旅游市场调节的重要因素。在袁家村的案例中，核心吸引物非垄断性的市场供给特征，构成相对完全的市场竞争环境，激活市场调节机制，导致的游客分流危机也促使目的地市场秩序更加规范。该研究将目的地旅游吸引物特质纳入旅游治理的议题，丰富了相关研究的理论视角。

卫银栋、徐英和谢彦君结合仪式理论，将旅游仪式论范畴下的"通过仪式"纳入西藏徒步旅游体验的理论框架中。研究发现，徒步旅游体验相当于一种发生在逆转阈限中的通过仪式，可划分为个体通过和人际通过。经历认知、情感、意志的磨砺与考验的徒步旅游体验，不同于一般的形式符号性通过仪式，是一种实质性的通过仪式。该文通过对徒步旅游中通过仪式的归纳，尝试突破 Gennep 提出的传统的"分离—过渡—融合"的旅游仪式三段论，将通过仪式划分为"个体通过"与"人际通过"两个维度，深化了徒步旅游情境下的通过仪式范畴。

以上研究多从现实问题出发，以具体的案例地作为研究对象，因此更能够从中得到根植于特殊情境的创新性范畴，为洞察旅游现象提供了高效和深刻的本体论见解。正如前文所述，较于寻找文献理论间的鸿沟，旅游实践中鲜活现象背后所揭示的问题更能够为理论创新带来新的洞见，而不限于特定范畴或理论的增补或完善。

（二）维度划分及量表开发

维度划分是对已有范畴或新范畴的结构性解读，主要通过质性研究的"类属分析"或量化研究的特定分析方法（因子分析、主成分分析等）加以探索，通常表现为对事物的单向的框架性理解。学者们在这方面形成了丰富的多领域的研究成果。尽管一些维度的科学性和可操作性还有待检验，但无疑地深化了对研究问题的框架性理解。维度划分相对于范畴构建而言，具有一般和普世的色彩，适用于更广范围的不同情境。部分研究者在维度构建的基础上，进一步通过开发量表予以验证。在研究方法上，多采用定量和定性的混合研究方法。

旅游移民的地方融入是旅游地理学、文化地理学及目的地管理的重要议题。王馨、白凯和包军军基于现有文献和实地访谈，提出了地方融入的操作化定义和维度结构，并对应开发测量量表。研究结果显示，旅游移民的地方融入包括 5 个维度，分别为适应自然环境、获取经济资源、发展社会关系、接纳地方文化和建立地方情感。经过问卷数据验证，文章所开发的量表具有良好的内部一致性信度、收敛效度和区分效度，模型的拟合优度检验结果良好。研究结论丰富了旅游移民地方融入的基本结构，对旅游目的地的可持续发展具有一定的理论参照意义。

在旅游研究领域，乡村旅游是研究者关注的重要旅游亚类。研究者从不同视角，如旅游体验、人地关系、旅游就业等层面对乡村旅游中的现象加以研究。乡村性被认为是乡村旅游的核心吸引力，但已有研究未从游客感知视角对乡村性要素结构进行辨识。王铭杰、孟凯和张世泽等在游客感知视角下，对受访者提供的乡村照片以及相对应的访谈内容进行编码分析。研究发现，乡村性要素可依据游客的视觉、听觉、触觉、嗅觉等和定位系统构建乡村性结构，并从中归纳出"本底乡村性"和"植入乡村性"两种类型。乡村性和乡村旅游吸引力之间存在"感知系统—乡村性要素—乡村性景观—乡村旅游吸引力"为逻辑主线的认知机制。谢彦君、于佳和王丹平等从心理学领域的具身理论出发，认为乡愁具有可感知的景观特征，并综合体现为具身状态下多感官的情境化体验对象。进一步，将乡愁景观划分为共相乡愁和异相乡愁两类。两类范畴的提出充分体现了基于体验视角的旅游景观打造和解读的辩证法。以上两个研究主要从共时、研究者的角度加以探讨。生延超和刘晴则从历时层面，针对都市近郊乡村旅游的人地关系不断发生演化的现象，探讨传统村落旅游资源嬗变过程中人地关系的响应过程及动力机制。从中识别出都市近郊传统村落乡村旅游发展的三个阶段，即原真性阶段、变异性阶段和创意融合性阶段。此外，旅游非正规就业研究较少关注乡村空间。袁超、孔翔和陈品宇等以安徽省黄山市徽州区呈坎村"村民导游"为例，揭示了旅游非正规就业中的非正规导游呈现的影响因素。研究发现，"村民导游"的出现与外部因素的促动密切相关，具有多种力量形塑的特征。具体而言，呈坎村的地方性、旅游公司正规导游供给不足、村落集体经济收入来源单一、旅游分配制度社会正义性存疑促使留守村民参与到旅游业之中。上述研究中，多数研究停留在经验事实的描述，当然其中不乏现象的局部抽象（体现为下位范畴的凝练），但各范畴处于零散和散沙状态，不能被一个高位范畴所统辖，进而不能有效且深刻地诠释该旅游现象。

乡村绅士化是超越国家主导模式的自发行为，对新时期中国农村的发展具有重要的借鉴价值。研究者从不同角度对此加以探讨。蔡晓梅、刘美新和林家惠等以广东省惠州市上良村为例，探究旅游发展背景下乡村绅士化的动态表征与形成机制。研究发现，乡村绅士化的过程吸引了不同阶层主体的加盟，政策、资本和相关利益者共同推动乡村阶层发生重构，形成了"经济驱动型""被动参与型""生活方式型""支持鼓励型"的多阶层模式。乡村绅士化的结果带来了自然、文化与政治景观的多维变迁。王华和苏伟锋以丹霞山两村为例，也探讨了乡村绅士化的相关议题。从过程而言，旅游驱动型乡村绅士化经历草根商户绅士化和企业集团绅士化过程。在旅游的驱动背景下，这个过程在村民和外来企业主导、政府支持下产生，其结果是重构了乡村物质和文化景观，但未造成对本地村民的置换。两项研究丰富了乡村绅士化的内涵与外延，为理解中国乡村旅游的发展提供了新的理论视角，有助于深化旅游发展中乡村社会空间的形成与演变规律。

旅游中小企业的创新有利于为游客提供更高质量的旅游产品和服务，解决旅游业中供给侧结构性不平衡的难题。目前关于旅游中小企业创新行为影响机制的研究仍然不足。吕宁、韩霄和赵亚茹基于计划行为理论，构建了旅游中小企业经营者创新行为的影响模型，包括创新认知、创新态度、主体规范和知觉行为控制4个主范畴。在此基础上，进一步诠释了旅游中小企业经营者创新行为的影响机制。秦宇、姜姗姗和张壮等以互联网旅游企业（如6人游、九十度等）为对象，采用多案例方法探讨创业机会来源和机会识别的影响因素。首先，互联网旅游企业的创业机会是被"构建"而不是被"发现"的。构建类型可分为服务驱动型和技术驱动型两类。其次，创业机会识别受到经济、政策法规以及技术等宏观环境因素，尤其是技术环境的影响较大。部分旅游企业是以农户为投资的主体，因此王俊鸿和刘双全以汶川地震后异地安置的木梯羌寨为例，探讨农户民宿投资行为及其影响机制。研究发现，民族村寨农户民宿投资行为经历意愿形成、行为产生、行为强化3个阶段。其影响机制可概括为"认知—情景—规范"模式，包含利益认知、风险认知、情感支持等七大因素。

地方是文化地理学的重要范畴。地方感是游客与旅游目的地环境互动产生的地方性体验。王泓砚、谢彦君和王俊亮以场域理论出发，探讨游客地方感与旅游场之间的关系。研究结果表明，旅游氛围场作为一种先在的、弥漫性、背景式的存在，在游客地方感的形成中是具有先期赋彩作用的凝视性景观，而旅游行为场作为一种在场性、张力性和集结式的存在，是具有当下聚焦作用的互动性景观。黄翅勤、彭惠军和苏晓波通过对游客在酒吧消费的点评文本进行分析，揭示出文化遗产地游客酒吧消费全球在地化体验的维度和特征。研究发现，产品、感官、自我、人际、氛围和地方构成了文化遗产地游客酒吧消费全球在地化体验的六大维度。

旅游决策是旅游者研究的重要面向。孙艳、李咪咪和李少华等基于叙事分析方法，探讨旅游者出境旅游的目的地决策过程。结果表明，目的地决策是一个受决策者所处语境和情境影响的复杂过程，并提炼出目的地驱动决策和良机驱动决策两类决策场景。该研究在验证目的地常规决策过程的同时，发现了非常规因素导致的良机驱动决策过程。侯平平和姚延波以 60 周岁及以上的城市老年人为研究对象，构建了城市老年人旅游制约的结构和内在作用机制模型。研究结果表明，城市老年人的旅游制约由身心安全制约、支持性制约、旅游产品和服务供给制约、目的地属性制约、参与后体验制约 5 个维度构成。该研究为后续开发老年人旅游制约量表等提供了参考的理论框架。随着成年子女支持父母出游在我国成为一种较为普遍的现象，该行为产生的内在机制成为旅游研究的重要课题。李志勇和阎珺琪以子女的多重期望、行为限制、支持行动、行为反馈和行为功效为 5 大要素，构建了中国成年子女支持父母出游的行为机制模型。研究发现，子女在多重期望的推动以及 5 类限制条件的约束下，会从经济、行动和精神 3 个方面支持父母出游，而父母也会相应地对子女的支持行动结果产生认知、情感、行动和关系反馈。双方在旅游场景下的行为互动，产生了团结凝聚、交换互惠、幸福提升、教育习得、证明展示和冲突缓解的旅游效应。符国群、胡家镜和张成虎等通过网络志研究和家庭访谈基础上的扎根研究，识别出"爸妈型"家庭旅游的主要驱动力和影响"爸妈型"家庭旅游过程体验的因素，构建了"子代—亲代"家庭旅游过程模型。该研究从孝道视角将"家庭旅游决策模型"扩展为"家庭旅游过程模型"，为诠释"爸妈型"家庭旅游提供了新视角和新方向。

此外，还有一些其他研究主题的维度探索，如赖思振、杨勇和邹永广等从我国旅游安全合作内容、旅游安全合作的网络结构、旅游安全合作的影响因素等，离析出"借势"领导型合作模式、"地缘"相邻型合作模式、"抱团"共享型合作模式以及"问题"解决型合作模式。孙晓东和林冰洁依据 2006—2018 年发布的 135 项邮轮产业政策为研究对象，识别出邮轮产业政策的关键要素，即邮轮港口规划与建设、邮轮旅游与产品优化、邮轮产业链拓展与延伸、运行管理系统构建、宏观与辅助支持系统构建。

（三）命题和理论模型构建

范畴与范畴之间的联系为命题，若干命题之间的联系与逻辑则构成理论。根植于不同情境和理论视角，旅游研究中所构建的理论实际上有特定的适用范围和限定条件，因而大多属于地方性知识的范畴。其在多大范围上能推论到其他语境演变为常识性知识，则取决于情境间性和情境共性。

近年来老年"房车游牧族"群体日益增多，形成了一系列相关现象和人群特征的研究。目前鲜有对其理论层面的关注和探讨。刘斌、杨钊和刘永婷等以自驾房车出游的老年群体及其现象为研究对象，从核心发生层面、主观驱动力和客观吸引力层面探讨中国老年"房车游牧族"群体的形成机制。研究表明，房车旅游表达了老年人安全探索和自我实现的心理根源。自驾房车作为一种流动性和探索性更强的旅游方式，包含了强烈且深刻的"自我实现"功能。在房车旅游的实际体验中，房车不仅仅是一种目的地之间的交通工具，还具有更深层次的社会文化意义，"家"的范畴也随之呈现出多种形式。该文将流动性理解为物理性移动，事实上，流动性范畴可以在更广的范围上使用，其进一步的理解或许能为该文增加研究的厚度和丰度。文彤和张玉林在"新流动范式"视角下探讨房车旅游与"流动的家"间的内容联系。研究表明，房车的流动性是建构"家"的重要力量，人们在流动中体验和营造家，在家中感受流动的快乐与新奇，实现了固定家所无法满足的"家的想象"。

人类与其他非人行动者的互动被纳入旅游基础理论研究中。尹铎、高权和卢薇等以超越人类的地理学为切入点，以宠物狗为研究对象，分析丽江古城旅游地中宠物与人类行动者关系的营建与消费。研究发现，丽江古城的地方意义镶嵌在人与非人类的完整行动者网络中，宠物狗可以联结不同的行动者，并营造丽江古城"家"的地方意义。研究为旅游地社会文化现象的分析以及人与自然关系的解构提供了新的视角。与此同时，动物旅游中的伦理问题引发了社会的广泛关注和讨论。温士贤、廖健豪和蔡浩辉等以新动物地理学中的动物情感劳动和动物伦理理论为研究视角，分析游客与动物的互动实践和动物伦理问题，以此反思在高度现代化与城市化的空间情境下人与动物的关系。研究发现，旅游空间的动物通过被观赏凝视、投食抚触和训练表演等方式展开情感劳动。两篇文章为构建新的人与动物、人与自然之间的关系提供了理论借鉴和启发，对可持续旅游的理论构建具有重要意义。

作为表征文化景观的重要元素，话语是社会语言学透视旅游现象的起点。张蔼恒和孙九霞从社会语言学视角对阳朔的语言景观进行探索性研究。研究发现，西街店铺招牌使用的语言种类和风格除受游客市场影响外，也受到主客个体和主客关系影响。阳朔西街在商业萌芽时期的语言景观由本地店主和背包客游客共同构建，形成双主体构建的语言景观。随着旅游的发展，双主体构建的语言景观被单主体构建的单语言景观取代。遗产话语作为一种遗产认知与表述体系深刻地影响遗址区资本运作与空间实践，然而学界对遗产保护中发生的各种不平等关系、"遗产政治"研究命题思考不足。安传艳、李同昇和翟洲燕以河南省安阳市殷墟遗址区为案例地，针对遗产话语—资本循环—空间的实践三者之间的关系进行研究。研究表明，"遗产"话语规约着遗产区资本的流向，同时也作为资本工具影响空间的生产。遗址区空间生产与矛盾激化的原因在于，资本逻辑下产生的空间异化与世界遗产话语在地方实践中空间效应的叠加。

近年来，恐惧景观地旅游成为一种重要的旅游形式，受到学术界的广泛关注。王金伟和李冰洁以北京市著名的恐怖传闻地"朝内大街81号"为例，离析出恐惧景观地旅游中游客和东道主群体的凝视行为及其对主客关系的影响。研究结果表明，游客对恐惧景观地的"人"和"物"进行媒体化凝视。同时，游客作为权力关系中的强势一方，对目的地进行权力施加和社会性建构。随着游客的不断涌入，当地进入了一个负面意义生产的旅游化过程。同时，李华和刘敏梳理了恐惧景观与黑色旅游的研究脉络，从本体论、认识论以及具体维度辨析了二者的区别。简言之，恐惧景观是建立在"恐惧"相关的构造物上，而黑色旅游的本质是一种具有"死亡"关照的旅游形式。这一观点在谢彦君、孙佼佼和卫银栋（2015）的"论黑色旅游的愉悦性：一种体验视角下的死亡关照"立论文章中已得到申明和确立。

地方性知识在自然环境治理中的地位日渐凸显，但其具体实践的内在结构机制研究较为匮乏。刘相军、张士琴和孙九霞以民族旅游村寨典型代表雨崩村为案例地，通过追溯地方性知识实现自然环境治理的实践过程和效应，探索其内在结构机制。研究发现，民族村寨运用地方性知识，破解了旅游开发与自然环境保护的矛盾困境。另外，地方性知识呈现"核心—中介—边缘"的结构机制，实现了地方性知识对社区自然环境的有效治理。该研究深刻地反映了地方性知识对现代化发展背景下经济发展与环境保护之间矛盾的有效协调。地方性是地方概念的延伸，旅游被认为是推动地方性重构的重要动力。杨洋、蔡溢和范乐乐等以贵州肇兴侗寨为案例，深入探讨侗族大歌旅游实践、地方性重构以及族群认同之间的互动过程与机制。该研究为民族旅游地非物质文化遗产保护、传承与发展提供了理论指导。

一些研究者对与旅游效应和影响相关联的现象进行探讨。王思雅和孙九霞以伴随旅游者返回日常社会而发生的旅游礼物馈赠现象作为切入点，剖析旅游礼物馈赠在社会关系运作中的特征与效果。旅游礼物馈赠的特点体现在互惠基础、互惠结构与互惠表征三个方面。礼物关系运作呈现出策略化和情感化的特征。旅游礼物馈赠的研究将旅游与日常生活世界相连接，突出了旅游对于日常生活世界交往所具有显著性的扩大、强化和维系效应。此外，"好玩与否"是中文语境下游客对旅游体验最普遍与最生活性的评价，但一直却鲜有对旅游好玩的理论进行解构的探讨。赵思涵、胡传东和罗兹柏等发掘旅游过程中影响好玩体验的过程性因素，并据此构建游客好玩的评价模型。研究发现，旅游好玩评价是建立在大众旅游基础上，以"快意"为主导的综合性与终极性旅程体验结果表达，是游客经历了难忘的快意旅程，并由此产生依恋性情感后，最终对一次愉悦性旅程给出的综合评价。该研究敏锐地捕捉到了旅游体验后的话语实践表现，其过程性构建对于理解旅游体验质量评价具有重要意义。

在全球审美化背景下，引导旅游的美学价值，促进文旅有机融合与有序发展，成为亟待学术探讨的理论课题。姜辽、雷熠雯和张洁援引法兰克福学派"审美救赎"思想与旅游影响历史谱系，以深圳大芬油画村为案例地，深入剖析旅游引导文化产业空间审美修复的基本特征与内在机理。研究结果表明，旅游业可以吸收艺术的美学价值，并加以审美化改造形成气氛美学。大众游客基于经验和知识逻辑展开审美体验，经验和知识的丰度决定了审美理解的深度。研究结论拓展了旅游审美基础研究的同时，也为文化产业园的文旅融合、城市文化产业政策制定提供参考。

四、结语

总体上，2021 年的中国旅游基础理论研究取得了较为丰富的阶段性进展。这其中，既有伴随着旅游理论研究转向的自觉意识，也有愈加规范的研究方法和成熟的理论作为创新来源。事实上，一项优秀的研究不仅要求研究形式规范，还要在内容和质量上体现出对旅游现象和事物的深刻洞见。通过审读和评述《旅游学刊》和《旅游科学》上刊发的文献发现，部分优秀研究能够扎根于旅游领域中鲜活的、扎根于特定情境的旅游现象，对旅游现象做出迅速的、准确的事实描述、因果关系解释或意义诠释。然而，这类研究在整个 2021 年中国旅游研究中占比太小，多数研究停留在经验事实的描述，并没有达到生成理论的目标。此外，旅游基础理论知识的构建要秉持"价值中立"的科学原则，在接下来的旅游研究中需要予以关注和避免，摆正科学研究和规范研究两种研究类型的先后序列。与以往研究成果相比，2021 年旅游基础理论研究中有价值的文献比例不断在提高，其中，部分研究具有很高的理论贡献。归纳而言，2021 年我国旅游基础理论研究表现出如下特点：

（1）从研究结构看，旅游研究呈现出以应用研究为主导的研究类型，其表现为定量研究方法、官方统计和问卷调查数据运用的过程特征。当然，这个结论的适用范围不仅匹配 2021 年的旅游研究，也是近几十年旅游研究的结构性特征。相比较，旅游基础理论研究处于弱势、被忽略的地位和角色，这对一个学科的发展是极为不利的，尤其旅游学科处于亟待用基础理论加以武装和构建的阶段。然而，目前旅游研究的优势也显而易见，规范的研究方法、丰富的研究材料和多元的研究视角为未来旅游基础理论的发展奠定良好的方法、材料和领域基础。相较以往研究，纯对策性研究文献的减少也说明旅游研究在研究类型、研究方法层面愈加规范和科学。同时也应注意到，目前盛行的实证主义范式带来的弊端容易导致理论创新停留在僵化、浅表阶段，甚至出现与经验事实相悖的情况。社会科学研究的多元范式能够为旅游研究提供不同的视角，如诠释范式试图理解指导人们行为的意义关系网络，批判范式侧重揭示意识形态实践等。旅游现象的丰富性，鼓励学者们在相关研究上采用更多元的范式类型，如女性主义范式、常人方法论、符号互动主义范式、后现代主义范式等。

（2）从研究质量看，旅游基础理论研究还处于经验事实描述和因果关系模型构建的阶段，对于旅游意义的诠释可能是未来旅游基础理论研究需要强化的部分。这其中，反映出旅游研究及学者在范畴创新方面的能力和意识不足，尤以定量研究暴露出来的问题更为显著。另外，旅游研究采借的学科理论广泛，涉及经济学、地理学、社会学、管理学、语言学等学科，由此从中看出旅游研究涉及问题的复杂程度和丰富度。在这种研究背景下，采借其他学科的理论、范式和方法的同时，需要特别关注理论、方法等的适用性和匹配性问题。从方法创新的角度而言，目前也没有看到旅游研究针对旅游现象的复杂性和独特性在操作路线和研究方法层面作出创新性的努力和尝试。

参考文献

[1] 文彤，张玉林.房车旅游：流动中"家"的体验与营造［J］.旅游科学，2021，35（6）：18-32.

[2] 侯平平，姚延波.城市老年人旅游制约结构维度及作用机理——基于扎根理论的研究［J］.旅游科学，2021，35（6）：92-107.

[3] 温士贤，廖健豪，蔡浩辉，尹铎.旅游空间中的动物情感劳动与动物伦理困境［J］.旅游科学，2021，35（6）：1-17.

[4] 孙晓东，林冰洁.中国邮轮产业有形之手：政策创新与产业演化［J］.旅游科学，2021，35（6）：67-91.

[5] 李华，刘敏.黑色旅游与恐惧景观的关系探究［J］.旅游学刊，2021，36（12）：140-150.

[6] 孙艳，李咪咪，李少华，叶颖华.千禧一代出境游目的地决策过程叙事研究——良机驱动的发现及其理论意义［J］.旅游学刊，2021，36（7）：92-103.

[7] 卫银栋，徐英，谢彦君.西藏徒步旅游中的情境体验与人际互动：一种通过仪式［J］.旅游学刊，2021，36（9）：28-45.

[8] 王思雅，孙九霞.旅游礼物馈赠中的日常社会关系再生产［J］.旅游学刊，2021，36（5）：105-117.

[9] 黄翅勤，彭惠军，苏晓波.全球在地化背景下文化遗产地游客的酒吧消费体验研究［J］.旅游学刊，2021，36（10）：26-38.

[10] 王俊鸿，刘双全.民族村寨农户民宿投资行为影响机制研究——以四川省木梯羌寨为例［J］.旅游学刊，2021，36（7）：43-55.

[11] 张蔼恒，孙九霞.社会语言学视角下的阳朔西街语言景观变迁研究［J］.旅游学刊，2021，36（10）：39-48.

[12] 王铭杰，孟凯，张世泽，李雯婕，唐佳欣，王辰露.乡村性和乡村旅游吸引力：基于游客感知视角的要素结构辨识和认知机制解析［J］.热带地理，2021，41（6）：1325-1337.

[13] 赵思涵，胡传东，罗兹柏，张瑛.基于建构扎根理论的旅游"好玩"评价过程建构［J］.旅游学刊，2021，36（10）：113-124.

[14] 王馨，白凯，包军军.丽江古城旅游移民地方融入的维度建构与检验［J］.旅游学刊，2021，36（6）：116-132.

[15] 安传艳，李同昇，翟洲燕.话语、资本与遗址区空间的生产——以安阳市殷墟为例［J］.旅游学刊，2021，36（7）：13-26.

[16] 王金伟，李冰洁.恐惧景观地旅游中的主客凝视行为研究——以北京朝内81号为例［J］.旅游学刊，2021，36（5）：130-148.

[17] 王华，苏伟锋.旅游驱动型乡村绅士化过程与机制研究——以丹霞山两村为例［J］.旅游学刊，2021，36（5）：69-80.

［18］生延超，刘晴．都市近郊传统村落乡村旅游嬗变过程中人地关系的演化——以浔龙河村为例［J］．旅游学刊，2021，36（3）：95-108.

［19］符国群，胡家镜，张成虎，白凯．运用扎根理论构建"子代—亲代"家庭旅游过程模型［J］．旅游学刊，2021，36（2）：12-26.

［20］李志勇，阎珺琪．成年子女支持父母出游的行为机制——基于扎根理论的探索［J］．旅游学刊，2021，36（4）：46-57.

［21］蔡晓梅，刘美新，林家惠，麻国庆．旅游发展背景下乡村绅士化的动态表征与形成机制——以广东惠州上良村为例［J］．旅游学刊，2021，36（5）：55-68.

［22］姜辽，雷熠雯，张洁．旅游引导文化产业空间审美修复的有效性研究［J］．旅游学刊，2021，36（3）：109-117.

［23］吕宁，韩霄，赵亚茹．旅游中小企业经营者创新行为的影响机制——基于计划行为理论的扎根研究［J］．旅游学刊，2021，36（3）：57-69.

［24］刘相军，张士琴，孙九霞．地方性知识对民族旅游村寨自然环境的治理实践［J］．旅游学刊，2021，36（7）：27-42.

［25］杨洋，蔡溢，范乐乐，殷红梅，周星．侗族大歌的旅游实践、地方性重构与族群认同——贵州肇兴侗寨案例［J］．旅游学刊，2021，36（2）：80-91.

［26］曾诗晴，谢彦君，史艳荣．时光轴里的旅游体验——历史文化街区日常生活的集体记忆表征及景观化凝视［J］．旅游学刊，2021，36（2）：70-79.

［27］秦宇，姜姗姗，张壮，刘承伟，李彬．互联网旅游企业创业机会来源及其识别影响因素——一个多案例研究［J］．旅游学刊，2021，36（1）：69-86.

［28］袁超，孔翔，陈品宇，吴栋．乡村旅游中非正规导游的呈现：主动选择还是外部促动［J］．旅游学刊，2021，36（1）：87-98.

［29］谢彦君，于佳，王丹平，陈枫．作为景观的乡愁：旅游体验中的乡愁意象及其表征［J］．旅游科学，2021，35（1）：1-22.

［30］刘斌，杨钊，刘永婷，刘世杰．老骥伏枥：中国老年"房车游牧族"群体形成机制初探［J］．旅游学刊，2021，v.36；No.304（12）：86-98.

［31］王泓砚，谢彦君，王俊亮．凝视性景观与互动性景观——旅游场景观类型对游客地方感的结构性影响［J］．旅游学刊，2021，36（11）：80-94.

［32］刘婷婷，保继刚．旅游吸引物的非垄断性与目的地市场秩序的形成——以陕西袁家村为例［J］．旅游学刊，2021，36（12）：114-126.

［33］赖思振，杨勇，邹永广，吴沛，李媛．中国省际旅游安全合作网络结构特征研究——基于旅游政务官网的旅游安全合作信息［J］．旅游学刊，2021，36（12）：54-71.

［34］尹铎，高权，卢薇，朱竑．超越人类的地理学视角下丽江古城旅游地的营建与消费［J］．旅游学刊，2021，36（4）：96-105.

中国旅游地理学的知识体系探讨

陆 林 许 艳 陈劼绮①

旅游地理学是研究旅游现象、旅游要素及旅游地理综合体的空间分异规律、时间演化过程和区域特征的一门学科。系统梳理国内外旅游地理学的学科性知识体系，及时审视旅游地理学的学科性知识体系应当成为推动旅游地理学学科发展的重要途径。中国旅游地理学研究与中国旅游业的兴起基本同步。近年来，中国旅游业发展进入新时期，不断涌现的业界新问题与新热点迫切要求我们对新时代中国旅游地理学的学科体系进行系统化、体系化与本土化构建。在西方旅游地理学学科性知识体系的理论经验学习基础上，本文综合考虑中国本土化情境下旅游地理学教学科研的实践经验，以地理学特别是人文地理学的学科知识为构建基点，以有学理、含脉络、强逻辑为构建原则，尝试性提出了"基础知识（结构）—实践知识（行动）"的二元结构化中国旅游地理学知识体系。该知识体系突出强调旅游地理学学科基本范畴及范畴体系，重点强调问题意识、现实意识与对话意识并重，希望能够更全面地揭示中国旅游地理学研究前沿问题，更好地服务中国国家战略、助力学科人才培养。

一、引言

长期以来，地理学家和各种地理机构以学术协会、部门、期刊以及其他出版渠道的形式对旅游学研究做出了卓越贡献，推动了旅游地理学学科的形成与发展[1-5]。一门学科是否可以成为综合性的独立学科抑或只能成为某一学科的分支，关键决定于是否能形成一套完整的学科性知识体系[6]。由于旅游地理学对相关学科具有强依附性，加上旅游现象十分复杂，研究内容繁多，主题较为分散，因而一直缺乏一整套逻辑顺畅的体系化框架来建构和完善有条理性、逻辑性、公认性的旅游地理学学科性知识体系[7]。为完善、丰富旅游地理学领域知识创造的本体论和认识论结构，促进旅游地理学的理论研究进展，提升旅游地理学的学科身份认同，审视旅游地理学的学科知识体系应当成为推动旅游地理学学科发展的必由之路[8]。

① 基金项目：国家自然科学基金重点项目（41930644）。[Foundation: Key Program of National Natural Science Foundation of China, No. 41930644]。陆林（1962—），男，安徽芜湖人，博士，教授、博士生导师，主要从事人文地理教学与科研工作。许艳（1992—），女，江苏淮安人，博士研究生，讲师，主要从事旅游地理研究。陈劼绮（1995—），女，安徽芜湖人，博士研究生，主要从事旅游地理方向研究。

旅游地理学是在地理学学科及其相关地理知识领域内研究旅游活动的一门学科[5]。1930 年麦克默里（McMurry）在《美国地理学者联合会年刊》（*Annals of the Association of American Geographers*）上发表的《游憩活动与土地利用的关系》（*The Use of Land for Recreation*）被认为是旅游地理学的开端之作[9]，此后，旅游地理学的研究内容随着时间的推移不断演变和丰富。整体来看，旅游地理学研究体系历经三个发展阶段[10]：① 20 世纪 30 年代至"二战"期间，侧重对典型旅游胜地、区域旅游开发及旅游流等内容的描述性探讨。②"二战"后到 20 世纪 70 年代中期，侧重对旅游业和旅游活动的分析，实质是探讨研究有关旅游经济地域结构最佳化的问题。此外，旅游地理学基础理论体系与方法论研究在这一时期开始得到重视。③ 20 世纪 80 年代中期以来，跨学科、多视角研究使得旅游地理学的研究领域不断拓展，涵盖旅游地演化规律、旅游者行为规律、旅游资源、旅游影响等多个议题。

中国旅游地理学研究始于 20 世纪 70 年代末[11]，与中国旅游业的兴起基本同步[12]。1978 年改革开放以后，旅游业作为一种经济活动开始在中国出现，国家和地方层面的旅游规划与研究迅速启动，不仅创造了一种新的经济景观，拓展了国家和地方财政收入来源，也敦促了地理和管理学科中一个新的知识分支——旅游地理学的出现[13, 14]。此后，中国旅游地理学的研究转向与知识生产都深受中国旅游业基本国情的深刻影响[12-14]。尽管 40 余年来国内外多位学者对中国旅游地理学的发展进行了总结[10, 11, 15, 16]和评价[12, 13, 17-23]，在中国和国际学术期刊上发表的旅游地理学有关研究成果也越来越多[11, 24-31]，但就中国旅游地理学学科发展整体而言，仍存在一个明显不足：中国旅游地理学研究一直以应用工作（Applied work）为主导，理论和概念性工作（Theoretical and conceptual work）薄弱[6, 11, 13]，学科性知识体系研究相对有限。虽然 He[14]、郭来喜[24]、陆林[25, 31]、冯学钢和黄成林[32]、保继刚和楚义芳[33]、黄震方等[34]学者此前均以期刊或著作的形式对中国旅游地理学的知识体系进行了多角度、多方位的归纳与整理，但伴随着近年来出现的一些业界新进展和研究热点，旅游地理学知识体系的结构与逻辑认识有待进一步明确。基于此，从本体论和认识论两个层面试图深刻理解和构建中国旅游地理学的学科性知识体系，以满足旅游地理学的教学科研需要，提高旅游地理学的学科地位与学科影响力。

二、旅游地理学的知识体系构建基点与原则

（一）构建基点：旅游地理学与地理学、人文地理学的关系

旅游地理学与地理学、人文地理学既一脉相承，又各有侧重。地理学是一门研究地球表层和地理综合体的空间分异规律、时间演变过程及区域特征，探索地球表层系统人与环境相互作用的机制和调控途径的学科[35]，认识人地关系素来是地理学的研究核

心[6]。根据地理要素研究的侧重点，地理学被分为自然地理学和人文地理学两大分支学科领域。自然地理学注重研究地球表层系统自然地理要素和自然地理综合体的空间分异规律、时间演变过程及自然地理区域特征，而人文地理学注重研究地球表层系统人文地理要素和人文地理综合体的空间分异规律、时间演变过程及人文地理区域特征。人文地理学的研究核心既是人类活动产生的人文现象和人文要素的空间性与区域性研究[36]，更是人类活动与地理环境间关系（人地关系）的研究[37]，体现社会性、区域性和综合性等特征[36]。根据人文地理要素研究的侧重点，人文地理学一般可细分为人口地理学、经济地理学、政治地理学、文化地理学、旅游地理学和城市地理学、乡村地理学等分支学科。旅游地理学作为中国改革开放以来人文地理学中发展最为迅速的分支学科之一[14]，注重研究旅游现象、旅游要素及旅游地理综合体的空间分异规律、时间演化过程及区域特征，研究核心一直着眼于旅游发展影响下的人地关系，与人文地理学同样具有社会性、区域性和综合性等学科基本特征。地理学构筑了旅游地理学的学科身份基础，与地理学尤其是人文地理学的学科联系不断增强了旅游地理学的学科身份认同[5]。旅游地理学从属于人文地理学范畴，也是地理学的一部分。因此，以地理学尤其是人文地理学学科知识为基点构建旅游地理学学科性知识体系具有科学性与适用性。

（二）构建原则：建构有学理、含脉络、强逻辑的知识体系

知识体系（Body of knowledge），意指"源于知识的身体"，强调知识体系的结构性变化，以及"源""流"之间流动的过程[38]。旅游地理学的学科性知识体系是旅游地理学教学的首要考虑因素[39]，长期以来一直是全球关注的旅游地理学教育热点[40]。比较发现，新西兰的旅游地理学知识体系主要与皮尔斯（Pearce）的"旅游地理学六要素模型"有关[40]，包括供应的空间模式（Spatial patterns of supply）、需求的空间模式（Spatial patterns of demand）、旅游地地理（Geography of resorts）、旅游流（Tourist movements and flows）、旅游业的影响（Impact of tourism）、旅游空间模式（Models of tourist space）六大主题[41]；德国的旅游地理学知识体系主要与本逊因（Benthien）倡导的"休闲地理学的格赖夫斯瓦尔德模型（Greifswald Model of Recreational Geography）"有关[42]，包括社会起源（休闲和旅游是人们闲暇时的需求）、基本理论概念或基本模式（地域或空间休闲系统）、重要研究领域和主题（休闲使用的空间要求和后果）以及可用于理论和规划的最重要的综合方法步骤[43]；英美的旅游地理学知识体系主要与霍尔（Hall）和佩奇（Page）倡导的"格拉诺（Grano）的地理学内部变化与外部影响模型"有关，包括知识（旅游地理学的研究内容）、行动（实践背景下的旅游地理学研究）和文化（社区和更广泛社会背景下的旅游地理学学者和学生研究）三大模块[44]，后被提炼为空间（Space）、地方（Place）与环境（Environment）三元结构[2]。不同类型的旅游地理学知识体系为各个国家的旅游地理学教学科研工作提供了重要的参考架构，但一个全球公认的旅游地理学学科性知识体系目前并没有形成[39]。

与西方发达国家相比，中国的旅游地理学研究历史较短。即使与中国其他人文地理学学科相比，旅游地理学也是最年轻的学科[14]。这一发展趋势决定了中国早期的旅游地理学研究主要以学习和吸收西方的旅游地理学研究经验为主，并没有对中国本土化情境下的旅游地理学有关议题进行系统化和体系化研究。随着研究工作的持续深入和研究范围的不断扩大，中国旅游地理学的学术研究水平和实用价值不断提高，促使其科学研究体系也日臻走向规范化，逐渐建构了"旅游者（T）—资源（R）—环境（E）—发展（D）"[32]"理论研究—规划实践"[33, 34]等旅游地理学知识体系。近年来，受全球化、信息化、网络化、城镇化等因素影响，中国旅游业发展进入了一个重大变革期和调整期[12]，出现了一些业界新进展和研究热点，现有旅游地理学的学科性知识体系已经不足以诠释这一多元复杂现象，并有效指导中国旅游地理学的教学科研。有鉴于此，基于对西方旅游地理学学科性知识体系的理论经验学习和中国本土化情境下旅游地理学教学科研的实践经验总结，本文以吉登斯（Giddens）的"结构—行动"理论为分析路径[45]，对新时代中国旅游地理学学科性知识体系的逻辑与架构进行系统化梳理、学理化阐释和体系化构建，初步形成了"基础知识（结构）—实践知识（行动）"的二元结构化中国旅游地理学知识体系（图 1）。该知识体系的构建谨遵知识和知识管理的认知顺序（Epistemic order of knowledge and knowledge management）[1, 46]，基础知识与实践知识两大板块间较强的递进性与延续性将更有益于促使旅游地理学学科知识形成一个统一的有机整体，实现旅游地理学这门学科易教、易学、易懂的目标。

三、中国旅游地理学的学科性知识体系建构

（一）基础知识

一个合理的基础知识框架体系是构建一门完整学科的基本前提。雷珀模型，或称 O-D 对模型（Origin-Destination Pairs），由澳大利亚学者雷珀（Leiper）于 1979 年首次提出，并于 1990 年再次修改、完善。它将旅游活动及其产生的旅游现象和旅游要素巧妙地纳入旅游客源地、旅游目的地和旅游通道三个地理区域，并存在于外部自然、文化、社会、经济、政治和技术等更高阶层的环境，从而形成了完整的旅游系统（如图 2）[47]，为旅游地理学研究提供了一个较为全面且科学的思维方式[48]。以雷珀模型为逻辑框架，本文认为旅游地理学的基础知识研究主要包括旅游客源地系统、旅游通道系统和旅游目的地系统三个部分（如图 1）。

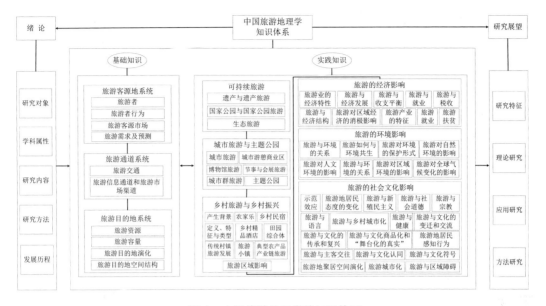

图 1　中国旅游地理学的知识体系

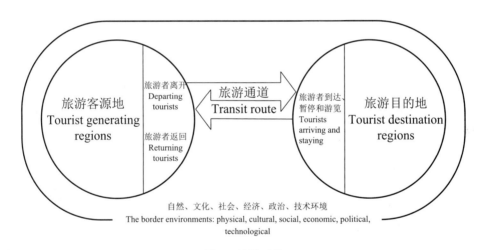

图 2　旅游系统

1. 旅游客源地系统

旅游客源地是旅游者的居住地，旅行从这里开始，也在这里结束[49]，其研究内容主要包括旅游者、旅游者行为、旅游客源市场、旅游需求及预测等。旅游者是旅游活动的主体[49]，探寻旅游者的研究意义不仅在于认识旅游者本身，还在于揭示旅游者的心理结构与行为特征。旅游者行为的产生是一个复杂过程，当旅游者的主观需要和客观条件同时满足需要时便会出现旅游动机。随后，旅游者开始搜集旅游信息，进行旅游决策，开展旅游活动，形成既相互联系又相互区分的旅游者的动机行为、决策行为和空间行为。其中，旅游动机是直接推动人们旅游行为产生的内在动因或动力[50]，马斯洛需要层次论（Maslow's hierarchy of needs）、推—拉理论（The push-pull model）、逃避—寻求理论（The escaping-seeking dimensions model）和社会心理—文化连续体理论（The socio-psychological model）等是旅游动机研究的经典理论[51]；旅游决策是根据个人出游目的收集和加工相关旅游信息，提出并选择旅游方案或旅游计划，最终将选定的旅游方案或旅游计划付诸实施的过程[52]，以计划行为理论（Theory of planned behavior，TPB）最具解释力和预测力[53]；旅游者空间行为是一系列"刺激—反应"的活动过程[54]，以旅游者空间行为模式[55, 56]、旅游流及其空间效应研究[57-66]应用最为广泛。旅游客源市场是指在一定时间、地点和条件下，具有购买力、购买欲望和购买权利的旅游者群体[67]，系统认识旅游客源市场、深度把握旅游客源市场特征、合理细分旅游客源市场，对于旅游企业经营、旅游目的地发展等均显示出了极为重要的意义。旅游需求是人们为了满足对旅游活动的需要或愿望，在一定时期内、一定价格水平上，能够支付且愿意购买的旅游产品或旅游服务的数量[33]，它具有显著的时空分异特征，且受客观要素与主观要素的共同影响，分析和预测旅游需求的发展趋势，不仅可揭示旅游市场的供求变化规律，也可为制定国家或地方的旅游发展政策和发展规划以及旅游企业战略计划和决策等提供理论依据[68]。

2. 旅游通道系统

旅游通道是为在旅游者往返居住地与旅游地以及在旅游地从事各种旅游活动而提供的设施和服务的整体[49]，其研究内容既包括有形的旅游交通通道，也包括旅游信息通道和市场渠道等无形通道。一方面，旅游交通通道是有形的旅游通道，意指旅游者利用某种代步手段和途径，实现从一个地点抵达另一个地点的空间转移过程，既包括旅游者在客源地和目的地之间的往返，也包括在旅游地内部旅游活动往来的各类交通手段和途径[69]。线路路径、客运站场、运载工具和交通动力是构成现代旅游交通的基本要素[70]，旅游交通方式主要包括公路、铁路、水路、航空以及专项交通[71]。一般而言，旅游者开展旅游活动首先考虑的是如何抵达旅游地（旅游交通可达性）。如果在计划的经费和时间条件下，客源地与目的地之间不具备相应的交通方式，或旅游者从惯常居住地到旅游地的单程交通所耗费时间过长，旅游者或是会改变旅游目的地，或是会取消出游计划。除经济成本和时间成本外，旅游交通服务质量也是影响旅游者选择交通工具的主要因素[69, 71]。随着社会进步和旅游发展，由风景道、旅游专项交通工具（如铁路旅游、邮轮旅游等）以及交通体验旅游产品（如汽车露营地等）组成的旅游交通正在从社会公共大交通体系中脱颖而出，它们不仅是旅游交通方式，还被视作重要的旅游吸引物，对旅游者的出游体验产生了深刻影响，因此，也是旅游通道系统研究的主要内容之一[69]。另一方面，旅游信息通道和旅游市场渠道都是无形的旅游通道。狭义上，旅游信息意指在旅游活动开展前，旅游者和潜在旅游者获得的有关旅游目的地的各种信息[72]，旅游市场特指旅游产品交换的场所[73]；广义上，旅游信息是与旅游活动相关的消息、数据和资料的总称[72,74]，旅游市场是影响和促进旅游产品消费的一切机构、部门与买卖双方的关系[73]。旅游信息通道、旅游市场渠道和旅游交通通道一样，是保证和促进旅游者进入旅游地的前提，是连接旅游客源地和旅游目的地的桥梁[75]，清晰精准认识旅游者信息需求，不仅有利于开拓旅游市场（如在线旅游市场等），对于旅游市场理论研究也可提供更切实际的实践指导。

3. 旅游目的地系统

旅游目的地是旅游活动的发生系统，意指将一定地理空间上的旅游资源同旅游设施及相关的其他条件有机结合起来以作为旅游者开展旅游活动和停留的空间载体[33]，其研究内容主要包括旅游资源、旅游容量、旅游目的地演化和旅游目的地空间结构等。旅游资源意指对旅游者产生吸引力的一切客观事物，参照不同的划分标准（如旅游资源的特性、旅游活动的性质、旅游活动的体验等），旅游资源可被分为多种不同类型[33]。构建科学合理的旅游资源评价体系（如技术性评价、体验性评价等），不仅有利于制定科学的旅游资源开发决策，促进目的地旅游业健康发展，也有利于完善旅游资源评价理论体系。旅游容量，也称旅游环境容量或旅游环境承载力，意指不造成景区经济、社会、文化和生态恶化，游客体验不可接受的下降条件下景区所能容纳的最大游客数量[76]，旅游资源容量、旅游生态容量、旅游经济容量和旅游社会容量都从属于旅游容量的概念范畴[33]。可接受的改变极限理论（Limits of acceptable change，LAC）作为目前研究旅游容量较为先进的理论，为指导目的地旅游规划和管理提供了一个强有力的工具[77]。旅游地演化是各旅游要素自身发展、组织结构不断调整优化的综合表征[78]，广义层面上，体现在旅游活动发生的各个领域，而狭义层面上，专指旅游地域系统构成要素及要素结构的演替与发展促使旅游地域系统随时空变化而发生渐变或质变的自我发展、自我改造、自我组织的过程[79]。作为旅游地演化研究的核心关键，旅游地生命周期理论（Tourism area life cycle，TALC）[80,81]、创造性破坏理论（Creative destruction）[82]、系统论（如复杂适应系统理论，Complex adaptive system，CAS）[83]、耗散结构理论（Theory of dissipative structures）[84]、协同理论（The synergy theory）[85]等）、区域演化理论［如旅游地空间结构演化理论（Friedman's spatial model）、核心—边缘理论（Core-periphery model）等］[86]、演化经济地理学理论（Evolutionary economic geography）[87]、全球地方化理论（Glocalization theory）[88,89]等理论为学者们从不同视角切入揭示旅游地演化发展规律提供了重要的指导。旅游目的地空间结构是旅游资源、设施、服务等诸要素在旅游目的地存在形式以及组合关系的空间表现形式[90]，其理论基础主要包括区位理论［如古典区位论（Classical location theory）、中心地理论（Central place theory）等］和空间相互作用理论［如"点—轴系统"理论（Point-axis theory）、网络结构理论（Models of network structure）等］。研究不同尺度（如地方/场域尺度、城市尺度、全国/区域尺度等）的旅游目的地空间结构模式，不仅可揭示不同尺度旅游目的地空间结构的内在演化规律，也可为旅游目的地制定空间结构优化战略提供现实依据[86, 91]。

（二）实践知识

旅游地理学是一门实践性较强的学科，"以任务带学科"是中国旅游地理学发展的重要方式[6]。改革开放以来旅游发展推动了中国旅游地理学的理论构建，丰富和拓展了旅游地理学的研究内容和框架[92]。根据旅游方式、旅游活动发生地及旅游活动影响等特性，本文将改革开放四十多年来中国旅游地理学的实践知识分为特征鲜明的可持续旅游、城市旅游与主题公园、乡村旅游与乡村振兴以及旅游区域影响四个部分（图1）。其中，旅游区域影响，参照马西森和沃尔（Mathieson & Wall）的研究成果[93]，又细分为旅游的经济影响、旅游的环境影响和旅游的社会文化影响三个子部分。

1. 可持续旅游

可持续旅游是可持续发展思想在旅游领域的延伸，意指在满足今天的旅游者和旅游地居民需求的同时，保护并增强未来发展机会的一种旅游方式[94]，其研究内容主要包括遗产与遗产旅游、国家公园与国家公园旅游、生态旅游等。遗产是历史上遗留下来的精神或物质财富，得自于过去，存在于现在，并将传承于未来。根据相关评定标准（如内容、等级等），遗产可划分为不同类型，包括文化遗产、自然遗产和非物质文化遗产（内容构成），也包括世界遗产、国家遗产和社区（群体、个人）遗产（等级构成）[95]。世界文化和自然遗产是人类文明发展和自然演进的重要成果，也是促进不同文明交流互鉴的重要载体。保护好、传承好、利用好这些宝贵财富，是我们的共同责任，也是人类文明赓续和世界可持续发展的必然要求。遗产旅游是深度接触其他国家或地区自然景观、人类遗产、艺术、哲学以及习俗等方面的旅游，具有强吸引力、高品位、脆弱性等典型特征。中国红色旅游所依托的红色旅游资源属于特殊的革命文物和革命文化遗产，是中国文化遗产的重要组成部分。可持续发展理念下的红色旅游将历史文化遗产保护与开发相结合，既有利于革命旧址遗址的修复保护，也有利于红色遗产资源和革命文物的传承创新[96]。国家公园是具有极其重要价值的自然生态系统，拥有独特的自然景观和丰富的科学内涵。在功能定位方面，国家公园是中国自然保护地重要类型之一，属于全国主体功能区规划中的禁止开发区域，纳入全国生态红线区域管控范围，实行最严格的保护。国家公园的首要功能是重要自然生态系统的原真性、完整性保护，同时兼具科研、教育、游憩等综合功能。在空间布局方面，国家公园的自然生态系统和自然遗产具有国家代表性、典型性，面积可以维持生态系统结构、过程、功能的完整性，是相关区域自然保护地的主体类型。生态旅游是到自然区域的、保护环境并提高当地居民福利的、负责任的旅行，包括经典生态旅游（Classical ecotourism）与流行生态旅游（Popular ecotourism）[97]、硬性生态旅游（Hard ecotourism）与软性生态旅游（Soft ecotourism）[98]等不同划分类型。生态旅游资源是生态旅游活动的客体，也是生态旅游目的地的核心吸引物。中国幅员辽阔，世界遗产、国家公园、风景名胜区、自然保护区、森林公园、地质公园、水利风景区、湿地公园等构建了中国独具特色的生态旅游目的地体系。

2. 城市旅游与主题公园

城市旅游是以城市为目的地、以城市为旅游吸引物的各种旅游活动的总称，包括旅游者在城市中所有的物质和精神消费活动[99]，其研究内容主要包括城市游憩商业区旅游、博物馆旅游、节事与会展旅游、主题公园旅游、城市群旅游等。城市游憩商业区是城市中集餐饮、购物、住宿、娱乐、旅游服务和设施于一体的特定区域[33]，作为城市主要功能区之一，已逐渐成为城市新的空间，其旅游吸引力要素主要包括重要吸引物要素（如地标性建筑物、历史性建筑物、都市风光等）、重要服务要素（如酒店、餐厅、商场等）以及重要辅助要素（如交通等旅游基础设施）。博物馆旅游是指以博物馆为吸引物的旅游活动，其旅游吸引力要素主要体现在博物馆品牌吸引力、博物馆藏品吸引力、博物馆所在城市吸引力、博物馆活动展览吸引力、博物馆建筑吸引力等方面[100]。节事旅游是指以各种节日、事件的庆祝和举办为核心吸引力的一种特殊旅游形式[101]，会展旅游是节事旅游的重要分支。受会展业和体育产业发展的影响，近年来商贸及会展、体育赛事两类节事活动的关注急速攀升。重大节事和会展的举办不仅可对城市社会、经济、文化等方面产生影响，也可对城市空间结构产生深远影响，有效促进城市发展[102]。主题公园作为城市主要的现代旅游产品，是根据一个或一系列的主题设计，并结合景观、环境、游乐设施、表演和展览等内容的综合性休闲娱乐场所。适宜的区位是大型主题公园成功与否的关键因素[103]，公园内部空间结构和以大型主题公园为核心向外形成圈层结构的空间布局是主题公园空间结构的主要表现形式[104]。城市群旅游是指以现代化城市设施为依托，以多个城市丰富的自然和人文景观以及周到的服务为吸引力要素发展起来的一种新型的城市旅游，其系统结构主要由城市群旅游系统构成（如旅游需求子系统、旅游吸引物子系统、旅游产业子系统、旅游媒介子系统、旅游支撑和保障子系统等）[105]、城市群旅游的联系通道（如城市群生态空间体系、城市群城镇体系、城市群旅游地体系等）以及城市群内部城市的旅游角色（如核心旅游目的地城市、次核心旅游目的地城市、重要旅游目的地城市、一般旅游目的地城市、边缘旅游目的地城市等）[106]共同组成。城市群旅游的发展仍是城市旅游，是旅游与城市空间尺度关系的深化与拓展[107]。

3. 乡村旅游与乡村振兴

从空间地域上看，城市与乡村构成了人类物质资料生产活动的基本空间。在城市化、农业现代化、交通和信息技术发展、相关政策等外部因素的共同驱动下，乡村的休闲、旅游功能逐渐凸显，乡村旅游日益成为中国城乡居民的常态化消费方式，但已有旅游地理学的知识体系并未将乡村旅游有关内容进行系统梳理。乡村旅游意指发生在乡村的一系列旅游活动，素以乡村性为核心要义，通常可依据业态分为传统村镇旅游、农家乐、乡村民宿、乡村精品酒店、田园综合体、旅游小镇和典型农产品产业链等类型[108]。传统村镇旅游是乡村旅游的重要载体，主要表现形式包括历史文化名村名镇旅游、传统村落旅游以及村落的景区化发展。通过挖掘传统村镇历史文化资源，可充分发挥传统村镇旅游优势[109, 110]，助推乡村旅游发展与乡村振兴。农家乐是乡村旅游发展初级阶段的代表[108]，具有乡村性、大众性、参与体验性等特点，经营模式主要包括农户个体经营模式、"农户＋农户"经营模式、"公司＋农户"经营模式、"政府＋公司＋农村旅游协会＋旅行社"开发模式和股份制经营模式等[111]。乡村民宿是一种集观光、休闲、度假于一体的乡村旅游新兴业态，随着市场发展需求及自身发展需要，衍生出了地理位置、产品功能、产权归属、品质等级等多种分类标准，而不同国家的旅游民宿标准为其规范化发展提供了强有力的政策保障[112]。乡村精品酒店通常是指特色鲜明、小型时尚、服务优质的乡村小型精致旅游饭店[108]，作为扎根于乡村空间的新型生产与生活方式，素有精致、独特、高端、专业、绿色等典型特征。田园综合体是集现代农业、乡村休闲旅游、田园社区为一体的乡村综合发展模式，主要包括休闲农业旅游、农业科技旅游、乡村电子商务旅游和乡村创客基地旅游等发展模式[108]。旅游小镇是以旅游休闲产业为主导的小城镇，一般可根据发展类型划分为资源主导型旅游小镇、产业依托型旅游小镇、集散型旅游小镇和城郊型旅游小镇等类型[108]。产业链旅游是以某种产品或产业的产业链作为核心吸引物，相关企业通过产旅融合为旅游者提供能够反映产业链的上下链游产业特色以满足旅游活动需求的完整系列旅游产品组合[113]，其中，典型农产品产业链旅游主要有葡萄酒产业链旅游、茶产业链旅游、花木产业链旅游等。在新时代背景下，中国面临着不平衡不充分的发展矛盾，乡村振兴战略作为新时代国家重大战略，是解决中国社会主要矛盾的重要抓手。乡村旅游作为实现乡村振兴的现实路径，不仅可有效推动"三农问题"的解决、引导乡村经济振兴、促进乡村生态宜居、引导乡村治理体系重构[114]，也可为实现乡村振兴总要求和引导中国特色新型城镇化道路做出一定的理论与实践贡献[115]。

4. 旅游区域影响

旅游活动是多方利益主体在旅游地形成的复杂社会过程，旅游发展对旅游地区域的经济、生态环境和社会文化等多方面产生了重要而深远的影响[93]。科学认识旅游发展所带来的区域影响，对于区域发展具有重要的意义和价值。

（1）旅游的经济影响

旅游的经济影响是旅游发展对一个国家会地区的国民经济产生的直接和间接影响的总和，旅游产业、经济发展、国际收支平衡、就业、税收、经济结构、消极影响等皆是旅游经济影响的经典知识[33]。近年来，旅游对区域经济发展的综合贡献日益凸显，旅游业创造了大量就业岗位并逐渐成为贫困地区经济发展的关键推动力量。因此，从旅游产业的特征着手，分析旅游对区域经济的影响并深入探讨旅游在新时代中国的两个重要作用——旅游就业和旅游扶贫，应当成为旅游经济影响的重要研究内容。一方面，旅游就业是旅游经济社会效益的主要表现形式之一，不仅能带动区域经济发展，而且能提供大量就业机会，揭示其背后运作机制有助于更好地促进增收和增加就业[116]。另一方面，旅游在反贫困过程中扮演着重要的角色与功能[117]，其对反贫困的积极作用被越来越多的国家重视，旅游减贫是全球实践证明行之有效的办法之一。40余年来，中国通过制定系列政策实行旅游扶贫工程，在推进旅游扶贫工作中探索了许多有效的模式和做法，如"政府主导＋市场运行"总模式、"村民委员会＋农民合作社"模式、"企业运作＋农户参与"模式、"三变"模式、"特色旅游小镇带动"模式等[118]，揭示中国的旅游扶贫，不仅有利于拓展旅游减贫的理论成果，而且可为全球旅游减贫研究贡献独具特色的"中国方案"。

（2）旅游的环境影响

良好的环境对旅游的产生和发展起着重要的推动作用[33]，旅游与环境的关系、旅游如何与环境共生、旅游对环境的保护形式、旅游对自然环境的影响、旅游对人文环境的影响等皆是旅游环境影响的经典知识[33]。随着旅游开发、旅游活动规模和范围的持续扩大，旅游环境问题日益显现，小至区域环境，大至全球气候变化，旅游发展对环境可能产生的负面影响越来越明显[119]。一方面，旅游对区域环境影响主要是指对地方尺度和景区尺度旅游地环境的影响，其负面影响主要表现为旅游开发过程对旅游地环境产生的影响、旅游活动过程对旅游地环境产生的影响以及旅游地管理和服务过程等对旅游地环境产生的影响。另一方面，旅游对全球气候变化的影响主要是指旅游产生的碳排放已成为影响全球气候变化的重要因素，是全球温室气体排放的重要来源之一[120]。因此，如何应对全球气候变化并寻求可持续发展途径应成为当下中国旅游地理学研究的又一重点知识领域。

（3）旅游的社会文化影响

传统意义上，旅游的社会文化影响是指旅游地居民通过与游客直接或间接接触所受到的影响，包括"旅游社会影响"和"旅游文化影响"两个部分，旅游者对居民的示范效应、旅游地居民态度的变化、旅游与社会道德、旅游与宗教、旅游与语言、旅游与乡村城市化、旅游与健康以及旅游与文化的变迁和交流、旅游与文化的传承和复兴、旅游与文化商品化和"舞台化的真实"等皆是旅游社会文化影响的经典知识[33]。当前中国已成为旅游大国，大国旅游对区域的社会文化影响具有整体性、规模性和多元性等特点，因此，旅游的社会文化影响不仅体现在微观层面对旅游者和居民等人的影响，更在中宏观层面对城乡区域的人地关系合理演化产生了积极作用，旅游地居民感知行为[121]，旅游与主客交往[122]、旅游与文化认同[123]、旅游与文化符号[124]、旅游地聚居空间演化[125]、旅游城市化[126, 127]、城市与区域障碍[128, 129]等一系列新兴命题亟待重视和讨论。

四、结论与讨论

旅行在中国是一项古老的游憩活动，并伴有大量游憩性质的相关著作，自地理学家进入现代旅游研究领域以来，旅游地理学这门新兴学科才逐渐得以形成。经过 40 余年的学术发展与学科建设，中国旅游地理学在基础知识、实践应用等方面取得了长足进步，对旅游实践的指导作用日益重要。在参考国内外已有知识体系的基础上，本文尝试探讨并建构新时代中国旅游地理学知识体系，希望能够更全面地揭示旅游地理学研究前沿问题，更好地服务中国国家战略、助力学科人才培养。

（一）突出强调旅游地理学学科基本范畴及范畴体系

伴随跨学科交流的不断增多，旅游地理学研究的学术规范日渐加强。已有学者尝试构建旅游地理学的知识体系，并取得了重要成果。但随着社会经济的发展，旅游地理学的理论和概念性研究关注仍需加强。为此，本文梳理了多元概念性知识背后的连贯理路。总体结构上，参照雷珀模型建立的旅游地理学基础知识架构，更加注重强调将"旅游通道系统"纳入知识体系内，使其与"旅游客源地系统"和"旅游目的地系统"一起，构建了更具完整性的旅游地理学基础知识框架。旅游目的地系统中谨遵地理学的基本法则——时空完备性，从旅游目的地演化（时间性）到旅游地空间结构（空间性），层次分明、递进有序地阐述了旅游地的演变特征与分异规律。并且，在旅游目的地演化研究中，全面且详细地论述了创造性破坏理论、系统论、区域演化理论、演化经济学理论、全球地方化理论等理论活动及其推移进程。

（二）重点强调问题意识、现实意识与对话意识并重

中国旅游地理学的发展方式是典型的以"任务带学科"的发展方式，40 余年来旅游发展的实践有效推动了中国旅游地理学的快速成长，丰富并拓展了中国旅游地理学的研究内容和知识框架[92]。与以往旅游实践知识体系相比，本文更加聚焦新时代中国国情，具有鲜明的问题意识、现实意识与对话意识。目前，整个旅游领域都面临可持续发展问题，但有些旅游资源是不可再生、极易受到外界破坏且十分珍贵的，因此，本文首先将与生俱来具有稀有性和脆弱性的遗产地、国家公园、生态旅游地等列入了可持续旅游研究的重点内容。其次，在脱贫攻坚和乡村振兴等国家战略背景下，乡村旅游作为助推乡村振兴的新动能、新抓手，正在助力破除城乡分裂的二元体制障碍，本文将乡村旅游与乡村振兴列入旅游实践知识体系，科学弥补了以往研究中仅仅关注城市旅游与主题公园的时效局限。并且，在原有城市游憩商业区和主题公园研究的基础上，新增博物

馆旅游、节事与会展旅游、城市群旅游等议题，也是对时下城市旅游热点问题的及时回应。最后，旅游地是旅游业发展的受益者，但也可能会成为受害者，旅游发展带来的经济、环境和社会文化等问题在旅游实践研究中向来不缺乏关注。本文在充分吸收已有研究成果的基础上，紧跟时代前沿，理性看待中国问题，不仅聚焦探讨旅游就业与旅游扶贫两大问题，更是将旅游的区域影响研究由地方尺度和景区尺度拓展至全球气候变化，将旅游的社会文化影响研究由微观层面对人的影响扩展至中宏观层面对城乡区域的人地关系合理演化研究。旅游地居民感知行为、旅游与主客交往、旅游与文化认同、旅游与文化符号、旅游城市化、旅游与区域障碍等系列问题的研究，有益于完善从微观研究到宏观研究的连贯性。

尽管本文初步构建了新时代中国旅游地理学的知识体系，但未来研究任重道远，仍需不断加强。在经济全球化和信息化时代背景下，未来中国旅游地理学研究应紧跟中国经济社会发展的时代步伐，在引介吸收国外相关理论与方法的同时，坚持问题导向，加强旅游地理学基础理论研究，构建中国"本土化"旅游地理学理论体系，注重在中国经济社会发展背景下对旅游新现象和新问题的解释。从理论层面来看，中国经济社会发展历程的鲜明特征产生了许多新的地域空间过程，未来可以关注城市群与城市群"乡土—生态"空间等新的功能地域与旅游的融合发展、旅游新趋势的地域空间过程、"全球—国家—区域—地方"等不同尺度下旅游地理学的重点问题、旅游影响人地关系的互动作用及其机制、国土空间开发新模式的探索等相关问题。从应用层面来看，新时代的中国旅游地理学研究也面临着许多新要求，如何在新型城镇化、生态文明与美丽中国、乡村振兴等国家战略实施中发挥作用，促进国家战略目标的实现是未来中国旅游地理学的重要使命。旅游与反贫困、旅游与遗产保护、旅游与国家公园和国家文化公园、旅游高质量发展与社会福祉的关系等旅游热点问题仍然是未来需要关注的方向。旅游作为经济社会现象与地理系统之耦合带来了不可预计的复杂性，未来旅游地理学的应用研究与理论解释并行将成为一种常态，多学科交叉融合与新方法引进也将是旅游地理学学科发展的必然趋势。是以，中国旅游地理学学科建设应按照立足中国、借鉴国外、挖掘历史、把握当代、关怀人类、面向未来的思路，在旅游地理学学科体系、学术体系、话语体系等方面充分体现中国特色、中国风格、中国气派。

参考文献

[1] Hall C M, Page S J. Progress in tourism management: From the geography of tourism to geographies of tourism——A review [J]. Tourism Management, 2009, 30 (1): 3-16.

[2] Hall C M, Page S J. The Geography of Tourism and Recreation: Space, Place and Environment [M]. (3rd ed.). London: Routledge, 2006.

[3] Lew A A. Literature review: Defining a geography of tourism [J]. Tourism Geographies, 2001,

3（1）：105–114.

［4］Wu B H, Feng R M, Cai L P, et al. Tourism graduate education and research in China：Contributions of geography［J］. Journal of Hospitality & Tourism Education，2000，12（2）：6–10.

［5］Hall C M. Framing tourism geography：Notes from the underground［J］. Annals of Tourism Research，2013，43（10）：601–623.

［6］黄震方，黄睿.基于人地关系的旅游地理学理论透视与学术创新［J］.地理研究，2015，34（1）：15–26.［Huang Zhenfang, Huang Rui. The theoretical perspective and academic innovation of tourism geography based on human–environment interactions. Geographical Research，2015，34（1）：15–26.］

［7］Pearce D G. Tourism Today：A Geographical Analysis［M］. Harlow：Longman，1995：67，169.

［8］Koseoglu M A，Rahimi R，Okumus F，et al. Bibliometric studies in tourism［J］. Annals of Tourism Research，2016，61（6）：180–198.

［9］McMurry K C. The use of land for recreation［J］. Annals of the Association of American Geographers，1930，20（1）：7–20.

［10］葛全胜，钟林生，陆林.中国旅游地理学发展历程与趋势［J］.中国生态旅游，2021，11（1）：1–10.［Ge Quansheng, Zhong Linsheng, Lu Lin. Development and trend of tourism geography in China. Journal of Chinese Ecotourism，2021，11（1）：1–10.］

［11］Han G S. Tourism geographies in China：Comparisons and reflections［J］. Tourism Geographies，2018，20（1）：190–192.

［12］保继刚，席建超，沈世伟，等.中国旅游地理学研究转型与国际化对比［J］.中国生态旅游，2021，11（1）：11–26.［Bao Jigang, Xi Jianchao, Shen Shiwei, et al. Transformation of New China's tourism geography research and international comparisons. Journal of Chinese Ecotourism，2021，11（1）：11–26.］

［13］Bao J G，Ma L J C. Tourism geography in China，1978–2008：Whence，what and whither?［J］. Progress in Human Geography，2011，35（1）：3–20.

［14］He Z Q. Progress of geography of tourism in People's Republic of China［J］. GeoJournal，1990，21（1）：115–121.

［15］保继刚，尹寿兵，梁增贤，等.中国旅游地理学研究进展与展望［J］.地理科学进展，2011，30（12）：1506–1512.［Bao Jigang, Yin Shoubing, Liang Zengxian, et al. Development report on tourism geography in China. Progress in Geography，2011，30（12）：1506–1512.］

［16］保继刚，杨虹霓，翁时秀.中国旅游地理学的发展与创新［J］.经济地理，2021，41（10）：79–86.［Bao Jigang, Yang Hongni, Weng Shixiu. Development of tourism geography as a discipline in China. Economic Geography，2021，41（10）：79-86.〕

［17］保继刚，张骁鸣 . 1978 年以来中国旅游地理学的检讨与反思［J］. 地理学报，2004，59
（S1）：132-138.〔Bao Jigang, Zhang Xiaoming. Tourism geography in China（1978-2003）：
A review and retrospect. Acta Geographica Sinica，2004，59（S1）：132-138.〕

［18］保继刚 . 从理想主义、现实主义到理想主义理性回归——中国旅游地理学发展 30 年回
顾［J］. 地理学报，2009，64（10）：1184-1192.〔Bao Jigang. From idealism to realism to
rational idealism：Reflection on 30 years of development in tourism geography in China. Acta
Geographica Sinica，2009，64（10）：1184-1192.〕

［19］保继刚 . 中国旅游地理学研究问题缺失的现状与反思［J］. 旅游学刊，2010，25（10）：
13-17.〔Bao Jigang. On the lack of the research questions concerning China's tourism
geography science and our rethinking. Tourism Tribune，2010，25（10）：13-17.〕

［20］保继刚，张捷，徐红罡，等 . 中国旅游地理研究：在他乡与故乡之间［J］. 地理研究，
2017，36（5）：803-823.〔Bao Jigang, Zhang Jie, Xu Honggang, et al. Tourism geography
in China：Between hometown and alien land. Geographical Research，2017，36（5）：803-
823.〕

［21］翁时秀，保继刚 . 中国旅游地理学学术实践的代际差异与学科转型［J］. 地理研究，
2017，36（5）：824-836.〔Weng Shixiu, Bao Jigang. The cross-generational differences and
transformation of the academic practices of tourism geography in China. Geographical Research，
2017，36（5）：824-836.〕

［22］陆林，肖洪根，周尚意 . 中国旅游地理研究的重点问题：学术内涵、核心概念和未来方向
［J］. 中国生态旅游，2021，11（1）：42-51.〔Lu Lin, Xiao Honggen, Zhou Shangyi. Key
issues in China's tourism geography research：Academic essence, core concepts, and future
direction. Chinese Ecotourism，2021，11（1）：42-51.〕

［23］吴必虎，黄潇婷，刘培学，等 . 中国旅游地理研究：成果应用转化和研究技术革新［J］.
中国生态旅游，2021，11（1）：52-65.〔Wu Bihu, Huang Xiaoting, Liu Peixue, et al.
Tourism geography research in China：Practical application and methodology innovation. Journal
of Chinese Ecotourism，2021，11（1）：52-65.〕

［24］郭来喜，保继刚 . 中国旅游地理学的回顾与展望［J］. 地理研究，1990，9（1）：78-87.
〔Guo Laixi, Bao Jigang. Review on Chinese tourist geography and its prospect. Geographical
Research，1990，9（1）：78-87.〕

［25］陆林 . 旅游地理文献分析［J］. 地理研究，1997，16（2）：106-113.〔Lu Lin. Analysis on
the documents of tourism geography. Geographical Research，1997，16（2）：106-113.〕

［26］刘锋 . 旅游地理学在中国的发展回顾［J］. 地理研究，1999，18（4）：434-443.〔Liu Feng.
Review on the development of tourist geography in China. Geographical Research，1999，18
（4）：434-443.〕

［27］吴必虎，冯若梅，张丽. 90 年代中国旅游地理学进展研究［J］.经济地理，2000，20（3）：91-95.［Wu Bihu, Feng Ruomei, Zhang Li. A study on 90's tourism geography of China. Economic Geography, 2000, 20（3）: 91-95.］

［28］Bao J G. Tourism geography as the subject of doctoral dissertations in China, 1989-2000［J］. Tourism Geographies, 2002, 4（2）: 148-152.

［29］汪德根，陆林，刘昌雪.近 20 年中国旅游地理学文献分析——《地理学报》《地理研究》《地理科学》和《自然资源学报》发表的旅游地理类论文研究［J］.旅游学刊，2003，18（1）：68-75.［Wang Degen, Lu Lin, Liu Changxue. An analysis of China's tourism geography papers and documents in the past twenty years: Research on tourism geography papers published in Geography Journal, Geography Research, Geography Science and Natural Resources Journal. Tourism Tribune, 2003, 18（1）: 68-75.］

［30］李秋云，韩国圣，张爱平，等. 1979—2012 年中国旅游地理学文献计量与内容分析［J］.旅游学刊，2014，29（9）：110-119.［Li Qiuyun, Han Guosheng, Zhang Aiping, et al. Bibliometric and content analysis of China's tourism geography research from 1979 to 2012. Tourism Tribune, 2014, 29（9）: 110-119.］

［31］Lu L, Bao J, Huang J F, et al. Recent research progress and prospects in tourism geography of China［J］. Journal of Geographical Sciences, 2016, 26（8）: 1197-1222.

［32］冯学钢，黄成林.旅游地理学［M］.北京：高等教育出版社，2006.［Feng Xuegang, Huang Chenglin. Tourism Geography. Beijing: Higher Education Press, 2006.］

［33］保继刚，楚义芳.旅游地理学［M］.（第 3 版）.北京：高等教育出版社，2012.［Bao Jigang, Chu Yifarg. Tourism Geography.（3rd ed.）. Beijing: Higher Education Press, 2012.］

［34］黄震方，侯国林，周年兴，等.旅游地理学［M］.大连：东北财经大学出版社，2015.［Huang Zhenfang, Hou Guolin, Zhou Nianxing, et al. Tourism Geography. Dalian: Dongbei University of Finance & Economics Press, 2015.］

［35］傅伯杰.地理学：从知识、科学到决策［J］.地理学报，2017，72（11）：1923-1932.［Fu Bojie. Geography: From knowledge, science to decision making support. Acta Geographica Sinica, 2017, 72（11）: 1923-1932.］

［36］赵荣.人文地理学［M］.（第 2 版）.北京：高等教育出版社，2006：1-5.［Zhao Rong. Human Geography.（2nd ed.）. Beijing: Higher Education Press, 2006: 1-5.］

［37］顾朝林.转型中的中国人文地理学［J］.地理学报，2009，64（10）：1175-1183.［Gu Chaolin. Chinese human geography in transition. Acta Geographica Sinica, 2009, 64（10）: 1175-1183.］

［38］杨龙芳.知识体系的立体结构［J］.探索与争鸣，2020（9）：23-25.［Yang Longfang. The three-dimensional structure of knowledge system. Exploration and Free Views, 2020（9）: 23-25.］

［39］Pearce D G. Course content and structure in the geography of tourism the Canterbury example［J］. Annals of Tourism Research，1981，8（1）：106-115.

［40］Roehl W S. Book and literature review：Teaching tourism geography：A comment on some available textbooks［J］. Tourism Geographies，1999，1：1，121-127.

［41］Pearce D G. Towards a geography of tourism［J］. Annals of Tourism Research，1979，6（3）：245-272.

［42］Scherle N，Hopfinger H. German perspectives on tourism geography［J］//Geographies of Tourism：European Research Perspectives［M］. Bingley：Emerald Group Publishing Limited，2013：69-89.

［43］Benthien B. Recreational geography in the German democratic republic［J］. GeoJournal，1984，9（1）：59-63.

［44］Hall C M. Development（s）in the geographies of tourism：Knowledge（s），actions and cultures［J］//Geographies of Tourism：European Research Perspectives［M］. Bingley：Emerald Group Publishing Limited，2013：11-34.

［45］Anthony Giddens. The Constitution of Society：Outline of the Theory of Structuration［M］. United States：University of California Press，1984：1-40.

［46］Darbellay F，Stock M. Tourism as complex interdisciplinary research object［J］. Annals of tourism research，2012，39（1）：441-458.

［47］Leiper N. The framework of tourism：Towards a definition of tourism，tourist，and the tourist industry［J］. Annals of tourism research，1979，6（4）：390-407.

［48］Hall C M，Page S. The contribution of Neil Leiper to tourism studies［J］. Current Issues in Tourism，2010，13（4）：299-309.

［49］保继刚. 论旅游地理学的研究核心［J］. 人文地理，1992，7（2）：11-18.［Bao Jigang. The core of study of tourist geography. Human Geography，1992，7（2）：11-18.］

［50］赵海溶，陆林. 主题公园旅游者旅游动机及差异研究：以上海迪士尼和芜湖方特为例［J］. 人文地理，2018，33（4）：153-160.［Zhao Hairong，Lu Lin. Research on tourism motivation and the differences of theme park tourists：A case study of Shanghai Disneyland and Fantawild in Wuhu. Human Geography，2018，33（4）：153-160.］

［51］张宏梅，陆林. 入境旅游者心理特性研究：基于跨文化的视角［M］. 芜湖：安徽师范大学出版社，2015.［Zhang Hongmei，Lu Lin. A Study on the Psychological Characteristics of Inbound Tourists：From a Cross-cultural Perspective. Wuhu：Anhui Normal University Press，2015.］

［52］邱扶东，汪静. 旅游决策过程调查研究［J］. 旅游科学，2005，19（2）：1-5.［Qiu Fudong，Wang Jing. A survey on tourism decision-making process. Tourism Science，2005，19（2）：1-5.］

［53］宋慧林，吕兴洋，蒋依依.人口特征对居民出境旅游目的地选择的影响：一个基于 TPB 模型的实证分析［J］.旅游学刊，2016，31（2）：33–43.［Song Huilin，Lyu Xingyang，Jiang Yiyi. The effects of characteristics of tourists on Chinese outbound tourism destination choice behavior：An empirical study based on TPB model. Tourism Tribune，2016，31（2）：33–43.］

［54］林岚，许志晖，丁登山.旅游者空间行为及其国内外研究综述［J］.地理科学，2007，27（3）：434–439.［Lin Lan，Xu Zhihui，Ding Dengshan. Spacial behavior of tourists research. Scientia Geographica Sinica，2007，27（3）：434–439.］

［55］Li L，Tao Z M，Lu L. Understanding differences in rural tourism recovery：A critical study from the mobility perspective［J］. Current Issues in Tourism，2022：1–15.

［56］赵海溶，陆林，查晓莉，等.不同等级主题公园市场空间结构及旅游者空间行为差异——以上海迪士尼和芜湖方特为例［J］.地域研究与开发，2019，38（1）：110–115.［Zhao Hairong，Lu Lin，Zha Xiaoli，et al. Differences of market spatial structure and tourists' spatial behavior pattern of theme parks at different level：A case study of Shanghai Disneyland and Fantwild in Wuhu. Areal Research and Development，2019，38（1）：110–115.］

［57］Li L，Tao Z M，Lu L，et al. The impact of COVID–19 on the regional tourism flow network：An empirical study in Hubei Province［J］. Current Issues in Tourism，2022，25（2）：287–302.

［58］许艳，张清源，陆林.潮汐性旅游流研究：概念框架与研究思路［J］.地理科学进展，2022，41（3）：521–530.［Xu Yan，Zhang Qingyuan，Lu Lin. Tidal tourism flow study：Conceptual framework and research ideas. Progress in Geography，2022，41（3）：521–530.］

［59］李磊，陶卓民，陆林，等.贵州省避暑旅游流网络结构特征及其影响因素［J］.地理研究，2021，40（11）：3208–3224.［Li Lei，Tao Zhuomin，Lu Lin，et al. Structural characteristics and influencing factors of summer tourism flow network in Guizhou province. Geographical Research，2021，40（11）：3208–3224.］

［60］查晓莉，徐雨晨，陆林，等.上海迪士尼国内旅游流地理分布与流动特征［J］.旅游学刊，2019，34（6）：58–73.［Zha Xiaoli，Xu Yuchen，Lu Lin，et al. Geographical distribution and flows of Chinese tourists to Shanghai Disneyland. Tourism Tribune，2019，34（6）：58–73.］

［61］Wang D G，Wang L，Chen T，et al. HSR mechanisms and effects on the spatial structure of regional tourism in China［J］. Journal of Geographical Sciences，2016，26（12）：1725–1753.

［62］Peng H S，Zhang J H，Liu Z H，et al. Network analysis of tourist flows：A cross–provincial boundary perspective［J］. Tourism Geographies，2016，18（5）：561–586.

［63］穆成林，陆林.京福高铁对旅游目的地区域空间结构的影响：以黄山市为例［J］.自然资源学报，2016，31（12）：2122–2136.［Mu Chenglin，Lu Lin. The impact of Beijing–Fuzhou High–speed Rail on the spatial structure of tourist destination districts：A case study of

Huangshan city. Journal of Natural Resources，2016，31（12）：2122-2136.］

［64］彭红松，陆林，路幸福，等 . 基于社会网络方法的跨界旅游客流网络结构研究——以泸沽湖为例［J］. 地理科学，2014，34（9）：1041-1050.［Peng Hongsong，Lu Lin，Lu Xingfu，et al. The network structure of cross-border tourism flow based on the social network method：A case of Lugu Lake Region. Scientia Geographica Sinica，2014，34（9）：1041-1050.］

［65］陈浩，陆林，郑嬗婷 . 基于旅游流的城市群旅游地旅游空间网络结构分析——以珠江三角洲城市群为例［J］. 地理学报，2011，66（2）：257-266.［Chen Hao，Lu Lin，Zheng Shanting. The spatial network structure of the tourism destinations in urban agglomerations based on tourist flow：A case study of the Pearl River Delta. Acta Geographica Sinica，2011，66（2）：257-266.］

［66］吕丽，陆林，凌善金 . 上海世博会旅游者空间扩散网络分析［J］. 旅游学刊，2013，28（6）：111-119.［Lyu Li，Lu Lin，Ling Shanjin. An analysis on the spatial diffusion network of Shanghai World Expo tourists. Tourism Tribune，2013，28（6）：111-119.］

［67］李海建，梁留科 . 基于IGJAHP的旅游客源市场空间结构分析［J］. 地理与地理信息科学，2009，25（2）：99-103.［Li Haijian，Liang Liuke. Research on spatial structure of tourism market based on IGJAHP model. Geography and Geo-Information Science，2009，25（2）：99-103.］

［68］陶伟，倪明 . 中西方旅游需求预测对比研究：理论基础与模型［J］. 旅游学刊，2010，25（8）：12-17.［Tao Wei，Ni Ming. Study on the comparison of tourism demand forecast between China and western countries：Basic theory and models. Tourism Tribune，2010，25（8）：12-17.］

［69］李天元 . 旅游学［M］.（第3版）. 北京：高等教育出版社，2011.［Li Tianyuan. Tourism Science.（3rd ed.）. Beijing：Higher Education Press，2011.］

［70］汪德根 . 高铁网络时代区域旅游空间格局［M］. 北京：商务印书馆，2016.［Wang Degen. Spatial Pattern of Regional Tourism in the Era of High-Speed Rail Network. Beijing：The Commercial Press，2016.］

［71］Goeldner C R，Ritchie J R B. 旅游学［M］.（第12版）. 李天元，徐虹，黄晶，译 . 北京：中国人民大学，2014.［Goeldner C R，Ritchie J R B. Tourism Science.（12rd ed.）. Li Tianyuan，Xu Hong，Huang Jing，translate. Beijing：Renmin University of China，2014.］

［72］庞闻，马耀峰，郑鹏 . 五种旅游信息传播模式的比较与整合［J］. 旅游学刊，2012，27（5）：74-79.［Pang Wen，Ma Yaofeng，Zheng Peng. Comparison and integration of five kinds of tourism information dissemination models. Tourism Tribune，2012，27（5）：74-79.］

［73］林南枝 . 旅游市场学［M］. 天津：南开大学出版社，2005：70-71.［Lin Nanzhi. Tourism Marketing. Tianjing：Nankai University Press，2005：70-71.］

［74］张补宏，黄仙花 . 国内外网络旅游信息研究热点与未来展望［J］. 地理与地理信息科

学，2016，32（4）：119-125.［Zhang Buhong，Huang Xianhua. A review on the hot issues and future trends of domestic and overseas online tourism information. Geography and Geo-Information Science，2016，32（4）：119-125.］

［75］石晓腾，吴晋峰，吴宝清，等.旅游交通方式比例结构跃迁现象与跃迁带模型——以国内旅游为例［J］.经济地理，2020，40（2）：189-199.［Shi Xiaoteng，Wu Jinfeng，Wu Baoqing，et al. The phenomenon of the domestic tourism transportation mode transition and model of transportation mode transition zone. Economic Geography，2020，40（2）：189-199.］

［76］卢松，陆林，徐茗.旅游环境容量研究进展［J］.地域研究与开发，2005，24（6）：76-81.［Lu Song，Lu Lin，Xu Ming. The progress of the research on tourism environmental carrying capacity. Areal Research and Development，2005，24（6）：76-81.］

［77］Ahn B Y，Lee B K，Shafer C S. Operationalizing sustainability in regional tourism planning：An application of the limits of acceptable change framework［J］. Tourism Management，2002，23（1）：1-15.

［78］陆林，天娜，虞虎，等.安徽太平湖旅游地演化过程及机制［J］.自然资源学报，2015，30（4）：604-616.［Lu Lin，Tian Na，Yu Hu，et al. The evolution process and mechanism of Taiping Lake in Anhui province. Journal of Natural Resources，2015，30（4）：604-616.］

［79］陆林，储小乐.旅游地演化研究进展与启示［J］.安徽师范大学学报（自然科学版），2018，41（1）：77-84.［Lu Lin，Chu Xiaole. Research progress and enlightenment on tourism destination evolution. Journal of Anhui Normal University（Natural Science），2018，41（1）：77-84.］

［80］陆林.山岳型旅游地生命周期研究——安徽黄山、九华山实证分析［J］.地理科学，1997，17（1）：64-70.［Lu Lin. A study on the life cycle of mountain resorts：A case study of Huangshan Mountain and Jiuhuashan Mountain. Scientia Geographica Sinica，1997，17（1）：64-70.］

［81］杨效忠，陆林.旅游地生命周期研究的回顾和展望［J］.人文地理，2004，19（5）：5-10.［Yang Xiaozhong，Lu Lin. Retrospect and prospect of study on resort life cycle. Human Geography，2004，19（5）：5-10.］

［82］姜辽，苏勤.周庄古镇创造性破坏与地方身份转化［J］.地理学报，2013，68（8）：1131-1142.［Jiang Liao，Su Qin. Creative destruction and transformation of place-based identity in ancient town of Zhouzhuang. Acta Geographica Sinica，2013，68（8）：1131-1142.］

［83］Yang Z Y，Yin M，Xu J G，et al. Spatial evolution model of tourist destinations based on complex adaptive system theory：A case study of Southern Anhui，China［J］. Journal of Geographical Sciences，2019，29（8）：1411-1434.

［84］陆林，鲍捷.基于耗散结构理论的千岛湖旅游地演化过程及机制［J］.地理学报，2010，65

（6）：755-768. ［Lu Lin，Bao Jie. The course and mechanism of evolution about Qiandao Lake based on the theory of dissipative structure. Acta Geographica Sinica，2010，65（6）：755-768. ］

［85］陆林，陈振，黄剑锋，等. 基于协同理论的旅游综合体演化过程与机制研究——以杭州西溪国家湿地公园为例［J］. 地理科学，2017，37（4）：481-491. ［Lu Lin，Chen Zhen，Huang Jianfeng，et al. Evolution process and mechanism of tourism complex based on synergy theory：A case study of Hangzhou Xixi National Wetland Park. Scientia Geographica Sinica，2017，37（4）：481-491. ］

［86］陆林，鲍捷，凌善金，等. 桂林—漓江—阳朔旅游地系统空间演化模式及机制研究［J］. 地理科学，2012，32（9）：1066-1074. ［Lu Lin，Bao Jie，Ling Shanjin，et al. The evolution progress and mechanism of Guilin-Lijiang River-Yangshuo tourism destination system. Scientia Geographica Sinica，2012，32（9）：1066-1074. ］

［87］Yang X Z，Zha Y Y，Lu L，et al. An evolutionary economic geography perspective on types of operation development in West Lake,China［J］. Chinese Geographical Science，2017，27（3）：482-496.

［88］陆林，张清源，许艳，等. 全球地方化视角下旅游地尺度重组——以浙江乌镇为例［J］. 地理学报，2020，75（2）：410-425. ［Lu Lin，Zhang Qingyuan，Xu Yan，et al. Rescaling of tourism destination under the glocalization perspective：A case study of Wuzhen，Zhejiang province. Acta Geographica Sinica，2020，75（2）：410-425. ］

［89］陆林，张清源，黄剑锋，等. 基于全球地方化视角的旅游地演化理论探讨与展望［J］. 地理学报，2021，76（6）：1504-1520. ［Lu Lin，Zhang Qingyuan，Huang Jianfeng，et al. A theoretical research and prospect of tourism destination evolution based on a glocalization perspective. Acta Geographica Sinica，2021，76（6）：1504-1520. ］

［90］Pearce D G. Tourism in Paris studies at the microscale［J］. Annals of Tourism Research，1999，26（1）：77-97.

［91］陈浩，陆林，章锦河，等. 珠江三角洲城市群旅游空间结构与优化分析［J］. 地理科学，2008，28（1）：113-118. ［Chen Hao，Lu Lin，Zhang Jinhe，et al. Analysis of spatial tourist structure and optimizing for the Zhujiang River Delta urban cluster. Scientia Geographica Sinica，2008，28（1）：113-118. ］

［92］张捷，郭永锐. 从学术体系构建到学科知识溢出——《旅游地理学》（1999年初版，2012年第三版，保继刚等）评述［J］. 旅游学刊，2014，29（6）：127-128. ［Zhang Jie，Guo Yongrui. From the construction of academic system to the overflow of disciplinary knowledge：A review of Tourism Geography（1999 first edition，2012 third edition，Bao Jigang，et al.）. Tourism Tribune，2014，29（6）：127-128. ］

［93］Mathieson A，Wall G. Tourism：Economic，Physical and Social Impacts［M］. London：

Longman，1982.

［94］Weaver D. Sustainable Tourism［M］. 1st Edition. London：Routledge，2007.

［95］范今朝，范文君. 遗产概念的发展与当代世界和中国的遗产保护体系［J］. 经济地理，
2008，28（3）：503-507.［Fan Jinzhao, Fan Wenjun. On the concept of heritage and the
system of heritage conservation in the contemporary world and China. Economic Geography，
2008，28（3）：503-507.］

［96］余凤龙，陆林. 红色旅游开发的问题诊断及对策——兼论井冈山红色旅游开发的启示
［J］. 旅游学刊，2005，20（4）：56-61.［Yu Fenglong, Lu Lin. Problem diagnosis and
countermeasures of red tourism development：A concurrent talk about the enlightenment from red
tourism development in Jinggang Mountain. Tourism Tribune，2005，20（4）：56-61.］

［97］Blamey R K. Principles of ecotourism［J］//The Encyclopedia of Ecotourism［M］.
Wallingford：CABI publishing，2001：5-22.

［98］Weaver D B. Comprehensive and minimalist dimensions of ecotourism［J］. Annals of Tourism
Research，2005，32（2）：439-455.

［99］彭华. 关于城市旅游发展驱动机制的初步思考［J］. 人文地理，2000，15（1）：1-5.
［Peng Hua. Preliminary research on driving mechanism of urban tourism development. Human
Geography，2000，15（1）：1-5.］

［100］李健文，孟庆金，金淼. 旅游视角下的博物馆职能演变［J］. 科普研究，2010，5（2）：
49-55.［Li Jianwen, Meng Qingjin, Jin Miao. The functional evolution of museums from the
perspective of tourism. Studies on Science Popularization，2010，5（2）：49-55.］

［101］罗秋菊. 事件旅游研究初探［J］. 江西社会科学，2002（9）：218-219.［Luo Qiuju.
Research on event tourism. Jiangxi Social Sciences，2002（9）：218-219.］

［102］王朝辉，陆林. 重大事件对大都市旅游发展的影响研究：2010上海世博会为例［M］. 北
京：科学出版社，2013.［Wang Zhaohui, Lu Lin. Research on the Impact of Major Events
on the Development of Metropolitan Tourism：A Case Study of the 2010 Shanghai World Expo.
Beijing：Science Press，2013.］

［103］保继刚. 大型主题公园布局初步研究［J］. 地理研究，1994，13（3）：83-89.［Bao
Jigang. A study on the distribution of theme parks. Geographical Research，1994，13（3）：
83-89.］

［104］黄晓微. 圈层理论视角下上海迪士尼乐园周边区域发展［J］. 科学发展，2019（9）：
74-80.［Huang Xiaowei. Research on development of the surrounding regions of Shanghai
Disneyland from the perspective of circle theory. Scientific Development，2019（9）：74-80.］

［105］虞虎，刘青青，陈田，等. 都市圈旅游系统组织结构、演化动力及发展特征［J］. 地
理科学进展，2016，35（10）：1288-1302.［Yu Hu, Liu Qingqing, Chen Tian, et al.
Organizational structure，drivers of change，and development characteristics of metropolitan

tourism system. Progress in Geography, 2016, 35（10）: 1288-1302.］

［106］朱冬芳, 陆林, 虞虎. 基于旅游经济网络视角的长江三角洲都市圈旅游地角色［J］. 经济地理, 2012, 32（4）: 149-154.［Zhu Dongfang, Lu Lin, Yu Hu. Analysis on the roles of tourism destinations in the Yangtze River Delta metropolitan area: Based on the perspective of tourism economy. Economic Geography, 2012, 32（4）: 149-154.］

［107］陆林. 都市圈旅游发展研究进展［J］. 地理学报, 2013, 68（4）: 532-546.［Lu Lin. Research progress on tourism development in metropolitan areas. Acta Geographica Sinica, 2013, 68（4）: 532-546.］

［108］陆林, 李天宇, 任以胜, 等. 乡村旅游业态: 内涵、类型与机理［J］. 华中师范大学学报（自然科学版）, 2022, 56（1）: 62-72.［Lu Lin, Li Tianyu, Ren Yisheng, et al. Operational type of rural tourism: Connotation, types and mechanism. Jourmal of Central China Normal University（Nat. Sci.）, 2022, 56（1）: 62-72.］

［109］卢松, 陆林, 徐茗. 我国传统村镇旅游研究进展［J］. 人文地理, 2005（5）: 76-79.［Lu Song, Lu Lin, Xu Ming. The domestic progress of the tourism research in traditional villages and towns. Human Geography, 2005（5）: 76-79.］

［110］朱桃杏, 陆林, 李占平. 传统村镇旅游发展比较——以徽州古村落群与江南六大古镇为例［J］. 经济地理, 2007, 27（5）: 842-846.［Zhu Taoxing, Lu Lin, Li Zhanping. Compartive study on tourism development of traditional village and town resorts: A comparative analysis of Huizhou ancient village buildings and six old towns in southern area Yangtze River tourism development. Economic Geography, 2007, 27（5）: 842-846.］

［111］周林. 农家乐旅游经营模式研究［D］. 南京: 南京农业大学, 2008.［Zhou Lin. A study on the operating mode of Home-stay Tourism. Nanjing: Nanjing Agricultural University, 2008.］

［112］张海洲, 虞虎, 徐雨晨, 等. 台湾地区民宿研究特点分析——兼论中国大陆民宿研究框架［J］. 旅游学刊, 2019, 34（1）: 95-111.［Zhang Haizhou, Yu Hu, Xu Yuchen, et al. Analysis on the characteristics of Minsu（B&B）research in Taiwan, China and the theoretical framework of minsu（homestay inn）research in mainland China. Tourism Tribune, 2019, 34（1）: 95-111.］

［113］张海洲, 陆林, 贺亚楠. 产业链旅游: 概念内涵与案例分析［J］. 世界地理研究, 2020, 29（5）: 1006-1016.［Zhang Haizhou, Lu Lin, He Ya'nan. Industry chain tourism: Concept and cases. World Regional Studies, 2020, 29（5）: 1006-1016.］

［114］陆林, 任以胜, 朱道才, 等. 乡村旅游引导乡村振兴的研究框架与展望［J］. 地理研究, 2019, 38（1）: 102-118.［Lu Lin, Ren Yisheng, Zhu Daocai, et al. The research framework and prospect of rural revitalization led by rural tourism. Geographical Research, 2019, 38（1）: 102-118.］

［115］黄震方, 陆林, 苏勤, 等. 新型城镇化背景下的乡村旅游发展——理论反思与困境突

破［J］. 地 理 研 究, 2015, 34（8）: 1409-1421.［Huang Zhenfang, Lu Lin, Su Qin, et al. Research and development of rural tourism under the background of new urbanization: Theoretical reflection and breakthrough of predicament. Geographical Research, 2015, 34（8）: 1409-1421.］

［116］冯学钢, 胡小纯. 中国旅游就业理论与实证研究［M］. 合肥: 安徽人民出版社, 2008.［Feng Xuegang, Hu Xiaochun. Theoretical and empirical research on tourism employment in China. Hefei: Anhui peoples Publishing House, 2008.］

［117］丁德光, 陆林. 旅游在反贫困过程中的角色与功能［J］. 安徽师范大学学报（自然科学版）, 2010, 33（2）: 180-185.［Ding Deguang, Lu Lin. Roles and functions of tourism in the process of anti-poverty. Journal of Anhui Normal University（Natural Science）, 2010, 33（2）: 180-185.］

［118］李佳, 钟林生, 成升魁. 中国旅游扶贫研究进展［J］. 中国人口·资源与环境, 2009, 19（3）: 156-162.［Li Jia, Zhong Linsheng, Cheng Shengkui. Research progress on poverty elimination by tourism in China. China Population, Resources and Environment, 2009, 19（3）: 156-162.］

［119］巩劼, 陆林. 旅游环境影响研究进展与启示［J］. 自然资源学报, 2007, 22（4）: 545-556.［Gong Jie, Lu Lin. Development of research on environmental impacts of tourism and its implication. Journal of Natural Resources, 2007, 22（4）: 545-556.］

［120］钟永德, 李世宏, 罗芬. 旅游业对气候变化的贡献研究进展［J］. 中国人口·资源与环 境, 2013, 23（3）: 158-164.［Zhong Yongde, Li Shihong, Luo Fen. Contribution of tourism industry on climate change: A literature review. China Population, Resources and Environment, 2013, 23（3）: 158-164.］

［121］王咏, 陆林. 基于社会交换理论的社区旅游支持度模型及应用——以黄山风景区门户社区为例［J］. 地理学报, 2014, 69（10）: 1557-1574.［Wang Yong, Lu Lin. Community tourism support model and its application based on social exchange theory: Case studies of gateway communities of Huangshan scenic area. Acta Geographica Sinica, 2014, 69（10）: 1557-1574.］

［122］张宏梅, 陆林. 主客交往偏好对目的地形象和游客满意度的影响——以广西阳朔为例［J］. 地 理 研 究, 2010, 29（6）: 1129-1140.［Zhang Hongmei, Lu Lin. The effect of tourist's host-guest contact preference on perceived destination image and tourist satisfaction: A case of domestic tourists in Yangshuo, Guilin. Geographical Research, 2010, 29（6）: 1129-1140.］

［123］路幸福, 陆林. 基于旅游者凝视的后发型旅游地文化认同与文化再现［J］. 人文地理, 2014, 29（6）: 117-124.［Lu Xingfu, Lu Lin. Cultural identity and representation of late development tourism destination based on the perspective of tourist gaze. Human Geography, 2014, 29（6）: 117-124.］

［124］丁雨莲，陆林，黄亮. 文化休闲旅游符号的思考——以丽江大研古城和徽州古村落为例
［J］. 旅游学刊，2006，21（7）：12–16. ［Ding Yulian，Lu Lin，Huang Liang. A study on
the symbol of cultural leisure tourism：Taking Lijiang ancient town and Huizhou ancient village
as examples. Tourism Tribune，2006，21（7）：12–16.］

［125］杨兴柱，查艳艳，陆林. 旅游地聚居空间演化过程、驱动机制和社会效应研究进展［J］.
旅游学刊，2016，31（8）：40–51. ［Yang Xingzhu，Zha Yanyan，Lu Lin. Progress on
the study of spatial settlement processes，driving mechanisms，and social effects in touristic
destinations. Tourism Tribune，2016，31（8）：40–51.］

［126］陆林，葛敬炳. 旅游城市化研究进展及启示［J］. 地理研究，2006，25（4）：741–750. ［Lu
Lin，Ge Jingbing. Reflection on the research progress of tourism urbanization. Geographical
Research，2006，25（4）：741–750.］

［127］陆林，韩娅，黄剑锋，等. 基于扎根理论的杭州市梅家坞旅游城市化特征与机制［J］.
自然资源学报，2017，32（11）：1905–1918. ［Lu Lin，Han Ya，Huang Jianfeng，et al.
Characteristics and mechanism of tourism–driven urbanization based on grounded theory：A
case study of Hangzhou Meijiawu Village. Journal of Natural Resources，2017，32（11）：
1905–1918.］

［128］汪宇明，何小东. 关于区域旅游障碍的辨析——兼论行政区划对区域旅游发展的影响［J］.
旅游学刊，2008，23（8）：39–45. ［Wang Yuming，He Xiaodong. Analysis on the regional
tourism barriers：The impact of administrative division system on regional tourism development.
Tourism Tribune，2008，23（8）：39–45.］

［129］余凤龙，陆林，操文斌，等. 行政区划调整的旅游效应研究——兼论江西井冈山市与安
徽黄山市的比较［J］. 地理科学，2006，26（1）：20–25. ［Yu Fenglong，Lu Lin，Cao
Wenbin，et al. A study on tourism effect of adjustment of administrative demarcation：Giving
consideration to comparison of the tourism effect of adjustment of administrative demarcation
between Huangshan City and Jinggangshan City. Scientia Geographica Sinica，2006，26（1）：
20–25.］

Part 4

第四部分

专题报告

中国旅游教育蓝皮书 2021—2022

专题笔谈：文化和旅游行业人才培养

主持人：保继刚[①]

我国文旅人才培养体系随着国家的宏观发展、制度环境和市场变化不断改变。当前文化和旅游产业进入全面融合阶段，文化和旅游行业人才培养模式存在诸多问题，面临着不少挑战，文旅教育进入调整与改革期。未来文旅教育与人才培养应更加注重德育，更加强调文化自信建设，更加重视文旅人才的复合型要求。此次笔谈邀请了拥有丰富的政府工作和文旅行业从业经验的原岭南集团董事长、暨南大学管理学院兼职教授冯劲博士和广东省旅游控股集团有限公司黄细花总经理，全球主题公园集团十强企业、宋城演艺集团赵雪璎总裁助理，浙江旅游职业学院原党委书记王昆欣教授团队和四川文化产业职业学院罗晓东院长，从政府、企业和学校三个角度全面地讨论文旅融合背景下的人才培养，以提出解决文化和旅游产业融合发展人才短板问题的思路与方向。

冯劲博士和黄细花总经理立足于文旅行业发展实际，凭借对行业发展趋势的深刻理解以及在政府和业界多年的经验积累，就"从文旅融合发展谈'四项能力'修炼的重要性"和"文旅融合中的人才困境和优化路径"问题展开了探讨。赵雪璎女士基于宋城集团的文旅人才培养实践，凭借其丰富的从业经验对"文旅行业人才培养及发展"问题展开了讨论。

冯劲博士，原岭南集团董事长，曾担任广州市第十四届人民代表大会代表、中国旅游饭店业协会副会长、广东旅游协会副会长、广州企业家协会副会长等职务。他主要从文旅企业的视角探讨了把握战略机遇和人才培养之间的紧密关系及其关键维度。他认为我国文化和旅游发展仍处于重要战略机遇期，国家层面的规划和部署为我国经济社会发展指明了方向，为文旅企业提出了顶层设计思路，为文旅融合提供了基本遵循，更为文旅行业人才培养与发展创造了宝贵的机遇和广阔的平台。在这一背景下，企业定位要与国家战略保持一致，在积极寻找文化与旅游的结合点的同时，关注智能化时代旅游行为的转向。同时，他指出当前文旅行业面临着缺乏具有核心理念的企业，存在缺乏对应庞大消费群体的优质产品以及缺乏传统与时尚、本土化与国际化、线上与线下的有机结合等诸多问题。而他认为这些问题的本质和根源是人才的缺乏。因此针对这一问题，冯劲教授提出战略能力、创值能力、协同能力、精益能力是文旅行业人才培养的四项重要能力。

---

① 保继刚，教授，博士生导师，国家高层次人才，中国旅游协会旅游教育分会会长，中山大学旅游学院创院院长，中山大学旅游发展与规划研究中心主任。主要研究领域为旅游地理、旅游可持续发展、主题公园、旅游规划、旅游影响。

黄细花总经理，广东省旅游协会会长，第十、十一、十二、十三届全国人大代表，历任惠州市旅游局局长，西藏林芝鲁朗景区管委会主任，林芝市副市长以及惠州市人大常委会副主任等。她认为党的十九届五中全会再次作出"推动文化和旅游融合发展"的战略部署，必将开启新时代文化和旅游融合发展新征程。面对全新的文化和旅游融合的发展诉求，文旅行业存在吸引力低、从业人员流失严重，人才受教育程度不高、整体素质偏低，人才供给不足、专业人才缺乏，以及培养理念落后于市场发展要求、院校人才培养与需求脱节等亟须解决的问题。针对文旅融合背景下的人才困境，她指出要更新人才培养的理念，优化院校教育的学科设置以及采取多元化人才培养的方式是破局关键。同时，她列举了广东省旅游控股集团有限公司在人才培养方面采取的打造"人才孵化器"、搭建线上培训平台，拓宽校企合作空间等具体实践举措，分享了广东旅控集团通过持续推进人力资源生态体系建设和实施差异化人才培养，为企业高质量发展提供人才保障的经验。

宋城演艺集团总裁助理赵雪璎女士认为，近年来随着国民经济发展水平带来人均GDP 的提升，文化旅游消费环境也发生了深刻变化。传统的旅游方式正在被摒弃，品质游、休闲游、深度游成为旅游新趋势，这也对文化旅游行业发展提出了新的要求。然而，旅游市场粗放型的发展直接导致旅游基层从业人员总体受教育水平偏低，旅游业缺乏精准对口人才，如旅游规划设计、景区综合管理人才等。同时，文旅行业是发展速度极快、知识技能快速更新的行业，需要与时俱进的人才。而目前文旅行业人才不仅存在数量缺口，还存在一定质量提升的空间，尤其是文旅行业融合后，对人才的专业性、综合性和全面性提出了更高要求。因此，从企业用人的角度，她认为高校文旅人才培养应提倡"勤"、加强"文"、追求"美"以及开拓"智"，在学科设置上具备前瞻的眼光，并充分深化校企合作。

王昆欣教授团队和罗晓东院长则从高等职业教育的角度分析文旅融合背景下院校的文旅行业人才培养模式与路径。

王昆欣教授团队通过回顾近二十年来中国旅游高等职业教育专业目录变迁历程，总结了旅游职业教育的新趋势。他们认为国家对旅游中高职教育的发展，逐渐由相对独立转为整体思考和设计，专业的适用性更强、中高本衔接度更为紧密。同时，国家对职业教育发展的定位逐步明确，职业教育所承担的任务日益清晰，职业教育由粗放型发展走向内涵式发展道路。新时代文旅融合背景下，人工智能和大数据等互联网技术的高速发展，集高度知识融合、技能集成、学科交叉的文旅产业，其产业链、岗位群对旅游从业人员的综合素质、专业技能以及可持续发展能力都提出了更高的要求。基于此，他们提出旅游职业教育未来人才培养模式应把握产业变革特征、积极探索并逐步推行"1+X"证书制度，构建旅游职业教育中知识与能力转化模式、补齐文旅人才结构短板，完善人才培养保障机制，将学历教育与技能培训灵活组合、探索育训结合人才培养新模式并深化旅游职业教育产教融合人才培养改革。

　　罗晓东院长聚焦于文化创意旅游人才培养的探索与实践，分析了文化创意旅游人才的现状，并指出我国当前面临文化创意旅游人才有效供给不足和优化梯次结构尚未形成两大问题。他认为人力资本是文化旅游产业高质量发展的核心要素，也是文旅产业增值的重要源泉，文化创意旅游人才的需求结构应由文化创意旅游开发人才、文化创意旅游营销人才、文化创意旅游运营人才和文化创意旅游技术人才组成。关于文化创意旅游人才培养的路径，他提出应构建"一纲四目、知行合一"的文化创意旅游人才培养体系。其中"一纲"指"旅游奠基、文化强核、技术赋能"的文化创意旅游人才培养理念；"四目"指文化创意类人文通识教育课程和专业群文化创意通用课程、专业文化旅游核心课程和专业拓展课程、创意创新创业实践课程、素质拓展教育课程。另外，他认为我国应形成"递进式"文化创意旅游人才培养模式，并通过优化完善文化创意旅游人才培养课程体系和探索文化创意旅游人才培养产教融合模式，深度拓展文化创意旅游人才培养的实施路径。

从文旅融合发展谈"四项能力"修炼的重要性

冯　劲[①]

　　进入"十四五"后，以国内大循环为主体、国内国际双循环相互促进的新发展格局加快形成，在消费升级、大众旅游、全域旅游、数字经济背景下，人们对美好生活的向往变得更加强烈，文旅融合激发产业高质量发展新动能，向深度融合、双向赋能、双生共赢的新阶段迈进。本文试从文旅企业视角谈谈把握战略机遇和人才培养之间的紧密关系及其关键维度，希望有助于丰富新时代背景下文旅融合的思考并激发创新创业的勇气。

一、与时代同频，把握战略机遇

　　《中华人民共和国国民经济和社会发展第十四个五年规划和2035年远景目标纲要》中提出要加快构建以国内大循环为主体、国内国际双循环相互促进的新发展格局，推动文化和旅游融合发展；坚持以文塑旅、以旅彰文，打造独具魅力的中华文化旅游体验；深入发展大众旅游、智慧旅游，创新旅游产品体系，改善旅游消费体验。文化和旅游发

---

　　① 冯劲，原岭南集团董事长，中国旅游研究院博士后业界联合导师。

展为全面建成小康社会提供了强有力的支撑，文化和旅游部《"十四五"文化和旅游发展规划》更释放出增强文旅融合发展的新信号。我国文化和旅游发展仍然处于重要战略机遇期；科技全面融入文化和旅游生产、消费各个环节，全面赋能内容生产、产品和业态、商业模式、治理方式等各个领域，文化和旅游产品更加优质丰富；文化和旅游加快融合、相互促进，发展基础更加稳固，动力活力日益迸发。国家层面的规划和部署为我国经济社会发展指明了方向，为文旅企业提出了顶层设计思路，为文旅融合提供了基本遵循，更为文旅行业的人才培养与发展创造了宝贵的机遇和广阔的平台。

（1）企业定位要与国家战略保持一致。"双循环新发展格局"是"十四五"期间我国经济和社会发展的指导思想，"文旅融合"是旅游行业的发展理念，智能化和5G运用是科技趋势，"满足人民日益增长的美好生活需要"是根本目的，旅游企业紧扣这四个主题深度思考谋划，就有了与时代精神相向而行、同频共振的基底，战略、规划、人才、科技和策略上的一切定位、谋划和部署都应紧紧围绕这个指导思想，并以此指导企业的日常运营，这是企业成长和持续发展的前提条件，也是行业人才培养和发展的出发点。

（2）积极寻找文化与旅游的结合点。文化是旅游的内在属性，旅游是文化的生动载体。旅游企业要深度挖掘和主动联系各种文化节点，让文旅融合更加精细化、精致化和精准化。所谓精细化就是让每一种资源都成为旅游资源，精致化就是让每一个场景都设计得让人惊喜，精准化就是让每一类消费者都能各取所需、各有所得。充分挖掘文旅融合的潜力，将潜力变成现实的生产力，这是旅游企业实现国内大循环的重要策略，也是行业人才培养和发展的落脚点。

（3）关注智能化时代旅游行为的转向。"让旅游成为生活方式，让休闲融入幸福指数"已成为越来越多国人的共识。这意味着旅游具有了必需性、自我性、自由性、自主性和生活性。随着中国经济的不断发展、互联网技术和智能科技的日益成熟，基于区块链技术、弱中心化的智能出行将成为"90后""00后"新生代的主流旅游方式。对旅游企业而言，要适时根据这种旅游行为的转向重新定位自己的角色和功能，将目前劳动密集型企业加快转向智慧科技信息密集型企业，匹配基于安全、自由、实时、共享的消费需求，让"旅游是一种生活方式"真正变成现实。这也是行业人才培养和发展的突出重点。

二、匹配战略机遇的"四项能力"修炼

前面分析了文旅企业要把握的发展机遇与战略重点。从中可见，文旅市场的未来不缺机遇与平台，缺的是具有核心理念的企业，缺的是对应庞大消费群体的优质产品，缺的是传统与时尚、本土化与国际化、线上与线下的有机结合，万缺不离其宗，其本质就是缺人才。换言之，这就是文化和旅游行业人才培养与发展的机遇与挑战。结合长期的

企业管理实践，笔者认为在新的发展格局下，战略能力、创值能力、协同能力、精益能力是匹配战略机遇的旅游行业人才培养的四项重要能力。

（1）需要有战略能力的人才。《基业长青》中贯穿全书的主题思想，就是要有一个核心理念，这是卓越公司历史发展中的首要因素。这个核心理念或称战略价值观是一组基本准则，像基石一样稳固地埋在土地里，表明这就是我们的真面貌，这就是我们的格局与追求。对一个卓越的企业组织而言，核心理念就是它的基因与文化，在实践中就是顶层设计，是调动组织内所有资源的战术依据，是竞争对手难以模仿的核心能力。中山大学旅游学院保继刚教授团队的阿者科计划，核心理念就是要让"绿水青山"变成"金山银山"，为这个曾经守着"绿水青山"过苦日子的乡村，搭起了通往"金山银山"的路。笔者携手团队推动企业连续 12 载进入中国旅游集团 20 强，与坚守"顶层设计、实现路径、保障系统、企业文化"的战略管理系统息息相关。如果企业的领军人才具有战略驾驭力，如果企业的中层管理骨干具有很强的战略执行力，如果企业的员工都愿意尝试理解自己从事的工作与企业长期目标的关系，那么，这个企业一定会具备很强的组织驱动力，也才能在文旅产业融合的谋划起点上，从一开始就构建起差异化的竞争优势。一个企业是这样，一个景区、一个项目也同样是这个原理。

（2）需要有创值能力的人才。企业家精神的核心就是客户第一。为客户创造价值，这是供给侧结构性改革的核心，这是回归商业本质。只有为客户创造价值，才会有投资价值、资本价值、企业价值和长期价值。华为的成功就是长期关注客户利益的结果。为客户服务是华为存在的唯一理由。为什么强调这是唯一理由？因为只有客户对企业提供的产品和服务感到满意才会付钱，企业才能得以持续生存。任正非曾表示，让企业的一切业务和管理都紧紧围绕以客户为中心运转，其重要意义再怎么强调也不过分，其难度再怎么估计也不过高。文旅行业人才要走出纯情怀的文艺路线，走出跨界创造价值的新路子，要在市场中接受竞争的挑战和得到客户的认可，产品和服务、品牌和标准不仅要叫好还要叫座，这是由文旅企业的市场属性决定的。笔者曾在企业运营中提出并践行从创新、创业到创值转化的创新链构建，其内在逻辑就是基于将客户价值置于不可动摇位置的服务理念下，将创新落在创业上，将创新成果转化为创值行动。心向客户，始见花开，方能结果，这是文旅融合人才能力培养的必修课。

（3）需要有协同能力的人才。无论是"文化 +"，还是"旅游 +"，都显示出文旅行业超强的跨界融合承载能力，在文化旅游产业这片创新创业的热土上，大部分文化旅游项目是规划、建设和运营一体化的综合体，涉及众多工商管理、科学技术、艺术领域，需要创新链支撑、产业链协同、供应链管理和营销链进攻，既要懂文化、懂旅游甚至还要懂康养，既需要系统谋划，又要能整体操盘，这些领军者和项目经理越稀缺，越凸显协同能力的重要性与艰巨性。内部合作，体现协同效率；外部合作，拓展生态建构。笔者与团队在粤北组织一个古村落的保护性开发项目时，就曾提出并实现了"连着产业扶贫一起推，连着红色教育一起学，连着就业创业一起帮，连着地下河景一块卖，连着古村开发一并说，连着丰阳古镇一块玩，连着粤北土特一起尝"的农旅融合和产业扶贫的七连模式，这每一个"连"里都需要有非常强的协同整合能力。

（4）需要有精益能力的人才。就是指要培养和凝聚具有执着专注、精益求精、追求卓越的工匠精神的人才。人们对美好生活的向往，不仅是物质生活，还有精神文化需求。从有没有到好不好、优不优，从单纯数量到高质量，是满足人们多样化、个性化、高品质、高品位文化需求的重要基础。笔者认为，评价高质量发展的企业有多重维度，但也可以聚焦是否能够达成极致的效率、极限的成本、极佳的体验。稻盛和夫说过："企业家要像匠人那样，手拿放大镜仔细观察产品，用耳朵静听产品的哭泣声。"数字经济时代，更需要在潜沉的数据中寻找改善用户体验的行动方略，不放过每一个细节来打造行业最高标准和最佳口碑的产品，敬业、专注、精益、品质、创新，在追求卓越的道路上持之以恒。因此，文旅行业无论是传统还是时尚、线上还是线下、国内还是国际，具有工匠精神的人才显得格外宝贵。

文旅融合中的人才困境和优化路径

黄细花[①]

文化是旅游的灵魂，旅游是文化的载体。党的十八大以来，以习近平同志为核心的党中央高度重视文化和旅游工作，对文化和旅游融合发展作出一系列重要部署，特别是在 2018 年，组建成立文化和旅游部。党的十九届五中全会再次作出"推动文化和旅游融合发展"的战略部署，必将开启新时代文化和旅游融合发展新征程。"功以才成，业由才广"，人才是促进文旅融合创新业态发展的第一生产力。面对全新的文化和旅游融合发展诉求，如何破解文旅融合中的人才困境，探索优化路径，成了亟须解决的问题。

一、行业融合中的人才困境

（1）行业吸引力低，从业人员流失严重。从最近几年国家公布的各行业薪酬水平统计数据来看，文旅行业从业人员的薪酬水平较低，且增长速度缓慢，社会保障不足。不仅如此，行业的社会地位不高且社会形象不佳，让很多文旅从业人员看不到未来发展前

---

① 黄细花，广东省旅游控股集团有限公司总经理。

景，荣誉感和认同感不强，职业忠诚度不高。同时，文旅业容易受外部突发事件影响，当前，新冠肺炎疫情对文旅业造成前所未有的冲击和影响。多重原因的叠加，造成文旅业吸引力低，人才流动频繁、流失率高。有数据显示，50%的学生毕业后放弃旅游、酒店专业，从事其他行业的工作，造成专业院校教育资源的浪费。传统的旅游、酒店专业难以招录优秀的学生，科班人才的输出已经不足。从旅控集团近年来招收应届大学毕业生的情况看，管理、综合类的学生居多，旅游管理和酒店管理的毕业生较少，真正能留下来的学生则更是凤毛麟角了，这直接阻碍了整个文旅行业从业人员综合素质的提升，不利于文旅融合背景下行业的健康发展。

（2）行业人才受教育程度不高，整体素质偏低。虽然行业从业人员规模庞大，但存在从业人员学历层次偏低、从业人员专业对口率低、从业人员专业化水平和能力素质偏低等问题，导致行业从业人员整体素质不高。据本人了解，在文旅企业的新入职人员中经常出现"大浪淘沙"的情况，由于职业发展的不明确，具备较高学历的新员工往往在基层锻炼阶段已经被繁杂的基础工作磨掉了耐心，大学以上人员的流失率普遍较高，无法形成年轻化、专业化、知识化的人才队伍。

（3）行业人才供给不足，专业人才缺乏。有数据显示，到2020年，旅游业直接需要就业人数缺口达到487万，其中文旅行业的专业人才尤为缺乏。一是缺乏熟知文旅产业特征并懂得融合之道的管理人才。很多人员是半路出家，不具备相关专业知识，无法适应文旅融合发展的需要。二是缺乏跨领域、跨专业、复合型、创新型的专业人才。文旅企业在经营诸如文创旅游产品开发、文旅小镇和景区规划、文化旅游场馆建设等业务时，专业人才不足往往成为发展的掣肘。三是缺乏具有互联网思维的专业人才。目前，在文旅产业的运营中，信息化互联网时代的前沿技术正被广泛应用，数字化生态力量正在各行各业的迭代发展中发挥着巨大的作用。文旅融合的快速发展亟须大量具有互联网思维、熟悉视频直播、现代媒体营销与传播的文旅人才。

（4）人才培养理念落后于市场发展要求，院校人才培养与需求脱节。现有的旅游人才培养模式在过去二三十年中对促进我国旅游业的快速发展产生了积极的推动作用，但随着经济的发展、社会的进步和人们生活水平的提高，个性化消费需求的趋势越来越明显。在旅游市场上也是如此，人们更希望可以把人文的气质和"山水"的颜值融合在一起，获得更多品质化、情感化的体验，原有的人才培养理念已经不能满足旅游市场上的人才需求。同时，大部分院校现行的旅游管理专业课程体系是经济类和管理类模块融合而成，文化类和创意类课程内容缺位或不足；仍然重理论轻实践，学生实训经验不足、教师实践经验不足，导致人才知识结构失衡等一系列问题。文旅融合前景可期，亟须建立新的人才培养体系，为行业发展持续提供熟悉业态融合、新业态发展、项目规划、景区建设、智慧旅游的新型旅游人才。

二、人才培养优化路径的思考

文旅行业的人才培养是文旅融合发展的重要支撑，产业内涵的不断演变与发展对行业人才培养提出了新的要求，面对文旅融合背景下的人才困境，可从三个路径予以破局：

（1）人才培养的理念要更新。要解决文旅行业人才队伍建设不平衡不充分的问题，首先要从着重于传统型、技能型、单一型的人才培养，转变为复合型、创新型、跨界型的人才培养，在人才培养中融入科技理念，加强信息化人才队伍建设、促进新型文旅人才的孵化，其次是要做好员工职业规划，让员工有清晰的职业发展路径，为高学历、高层次人才制定特殊薪酬福利政策、提供职业绿色通道，增强企业对人才的吸引力，要注重在人才培养中植入企业文化和扎根基层的观念，增强人才对企业的认同感、荣誉感和归属感。

（2）院校教育的学科设置要优化。院校教育是文旅人才培养的重要基础。院校的学科设置必须与时俱进，主动适应文旅融合新形势下的人才需求，在注重旅游外语、旅行社、酒店、旅游理论人才培养的基础上，进一步聚焦旅游集团化、定制旅游、目的地综合提升、景区开发，以及民宿、研学、文旅融合等新的行业人才的培养。一方面，专业设置要紧跟行业发展的需求，在不减少现有课程数量的基础上，增加旅游文化、非物质文化遗产、博物馆旅游、文旅策划与设计、旅游创意开发、旅游网站运营、在线产品设计、景区文化场景挖掘、智慧旅游、虚拟现实、声光电主题秀设计等专业课程，其中旅游文化课程既要涉及国际文化内容，又要包含本国传统文化以及地方特色文化内容等；另一方面，在课程内容的设计上要增强互联网思维的培育，帮助学生提高视频直播、现代媒体营销与传播等方面的专业知识与技能水平，更好地适应文旅融合大趋势中对数字化和智能化人才的需求。通过优化课程结构，切实培养一批懂得文化和旅游产业经营管理、熟悉文化和旅游独特规律、具有较高管理水平和互联网思维以及文化素养的创新型经营管理人才。

（3）人才培养的方式要多元。一是完善产学研一体化联动体系。文旅产业实践性、应用性、综合性都很强。只有坚定不移地走产学研一体化发展道路，开放办学，理论与实践相结合，文旅专业人才的培养才能真正符合行业发展的需要。要积极探索"校企合作、工学结合、顶岗实习"人才培养模式，发挥各自的主体作用，把产学研教育培训平台做实、做大、做优，从而推动文旅行业的良性发展，实现社会效益和经济效益的共赢。二是发挥好传帮带的作用。通过发掘和培养一批优秀的培训者、领导者，进行文化、理念、制度、流程的归纳、总结、提升，以培训课程的方式将企业的管理模式、文化、经验固化下来，再通过高层向低层的授课方式，达到加速人才成长、提升人才综合素质的目的。三是在线上培训的基础上，强化"云培训"。新冠肺炎疫情深刻改变了人们的生活和工作方式，让"云＋"变得无处不在。文旅行业从业人员时间不固定，"云培训"不仅保障了正常工作的顺利开展，同时可以灵活掌握自身时间，对比线下学校时间、地点的固定性有很大优势。要加大"云培训"的投入，让"云课堂"更丰富，"云学习"更高效。

三、旅控集团人才方略的实践探索

21 世纪，面对文旅融合的浪潮，机遇与挑战并存，人才对企业发展的影响更为深远。广东旅控集团持续推进人力资源生态体系建设，营造重才、育才、用才和爱才的良好环境，聚焦企业人才的差异化培养，为企业高质量发展提供人才保障。

（1）打造"人才孵化器"。集团在白天鹅人才培养模式的基础上，不断完善白天鹅培训学校建设，以企业内部优秀讲师为主，外聘讲师、行业专家客座教授为辅，打造专业化的师资队伍。分层分类定制开发满足员工个性化需求、符合文旅融合前景、融入互联网思维、促进新媒体技术应用的课程体系，建立培养具备旅控特色经营管理、专业技术、技能操作、跨界创新人才的培训平台。

（2）搭建线上培训平台。突如其来的新冠肺炎疫情让集团线上培训平台建设开启快进模式。集团倾力推动"优旅云学院"培训平台的搭建，组织专业导师团队、课程管理团队开展覆盖全集团的线上培训工作。2020 年，集团上线了 1800 多门课程，平台注册学员 5000 多人，组织了 153 场"强基优选"直播课，员工参与在线学习达 2.3 万人次，挖掘培育了一批"明星内训师"，促进集团培训升级为线上培训与线下培训双引擎驱动模式。

（3）拓宽校企合作空间。探索结合优秀企业的管理经验和企业文化设立企业定制班，在学科设计中注重理论与实践相结合，提前融入企业文化，为企业定向输送优秀的专业毕业生。集团下属白天鹅宾馆大胆探索并采用了定制大专班的培养模式，不仅提前圈定优秀文旅专业的大学毕业生，更将白天鹅企业文化的内核、白天鹅优质服务的精髓融入学生的日常学业教育中，在潜移默化中烙上优秀企业的文化印记。从近年的实践情况来看，取得了校企双赢的良好效果。

（4）做实、做大、做优旅控教育培训平台。立足集团内部，借助行业专家、高校学者等外部力量，发挥白天鹅品牌的先进管理服务经验和平台优势，组织专业力量教学相长，把旅控教育培训平台做实、做大、做优。我们不仅要打造一座集团干部职工的"加油站""充电桩"，还要以打造一流国企党员干部培训教育阵地、一流品牌研发机构、一流文旅企业人才培养学校为目标，为广东旅游产业发展赋能，在推动粤港澳大湾区世界级旅游目的地建设和"一核一带一区"发展新格局构建中贡献旅控智慧和力量。

文旅行业人才培养及发展

——以宋城演艺公司为例

赵雪璎[①]

人们对旅游和文化的需求，从古就有，从未停止过。《穆天子传》是我国文字记载中的最早的旅行活动。2020 年，我国已全面建成了小康社会，人民日益增长的美好生活需要将愈加凸显、不断升级，强烈的市场需求和巨大的消费潜力将驱动文旅行业的健康快速发展。文旅行业的人才培养和发展应该如何跟上行业的发展？现从以下几方面谈谈本人的看法。

一、中国文旅业的发展生机和人才缺乏的矛盾

2000—2019 年，国内旅游人数从 7.44 亿人次增加至 60.10 亿人次，年均复合增长 11.62%；旅游收入从 0.32 万亿元增加至 5.73 万亿元，年均复合增长 16.44%。旅游业对 GDP 的综合贡献已经占到 GDP 总量的 10% 以上，是毫无争议的国民经济战略性支柱产业。从产业经济结构来看，文化产业、旅游产业是世界上主要国家重点发展的"绿色产业"，文化旅游是重点应用场景，具有工业资源投入少、外部污染排放少、资源重复利用、品牌价值持续提升等优点，对国民经济的升级和结构转型有重要意义。近年来，随着国民经济发展水平带来人均 GDP 的提升，文化旅游消费环境也发生了深刻变化。"上车睡觉，下车拍照"的旅游方式正在被摒弃，品质游、休闲游、深度游成为旅游的新趋势。国务院发布的《国务院关于促进旅游业改革发展的若干意见》明确指出，"推动旅游服务向优质服务转变，实现标准化和个性化服务的有机统一"，这对文化旅游行业发展提出了新的要求。

然而，旅游市场粗放型的发展直接导致旅游基层从业人员总体受教育水平偏低，数据显示，在现有 2000 余万直接从业人员中，80% 为初、高中毕业。而旅游业需要的精准对口人才存在很大缺口，如旅游规划设计、景区综合管理人才等。文旅融合，对人才的要求进一步提高，专业能力强、综合素质高的人才更为缺乏。

---

① 赵雪璎，宋城演艺集团总裁助理。

二、宋城演艺人才发展的经验

（一）宋城演艺简介

宋城演艺发展股份有限公司（简称宋城演艺，股票代码：300144），是中国演艺第一股、全球主题公园集团十强企业，连续十一届获得"全国文化企业三十强"称号，创造了世界演艺市场的五个"第一"——剧院数第一、座位数第一、年演出场次第一、年观众人次第一、年演出利润第一，以"演艺"为核心竞争力，独创"主题公园＋文化演艺"经营模式，依托"宋城"和"千古情"两大品牌，产业链覆盖现场演艺和旅游休闲，是世界大型的线上和线下演艺企业。宋城演艺旗下拥有 74 个各类型剧院、175000个座位数，超过世界两大戏剧中心伦敦西区和美国百老汇全部座位数总和。目前宋城演艺正以"演艺宋城、旅游宋城、国际宋城、科技宋城、IP 宋城、网红宋城"为战略指引，已建成和在建杭州、西安、上海、三亚、丽江、九寨、桂林、张家界、珠海、佛山、西塘等数十个旅游区和演艺公园、上百台千古情及演艺秀。

1996 年，宋城演艺旗下第一个景区——宋城景区开业，公司以"建筑为形、文化为魂"为指导，一直保持对文化的虔诚之心，潜心挖掘宋文化，在历史中提炼核心表演和主题活动的元素、公园营造的软硬件、符合文化背景的商业等，并且常改常新。2010 年上市以后，宋城演艺的"主题公园＋文化演艺"主营业务开启了异地复制扩张步伐。2013 年，首个异地项目三亚千古情景区开业，2014 年丽江千古情景区和九寨千古情景区相继开业，首轮异地项目开拓均大获成功。2019 年年底，宋城演艺王国的推出，是公司对 20 余年"主题公园＋文化演艺"经营模式的升华，从"一个景区，一台演出，一种门票"到"一个集群，多台演出，多种票型"的转型，引领国内文化旅游演艺行业新业态的发展方向。

（二）人才培养生态及发展中的问题

德鲁克认为：企业的资源包括很多，但真正的资源只有一项，就是人力资源。人才是企业的根本，企业间的竞争归根结底是人才的竞争。宋城演艺在二十多年的发展中，深深体会到人是企业发展第一资源。

公司旗下第一个项目——宋城景区伴随着中国文旅行业的发展已经走过了二十五年，坚持创新、勇立潮头的精神让宋城景区近二十年来营收和净利润复合增长率均超过 20%，创造了中国文化主题公园无数的奇迹，也为公司持续发展积累了丰富的人才、经营等优势。在第一轮异地扩张的三亚、丽江、九寨项目上，公司以总部和宋城景区为核心力量，阶段性调度全公司资源聚焦新景区开业，创造了景区从动工到开业的"宋城速度"，同时公司以宋城景区外派核心管理人员、骨干员工和本土化招聘相结合的方式，锻炼了一批能打硬仗和胜仗的核心队伍。这批带有深刻"宋城文化"印记的队伍，成功将宋城管理模式在异地复制；此外，公司也培育出了第二轮宁乡、宜春等地的轻资产复制和管理模式。

但随着异地项目的不断开业，王牌宋城景区的核心骨干陆续外派，公司内的人才优势逐渐被稀释，主要凸显在以下两方面：一是优质人才的稀缺，尤其在管理人员和专业技术人员方面，如设计人员、编创人员、艺术创作人员、景区运营综合管理者等；二是一线人员流动性较大。

三、文旅行业人才发展思考

文旅行业是个发展速度极快、知识技能更新频繁的行业，需要与时俱进的人才。目前文旅行业人才不仅存在数量缺口，还存在一定质量提升的空间，尤其文旅行业融合后，对人才的专业性、综合性和全面性的要求会更高。从企业用人的角度来看，在高校文旅人才培养中，希望能加强以下几方面的学习和培养：

第一，提倡"勤"。用"勤"的品质，在一线锻炼并成长。纸上得来终觉浅，绝知此事要躬行。书本里的理论知识，只有通过实践才能得以论证和体现价值。只有一步一个脚印扎实成长起来的员工，才会是一名优秀的管理者。从事服务行业需要有较好的身体素质。一线员工要"眼、手、口"勤，才能做好对客服务。而管理人员则是用"脚"在管理，只有走在景区的角角落落，才能及时有效地发现和解决问题。如今"00后"的一代人，有些缺少"勤"的品质，有的同学刚从学校毕业就想从事"管理"工作。稻盛和夫说过："眼睛可以眺望高空，双脚却必须踏在地上。梦想、愿望再大，现实却是每天必须做好单纯、甚至枯燥的工作。"从事文旅行业也是如此。

第二，加强"文"。旅游是文化的载体，文化是旅游的灵魂。以文塑旅、以旅彰文，宋城之所以有今天的发展和成绩，得益于从宋城景区开业的第一天起，就将文化和旅游深深结合在一起。文旅的从业者们，正是要带有文化基因，投入到文旅事业中来。据了解，在高校的教育中，从专业名称到课程内容，大多数是与旅游相关，文化内容涉及较少。比如，大多数院校设置"旅游管理"专业，课程的设置方面重点在于旅游服务内容，缺少文化内容的设置。因此在课程上可增加传统文化、汉语言文学、中西方文化差异等相关内容的学习。

第三，追求"美"。马克思曾说："美是一切事物生存与发展的本质特征，社会的进步，就是人类对美的追求的结晶。"无论从景区规划设计、氛围包装、内容编创、园区设施、服务礼仪、仪容仪表等，无一不关乎美学。学生在校期间，应尽可能多地接受美学相关的教育，包括基础的色彩搭配、审美心理学等。

第四，开拓"智"。科技赋予文旅新的活力，5G+AI的前沿技术对文旅行业的影响很大，近乎一次后疫情时代的涅槃。当"Y时代"和"Z时代"成为文旅消费的主力军之后，旅游项目的种类也正从以观光为主的旅游景区向新型的旅游度假娱乐目的地转变，高科技的应用无疑成为多元化发展的催化剂。在数字化时代，学生可以更多地参与相关的学科研究，多进行社会实践和项目考察，感受前沿科技带给文旅创造的新活力。

今天，"文旅 +"的模式释放出巨大的市场空间，演艺、娱乐、科技、康养、游戏、乡村等无一不在"文旅 +"的平台上彰显出更大的活力。同样，文旅也被推向了更广阔且复杂的市场环境，不再是传统意义上的旅游目的地。高校对旅游学科的设置，一定要具备前瞻的眼光，并充分运用好企业的资源和平台。

从高职旅游类专业目录变迁考察旅游人才培养的迭代

吴盈盈　王昆欣　褚　倍　李　冬　汪　汇①

专业目录是高等职业教育的基本指导性文件，是高校设置与调整专业、人才培养、组织招生、指导就业的基本依据。高职专业目录的设置有其特定的历史变迁轨迹，在 2004 年之前，高职专业目录主要参考本科院校专业目录，但存在专业种类繁多、分类过细、地方特征过于突出等问题。从 2004 年高职高专指导性专业目录的诞生，再到 2015 年专业目录的修订和后续增补专业，以及今年 3 月份教育部印发的《职业教育专业目录（2021 年）》，高职专业目录都与特定时空下的经济社会发展相联系，在回应时代需求的过程中进行着动态变化与调整[1]。

一、高职旅游类专业目录时间维度的变迁历程

（一）2004年版高职旅游类专业目录：奠定专业发展基础

2004 年，教育部印发《普通高等学校高职高专教育指导性专业目录（试行）》（以下简称《目录 2004 版》），共有 19 个专业大类、78 个专业类、532 种专业。这是首次以产业岗位群作为专业设置标准，突出反映高职高专教育的特色，促进高等职业教育与就业创业教育的紧密结合②。《目录 2004 版》共有 6 个专业大类，设置了 14 个与旅游相关的专业（见表 1）。

---

① 吴盈盈，浙江旅游职业学院助理研究员；王昆欣，教授，浙江旅游职业学院，教育部全国旅游职业教育教学指导委员会副主任委员，中国旅游协会旅游教育分会副会长；褚蓓，浙江旅游职业学院教授；李冬，浙江旅游职业学院副教授；汪汇，浙江旅游职业学院教师。

② 教育部：关于印发《普通高等学校高职高专教育指导性专业目录（试行）》的通知（2004-10-22）。

表 1 《普通高等学校高职高专教育指导性专业目录（试行）》（2004 版）旅游类专业

大类	专业名称	专业代码
5102 林业技术类	森林生态旅游	510207
5205 民航运输类	空中乘务 航空服务	520503 520504
6401 旅游管理类	旅游管理 涉外旅游 导游 旅行社经营管理 景区开发与管理 酒店管理 会展策划与管理 历史文化旅游 旅游服务与管理	640101 640102 640103 640104 640105 640106640107（目录外） 640108（目录外） 640151（目录外）
6402 餐饮管理与服务类	餐饮管理与服务 烹饪工艺与营养 西餐工艺	640201 640202 640221S（目录外）
6601 语言文化类	旅游英语 旅游日语	660109 660111
6701 艺术设计类	旅游工艺品设计与制作	670111

《目录 2004 版》解决了高职院校专业设置规范化问题，有效促进了职业教育改革与发展，也奠定了我国高职教育旅游类专业发展的基础。

（二）2015 年版高职旅游类专业目录：注重学生的全面发展

2015 年，教育部在《目录 2004 版》基础上，参考行业和职业分类，全面修订了《普通高等学校高职高专教育专业设置管理办法》和《普通高等学校高职高专教育指导性专业目录》。与《目录 2004 版》相比，修订后的目录在体系结构上做了较大调整，以专业大类对应产业，专业类对应行业，专业对应职业岗位群或技术领域，设置了"专业方向举例""主要对应职业类别""衔接中职专业举例""接续本科专业举例"四项内容[1]。涉及旅游相关专业中，将空中乘务、航空服务 2 个专业合并为空中乘务专业；旅游管理、旅游服务与管理、历史文化旅游、涉外旅游 4 个专业合并为旅游管理专业；导游、英语导游 2 个专业合并为导游专业；中西面点工艺、中西面点工艺与营养 2 个专业合并为中西面点工艺；旅游工艺品设计与制作合并到工艺美术品设计专业；同时将原目录外专业会展策划与管理、休闲服务与管理统一纳入旅游大类专业目录里，并予以合并优化。

这些调整旨在通过推动专业设置与产业需求对接，课程内容与职业标准对接，教学

---

[1] 教育部：关于印发《普通高等学校高等职业教育（专科）专业设置管理办法》和《普通高等学校高等职业教育（专科）专业目录（2015 年）》的通知（2015–10–28）。

过程与生产过程对接,毕业证书与职业资格证书对接,职业教育与终身学习对接,注重人的全面发展,以促进高等职业教育更好地服务经济社会发展。

（三）2021年版职业教育专业目录:旅游职业教育发展新起点

2021年,教育部按照我国"十四五"规划和2035年远景目标对职业教育的要求,发布了《职业教育专业目录(2021年)》。新版目录一体化设计了旅游中职教育、高职专科、高职本科等不同层次专业,以对接现代产业体系,服务产业基础高级化、产业链现代化[①]。其中旅游类专业新增旅游管理、酒店管理、旅游规划与设计、烹饪与餐饮管理4个高职教育本科专业;高职专业新增定制旅行管理与服务、民宿管理与运营和智慧旅游技术应用3个专业,总数增至23个。酒店管理、景区开发与管理和餐饮管理等传统旅游专业分别更名为酒店管理与数字化运营、智慧景区开发与管理和餐饮智能管理,凸显数字化改革和智慧赋能的发展趋势(见表2)。

表2 《职业教育专业目录(2021年)》旅游类专业

大类	专业类	专业名称	专业代码
旅游大类 (职教本科)	3401 旅游类	旅游管理	340101
		酒店管理	340102
		旅游规划与设计	340103
旅游大类 (职教专科)	5401 旅游类	旅游管理	540101
		导游	540102
		旅行社经营与管理	540103
		定制旅行管理与服务	540104
		研学旅行管理与服务	540105
		酒店管理与数字化运营	540106
		民宿管理与运营	540107
		葡萄酒文化与营销	540108
		茶艺与茶文化	540109
		智慧景区开发与管理	5401010
		智慧旅游技术应用	5401011
		会展策划与管理	5401012
		休闲服务与管理	5401013
	5402 餐饮类	餐饮智能管理	540201
		烹饪工艺与营养	540202
		中西面点工艺	540203
		西式烹饪工艺	540204
		营养配餐	540205

---

① 教育部:教育部印发《职业教育专业目录(2021年)》(2021-03-22)。

续表

大类	专业类	专业名称	专业代码
农林牧渔大类 （职业专科）	4102 林业类	森林生态旅游与康养	410210
交通运输大类 （职业专科）	5003 水上运输类	国际邮轮乘务管理	500304
	5004 航空运输类	空中乘务	500405
教育与体育大类 （职教专科）	5702 语言类	旅游英语	570203
		旅游日语	570207

从新版《职业教育专业目录（2021 年）》修订情况来看，其内容体现了旅游职业教育三个发展新趋势：一是国家对旅游中高职教育的发展，将由以往相对独立向整体思考、整体设计、整体推进迈进；二是 2018 年以来文旅融合的发展态势开始在专业层面有所体现，首次出现以"葡萄酒文化与营销""茶艺与茶文化"等直接以"文化"命名的专业，并将旅游新业态、新趋势体现在专业名称上，譬如"研学旅行管理与服务""酒店管理与数字化运营"等；三是专业的适用性更强、中高本衔接度更为紧密，如出现了"定制旅行管理与服务""民宿管理与运营"等新专业，同时在旅游类、餐饮类专业上，有了高职本科教育的突破。

二、从高职旅游类专业目录变迁看旅游职业教育内涵发展

（一）旅游职业教育内涵发展的特点

二十年来，高职旅游专业目录历经调整变迁，其特点是："以服务为宗旨，以就业为导向"的总体原则不变，但在特定时期对应的人才培养定位和专业内涵建设要求却不尽相同。

20 世纪 90 年代末，旅游职业教育以培养"高级技术应用型专门人才"为目标，以缓解市场对旅游专业人才的需求。进入 21 世纪以来，人类社会生产方式和学习方式发生了两大根本性转变，一是工业化社会向知识经济社会的转变，二是一次性学历教育向终身学习的转变，高等职业教育提出关注人的全面发展，并把职业教育与终身学习相对接。2018 年，随着文旅融合以及人工智能发展，专业目录调整对专业内涵发展提出新要求，以对接现代产业体系，服务产业链现代化，推进专业升级和数字化改造。

从我国 20 年来旅游高职专业变迁可以看出，国家对职业教育发展的定位越来越明确，职业教育所承担的任务也越来越清晰，职业教育由粗放型发展走向内涵式发展道路已成为各界共识。

（二）旅游职业教育内涵发展的阶段性成果

自 2004 年教育部颁布专业指导性目录，国家陆续通过政策推进、项目引领、财政支持等方式，对高职教育内涵式发展提出明确要求，其中最重要的标志有四个：

一是国家级专业指导委员会的建立。2006 年教育部成立了"高职高专旅游类专业教学指导委员会"和"高职高专餐旅类专业教学指导委员会"，这从根本上解决了以往旅游高职专业建设各自为政的问题。

二是国家政策对专业内涵式发展提出新要求。2015 年教育部印发《高等职业教育创新发展行动计划（2015—2018）》、2019 年国务院发布《国家职业教育改革实施方案》明确了专业设置与产业需求对接、课程内容与职业标准对接、教学过程与生产过程对接等要求，这些要求被迅速贯彻落实到了各级各类的文件和行动中。

三是指导性专业目录的更新步伐加快。教育部在时隔 11 年后，于 2015 年发布了《普通高等学校高等职业教育（专科）专业目录》，对专业进行了扩容，并且在后续每年对目录进行增补，其中 2019 年增补了研学旅行服务与管理、葡萄酒营销与服务等旅游类专业。在专业设置的管理体制上，也从以往目录制向负面清单制转变，要求除国家控制的高职专业以外，各高职院校可根据专业培养实际，自行设置专业方向，这极大地激发了旅游职业院校主动对接产业的热情。

四是国家专项建设计划的实施，直接推动旅游专业建设迈上新台阶。教育部、财政部 2006 年启动实施的"国家示范性（骨干）高等职业院校建设计划"、2015—2018 年实施的高等职业教育创新发展行动计划项目（优质高职院校）、2019 年实施的"中国特色高水平高职学校和专业建设计划"（双高计划），为推动专业高质量发展奠定了基础。尤其是双高计划，将专业群作为专业建设的新方向，直接打破了以往单个专业建设存在的适用性壁垒问题，加强了不同专业的融合和互补。

综上所述，旅游职业教育内涵发展的进程中，有以下阶段性成果：解决了旅游高职专业建设各自为政的问题；明确了专业设置与产业需求对接、课程内容与职业标准对接、教学过程与生产过程对接的具体要求；提升了旅游职业院校主动对接产业的积极性，加强了不同专业的融合和互补。

三、从旅游高职专业目录变迁展望旅游人才培养迭代

新时代文旅融合背景下，人工智能和大数据等互联网技术的高速发展，集高度知识融合、技能集成、学科交叉的文旅产业，其产业链、岗位群对旅游从业人员的综合素质、专业技能以及可持续发展能力都提出了更高的要求。新版专业目录再次调整专业定位过于狭窄的专业，纠正高职院校培养的人才呈现单面性倾向，以适应未来经济社会发展对复合型技术技能人才的需求。

专业升级和数字化改造重塑是新版专业目录的逻辑起点。站在新起点，笔者认为旅游职业教育未来人才培养模式应从以下方面改革：

一是把握产业变革特征，积极探索并逐步推行"1+X"证书制度。应动态调整专业设置，同行业、企业需求接轨，培养学生职业生涯发展所需综合能力，帮助学生获得相应技术技能资格证书，增强就业适应力。

二是构建旅游职业教育中知识与能力转化模式，补齐文旅人才结构短板。针对文旅融合对人才规格的新要求，要形成明确的培养目标和培养内容、高效的培养方式、稳定的培养主体，实现文旅人才的三类知识（通识性知识、专业性知识和实践性知识）有效传递，构建旅游职业教育人才培养的"理想模式"。

三是完善人才培养保障机制。要加强人才培养体系的开放性，在人才培养目标的设定、课程设计、教学模式以及师资队伍建设等方面推进职业院校与行业、企业的对接，促进普通教育与职业教育的融通和渗透；完善旅游职业教育评价机制，依据新时代教育评价改革总体方案，用好教育改革的指挥棒，充分利用大数据和第三方中介机构，多元评价职业教育的办学水准。

四是将学历教育与技能培训灵活组合，探索育训结合人才培养新模式。要面向文化事业、文化产业与旅游业和区域发展需求，完善旅游职业教育资源布局，创新旅游职业教育组织形态，促进旅游职业教育和产业联动发展。按照育训结合、长短结合、内外结合的要求，面向包括在校生在内的全体社会成员广泛开展职业培训。

五是深化旅游职业教育产教融合人才培养改革。探索以文化引领、产学一体、校企合作为手段，以职业教育集团、产教融合联盟等为载体，整合政府、企业、院校、科研机构力量，建立政企学研一体化培养模式；将文化事业、文化产业和旅游业融合发展，贯穿旅游人才培养开发全过程，强化政策引导，鼓励先行先试，促进供需对接和流程再造，构建产教融合长效机制。

四、结语

在旅游业蓬勃发展的近二十年，我国旅游职业教育在与时俱进中改革创新。现阶段，我国正大力实施职业教育创新发展高地建设、中国特色高水平高职学校和专业建设计划、本科层次职业教育试点等重大举措，职业教育迎来了空前的发展机遇。本文对近二十年来中国旅游职业教育专业目录变迁历程进行了回顾与总结，分析专业目录调整带来的专业内涵建设、人才培养模式变化，提出了高职旅游专业内涵式发展的方向。把握产业变革特征，深化旅游职业教育产教融合人才培养改革和扩广育训结合人才培养新模式，完善人才培养保障机制，构建旅游职业教育人才培养的"理想模式"，旅游职业教育大有可为。

文化创意旅游人才培养的探索与实践

罗晓东①

文化旅游融合发展是时代课题，解决这一时代课题的重要路径是发展文化创意旅游，而人力资本对文化创意旅游的发展至关重要，培养具备创意思维、文化内涵、创新能力和综合素养的文化创意旅游人才成为时代急需。

一、文化创意旅游的内涵界定

文化创意旅游是指通过将文化资源创意开发成旅游产品或将旅游资源进行文化价值挖掘再创意开发成旅游产品从而形成的旅游消费形式。随着文化赋能、旅游带动的优势不断显现，文化创意和旅游的跨界融合被赋予全新的内涵，文化创意旅游因其所具备的再生性、体验性、创新性和延展性特征，正成为新时代旅游业高质量发展的重要引擎。首先，文化创意旅游具有再生性。文化创意与旅游的融合使文化元素贯穿于旅游活动的各环节和各要素中，在提升旅游产品价值和服务品质的同时，创造引领新的旅游需求。其次，文化创意旅游具有体验性。文化创意旅游以旅游者文化创意互动体验为中心，将特色文化资源和文化元素转化为优质的文旅产品和独特的文化旅游体验，唤醒人们对精神文化价值的尊重与共鸣，重塑文化旅游新消费模式。再次，文化创意旅游具有持续性。文化本身的博大持久能激发旅游者深层次文化体验，并刺激出持续的、进阶的文化旅游需求，形成文化创意旅游的持续性。最后，文化创意旅游具有延展性。以创意旅游为核心联动相关产业群发展，创造更加丰富的文旅消费场景，在产业交叉、渗透中形成众多旅游新业态，拓展延伸文化创意旅游价值链。

二、文化创意旅游人才的现状与需求

（一）我国文化创意旅游人才的现状

世界旅游组织统计，在全球所有旅游活动中，由文化旅游拉动的占 40%，文化旅游产业的发展，文化创意旅游人才是关键，也是制约旅游业高质量发展的重要因素，人

---

① 罗晓东，四川文化产业职业学院院长。

才的作用在于提高资本利用效率、充分展现文化资源内涵，最大化文化旅游产品附加值。然而，文化创意旅游人才的现状却是严重滞后的。首先，文化创意旅游人才有效供给不足。根据国家统计局统计，2019 年全国规模以上文化及相关产业企业实现营业收入 86624 亿元，按可比口径比上年增长 7.0%，持续保持较快增长，但从事文化创意旅游相关的人才有效供给明显不足，如 2019 年，全国文物机构从业人员 16.24 万人，比上年年末增加 0.02 万人，其中高级职称 10123 人，仅占 6.2%，中级职称 21176 人，仅占 13.0%。其次，文化创意旅游人才优化的梯次结构尚未形成。多数旅游人才集中在初级讲解接待服务岗，"两极"短缺的现象较为突出。主要体现在懂文化、会管理、善经营、能干事的高端旅游人才和一线技能型人才的短缺，亟待形成由文化创意层的项目策划者、产品开发者，执行运营层的方案运营者、技术应用者，服务层的文化推广者、服务提供者的复合型梯次队伍。最后，文化创意旅游人才的核心能力尚未明确。各开设旅游专业的高校都已将文化创意能力作为人才培养的目标，但还未构建起完善的、递进式、复合型的文化创意旅游人才培养体系，文化创意旅游人才的培养质量还有待提高。

（二）我国文化创意旅游人才的需求

人力资本是文化旅游产业高质量发展的核心要素，也是文旅产业增值的重要源泉，文化创意旅游人才的需求结构应该由文化创意旅游开发人才、文化创意旅游营销人才、文化创意旅游运营人才和文化创意旅游技术人才组成。文化创意旅游开发人才应具备良好的文化素养，保持对文旅产业的敏锐性和前瞻性，善于文化旅游创意提升和价值挖掘。文化创意旅游营销人才擅长引导旅游新需求，运用整合营销手段全面推进文化旅游模式创新、业态创新、产品创新，实现最大化文化旅游价值增值。文化创意旅游运营人才应具备旅游产业链中的营销策划、品牌运营、服务执行等能力，完成文化创意旅游内容生产，拓展文化创意旅游价值链。文化创意旅游技术人才应擅长运用数字化、网络化、智能化的旅游技术手段，发挥科技创新对文化和旅游发展的赋能作用，全面塑造文化和旅游发展新优势。因此，应以文化创意能力与旅游实践能力培养为目标导向，深度拓展文化创意旅游人才培养的实施路径，切实提高文化创意旅游人才的培养质量。

三、文化创意旅游人才培养的路径探索

（一）构建"一纲四目、知行合一"的文化创意旅游人才培养体系

应对接文化创意旅游产业链，构建"一纲四目、知行合一"的文化创意旅游人才培养体系，将文化创意教育融入旅游人才培养全过程。"一纲"即以培养面向文化创意旅游领域，具备较强人文精神、扎实应用能力的高素质文化创意旅游人才为目标，形成"旅游奠基、文化强核、技术赋能"的文化创意旅游人才培养理念。"四目"即完善文化

创意类人文通识教育课程和专业群文化创意通用课程、专业文化旅游核心课程和专业拓展课程、创意创新创业实践课程、素质拓展教育课程模块建设，采用"宽平台＋活模块"的方式，将文化创意旅游人才的核心能力与延伸拓展能力培养相结合，形成以人文底蕴为核心、以旅游从业能力为基础、以文旅跨界融合能力为引领的文化创意旅游人才的能力结构体系。

（二）形成"递进式"文化创意旅游人才培养模式

"递进式"首先体现在文化创意旅游专业群的联动贯通。通过各"文化＋"专业群的相互渗透、优势互补，主动对接旅游在创意设计、文化传播、营销推广等领域的新动态，实现文化创意旅游人才的复合跨界培养。"递进式"还体现在文化创意旅游链的跨岗位能力培养。要确立"文化内容创意→文化价值开发→文化旅游产品营销"的"递进式"人才培养模式，围绕"文化旅游创意开发能力""文化资源创新转化能力""文化旅游产品营销传播能力""文化旅游创业运营能力"四种专业核心技能展开人才培养，提升文化创意旅游人才的可持续发展能力。

（三）深度拓展文化创意旅游人才培养的实施路径

首先，优化完善文化创意旅游人才培养课程体系。例如，以区域文化旅游资源为切入，开设具有地域文化特色的《巴蜀旅游文化》《知味巴蜀》等文化旅游专业素养课，实现专业群平台课程"底层共享"；对接产业发展岗位需求，构建专业核心能力课程＋专业综合能力课程，以实现各专业核心能力"中层分立"；以文化旅游跨界融合的素质拓展课程，实现专业群课程"顶层可选"，形成内容丰富、特色鲜明的文化创意课程体系，培养学生准确理解文化内涵、树立较高文化审美意识、建立完整文化思想体系和自觉传承优秀文化传统四大核心素养，获取未来旅游专业技能学习的文化创意素材，创新传统文化传育路径。

其次，探索文化创意旅游人才培养产教融合模式。搭建产教融合平台，形成校行政企研共同育人模式，以区域文化旅游资源为依托，以高校的文创旅游开发人才智力为优势，以多方合作开发的文化创意旅游项目为载体，展开创意、策划、开发、设计、运营、服务整个文化创意旅游产业链的项目运作。高校重点组建集文旅项目孵化、旅游文创商品设计、文旅企业培训等功能于一体的文化旅游产业学院，通过文化旅游产业学院孵化项目，将区域文旅项目引入专业教学和社会服务，搭建以提高文化旅游素养和文化旅游创意能力为主体的教学平台，拓展专创融通的人才培养实施路径。例如，依托专业群助力乡村振兴、传播红色文化等社会服务职能，开发乡村旅游、红色旅游教学资源，培养学生传承红色文化、打造文化旅游产品的能力。将"文化会展"创意与地方会展经济相结合，开发策划文化会展项目，培养学生"文化＋会展"技能。

再次，形成文化创意旅游的实践教学体系。密切结合文化旅游产业"新技术、新业态、新模式"，以大数据、智慧旅游、移动互联网为技术支撑，构建集"人才培养、创新创业、文化传承、项目运营"功能为一体的生产性仿真实训基地，形成文化创意旅游的实践教学体系，即"创意中心""创新中心""创业中心"。创意中心启发学生文化创意旅游的创造性和新颖性思维，创新中心培养学生具备利用文化资源转化为创意旅游产品的营销传播能力，创业中心培养学生在旅游行业的创业素质和创业能力。实现文化创意旅游从创意、生产到营销的全过程的项目实践教学，有效打破不同专业群之间的壁垒，实现资源共享，打造文化创意旅游人才培养的开放式空间。

参考文献

［1］宋亚峰.高职专业目录与职业分类目录的谱系变迁研究［J］.职业技术教育，2021（7）：25-30.

新文旅视野下高校旅游专业实践教育创新研究

韵　江　易慧玲　刘　博^①

一、研究背景

（一）文旅融合的趋势

2018 年文化和旅游部成立，标志着国家从制度层面迈出了文旅融合战略实施的步伐，"以文塑旅，以旅彰文""宜融则融，能融尽融"的理念在产业实践中不断强化，景区和酒店创新场景叙事上演的"剧本杀"、打破刻板印象让文物古迹活化的"博物馆游"、还原地方文化的沉浸式体验表演、社交媒体上颜值和热度不减的各类网红打卡点、文创盲盒都成为时下旅游消费的宠儿。"叫好"又"卖座"的多元化产品不仅是对文旅融合效果的检验，也对旅游供给者提出了更高的要求，文化与旅游的创意生成与落地需要懂文化、知旅游、熟运营的专业人才保驾护航，将其反映在人才培养上，文旅融合在拓宽旅游边界的同时，也对满足国家战略导向和社会发展需要的旅游人才提出了新要求。

（二）多元技术的发展

近几年，AI、VR、区块链、元宇宙等技术不仅从概念走向了应用，在提高人们生活品质的同时，也为旅游业带来了新的活力。从景区、酒店启用的拟人化服务机器人，餐饮、住宿等消费场景中的无接触服务以及满足人们对远方想象和期待的虚拟旅游、云旅游直播等服务呈现方式不仅为旅游消费者提供更快捷有效的服务，也不断助推旅游者体验的提升。信息技术在催生旅游多业态融合的同时，也让更多有技术有资源的企业跨

---

①　韵江，教授，博士生导师，东北财经大学旅游与酒店管理学院院长，文旅产业创新发展研究院执行院长。易慧玲、刘博，东北财经大学旅游与酒店管理学院博士研究生。

基金项目：国家社会科学基金重大项目"高质量发展情景下中国企业高端化战略变革理论研究"（21&ZD140）；文化和旅游部宏观决策课题"新文旅战略型人才培养体系创新与模式探索"（2022HGJCK10）；辽宁省"百千万人才工程"资助项目"科技创新项目持续培育与政策绩效研究"（辽人社函〔2020〕78 号）；东北财经大学本科教改项目"战略型卓越文旅人才培养体系构建研究与实践"。

界进入到旅游领域，冲击着打上传统标签的旅行社、星级酒店等旅游供给商，转型、创新成为新时代旅游企业发展的关键词，产业实践也给旅游实践教育带来新启示：旅游实践教育如何能够与时代同频共振，技术是否带来旅游实践教育的变革成为当下对旅游教育工作者的拷问。

（三）疫情下旅游教育的反思

我国旅游教育与旅游产业发展联系密切，整体而言，旅游教育为旅游产业输送了大量人才，满足了产业发展的需求，同时经过 40 多年的发展旅游教育存在的问题也逐渐凸显，如马波（2019）认为旅游本科阶段的人才培养处于"上不能顶天、下不能立地"的尴尬境地[1-2]，从社会层面来看，旅游管理学生的工作被刻板化为从事一线服务，旅游从业人员的社会认可度低、旅游行业薪资对毕业生的吸引力下降；从学生和家长层面来看，旅游管理本科的教育成本与毕业后的薪资状况对比形成心理落差，加之疫情对旅游业的冲击让家长和学生选择报考旅游管理专业的态度更为谨慎；从学校层面来看，疫情使旅游管理专业本科的招生压力增加，数据显示，旅游管理本科的招生院校从 2019 年的 597 所下降到 2020 年的 515 所，增长率为 −13.74%[3]。旅游管理专业的缩招虽是多方因素互动的结果，但从旅游教育工作者的视角出发，新文旅赋予了旅游实践教育何种新的内涵，如何开展旅游实践教育的思考具有深远的意义。

二、新文旅实践教育的价值旨趣

（一）新文旅的科学内涵

现有对文旅融合的探讨主要包括文化与旅游的关系思辨[4-5]、文旅融合的演进过程[6-7]、文化与旅游产业融合水平测度[8]、结构维度[9-10]、实现路径[11-13]等方面，有关新文旅的提法虽见诸文献与新闻报道中，有研究者将文化和旅游部的成立作为新文旅时代的开端，但对其内涵探讨较少。基于此，报告首先对"新"进行解构以便更好地理解新文旅的意蕴。《说文解字》中对"新"的释义为"取木者，新之本义，引申之为凡始基之偁"[14]，因此"新"包含两层含义：其一为其初始含义，甲骨文的考证中对新有较为形象的描述，即左边为木，右边为斧，借助工具砍树取木之意；其二为其引申含义，指向初始物与新生事物，词典中也将其与"旧"相对，一方面将旧事物作为起点，在其基础上加入新的元素和技术，对旧事物进行完善和更新，另一方面也以新生事物的兴起和生长为发展脉络，是从无到有的过程，聚焦于物的创生，此外，"新"不仅包含物质层面，还包括思想和精神层面，聚焦于人的创新意识和创新精神的形成。

通过对"新"的解构来理解新文旅，不仅揭示了新旧事物的交替和动态变化过程，也体现了新文旅蕴含着物质性和精神性的统一。从产业层面来看，新文旅在聚焦于文化产业和旅游产业融合的同时，不仅关注效率和效益，更从超越物质的层面来诠释文旅融合的公共价值和社会功能，将人民满意的理念融入其中，彰显人民对美好生活向往的价值诉求和文化认同。从学科层面来看，学者们通常认为旅游学科是一个交叉性的学科，其与地理学、心理学、美学、文化学等均有密切的联系，而在教育部新文科的倡导中，新文旅则是新文科的一种实践样态，其并非仅代表着学科的交叉与融合，更关注新文旅对促进高等旅游教育目的的实现作用，即指向知识生产和人的培养[15]，因此，从教育的视角解读新文旅，赋予其多层含义，不仅满足旅游产业发展需求，而且融入实现旅游学科发展以及人的成长的理念，是工具理性和价值理性的统一。

（二）实践教育的含义

实践通常被日常化为活动和行动的代名词，实践教育则被理解为教育中的实践环节，但现有研究者从实践主体、实践客体、实践条件和实践目标等方面将实践教育与一般性实践活动进行了区分[16]，由于实践教育聚焦于人的成长，而教学则是师生互动中实现人才培养的过程，强调人的有用性的塑造，可见实践教育外延更宽，其成为将理论教学和实践教学相统一的概念[17]。实践教育不仅包括独立的实践实训课程、课程中的实训课时、多阶段的校外实习等实践教学活动，也包含能产生默会知识的课外互动。实践场景从课上延伸至课外，实践教育的场所也从教室、实验室等固定场所拓展至校园、宿舍、实习基地等非固定多元化场所，且打破了知识由教师向学生传播的单向、被动路径，学生的亲身体验为知识的主动构建提供了可能。简而言之，实践教育不仅是一个做的过程，也是一个以学校为枢纽，在多主体互动中不断学习的过程，其最终落脚点是人的成长和发展。

（三）新文旅实践教育的价值旨趣

基于上述对新文旅和实践教育内涵和概念的探讨，从教育的视角出发，可以发现二者均关注作为主体的人的发展，即学生终身学习和可持续发展能力，2019 年教育部发布《高等教育本科专业教学质量国家标准》，将旅游管理类专业的培养目标界定为应用型人才的培养，这也奠定了中国国情下旅游本科教育服务于产业发展的政策逻辑。现阶段旅游实践教育更关注于技能的培训和实用知识的传播，但实用性技能仅服务于当下的求职就业场景，新文旅时代新生事物在不断涌现，若旅游本科教育仅聚焦于当下，缺少对未来发展的考量，学生仍将面临被市场抛弃的危机。鉴于此，旅游实践教育的目的并非停留在学生实用技能的培养层面，而应注重学生思辨思维和创新能力的培养，旨在促进其持续学习能力和终身发展能力的提升。

三、本科高校旅游实践教育的现状与问题分析

本研究结合人才培养方案来分析本科高校旅游实践教育的现状，并深入剖析其中存在的问题，为推进旅游实践教育的模式转变和路径创新奠定基础。

（一）基于人才培养方案的本科高校旅游实践教育现状分析

人才培养方案是高校办学的顶层设计，是实施理论与实践教育教学活动的根本遵循，因此，高校旅游实践教育的最权威的体现就是旅游管理专业人才培养方案中的实践课程。本研究通过社会关系和高校官网等渠道获取了 35 所本科高校的旅游管理专业人才培养方案，并将其作为分析样本，基于其中的实践课程学分的统计分析，发现高校实践学分占总学分的比重存在一定的差异，分布在 4.76% 至 38.2% 的范围内。由图 1 可知，其中 51.43% 的高校实践学分比重在 20% 以上，实践学分比重在 10% 以下的高校较少，仅为 11.43%。

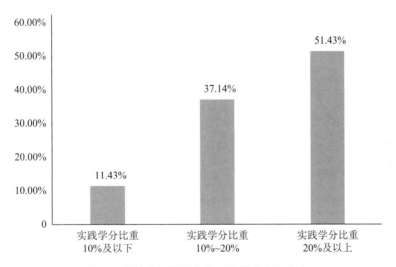

图 1　高校旅游管理专业实践学分占比分布

1. 培养目标设定

各高校对旅游管理专业人才的培养目标总体上定位为"复合型人才""应用型人才"两类，如图 2 和图 3 所示。其中，培养目标定位为"复合型人才"的高校，其具体阐述中多提及"管理"与"研究"或"学术"人才以及学生创新能力的培养。而培养目标定位为"应用型人才"的高校，聚焦于学生咨询、经营、策划等业务能力的培养。

图2　旅游管理复合型人才培养目标词云图

图3　旅游管理应用型人才培养目标词云图

2. 旅游专业实训课程体系构建

实训课程作为连接教学与实践的重要环节，也是学生学习应用技能的主要途径，基于时代发展的需要，各高校在旅游管理类专业实训课程体系的建设上也做出了针对性调整。部分高校在实训课程体系的建设上，致力于驱动学生掌握旅游学科的理论前沿和发展动态，切实了解旅游经济运行、市场特征、行业管理方法的同时，还着力于科研创新能力的培育。与此同时，个别高校也会结合地方、学校特征，将实训课程设置的比较有特色，如南京农业大学将休闲农业调研纳入实训课程中，华南农业大学将自然教育与户外游憩、观赏树木学、生态旅游学等课程予以引入。

此外，一部分高校则是以满足现代旅游业发展需要为导向，在实训课程体系的建设上，致力于增强学生的旅游职业能力、旅游业务管理能力，能够综合运用旅游专业知识和技能，解决旅游行业管理实践问题。

3. 旅游专业考察（或认知实习）与专业实习解析

各高校旅游管理专业考察（或认知实习）开设在第1~7学期，如图4所示。时长集中在1周或2周，个别高校长至8周；学分则多为1学分或2学分。其中，专业考察多开设于第3~7学期（专业认知实习为第1或第2学期）；专业实习开设在第3~8学期，时长集中在4周至24周，且较多高校时长为16周、18周或24周，学分则从2学分至20学分不等。通过访谈各高校旅游管理专业教师或本科生可知，专业考察（或认知实习）主要是由专业教师带领本科生到旅游企业和野外进行旅游资源普查、旅游市场调查等实践活动。专业实习主要是在旅游景区、酒店、旅行社等旅游企业的基层岗位进行顶岗实习，使学生初步具备岗位独立工作的能力，一般实行校内专业教师与校外企业教师双指导制。

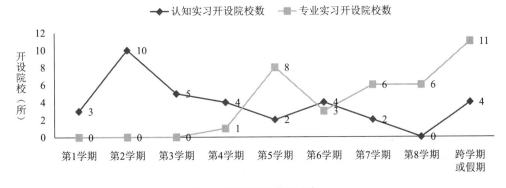

图4 实习开设学期分布

（二）本科高校旅游实践教育的问题分析

1. 旅游实践教学的开展与培养目标的设定不一致

部分高校旅游管理专业人才培养方案中的培养目标设定为"应用型"，且实践学分占比较高，但实际教学过程中，并没有保质保量地贯彻和落实实践教育项目。同时，受条件限制，旅游实践课程并未能体现出"新文旅"的时代发展背景。

具体而言，部分高校旅游管理专业实训课程的学时较少，通过访谈得知，存在重视技能训练而忽略能力锻炼的问题，且实训课程内容与"新文旅"的结合非常有限；专业考察（或认知实习）流于形式，以旅游景区等观览为主，对景区内物质和非物质文化遗产与旅游深度融合内涵的把握仍不够；专业实习的时间将近半年，以酒店、旅行社等企业基层服务为主，实习岗位工作内容多是重复性单一劳动，这与高校旅游管理专业的培养目标是严重不符的。

2. 旅游实践教学模式与方法单一

部分高校在旅游实训课程环节采取"理论灌输"加"蜻蜓点水式实训"的教学方法，延续了理论教学中所采用的讲解与示范模式，很少使用案例教学、项目教学等新颖的教学模式。同时，高校旅游实训课在服务社会方面均较为欠缺，大部分仍处于"闭门造车"的状态，与社会实践尤其是文旅人才需求脱节；专业考察（或认知实习）的教学过程与方法仍不完善，具体而言，在综合利用现场参观、智慧文旅、专业讲座等手段方面不足，在运用全身心、窗口、换位、正反、讨论等考察法上欠缺；在专业实习的教学中，"政、产、学、研"四位一体教育理念的贯彻仍远不够，政府公共行政和公共服务管理、旅游企业经营管理、高校教育教学管理的旅游人才培养管理体系的分工仍不明确、合作仍很有限，政府、旅游企业、高校三方联动的协同办学机制仍未建立、协同育人新平台仍未搭建。因此，传统的学科式教学模式已无法适应当下的专业实习，它不能契合专业实习中各个岗位的实际工作流程与所需技能。并且，校内指导教师线上理论指导、校外指导教师现场实践指导的传统讲授、示范的教学方法太单一，不能激发学生的学习热情，且教学效果不够理想。

3. 旅游实践教学资源配置不合理

直观表现为师资力量薄弱，"双师型"师资的缺乏。各高校在旅游师资的引进上基本是以刚毕业的研究生作为主要目标，而高学历者大多重研究而轻实践，很少能做到理论与实践兼备。并且，旅游管理高层次人才偏少对于专业办学造成巨大困难，为缓解这一窘境，部分高校尝试从其他专业转入师资以维持旅游管理专业正常运转，但这不利于对旅游管理实践教学的专业化开展，如非旅游管理专业背景的教师仅根据自己对实践教学肤浅的理解进行讲解，根本不能深入到实践教学内容的精髓，这与"双师型"师资团队的建设更是背道而驰。

另外，校内外实践基地的建设较为滞后。在校内实践基地的建设上，部分高校未能针对旅游管理专业实训课程体系搭建配套的、迎合文旅融合发展需要的实训室及实训设备。在校外实践基地的建设上，虽然多数高校与文旅企业建立了校企合作关系，但这种合作模式流于形式，难以建立紧密性、长期性的合作关系。在这种浅层次的校企合作模式下，文旅企业与高校依然保持高度独立的关系，学校无法及时、充分地掌握实习生的实际工作状况，更无法插手企业内部的管理事务，导致相应的教学指导以及管理工作不能够及时地落实到位，导致学校无法为学生提供必要的工作支撑和教学指导。

4. 综合考核体系不健全

现有的旅游实践教学考核体系对于评价内容、评价标准没有准确的界定，使评价过程及结果带有较强的主观性、片面性，对学生考核评分的过程也比较简单，不能将整个实践过程科学地予以评价。然而，学生对于实践成绩的看法往往集中于分数的高低，很少回顾实践过程，当成绩不理想时也不能洞悉自己的改变方向，继而对待实践成绩常抱有消极的态度。该现状普遍存在于高校旅游实践教学情境中，其根本原因在于缺乏高效率的量化工具来评价实践教学效果，主要体现在尚未建立科学的、多元交互的综合考核体系，如缺乏学生对于实践基地建设的意见和反馈渠道，尚无实习指导老师对于实践基地的评价途径等，而片面采取当下单一化且低效率的考核体系，不仅无法准确衡量人才培养目标的实现程度，还致使诸多现实问题难以被发掘，对于提高学校实践教学质量、优化实践平台建设的助力效果更是甚微。

四、高校旅游实践教育路径创新

基于旅游实践教育的问题以及新文旅实践教育的目标，从培养原则、实践教育课程体系、教学关系、实践协同、评价等方面构建的旅游实践教育创新框架，如图 5 所示。

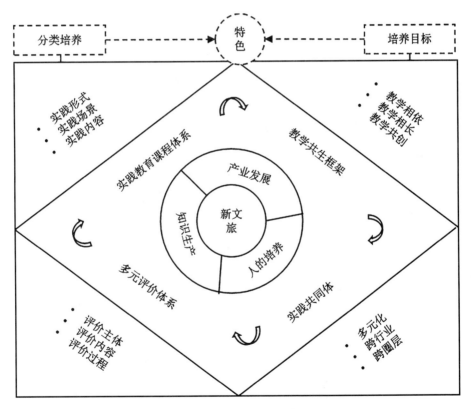

图 5 旅游实践教育创新框架

（一）坚持分类培养原则，明确人才培养目标

人才培养目标是开展旅游教育的基础，决定了旅游教育的课程设置、教学方式以及

培养模式。而多数高等院校的培养目标大同小异，忽视了学校本身的资源条件和优势。据阳光高考网的统计，2022 年我国旅游管理本科招生院校的数量共 516 所，其中不乏在师范类、外语类、民族类、科技农林类等学科具有优势的招生院校，旅游学科与学校的优势学科融合有助于实现旅游人才培养的差异化，而分类培养的理念则为实践探索提供了方向，其一方面有助于整合资源聚焦于优势学科和特色学科的发展，另一方面分类培养是突破旅游人才同质化培养的关键，新文旅时代的旅游教育不仅是对产业新实践的回应，通过学校特色化、多样化的培养目标满足产业发展新诉求，也是对知识生产和人的培养目标的践行，学科交叉和融合是滋养并形成新思想、新理念、新方法的土壤，为突破现有旅游教育专业化路径提供了方向，有助于拓宽学生视野，培养学生公共意识、创新意识以及批判性思维。

（二）突出学校特色，重构旅游实践教育课程体系

首先，以新文旅内涵为基础丰富实践教育形式。根据分类培养的原则，研究型人才和应用型人才的培养目标决定了课程体系上的差异化，因此，一方面以学生研究性能力为培养目标的高校在实践教学的安排上可强化以项目为导向的实践形式，以科研项目、课题论文与实践活动相结合的方式促进实践活动多元化，将实践的空间从校内拓展到包括旅游公共服务、文旅企业、乡村等多空间、多场景，推动学生科研成果与学生实践学分的转化，另一方面以应用型为培养目标的高等院校则需在紧跟国家战略需要的基础上，明确地方特色，以服务地方发展为亮点，进行实践教育体系设计，如探索旅游在服务乡村振兴中的作用，以乡村旅游应用型人才的培养为抓手，推动实训课程和实践教学环节的改革，建立乡村旅游实践基地和旅游志愿服务团队，并结合学校三下乡等社会实践活动与当地社区形成稳定持久的协作关系，将实践基地从名义上的"挂牌行为"深化为出成果、干实事的"实践行为"，在增强学生实践获得感的同时，确保旅游实践教育质量的提升。其次，以信息技术为焦点创设多元化课内实训场景。旅游世界包罗万象，精彩纷呈，不论是传统的旅游行业还是新兴业态蕴含着大量的隐性知识，为知识转化和创造提供了机遇，AR、VR 等信息技术的应用提高了空间的可塑性，有助于增强校内课程实践中学生的体验感和临场感。最后，以时间为脉络确保实践教育内容落地。以 4 年学制为时间域，基于学习规律由浅入深地搭建旅游知识体系，除了对经济效益的关注外，将伦理、社会责任、公共服务等主题融入实践空间，激发学生反思精神，推动学生探索自我价值和意义构建的历程。

（三）强化教师的主体地位，构建教学共生框架

第一，以互动为核心打造教学相依氛围。打破教师在实践教学中的单向、权威式教学话语，构建师生平等的互动话语，将对话、沉思活动融入案例式教学、项目式教学、体验式教学中，探索师生、生生多元互动模式。第二，以多元化师资丰富教学相长

过程。形成包括实践导师、学术导师和思政导师的团队，明确导师成员职责，为学生的职业发展之路提供指导，也为学生的人生旅途点亮智慧和思想之灯。以成果为导向强化教师的参与感，鼓励高职称、高学历教师参与实践教学过程，推进教师实践、实训教学成果转化和认定的工作。第三，以产教学研一体化提升教学共创效果。高素质的教师是培养具有创新精神和终身学习能力的学生的重要影响因素。通过走出课堂，旅游世界和生活世界的实践将有助于转行进入旅游专业的教师了解旅游实际，也利于科班出身的教师迅速成长，同时通过对学生的有效引导，使学生的科研能力、终身学习能力以及忍耐力、同理心等品质在服务和管理情境中得以培养。

（四）推动多元协同，打造实践共同体

打造多元化、跨行业、跨圈层的实践共同体，推动学校、旅游行业和跨界企业的联合。首先，建立旅游高校实践联盟平台。促进开设旅游管理类专业的院校加强沟通与联系，推动高校间旅游实践教学成果、创新做法和经验的分享，搭建实践资源共享平台，实现高校与实习单位的有效对接。其次，鼓励旅游相关组织和跨界企业参与旅游教育实践。拓宽实践教学的渠道，鼓励和推动旅游相关企业、行业协会、社区组织加入旅游实践教学中。在文旅融合、乡村振兴等国家战略的布局中，由此产生的新业态、新领域以及服务类创新创业型跨界企业则为高校培育实践基地提供了更多选择机会，为学生完成实践教学过程提供了支持条件和广阔空间。

（五）加强过程管理，完善实践教育评估机制

评价机制是对旅游实践教育效果的有效监控，有助于推动和改善实践教育过程。首先，拓宽实践教育的评估主体，构建包括学生、家长、实践单位、教师和地方政府等多主体参与的实践评估群体，从多视角探析实践教学的效果。其次，构建多元化评价指标体系，在教学效果的评价中，不仅突出对实践教学资源和条件等硬件的评估，也突出软实力的测度，如对实践导师团教学能力、服务水平、师生互动强度以及学生实用技能、持续学习能力、科研能力的评估。再次，强化过程评估，建立实践教育监督机制。不论是校内实训抑或校外实习，加强实践过程的管理和控制，通过多主体的互动与沟通，动态监控实践效果并根据反馈意见和培养目标及时调整和改进实践活动的内容，提升实践教学环节的质量。最后，强化制度保障。制度是确保旅游教育有效实施的基石，也是新文旅时代旅游实践教育创新的关键。基于现有高等院校旅游管理专业培养目标与实践教育设计存在脱节的现实情况，各学校应根据自身情况制定旅游实践教育的实施方案，一方面需加强前期的实践教育的科学论证，邀请旅游学者、专家、行业管理者以及教师等多主体参与人才培养方案以及实践教育方案的制定，另一方面依据人才培养目标明确实践教育需达到的目标，对实践教育的阶段、内容、形式、课程进行探讨并形成制度性文件，依照制度推进旅游实践教育的有效开展。

参考文献

［1］朱璇.和而不同，兼程并进——读《旅游学纵横：学界五人对话录（续）》随想［J］.旅游科学，2022，36（1）：147-159.

［2］保继刚，谢彦君，王宁，等."旅游学纵横：学界五人对话录（续）"之"旅游教育40年：不惑之惑"［J］.旅游论坛，2019，12（2）：1-13.

［3］隽雨仙，陈苑仪，保继刚.新冠肺炎疫情下中国旅游本科教育的困境与反思［J］.旅游论坛，2022，15（1）：102-114.

［4］傅才武.论文化和旅游融合的内在逻辑［J］.武汉大学学报（哲学社会科学版），2020，73（2）：89-100.

［5］马波，张越.文旅融合四象限模型及其应用［J］.旅游学刊，2020，35（5）：15-21.

［6］王秀伟.从交互到共生：文旅融合的结构维度、演进逻辑和发展趋势［J］.西南民族大学学报（人文社会科学版），2021，42（5）：29-36.

［7］马勇，童昀.从区域到场域：文化和旅游关系的再认识［J］.旅游学刊，2019，34（4）：7-9.

［8］王秀伟.大运河文化带文旅融合水平测度与发展态势分析［J］.深圳大学学报（人文社会科学版），2020，37（3）：60-69.

［9］崔凤军，陈旭峰.机构改革背景下的文旅融合何以可能——基于五个维度的理论与现实分析［J］.浙江学刊，2020（1）：48-54.

［10］吴丽，梁皓，虞华君，等.中国文化和旅游融合发展空间分异及驱动因素［J］.经济地理，2021，41（2）：214-221.

［11］厉新建，宋昌耀，殷婷婷.高质量文旅融合发展的学术再思考：难点和路径［J］.旅游学刊，2022，37（2）：5-6.

［12］邹统钎.走向市场驱动的文旅融合［J］.人民论坛·学术前沿，2021（Z1）：107-115.

［13］李任.深度融合与协同发展：文旅融合的理论逻辑与实践路径［J］.理论月刊，2022（1）：88-96.

［14］许慎.说文解字图解详析［M］.北京：北京联合出版公司，2014.

［15］陈凡，何俊.新文科：本质、内涵和建设思路［J］.杭州师范大学学报（社会科学版）2020.

［16］曾素林，彭冬萍，刘璐.教育性实践：含义、价值及路径［J］.教育学术月刊，2017，（12）：12-17.

［17］彭安臣，王正明，李志峰.高校实践教育的内涵、特点与功能再审视［J］.教育科学探索，2022，40（2）：24-31.

旅游本科教育教学高质量发展的内在逻辑

——院系的视角

马　波　耿庆汇①

一、为什么要关注旅游本科教育教学的质量逻辑

在高等教育体系中，本科教育最为重要，也最为复杂。说其重要是因为本科教育是学科教育的基础，"高教大计，本科为本；本科不牢，地动山摇。"说其复杂是因为本科教育兼有就业和升学两种截然不同的功能，而且在就业指向上需与高职教育形成明确的分工。

2018 年 6 月，为了落实党的十九大确立的高质量发展思想，教育部召开全国高等学校本科教育工作会议，出台"以本为本，四个回归"的新方针，要求高校领导的注意力和教师的精力首先在本科集中，学校资源和教学条件首先在本科配置使用，教学方法和激励机制首先在本科创新，核心竞争力和教学质量首先在本科显现，发展战略和办学理念首先在本科实践，核心价值体系首先在本科确立，并提出"不抓本科教育的高校不是合格的高校""不重视本科教育的校长不是合格的校长""不参与本科教育的教授不是合格的教授"的新表述。前后又陆续推出"四新建设""六卓越一拔尖计划 2.0"一流专业和一流课程建设"双万计划"等重大举措，意在深化本科教育教学改革，提升高等教育的质量水平。

重科研，轻教学，重研究生教育，轻本科教育，曾是国内大学普遍存在的现象。"以本为本"方针的出台，体现了高等教育回归本质的改革意志，得到了学界的普遍拥护。要想把"以本为本"落到实地，就必须充分激发院系对传统教育教学体系进行深入改革的能动性，调动教师教学的积极性，优化教育供给，促进学生学习投入，从而避免理念和主体上的悬浮[1]。

我国的旅游本科教育起步于 1980 年。40 年来，搭乘中国旅游业一路高歌的东风，

---

①　马波，博士，青岛大学教授，应用经济学博士生导师。曾任青岛大学旅游系主任、旅游学院院长、旅游与地理科学学院院长，现兼任教育部旅游管理类教学指导委员会委员、中国旅游研究院学术委员、中国旅游研究院乡村旅游研究基地首席专家、中国区域科学协会区域旅游专业委员会主任委员、中国旅游研究国际联合会（IACTS）创会会士。耿庆汇，青岛大学旅游与地理科学学院副院长、副教授、中国区域科学协会理事兼区域旅游专业委员会副主任委员、秘书长。

先行者筚路蓝缕，以启山林，继行者安营扎寨，开疆辟土，旅游本科教育在院校数量、招生规模、教师规模等方面实现了惊人的增长，成为高等教育大家庭中的重要一员，为旅游业健康发展提供了不可或缺的人力支撑。需要关注的是，我国的旅游本科教育主要是在旅游业蓬勃发展的外力驱动下兴起的，教育教学框架搭建难免带有应急和急就色彩，相关理论研究一直有欠深入和充分，发展模式以外延式增长为主。近 10 年来，随着我国高等教育普及率的持续提升，开办旅游本科专业的院校总量依旧在增加，专业增设主要发生在地方性应用型高校，全国总招生量和院校平均招生量、在读学生数量开始呈现下行态势，表明旅游本科教育的规模增长阶段已基本终结；另外，我国旅游业发展的主要矛盾从总量矛盾转为结构性矛盾，旅游本科教育的外部环境和评价标准发生根本性改变，迫切需要旅游本科教育进入高质量发展的新阶段。面对"百年未有之大变局"和数字技术时代的全面降临，以及新冠肺炎疫情在全球的延宕，这种转升变得尤为紧迫。

旅游本科教育的高质量发展是一项系统工程，总体而论，需要遵循四项基本法则：一是主动响应新时期国家高等教育改革发展的大政方针，从而避免"边缘化"；二是努力展现科学教育的本质属性，从而避免"培训化"；三是有效对接旅游业转型升级对专业人才的需求，从而避免"游离化"；四是全面因应新一代受教育者的价值转换需要，从而避免"工具化"。就行动主体而论，自上而下的政策环境优化固然重要，但始于院校自觉的破旧立新至为关键。

长期以来，针对旅游本科教育的研究，多以战略性、政策性的宏大视角展开。本文把关注点下移至院系微观层面，把教育和教学视为一体，基于通过实地访问、同行交流、网上查阅和参与政府组织的专业评估等多种形式获得的，反映众多旅游院系教育教学实践的信息为材料，审视旅游本科教育教学存在的内在逻辑缺陷，并以质量发展为导向，探讨重塑旅游本科教育教学逻辑体系的取向与路径，力求能为新时期旅游本科专业的创新发展提供有益的见解。

二、本科教育教学体系的结构性逻辑简析

本科教育是介于专科教育和研究生教育之间的中级层次教育。本层次的通识教育，某一专门领域的基础理论、知识和技能教育，以及初步的科学研究训练，构成本科教育的三大任务。科学性与专业化是本科教育的两个指示性特征。

本科教学是本科教育实践的核心内容。统合教育理论和实践经验，可以把本科教育教学体系的结构性逻辑表达如图 1 所示。

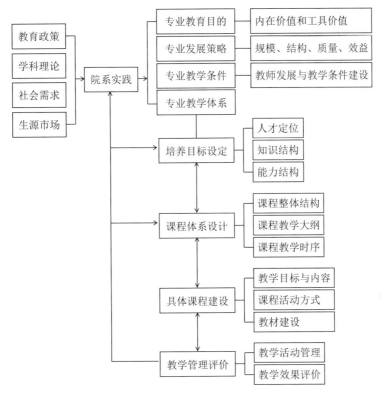

图 1　本科教育教学体系的结构性逻辑示意

　　首先，本科教学体系是以"专业"为尺度建构的，它与专业发展策略、专业教学条件共同构成院系本科教育实践的主体内容。当然，特定时期的教育政策（包括政府和校方两个层级）、相关学科理论发育水平、社会需求水平（数量和结构）和生源市场状况等外部力量，都会作用于院系实践，进而影响本科教育教学体系的设定和运行。

　　其次，教学体系包括培养目标设定、课程体系设计、具体课程建设和教学管理评价四个主要环节。培养目标设定以院系为主体，体现综合分析外部环境与内部资源的战略性能力，其中人才定位是关键，知识结构和能力结构是对人才定位的进一步说明。课程体系设定需要专业内教师的集体参与，决定教育供给的产品结构，同时也大体勒定了具体课程的边界和功能。具体课程建设包含从理想的课程（大纲设计）到书面的课程（教材讲义）再到实施的课程（教学活动）的全过程。实践教学通常被视为一种特殊的课程。

　　再次，教学体系是功能—结构主义的产物。静态而论，功能规定结构，结构决定功能；动态而论，只有改变结构，才能提升功能。在逻辑层次上，人才培养目标决定课程体系，课程体系是培养目标的具体化和依托；课程体系设计约束具体课程的建设，具体课程的发育水平又影响着课程体系的实施效果；教学管理是对教学结构的过程性维护，教学评估是对教学功能的阶段性检测，对其他教育教学环节也有反馈作用。

最后，人才定位是本科教学体系内在逻辑的起点。由于既要充当更加专业化的研究生教育的先行基础，又不是完全的升学教育，既需要体现就业指向性，又要与高职教育形成明显的分工，本科人才定位难以摆脱学术性与职业性的纠缠，进而在理论与实践、通才与专才、刚性与弹性、理想与现实等多组关系的处理上面临观念冲突和选择困难[2]。

三、旅游本科教育教学体系历史建构的特殊性

在我国，旅游教育是在改革开放背景下快速生发的，旅游本科教育教学体系的历史建构，尽管努力靠近本科教育教学的一般结构和流程，但又在功能指向、知识结构和学科理论发育上具有明显的特殊性。

（一）依托行业生长，实用色彩浓郁

旅游本科是旅游实践催生出来的"新"的教育类型，与强调知识体系自然延伸的传统本科专业迥异不同。由于缺乏知识系统的支持，早期的教学体系建设只能面向行业需求，呈现出强烈的实用导向和职业指向，且这种观念具有承袭性，至今得以延续。具体表现为：

（1）旅游本科教育开办 7 年之后（1997 年）方有旅游（经济）专业入列国家本科专业目录，进入国家学科目录（旅游经济，试办）的时间则晚至 1990 年。

（2）旅游本科专业的正式设置和定名，对应的是旅游行业实践，而非知识导向，且专业群长期（1993—2012 年）被整体归置于工商管理学科之下（研究生教育迄今依然如此），在学科教育管理逻辑上不能自洽。

（3）教育教学体系的建构始终强调服务旅游行业企业的功能，实践—理论—实践的"三明治"教学模式一度较为盛行，知识被视为行动的工具，弱化了教育的价值属性，使得旅游本科教育同旅游高职高专教育未能形成明显的分工。

（4）对旅游行业的过度依附，导致本科教学偏重旅游现象，对科学逻辑和理论重视不够，课程体系优化设计、教师发展、课程与教材品质化建设的内在动力不足，教学评价维度单一，评价标准较为模糊。

（5）由于旅游现象时空属性强，本科教学体系不得不跟随实践的演变而频繁修订，因而稳健性不足。另外，教学多样性程度却极高，不同层级、不同地方的旅游院系，在同一专业名下实施的课程体系差异显著，同一课程的教学大纲、教学形式和教学标准也可能迥然不同。

（二）知识多元移植，系统集成困难

主要表现在以下 4 个方面：

（1）大多数院校在兴建旅游本科专业时依托了某些相对成熟的学科，所依托学科的

类型多种多样，包括地理学、地质学、环境学、历史学、经济学、管理学、语言文学等，这使得旅游本科教学体系在初期建构时明显带有母学科的色彩，个性有余而共性不足。

（2）旅游专业的师资多从它学科转迁而来，从事旅游研究和旅游教学自然带有母学科的认识论、方法论和价值观。因此，旅游本科教学在知识构成上是多元移植的，优点在于兼收并蓄，呼应了旅游的综合性特征，缺陷在于知识的内在逻辑联系较弱，专业化、结构化水平不高。

（3）快速形成了一系列专业课程和专业教材，满足了应急教学的需要，但课程建设良莠不齐，部分教材只是传统学科的简单移植，没有总结出旅游现象的特殊性，没能抓住相关领域研究的核心地带[3]。

（4）课程体系设计边界模糊，逻辑性不强，课程之间在目标协同、内容分工、时序递进、方法协调等方面缺乏有效处置，结构效应低，既不利于核心课程和重点教材的建设，更不利于人才核心能力的养成。

（三）学科理论"西来"，本土创新不足

主要表现在：

（1）由于我国的旅游学术研究活动晚起，用以支持旅游本科教学的旅游学科理论，基本上是20世纪90年代以来从西方引进的。进入21世纪后，理论引进日益活跃，并及时而广泛地延伸到大学课堂，推动了本科理论教学的跨越式发展。

（2）西方的旅游理论毕竟带有西方特有的哲学背景和文化传统，在中国情境中的应用，不能"生吞活剥、食洋不化"。如果对西方旅游理论的消化和本土化有失充分，旅游本科教学在理论性获得提升的同时，也会出现脱离实践的倾向。

（3）在高校"破五唯"之前，旅游专业师资，尤其是青年教师，不得不把更多的精力用于申请项目和发表论文，在本土旅游实践和本科教学上的投入不够充分，对本科教学质量的提升构成了一定的影响。

四、旅游本科教育教学内在逻辑问题梳理

（一）价值属性的疏离

教育是对人的教育，无论发生于何时何地，都以人的发展为基本功能和本质特征。人的发展具有价值性和工具性两个维度。价值性即内在价值，指向人的个体发展，旨在激发人的潜能，塑造完备的人格，形成追求真善美的持续能力，是教育的灵魂。工具性即工具价值，代表着教育对社会发展的满足性，是由内在价值派生出来的具体表现形式。古典时代，无论东方还是西方，都注重教育的价值性。工业化以来，随着科学

的分化和教育的普及，教育的工具性受到推崇，分科教育、专业教育在全球范围内兴盛，相应地对教育价值的呼唤之声也越来越强。待至信息化时代全面来临，时空高度压缩，技术走向集成，世界发展的复杂性、不确定性和脆弱性与日俱增，出现了教育的再次转型，主要表现为价值性教育的现代回归。1996 年，联合国教科文组织（UNESOC）在《教育：财富蕴藏其中》报告中指出，21 世纪的教育不仅要承担促进世界和平和经济增长的重任，还必须担负起促进人的发展的根本职能，"四个学会"（学会认知、学会做事、学会生存、学会共同生活）应该成为世界各国教育的"四大支柱"，建成终身教育体系则是实现"四个学会"目标的根本保障和工作原则[4]。2015 年该组织进一步提出人类应该反思教育的目的和学习的组织方式，号召以人文主义的教育观和发展观，将教育和知识视为全球共同利益[5]。2019 年，中共中央、国务院印发《中国教育现代化 2035》，提出"发展中国特色世界先进水平的优质教育""推动各级教育高水平高质量普及""构建服务全民的终身学习体系"等政策内容，要求不断拓宽教育的"场域"与"边界"，减少学习的功利性，倡导把学习作为生活方式，回归教育的初心与原点[6]。2021 年 11 月，联合国教科文组织再次面向全球发布《共同重新构想我们的未来：一种新的教育社会契约》的报告，主张通过变革教育来应对当前世界危机，倡导面向共同体建构具有"合作与团结""关系导向""生命全程"特征的关怀教育学，重视知识共享的素养课程，强调依靠"协作型教师"重塑教学，以学校为核心重构教育生态系统等，指明了教育变革的目标与创新的手段，也有助于从历史和现实维度思考我国教育改革的方向[7-8]。

如前所述，在特殊的历史背景下，我国的旅游本科教育教学长期强调"为旅游业培养和输送人才"的使命。这一基本定位有效支持了旅游本科教育的规模增长，本身无可指责，问题是在突出强调面向产业、服务企业的办学实践中，旅游本科教育教学的工具性得到充分张扬，价值性却被遮蔽和疏离，行业化、职业化、技能化色彩日渐浓郁。恰恰因此，学生对旅游本科专业的认知和评价，以及本科教学迭代升级的内在动能，均受到明显影响。

可喜的是，近年来学界对旅游本科教育价值性疏离的认识和批评逐渐增多，并相应贡献了一些前瞻性建设思路。其中，华南师范大学刘俊教授提出的"从 Earn 模式到 Learn 模式"的转型论①，具有穿透力和系统性，值得引荐。在他看来，国内现有的旅游本科教育是基于"Earn 模式"来设计的，其核心价值是服务于传统旅游企业的经营管理和服务运营人才需求，旅游学科和旅游相关专业被纳入管理学学科知识体系下，旅游教育被定位为培养学生从旅游业中"赚取"的能力，强调的是旅游活动的经济属性和产业价值，体现出功利主义和工具主义导向。基于 Earn 模式的旅游本科教育适合旅游接

---

① 在 2020《旅游学刊》年会圆桌论坛上，刘俊教授分享了"we need to learn from tourism，not just earn"的观点。在 2021《旅游学刊》年会"旅游教育困境与突破"分论坛上，刘俊教授以"从 Earn 模式到 Learn 模式"为题系统阐述了他的旅游教育转型观。

待业高速增长阶段的人才市场需求，但无法满足文旅融合发展、旅游高质量发展对创新型旅游人才的新需求，因而旅游本科教育教学亟须向"Learn 模式"过渡。"Learn 模式"不是彻底否定"Earn 模式"，而是适应新形势新需求的创新和扬弃，其核心在于两点：一是坚持面向学生全面发展的根本理念，进而推动旅游本科教育教学的价值性回归；二是倡导和彰显旅游实践育人价值（education through tourism），从而拓展旅游本科教育教学的内涵与外延。笔者认同刘俊教授的观点，并认为"Learn 模式"对"Earn 模式"的超越，关键在于博雅教育（liberal education）的前挺及其与专业教育的融通，使学生获得比较完善的理性和健康的情感，开发主体自我实现的潜在可能。当然，这种转变意味着旅游本科教学体系的再造，需要多种教学条件的支持，更需要在理论和实践两个层面上不断丰富形式和内容。

（二）培养目标的浮悬

从院系实践的一般逻辑而言，培养目标是教育目的的具体化。教育目的是针对抽象意义上的受教育者提出的，强调教育层级上的共性，而培养目标是针对特定的教育对象提出的，随所属学校和院系自身的竞争性定位，考虑具体的招生和就业市场情况（入口和出口）来制定，体现专业教育的合理分工和地方特色。

通过查阅国内多家旅游本科专业的人才培养方案，笔者发现，尽管特色化发展的理念在逐步显现，但在培养目标设定上普遍存在浮悬之弊，主要表现在人才定位高企、知识结构求宽、能力结构求全三个方面。

（1）人才定位高企。大多数旅游本科专业，无论旅游管理、酒店管理还是会展经济与管理专业，即便身处地方性应用型高校，自身并无研究生教育项目，都设定了"为旅游业培养中高级管理人才"的目标。同时又希望学生也能够胜任旅游行政管理、旅游教学和科研工作。显而易见，这样的人才定位，若无一流的师资条件和一流的生源条件匹配，恐怕是很难实现的。

（2）知识结构求宽。因为人才定位高企且笼统，对学生知识结构的要求就不得不强调宽口径。在本科 4 年的学习期间，要求学生掌握 7 类学科的通识性知识，系统掌握 3 大类学科的基础理论知识与方法，熟练掌握管理学、经济学和旅游学的专业理论知识与方法，无疑是强人所难，在教学实践中则会沦为课程过度宽泛。

（3）能力结构求全。在制订本科专业培养方案时，越来越多的旅游院系进行了学生能力结构的解析，这是一种令人欣喜的进步。问题是对学生能力的诉求日益走向全面综合，核心能力反倒被遮掩。

诚如英国教育学家阿什比所言，"任何类型的大学都是遗传与环境的产物"[9]。人才培养目标浮悬现象在旅游本科专业中的普遍出现，与旅游教育的外延式增长相关联。在专业人才供不应求的阶段，旅游本科教育不免呈现高定位、高目标的诉求。当中国高等教育逐步迈入普及化阶段，旅游人才供需的主要矛盾逐渐由总量矛盾转变为结构矛盾，培养目标浮悬及其弊端就快速显现出来，亟须加以克服。

（三）课程供给的失当

课程是大学提供的终端产品。可以说，旅游本科教育教学的内在逻辑问题，在课程供给——包括课程体系设计、具体课程建设和课程教学实施三个层面上，有集中的表现。

围绕既定的培养目标，应当为学生开设哪些课程，各门课程的基本任务（目标、内容、结构）是什么，课程之间的分工联系是什么，课程时序和课时分配依据什么样的标准，实践教学和课堂教学究竟是什么关系等问题一直在困扰旅游本科院系。归拢起来，旅游本科专业课程供给的结构性逻辑缺陷，突出体现在以下几个方面：

（1）一般通识课程（非院系自主设置，约占总学分的 1/3）与专业课程（院系自主设置）之间缺乏衔接。比如，多数院系把"旅游学概论"视为专业核心基础课程，但并不安排前行课程以为知识铺垫，平地难以起高楼，于是在教学实践中这门关键课程通常被降解为"旅游业概论"[①]。

（2）专业基础课程设置过度宽泛。比如，一些旅游管理专业在开设经济学、管理学等学科平台基础课程之外，也设置了旅游地理学、旅游环境学、旅游心理学、旅游文化学、旅游人类学、旅游社会学等宏大的基础课程，但又只能赋予极其有限的学时学分，导致这类课程大多浅尝辄止，甚至流于形式。学生"样样学，样样松"，不仅达不到"宽口径、厚基础"的目的，而且不利于专业化、职业化发展的选择。

（3）部分专业课程的设定缺乏合理尺度。比如，旅游管理学、旅游接待业、旅游目的地管理、智慧旅游、旅游资源开发、旅游规划等，通常用来表述旅游研究或实践活动的方向或领域，具有宽广的内容，是否适合直接用作一门独立的本科课程之名，或者说是否具有合理的课程尺度，则有待仔细斟酌。显而易见，若开设了这类课程却不能匹配一流的师资和足够的学时，则课程教学极易浅尝辄止、流于空泛，甚至名不副实。

（4）专业课程理论化程度有待提高。大量本科专业课程（包括专业基础课和专业方向课），存在基本范畴模糊、核心地带不明、理论支离破碎的现象，导致课程之间内容重复多，专业教材建设滞后，课堂教学效果欠佳，不能充分调动学生的学习积极性。一批旅游本科专业按照工商管理类专业设置学科平台课，包括微积分（一、二）（3+4 学分）、线性代数（3 学分）、概率论与数理统计（3 学分）、微观经济学（3 学分）宏观经济学（2~3 学分）、统计学（2~3 学分）等，标准可谓不低，然而后续的专业课程却缺乏应有的理论高度，未能展现出前行学科平台课程的应用空间。在这种前高后低、前紧后松的节奏里，学生极易滋生专业倦怠感。

---

① 这一现象在国内旅游本科教学实践中普遍存在，对旅游本科教育质量的影响不容低估。有鉴于此，笔者在 2015 年主持修订所在单位的课程体系时增设了"社会科学导论"课程，作为"旅游学概论"的前行课程。

（5）实践教学与课堂理论教学关系不够紧密。受各种条件的限制，旅游院系通常难以主导实践教学的时间、形式与内容，课堂教学服务于实践教学的设计逻辑难以落实，进而使得实践教学的"教学性"不足，"管理实习"的管理性很弱。另外，旅游企业的多样性、离散性和非标准化，使得实践教学——主要是为期较长的企业实习，很难反哺课堂理论教学，甚至在一定程度上导致了二者的对立。

（6）教师教学协作少。诚如教育学大师阿什比所言，"大学教育的试金石不是讲授伟大真理，而是用什么高明的方法来讲授伟大真理。所以讲授什么不及如何讲授更重要"。[10] 在大学课程供给体系中，教师发挥着"代理人"角色，是教学质量的第一决定人。不得不说，在高校科研主导的考评体系下，教师教学投入很难不受影响，"协作型教师"在明显减少，于是出现了教育学家洛尔蒂提出的"鸡蛋箱模式"，教学以单个教师为中心，教师只对自己的课程负责，很少与其他人互动，在这种情形下，课程结构即使变化，也只是"鸡蛋箱"不断叠加的"生产"规模扩大，不会从根本上重构教学模式和教师职业[11]。

五、重塑旅游本科教育教学体系的逻辑进路

我国的旅游本科教育在 40 余年里所取得的成就是有目共睹的，在发展中积累的问题——也可称之为发展中的问题——也是需要引起足够重视的。立足旅游教育规模扩张业已终结的现实，面向高等教育和旅游业高质量发展的新时代，旅游本科教育亟须增强危机意识和改革创新意识，下大力气推动教育教学的转型升级。当然，旅游本科专业的转型升级是个复杂而庞大的工程，这里仅从院系实践的角度，就其逻辑进路提出一些个人见解。

（一）以人为本，彰显旅游本科教育教学的价值性

对照教育部提出的回归常识、回归本分、回归初心、回归梦想的"四个回归"要求，推动旅游本科教育教学从外延式发展转向高质量发展，首要的任务是践行以人为本的最高准则，彰显教育的价值性。

即便在院系层面，回归价值教育也需系统发力，包括重塑教育理念、聚焦专业凝练、创新办学机制、重构培养方案、改变教学方式、提升师资质量、建设精品课程（教材）等。

就转变教育教学理念具体而言，旅游院系亟须：树立服务国民品质化生活的大社会目标，以之取代服务旅游行业的经济小目标，从而为旅游本科教育开辟广阔的场域和新跑道；树立科学教育和职业教育交互共生的理念，以之矫正过度强调职业化、技能化的"培训"惯习，从而使旅游本科教育及时转身，成为面向"共同体"的关怀教育，成为布迪厄所说的具有知识—文化再生产机制的教育[12]，进而能够走深走实，行稳致远；

树立终身教育和"以学习者为中心"的理念，超越知识教育模式（因为知识必将被不断更新和替代）和技能教育模式（因为技术随时都会被淘汰），开发心智教育模式，以理论知识学习、方法训练和专业实践为媒介，拓展学生可以兼顾就业需要和生涯发展需要的能力和素质。譬如，通过改进通识教育的课程结构与功能，帮助学生形成广博的视野、跨领域学习能力、独立人格和批判性思维；通过适当的科学方法训练，帮助学生提高对旅游现象的感知、描述、解释、诠释能力，从中滋养创新创业能力。

（二）多轨发展，推动旅游本科教育的分类升级

在较长一段时期，我国的旅游本科教育，总体上是在单一轨道、单一标准、单一模式下发展的。2014 年，教育部提出发展应用技术型本科，决定将全国 600 多所普通本科高等院校逐步转变为应用技术型大学。诸多处在转型院校之中的旅游本科专业，开始调整培养方案和教学计划，然而受困于学术性和职业性的平衡，改革还不够彻底。2021 年我国的高等教育毛入学率高达 57.1%，大学的分层已十分显著，高考录取分数线越拉越大。同时，高等旅游教育也已形成较为完备的博士、硕士、学士三级学位体系，旅游院系在师资队伍、学科资源、科研能力、教学条件和办学经验等软硬件上的分化甚为明显。据此，笔者认为，旅游本科教育多轨发展、分类提升的时机已经成熟，需要尽快付诸实践。

基于对供需两个侧面的综合分析，兹提出旅游本科教育教学的三种类型：

一是学术导向型，适宜拥有旅游管理或相近专业博士授权点的一流大学，以及少量具有旅游管理硕士授权点且处在旅游教育顶层的大学采用。这类旅游本科专业应当突出科学教育导向，带有精英教育趋向，重在培养学术型、创新型人才，以升学率为主要考核指标，适合采用长学制贯通培养，尤其是实行滚动式可淘汰的本硕博贯通培养模式。

二是经营管理型，适宜具有旅游专业硕士教育的地方研究型高校采用。这类旅游本科专业旨在培养适应旅游业高质量发展、在某些特定领域内具有经营管理能力的专门人才，需要首先具化培养方向和明确人才定位，进而在通识教育、专业理论教育和职业能力教育之间建立一种课程平衡，以免落入泛泛而论的窠臼。考核指标宜以职业发展能力为主，兼顾升学率。可鼓励本科和旅游管理专业硕士（MTA）的贯通培养，也可鼓励同高职高专院校的对口联合培养。

三是应用技术型，适宜大量不具有旅游专业研究生教育资格的地方性院校采用。这类旅游本科专业重在培养实用型人才，应当适度强化一般的人文社会通识教育，适度降低专业理论教育和方法训练的标准，在此基础上突出强调培养学生的专业技能，兼顾一定的职业发展能力，以人才培养—使用的契合度（可雇佣能力）为主要考核标准，需要加强实训、实践教学环节，切实提高学生的动手能力。

（三）再造课程体系，突出核心竞争力培养

首先，要按照上述三个类型，围绕各自的核心能力诉求，建构课程设计的准则和逻辑体系。学术导向型需要体现"宽口径、厚基础、偏理论、求学问"的特征。经营管理型更适合细化专业方向，探索微专业建设，按"专精特新"的原则设计课程体系，开展模块式教学。应用技术型则无须强调理论教学的宽度、厚度和高度，甚至要根据生源情况主动放弃超出学生学习能力的课程，而且要适当增设文化和职业素养课程，争取最大限度强化实践教学的课时比重、课程结构。

其次，在总体上要努力实现四个压缩：压缩学分总量，压缩实际学习课程的门数（避免课程碎片化，支持紧密的课程模块化），压缩边缘性专业课程，压缩必修课程的学分比重。通过减轻课业负担，增加学生在专业或专业方向转换、课程选择、跨专业学习、自主学习方面的选择机会，鼓励学生按其个性、潜质、兴趣和志向多样化发展。

再次，当前，以数字化技术为代表的新科技革命，不仅深刻改变着旅游活动形式和旅游业的结构功能，且开始引发传统教育模式的崩解。文旅融合发展蕴含旅游文明之深意，力求统筹旅游的多种效应。因此，无论何种类型的旅游本科专业，都要积极因应历史潮流，课程体系的再造，应当围绕"数字化文旅"这个新核心。这不仅意味着要开设一批匹配时代特征的新课程，也意味着要对一系列传统课程进行内容与形式的改造，同时隐含着进一步凝练专业或专业方向、创新旅游教育治理体系、促进学科交融和旅游理论集成等深层意义。

最后，作为课程体系优化的微观基础，课程建设和教材建设，特别是主干课程的教材建设，应当获得持续有力的支持。优质的旅游专业课程与教材，当体现学科知识内部生长与旅游实践转型升级的双重逻辑。只有涌现出一批优质的课程与教材，旅游本科教育教学方可谓迈上了高质量发展阶段，才能真正立足于现代高等教育之林。

（四）并行交互，改善产学研用关系

高等教育的高质量发展，既依托于社会经济现实，又以提升教育服务能力和贡献水平为目的。推动高等旅游教育的高质量发展，既离不开旅游行业的支持，又寄托为旅游产业输入新动力的理想。因此，建构更加合理和开放的产学研用关系，成为重塑旅游本科教育教学内在逻辑的应有之义。

需要指出，在40余年的发展过程中，高等旅游教育被自觉或不自觉地归类于行业性教育。迄今为止，大多数旅游院系依旧以服务旅游行业企业的全产业链构建本科办学体系，围绕行业企业需要来设置专业、制定培养方案和课程体系，在产教关系处理上呈现出依从、依附的被动姿态。不消说，这种基本状态的形成有其历史必然性，但必须在当下实现超越。否则，高等旅游教育只会亦步亦趋，将始终滞后于旅游行业的发展，能动性的发挥无从谈起。

对于行业性高校的当下出路，教育学家别敦荣先生有专门的研究。他认为，行业性高校早期办学的社会基础已不复存在，面对办学生态环境的变化，行业性高校必须选择超越行业的发展之路，变原先与行业的兄弟关系为合作伙伴关系，变与生俱来的依存关系为相互选择的协约关系，树立新的办学理念，优化学科专业结构，创新办学体系，改善服务行业的方式方法，拓宽和升级办学功能，在新发展阶段实现涅槃重生[13]。

笔者认为，别敦荣先生的观点对旅游本科教育转型升级有重要的指导价值。一方面，在进入百年未有之大变局的时间点上，我国的旅游业正面临全面转型升级的重大考验，需要旅游教育界提供新思维、新理论、新人才。另一方面，经过长期的积累，我国的旅游学科理论建设已有长足的进步，旅游学术共同体的自主性大大提高，有能力为旅游行业提供智力支持。有鉴于此，有必要基于旅游教育的相对独立性，倡导并行交互的教产关系的建构。

对于学术导向型本科专业，教产关系优化当以高校为主导，以知识生产为中心，以地方政府、社区和旅游企业为补充，以理论应用为纽带，建构高水平的研究—教学—产用一体化平台。中山大学旅游学院在桂林、张家界等地建设的一系列旅游可持续发展观测基地，以及在云南红河元阳实施的"阿者科计划"，可谓极其成功的案例，值得学习借鉴。

对于经营管理型本科专业，教产关系优化当以院系—行业协作伙伴关系的建构为主，吸收政界、业界代表人士组建教学指导委员会，壮大业界导师队伍和培养"双师型"队伍，按照人才培养需求建设校外教学基地和专门的应用性研究基地等，都不失为明智的选择。

比较而言，应用技能型本科专业需要更加重视直接发挥业界的力量，不断推进教产交互的广度和深度，在不损害本科教育相对独立性的原则下，可以致力打造校地融合发展共同体，尝试院系董事会制度，探索同大型骨干旅游企业联合培养模式，利用企业资源建设高质量的校内实训基地和校外实习基地，切实加强实践教学环节，并逐步建立旨在鼓励、支持实践育人的教学评价机制。

总之，发挥旅游院系的主体作用，重塑旅游本科教育教学的内在逻辑，是实现旅游本科专业转型升级的必要前提和基础。尽管这种努力面临着学科理论的支撑力不足、教育制度的支持力不足、旅游产业的拉动力不足、师资队伍的适应力不足等一系列严峻挑战，可以说是一种被动中的主动，但无疑又是迫在眉睫、刻不容缓的选择。旅游本科教育教学只有转型才能升级，需要"新瓶装新酒"。为此，强化高等旅游教育理论研究，支持旅游一级学科建设，充分发挥社会组织的作用，都是不可或缺的策略和路径。"周虽旧邦，其命维新。"期待我国的旅游本科教育教学，苟日新，日日新，又日新。

参考文献

［1］陈婕. 以本为本：从悬浮到落地［J］. 江苏高教，2021（10）：53-56.

［2］阎光才. 重新思考本科教育定位［N］. 光明日报，2022-05-24（15）.

［3］谢彦君. 中国旅游高等教育中的教材建设问题［J］. 旅游学刊，2008，23（1）：5-6.

［4］联合国教科文组织. 教育：财富蕴藏其中［R］. 北京：教育科学出版社，2001.

［5］联合国教科文组织. 反思教育：向"全球共同利益"的理念转变？［R］. 北京：教育科学出版社，2017.

［6］中共中央，国务院. 中共中央、国务院印发《中国教育现代化2035》［EB/OL］. http：//www.gov.cn/zhengce/2019-02/23/content-5367987.htm.

［7］林可，王默，杨亚雯. 教育何以建构一种新的社会契约？——联合国教科文组织《一起重新构想我们的未来》报告述评［J］. 开放教育研究，2022，28（1）：4-16.

［8］张民选，卞翠. 从"学会生存"到"社会契约"［N］. 中国教育报，2021-11-11（9）.

［9］［10］阿什比. 科技发达时代的大学教育［M］. 滕大春，滕大生，译. 北京：人民教育出版社，1983：7，18.

［11］LORTIE D.. School teacher：a sociological study［M］. Chicago：The University of Chicago Press，2002：14.

［12］布尔迪约·布迪厄，J. 帕斯隆. 再生产——一种教育系统理论的要点［M］. 刑克超，译. 北京：商务印书馆，2002：14.

［13］别敦荣. 回归还是超越：行业性高校转型发展的愿景［J］. 高等教育研究，2021（8）：36-44.

关于提高旅游类本科人才培养质量的思考

严旭阳[①]

高等学校的根本任务是立德树人，立德树人的根本要求是为党育人、为国育才，培养德智体美劳全面发展的社会主义事业建设者和接班人，立德树人的根本途径是建立高水平的人才培养体系。

一、构建高水平的德育体系

高水平的人才培养体系涉及学科体系、教学体系、教材体系、管理体系等，而贯通其中的是思想政治工作体系，因此构建高水平的德育体系是提升旅游类本科人才培养质量的首要任务。高水平的德育体系包括思想政治理论课、课程思政、专业思政以及大思政课建设。

习近平总书记指出"思想政治理论课是落实立德树人根本任务的关键课程"，思想政治理论课要"用新时代中国特色社会主义思想铸魂育人，引导学生增强中国特色社会主义道路自信、理论自信、制度自信、文化自信，厚植爱国主义情怀，把爱国情、强国志、报国行自觉融入坚持和发展中国特色社会主义事业、建设社会主义现代化强国、实现中华民族伟大复兴的奋斗之中"。[②] 这是我们加强思想政治理论课建设、构建高水平德育体系的根本遵循。

习近平总书记在全国高校思想政治工作会议上指出：要用好课堂教学这个主渠道，思想政治理论课要坚持在改进中加强，提升思想政治教育亲和力和针对性，满足学生成长发展需求和期待，其他各门课都要守好一段渠、种好责任田，使各类课程与思想政治理论课同向同行，形成协同效应。[③] 课程思政是落实习近平总书记这一重要讲话精神的生动实践，也是高等学校将思想政治工作体系贯通人才培养体系的重要举措。

课程思政与思想政治理论课相呼应，是专业课程体系中其他各门公共基础课程和各类专业课程落实立德树人根本任务的重要实践，是落实"三全育人"的重要举措。课程

---

① 严旭阳，经济学博士、教授。现任北京联合大学旅游学院党委副书记、常务副院长，国家智慧旅游重点实验室主任、北京市旅游信息化协同创新中心负责人，《旅游学刊》主编。兼任教育部旅游管理类专业教学指导委员会委员、北京旅游学会副会长、中国旅游协会旅游教育分会副会长，《Tourism Critiques》顾问。专业领域为产业经济、旅游管理。

② 习近平总书记在学校思想政治理论课教师座谈会的讲话［N］.人民日报，2019-03-19.
③ 习近平总书记在全国高校思想政治工作会议上的讲话［N］.人民日报，2016-12-09.

思政要求教师把每门课程所蕴含的思想政治教育元素有机融入课堂教学，使各门课程都能"守好一段渠、种好责任田"，与思想政治理论课形成协同育人效应。要坚持"教育者先受教育"的原则，提升教师自身思想政治素质和教书育人能力；要创新教育教学方法，使课程思政要求与课堂教学有机结合，增强课程育人实效性。课程思政建设的目标是形成"课程门门有思政、教师人人讲育人"的全新格局。旅游类本科课程，往往蕴含丰富的历史、文化、自然、红色等多种育人元素，是我们开展课程思政建设非常好的基础和条件。

专业是人才培养的基本平台，专业思政建设的目标是有效提升立德树人的成效，专业思政建设工作必须遵循思想政治教育规律、教学规律、青年成长规律。专业思政建设要求专业负责人要切实履行建设主体职责，专业教研室要发挥好教学业务研究和落实功能，党员教师要起到先锋模范作用，专业教师全员参与，协同推进专业思政建设。

专业思政建设要紧扣旅游类专业人才培养的核心节点，即专业培养方案、专业课程体系、教材体系、实践环节、专业教师队伍等。要把思想政治工作体系贯穿专业的教学体系、教材体系、教学管理体系，使专业的人才培养体系及要素在思想政治工作体系的激发下，形成人才培养的合力，促进本专业高水平人才培养体系的建设。要根据旅游类专业的特点，将思想政治教育要求贯穿专业培养方案，特别是融入专业的培养目标、毕业要求中去，同时指引专业课程体系的构建，这是将思想政治工作体系贯穿教学体系、教材体系、教学管理体系的起点和基础，并按照成果导向的教学质量管理原则，在课程体系、教材体系、实践教学、教学管理中予以切实保障。要培育又红又专"引路人"队伍，构建教育者先受教育的长效机制，这是做好专业思政工作的基础和前提。要构建专业思政建设持续改进机制，各专业每学年应召开一次专业思政工作总结会，全面梳理本学年专业思政工作的落实情况，总结经验，查找不足，并提出明确、具体、可行的改进方案。

习近平总书记强调："大思政课"我们要善用之。因此，大思政课对于高校落实立德树人的根本任务非常重要，不但一定要用，而且要用好，大思政课是构建高水平德育体系不可或缺的一环。习近平总书记还教导我们："大思政课"一定要跟现实结合起来。[①]在"我是黄土地的儿子"一文中，习近平总书记说他15岁来到黄土地时也有迷惘、彷徨，但是22岁离开黄土地时，他已经有着坚定的人生目标，充满自信，作为一个人民公仆，陕北高原是他的根，因为这里培养了他不变的信念：要为人民做实事！从人民领袖的成长历程中我们可以感悟到：大思政课的平台应该是社会大课堂，要用中国特色社会主义的生动实践及其伟大成就作为大思政课鲜活的素材，与我们的新时代青年产生情感的共鸣，汇聚青年学生奋进的力量。

大思政课的建设要牢牢把握一个精髓：就是一定要以习近平新时代中国特色社会主

---

① 习近平总书记在看望参加全国政协会议的医药卫生界教育界委员时的讲话［N］.人民日报，2021-03-07.

义思想为引领，这是实现为党育人、为国育才的根本保证，要使我们新时代青年坚定四个自信，增强做中国人的志气、骨气和底气。

推进大思政课建设，首先要走出去。通过大思政课基地的建设，让青年学生走进社会大课堂，在实践中历练，在磨炼中成长。旅游类本科专业往往都有非常好的实践基地条件，可以把大思政课的建设与实践基地的建设结合起来。例如，北京联合大学旅游学院近 300 名同学深入 2022 年北京冬奥服务一线，承担住宿、餐饮等领域的专业服务，同学们在完成国家重大任务中分享了国家荣耀、增强了四个自信、锤炼了专业能力。其次，还要请进来。通过大思政课讲堂，把中国特色社会主义的生动实践、伟大成就以及功勋模范的先进事迹呈现在青年学生面前，使青年学生形成理性的认同、产生情感的共鸣。

我们要把握好思想政治理论课、课程思政、专业思政、大思政课之间的内在逻辑。思想政治理论课是思想政治教育的核心课程，课程思政、专业思政是实现课程门门有思政、教师人人讲育人的关键抓手，而大思政课则是实现思想政治教育理论与实践相结合、校内与校外相结合的根本举措。从思想政治理论课到专业课程的课程思政，从课程门门有思政到专业思政的一体化建设，再到大思政课的推进，这是高水平思想政治工作体系不断丰富、不断完善的过程，是思想政治教育理论与实践相结合、校内与校外相结合的提升。

二、加强高水平旅游学科的支撑 ①

我国旅游类本科教育目前普遍面临着发展中的困境，主要表现为旅游类本科专业招生吸引力不够强、毕业生行业留存率不够高。高考录取分数越高的学校，旅游类本科专业招生的压力越大，学生在专业二次选择时的流失率越高。即使是地方本科院校，旅游类本科专业招生的压力也很大，学生转专业的意愿一般较高。

一般来说，本科层次的专业教育作为学士层面的学位教育，需要为学生提供系统的专业化理论学习和训练，培养学生面向某一行业或某一类通用业务的学科知识及职业能力。比如，金融学专业和工商管理专业，它们分别要培养学生面向金融行业及企业管理通用业务的学科知识及职业能力。本科毕业生应当具有在某一行业或某一类通用业务不同岗位之间的迁移能力，并且具备应对行业变迁的适应能力。这也是本科层次专业教育与专科层次专业教育所具有的不同之处。

旅游类本科专业作为一个相对独立的本科专业大类，目前专业的教学内容离"系统的专业化理论学习和训练"要求还存在一定的差距，主要表现为专业的课程体系相对松散、专业课程的理论性还不够强。本科专业的课程体系，除公共类课程之外，关键的是

---

① 本节内容主要节选自笔者在《旅游学刊》2022 年第 4 期的主编寄语，内容有所删减。

本专业的学科基础课程以及专业课程，这是学生接受相对系统的专业化理论学习和训练的核心内容。同时，学科基础课程与专业课程之间应当具有内在的学术关联：学科基础课程是专业课程的学理基础和支撑，专业课程是学科基础理论在该专业领域的学术延展和应用。

从"基础和支撑"层面来看，目前旅游类本科专业的学科基础课程比较薄弱，主要依托经济学、管理学等其他学科的基础课程，如《微观经济学》《管理学》等。属于旅游学科的基础课程主要是《旅游学概论》之类的课程，但是由于旅游基础理论建设的范式化任务目前还远未完成，因此，《旅游学概论》之类的课程往往概述性比较强，理论性却不足。与成熟的经济类本科专业相比——它们往往以《微观经济学》《计量经济学》等相对成熟的课程作为基础课程，旅游类本科专业的差距还不小。

从"延展和应用"层面来看，目前旅游类本科专业的专业课程尚缺乏学科基础理论在本课程所涉领域的学术延展和应用，甚至有些内容仅是对相关实践问题或现象的简单罗列或泛泛分析，无法胜任为旅游类本科学生提供具有理论深度及学术内在逻辑且相对系统化、专业化的理论学习和训练。旅游学科发展的不足导致其对旅游类专业建设支撑力度薄弱，从而影响了旅游类本科教育的质量和水平。

破解旅游类本科教育困境的根本出路在于加强旅游学科的建设。专业是人才培养的平台，学科是知识体系及其创新的平台；要想培养出具备专业素养的人才，必须要有术业有专攻的专家来指导。因此，专业建设与学科建设具有内在的、必然的逻辑关联，即高水平的专业建设必须要有强大的学科建设作为支撑。从旅游类本科教育的困境来看，无论是学科基础课程对专业课程的"基础和支撑"作用较为薄弱，还是专业课程在学科基础理论之上的"延展和应用"不够成熟，根本的原因在于旅游学科发展的不足。从这个意义上说，旅游学科建设的一个重大使命，就是要为旅游教育提供有力的学科支撑。

旅游学科的建设面临两个重要任务：旅游基础理论的范式化建设和旅游学科的体系化建设。

旅游基础理论的范式化建设，核心是建立具有理论解析力和延展力的旅游学基础理论。基础理论往往是在某个基本范畴（或范畴集合）及学术假设的基础上构建起来的一个逻辑自洽的命题和假说体系。这一体系可以成为支撑特定学术分支发展的学理基础，就像不完全竞争理论这一经济学的基础理论能够为企业经济学、产业经济学等特定经济学分支的发展提供学理支撑。旅游基础理论的范式化建设需要进行充分的逻辑思辨和学术探究，才能构建富有理论解析力和延展力的命题和理论体系，这是高阶性的旅游学术研究，具有更高的学术价值，当然也是更具挑战性的学术工作。

旅游学科建设的第二个重要任务是旅游学科的体系化建设，即对旅游学的知识进行科学的分类，并在分类的基础上形成旅游学的分支体系。任何一个相对成熟的学科，都有相对稳定、规范的学科分支体系，如法学学科有法学理论、刑法学、民商法学、诉讼法学等相对稳定、明确的分支体系。反观旅游学科，还缺乏明确、规范的学科分支体系。旅游学的研究和交流，往往是在论题甚至话题层面来进行区分的，还没有形成科学且相对清晰、稳定、公认的旅游学科分支体系。这种"一地散金碎银"的状况，不利于旅游学科的深入发展，同时可能也正是旅游本科教育中不同院校的专业课程差异很大的重要原因。

如何推动旅游学科的建设，是摆在旅游学术共同体面前的一道大题。中国旅游学术界要大胆地、积极地开展旅游基础理论的原始创新，也完全有能力、有条件在旅游基础理论的原始创新上做出自己的贡献。特别是中青年旅游学者，完全可以大胆假设、小心求证，无须也不应仅满足于只做他人理论、模型的应用者。加强旅游基础理论的创新研究和范式化建设，既是形成中国旅游学派的充要条件，也是中国旅游学术共同体应当和可以为国际旅游学术研究贡献的中国智慧。

三、推进旅游类一流本科专业建设

首先，要建设高水平的专业教师队伍。人才培养，关键在教师，教师队伍的素质直接决定着专业人才培养的质量和水平。建设政治素质过硬、业务能力精湛、育人水平高超的高素质教师队伍是提高旅游类本科人才培养质量的基础性工作。要坚持教育者先受教育，让教师更好担当起学生健康成长指导者和引路人的责任，要引导教师把教书育人和自我修养结合起来，做到以德立身、以德立学、以德施教。争做"四有好老师"：有理想信念、有道德情操、有扎实学识、有仁爱之心。当好"四个引路人"：学生锤炼品格的引路人、学生学习知识的引路人、学生创新思维的引路人、学生奉献祖国的引路人。做到"四个相统一"：坚持教书和育人相统一，坚持言传和身教相统一，坚持潜心问道和关注社会相统一，坚持学术自由和学术规范相统一。

专业教师要有扎实的专业学识和追求卓越的科学精神。旅游类专业教育既具有本科专业所应有的理论性，同时又具有较强的行业实践性。这就要求专业教师既要有扎实的旅游学科素养，了解旅游学科的发展与前沿，同时还要对旅游实践的发展有贴近的观察和深入的思考，把握旅游行业的发展脉络和走向。因此，从专业能力角度来看，旅游类一流专业的建设对旅游类专业教师提出了较高的要求，要求旅游类专业教师同时具备理论素养和实践能力。

其次，要建设高水平的专业课程体系和教材体系。课程体系、教材体系的建设是专业建设的核心内容，是旅游类一流专业建设的关键抓手。总体来看，由于旅游学科发展的不足，目前旅游类本科专业的课程体系、教材体系的建设还不是很成熟，需要在旅游学科进一步的发展支撑下得到不断的提高和完善。但是我们也要看到，经过旅游学界40年来的辛勤努力，旅游类本科专业课程体系、教材体系的建设已经有了很好的基础条件。

一方面，旅游教育界已经对旅游类本科专业的课程体系进行了很好的研究、探索和实践，逐步形成了一些积累和共识，并在此基础上完成了《旅游管理类教学质量国家标准》。《旅游管理类教学质量国家标准》规范了旅游管理类本科专业课程体系的通识课程、基础课程、专业课程三大模块，并在对通识课程、基础课程总体规范设计的基础上，对旅游管理类本科专业的专业课程体系提出了"4+X"的构成模式，即专业必修课程开设旅游学概论、旅游接待业、旅游目的地管理、旅游消费者行为 4 门核心课程，具体各专业核心课程由"4+X"构成。如旅游管理专业核心课程"4+3"（4+ 旅游经济学、旅游规划与开发、旅游法规），酒店管理专业核心课程"4+3"（4+ 酒店管理概论、酒店运营管理、酒店客户管理）；会展经济与管理专业核心课程"4+3"（4+ 会展概论、会展营销、会展策划与管理）；旅游管理与服务教育专业核心课程"4+3"（4+ 教育学、心理学、教学方法论）。专业选修课程则由各高校根据行业特点、专业优势、学科重点、地方特色或实践需要开设，在专业课程中增加创新创业内容（如旅游创意策划、旅游电子商务等），设置适合学生特点的创新创业课程（如旅游项目策划、旅游形象推广等）。专业实践课程包括专业实习、毕业实习、毕业论文（设计）三个环节（特设专业还包括教育、教学实习）。[①]

另一方面，在课程体系不断完善的基础上，经过旅游教育界的多年努力，我们已经积累了一些通过多年教学使用并得到大家普遍好评的旅游类本科教材，既有专业必修课教材，也有专业选修课教材，还有部分实习实践类教材，如谢彦君教授所著的《基础旅游学》、田里教授主编的《旅游经济学》就是其中典型的代表，并荣获全国优秀教材奖，这为我国旅游类本科专业开展专业教育提供了很好的教材基础。今后我们要在旅游学科的不断发展和支撑下，借鉴国外先进教材的经验，不断丰富我国旅游类本科教材的种类，不断提升旅游类本科教材的质量。

再次，要构建高水平的产教融合体系。旅游类本科教育具有较强的实践性，高水平的旅游类本科教学要充分依托高水平的产教融合体系。一直以来，我国旅游教育界都非常重视旅游教育的产教融合，"政、产、学、研、用"的办学思想深入人心，形成了诸多因地制宜、各具特色的产教融合特色和模式。近年来，在国家和行业协会的大力支持和帮助下，高校文旅产教融合体系建设取得了长足的发展，对高校旅游类人才的培养起到了积极的促进作用，如中国旅游协会旅游教育分会，积极推进学校与行业的融合，成为旅游院校与文旅行业之间紧密连接的纽带，在人才培养、社会实践、学科竞赛、学生就业等等多个方面助力旅游类人才的培养。面向中国特色社会主义新时代，面向我国经济社会发展进入新发展阶段，面向以信息技术为核心的第四次产业革命，对标新文科建设的要求，对标文旅产业数字化发展的大潮，我们要不断深化产教融合体系的建设，提升"政、产、学、研、用"的协同效应，构建高水平的产教融合体系，为专业教师提供深入行业、把握实践的客观基础，为互联网一代的旅游类本科生提供更高水平的实践教

---

① 普通高等学校本科专业类教学质量国家标准［P］.高等教育出版社，2018：896—898.

学条件和创新创业平台。

最后，要开展高水平的国际交流合作。旅游业是一个高度国际化的行业，依托旅游行业的旅游类本科教育，其一流专业的建设需要以高水平国际交流合作为支撑。高水平的国际交流与合作包括专业教学合作办学机构、专业教学合作办学项目、专业教师、专业课程与教材、专业学分互认、专业认证等多个方面。从专业教学合作办学机构来看，目前国内已经有一些与国际优秀旅游教育机构合作开设的中外合作办学机构，如东北财经大学、海南大学、桂林旅游学院、上海商学院等高校开办的中外合作办学机构，积累了不少旅游教育合作办学的经验，培养了一批合作办学毕业的人才。专业教学合作办学项目的数量则更多，而且往往是结合高校自身的特点和优势，聚焦旅游类特色专业，聚合合作双方的资源优势，形成合作办学的协同效应，培养国家文化和旅游事业发展所急需的特色人才。此外，在专业教师、专业课程与教材、专业学分互认、专业认证等多个方面，也已经取得了较好的发展。近年来，国内外专业教师的双向互动越来越多，教师队伍国际化的水平和程度都在不断提高，如北京联合大学借助北京市重点建设一流专业项目的资金支持，近年来通过专业教师走出去、请进来，在智慧旅游等学科方向上加大了教师队伍国际化建设的步伐，取得了良好的专业教学及学科研究成效。专业课程与教材的引进和借鉴越来越普遍，优秀教学资源的共享在慕课技术的基础上得到了极大的拓展。专业学分互认越来越普遍，越来越多的学生走出国门、深入国外高校学习，既丰富了专业学习内容，又增强了跨文化的切身体验，如北京联合大学与西班牙巴塞罗那自治大学开展的 2+2 合作项目，就得到的学生和家长的普遍好评，取得了非常好的联合培养效果。旅游教育的国际认证越来越得到高校旅游类本科专业的重视，如中山大学、暨南大学等一系列高校都参与并通过了世界旅游组织的旅游教育认证。未来，在我国进一步扩大开放的背景下，在一流专业建设的大力推动下，我国旅游类本科教育的国际交流与合作将迈上更高水平。

总之，要提高旅游类本科教育的质量和水平，根本的途径是构建高水平的人才培养体系。高水平人才培养体系首先要构建高水平的德育体系，其中包括思想政治理论课、课程思政、专业思政、大思政课等内在有机联系的组成部分，这是提高旅游类本科教育质量和水平的前提，是确保为党育人的关键。其次，还要大力推进高水平的旅游学科建设和旅游类一流本科专业的建设，这是提高旅游类本科教育质量和水平的基础，是确保为国育才的关键。高水平的德育体系、高水平的旅游学科建设和专业建设，共同构建起旅游类本科专业高水平人才培养体系的基本框架。

新版职业教育旅游大类专业目录解读

史庆滨　王昆欣　杜兰晓[①]

2021 年 3 月 12 日，教育部印发了《职业教育专业目录（2021 年）》（以下简称《目录》），标志着职业教育专业改革进入新阶段，教育部指出：为贯彻《国家职业教育改革实施方案》，加强职业教育国家教学标准体系建设，落实职业教育专业动态更新要求，推动专业升级和数字化改造，组织对职业教育专业目录进行了全面修（制）订。《目录》按照"十四五"国家经济社会发展和 2035 年远景目标对职业教育的要求，在科学分析产业、职业、岗位、专业关系基础上，对接现代产业体系，服务产业基础高级化、产业链现代化，统一采用专业大类、专业类、专业三级分类，一体化设计中等职业教育、高等职业教育专科、高等职业教育本科不同层次专业。专业目录是职业教育教学的基础性指导文件，是职业院校专业设置、招生、统计以及用人单位选用毕业生的基本依据，是职业教育类型特征的重要体现，也是职业教育支撑服务经济社会发展的重要观测点。

教育部要求 2021 年起，职业院校拟招生专业设置与管理工作按《目录》及相应专业设置管理办法执行；全面修（制）订并发布实施相应专业人才培养方案，推进专业升级和数字化改造；各职业院校要根据《目录》及时调整优化师资配备、开发或更新专业课程教材，以《目录》实施为契机，深入推进教师教材教法改革；已入选"双高计划"等教育部建设项目的相关专业（群），应结合《目录》和项目建设要求，进行调整升级。

2022 年 5 月 1 日，新修订的《中华人民共和国职业教育法》（以下简称《职教法》）正式实施。《职教法》规定：职业学校教育分为中等职业学校教育、高等职业学校教育；中等职业学校有关专业实行与高等职业学校教育贯通的招生和培养；高等职业学校和实施职业教育的普通高等学校应当在招生计划中确定相应比例或者采取单独考试办法，专门招收职业学校毕业生。对于本科层次职业教育，《职教法》中明确可设立本科层次职业学校，同时为两个方面的探索预留了空间：在普通高等学校设置本科职业教育专业，在专科层次职业学校设置本科职业教育专业。《职教法》的发布执行，明确了职业教育的类型定位，强调了中高本贯通的职业教育发展格局，为职业教育大发展从法条的高度给予了保障。职业教育人才培养进阶体系的确立依托完备的职业教育专业目录，2021

---

① 作者简介：史庆滨，浙江旅游职业学院教务处副处长，讲师，教育部职业教育专业目录修（制）订第十一研制组秘书。王昆欣，浙江旅游职业学院原党委书记，教授，教育部职业教育专业目录修（制）订第十一研制组组长，中国旅游协会旅游教育分会副会长。杜兰晓，浙江旅游职业学院校长，教授，教育部职业教育专业目录修（制）订第十一研制组副组长。

版职业教育专业目录修订过程中就充分考虑了中高本贯通培养的人才培养体系问题。

旅游大类职业教育专业目录修（制）订工作在教育部职业教育与成人教育司、文化和旅游部科技教育司领导下开展，自2020年6月，成立了旅游大类专业目录修（制）订研制组，负责职业教育旅游大类专业目录的修（制）订工作，至2021年3月职业教育专业目录发布，数十名专家历时10个月，顺利完成了教育部职业教育旅游大类专业目录的修（制）订。

在全球科技革命浪潮推动下，在我国经济逐步形成以国内大循环为主体、国内国际双循环相互促进的新发展格局下，旅游业跨界融合持续深化，数字化、网络化、智能化趋势更加明显，大数据、云计算、移动互联网、人工智能向旅游产业的渗透步伐加快。旅游业的多元融合，催生了旅游新业态，加快了旅游产业的转型升级，促进了旅游企业运营模式的不断变革，旅游产业链持续拓展、旅游人才需求不断提高。新变化对旅游职业教育人才培养提出了新要求，具有数字化素养、个性化服务技能、国际视野的创新型、专业型、复合型旅游人才需求逐步取代传统的服务型人才。这就要求旅游人才培养要关注旅游经济新的增长点，注重市场变革、岗位需求，在全新的格局下注入新的内涵、完善新的体系。

一、旅游业发展的新趋势、新变化对旅游人才培养提出新要求

（一）文旅融合促进旅游产业转型升级，旅游人才培养需增加文化新内涵

习近平总书记指出，旅游是不同国家、不同文化交流互鉴的重要渠道，是发展经济、增进就业的有效手段，也是提高人民生活水平的重要产业，旅游是人民生活水平提高的一个重要指标。《国务院办公厅关于进一步激发文化和旅游消费潜力的意见》（国办发〔2019〕41号）提出要提升文化和旅游消费质量水平，增强居民消费意愿，以高质量文化和旅游供给增强人民群众的获得感、幸福感，鼓励打造中小型、主题性、特色类的文化旅游演艺产品。《中共中央关于制定国民经济和社会发展第十四个五年规划和二〇三五年远景目标的建议》提出，推动文化和旅游融合发展，建设一批富有文化底蕴的世界级旅游景区和度假区，打造一批文化特色鲜明的国家级旅游休闲城市和街区。发展红色旅游和乡村旅游。建设长城、大运河、长征、黄河等国家文化公园。

文旅融合的政策导向，将进一步满足人民美好生活新期待和促进经济社会新发展，进一步促进文化和旅游产业的深度融合、转型升级。以文促旅，以旅彰文，形成文旅发展新优势、新引擎、新动力。在这样的背景下，催生了大量的行业融合、行业创新、行业合作，传统注重服务技能的旅游人才培养面临新的挑战。新旅游人要能够将我国传统文化元素融入旅游产业之中，能够面向文旅新市场进行创业、服务与营销，讲好中国故

事、传播中华文化、增强文化自信的能力成为新旅游人才培养的重要内容。

（二）大众旅游促进新业态发展，旅游人才培养需直面创新新要求

随着我国社会经济的发展，人民群众对旅游的愿望和需求越来越大，旅游逐渐成为人们的刚需，成为人们的基本权利之一，我国已全面进入大众旅游时代。据文化和旅游部披露，2019年我国国内旅游60.06亿人次，出境旅游1.55亿人次，入境旅游1.45亿人次；全年实现旅游总收入6.63万亿元。数据表明我国国内游和出境游人数、国内旅游消费、境外旅游消费均列世界前茅，旅游经济继续保持高于GDP增速的较快增长（见表1）。

表1 "十三五"期间我国旅游业主要发展指标一览

年份	国内旅游人数（亿人次）	国内旅游收入（亿元）	入境旅游人数（万人次）	入境旅游收入（亿美元）	出境旅游人数（万人次）	旅游总收入（万亿元）
2016	44.35	39390	13844	1200.00	12203	4.69
2017	50.01	45661	13948	1234.71	13051	5.40
2018	55.39	51278	14120	1271.03	14972	5.97
2019	60.06	57251	14531	1313.00	15463	6.63

数据来源：中华人民共和国文化和旅游部网站，2020年6月20日

随着旅游者出游次数的增多，旅游动机的多样化，休闲度假比例的提高，深度游、特色游被更多人选择，新生代消费者对旅游的期望值越来越高，且主张高附加值的独特体验性。同时，科技创新正变革着旅游传统发展模式，旅游消费者对低技术含量的传统服务依赖逐步降低，借助于新科技革命的成果，游客更加成熟，对旅游产业和服务的需求越来越高，更加注重体验性，个性化、定制化、多样化和差异性的旅游需求成为常态。"去景区化、去门票化、散客化、自组织化"的趋势愈加显著，旅游需求进入层次细分、个性化、定制化的时代。

为适应大众旅游时代的新变化，从业人员的素质要求需不断调整。未来旅游从业人员需要具有创新意识、创新思维和创新能力，能够借助于"互联网+"等技术手段以及更为开放的资源平台，创新设计旅游产品和项目、创新营销方式、创新服务方式、创新业态互动模式、创新运营模式等，创新型旅游人才是促进旅游产业蓬勃发展和生机活力的源泉，这就要求旅游教育要抓紧研究和探索新兴旅游业态需求，剖析旅游新岗位所需的知识、素养与技能，加快旅游新业态人才培养。

（三）体验经济促进旅游消费方式迭代，旅游人才培养需注入数字新元素

体验旅游是在旅游中借助于观赏、交往、模仿和消费等活动形式实现的一个时序过程，为游客提供参与性和亲历性活动。目前，各类传统文化资源和旅游资源借助数字技术得以"活起来"，诞生了虚拟现实景区、虚拟现实娱乐、数字博物馆等全新的文旅业态。餐饮产业受到无接触服务的影响，正在重塑餐饮业形态，重新定义餐饮服务场景。数字技术深刻改变了游客的行为与体验认知，促使旅游产品、出游方式、服务体系、消费模式、管理体系随之变化，给游客营造舒畅而独特的旅游体验，促进旅游产品和旅游消费的迭代成为旅游服务重要的发展方向。2020 年年底，文化和旅游部、国家发展改革委、工业和信息化部等十部门联合印发《关于深化"互联网＋旅游"推动旅游业高质量发展的意见》提出，"到 2022 年，建成一批智慧旅游景区、度假区、村镇和城市……到 2025 年，国家 4A 级及以上旅游景区、省级及以上旅游度假区基本实现智慧化转型升级……"

新冠肺炎疫情防控常态化下，以 5G、大数据、云计算、物联网、人工智能、虚拟/增强现实、区块链等为代表的信息技术成果的广泛应用，体验旅游向智慧旅游的发展，推进了旅游领域数字化、网络化、智能化转型升级，推动了发展质量、效率和动力的变革。要适应市场变化，只有通过培养一大批既懂旅游专业知识，又懂数字化知识的复合型人才，才能加快提升支撑数字旅游产业发展的人力资本，提升全行业从业者的数字化素养。

（四）旅游产业迅猛发展，旅游人才培养需密切关注结构新矛盾

旅游业作为第三产业的龙头，近年来得以迅猛发展，旅游人才需求呈现结构新矛盾。在前期调研中，旅游、餐饮行指委走访和调研旅游、餐饮企业近 900 家，职业院校 1200 余家。调研结果表明旅游业人才总量大、行业人才流动大、年新增数量大（见表 2）。

表2　2020—2022 年我国旅游人才需求总量预测

年　份	2020	2021	2022
预测人才总需求（万人）	2880	2900	2919
预测年新增数量（万人）	19.3	19.5	19.7

数据来源:《基于职业教育视角的中国旅游人才供给与需求研究报告（2019）》，南京旅游职业学院，2020

旅游行业未来 3 年对技能型、复合型旅游人才的需求量最大。在新模式、新规则、新技术、客户服务偏好新变化、游客市场的变化以及其他行业的驱动下，旅游领域在目前及未来一段时间内对人才的需求趋向于综合型高素质的技术技能型人才。根据研判，到 2022 年酒店行业人才供需有缺口，民宿业人才需求旺盛。景区人才需求较大，旅游电

商、度假旅游、会展旅游、邮轮旅游、研学旅游等新业态人才需求较大。餐饮企业大量需要具有"智慧型、复合式、高技术、善管理、国际化"岗位群复合特质的餐饮人才。新一轮科技革命加剧旅游人才供需结构性矛盾，传统的普适性旅游管理、酒店管理等专业人才难以满足岗位分工细化的要求，旅游人才需求个性化、针对性特征愈加明显。

二、传统旅游大类专业设置与人才培养中存在的主要问题

根据教育部《中等职业学校专业目录（2010 年）》《普通高等学校高等职业教育（专科）专业目录（2015 年）》和历年增补专业，职业教育旅游大类修订前共分旅游类、会展类和餐饮类三个专业类，27 个专业，其中中职 11 个专业，高职 14 个专业，职教本科 2 个专业。

（一）旅游类专业发展极不平衡，招生院校和人数差异巨大

据全国旅游职业教育教学指导委员会提供的数据显示，2019 年全国旅游类高职各专业招生学校数量和招生人数存在明显差异，以旅游管理、酒店管理和会展策划与管理专业为主：高职旅游管理专业招生学校为 1046 所，招生人数为 71820 人；酒店管理专业招生学校 811 所，招生人数 52790 人；会展策划与管理专业招生学校 165 所，招生人数 8070 人。与这三个专业形成明显对比的是休闲服务与管理专业、景区开发与管理专业和旅行社经营管理专业：休闲服务与管理专业招生学校为 62 所，招生人数为 2340 人；景区开发与管理专业招生学校为 31 所，招生人数为 840 人；旅行社经营管理招生学校仅有 21 所，招生人数为 830 人。此外，新技术、新业态的旅游专业少有体现且开设率低。而 2020 年设置开始招生的新专业中，研学旅行管理与服务专业有 33 所学校招生，招生人数为 706 人；葡萄酒营销与服务专业仅有 4 所学校招生，招生人数为 50 人（见表 3）。

表 3　高职旅游类（含会展类）部分专业招生情况对比

序号	专业	招生院校（所）	招生人数（人）	招生年份	备注
1	旅游管理	1046	71820	2019	招生规模较大
2	酒店管理	811	52790	2019	
3	会展策划与管理	165	8070	2019	
4	休闲服务与管理	62	2340	2019	招生规模较小
5	景区开发与管理	31	840	2019	
6	旅行社经营管理	21	830	2019	
7	研学旅行管理与服务	33	706	2020	
8	葡萄酒营销与服务	4	50	2020	

中职旅游服务类专业同样存在专业招生人数差异大的现象。2019 年招生人数排在前三位的是旅游服务与管理、高星级饭店运营与管理和景区服务与管理专业：旅游服务与管理专业为 72008 人；高星级饭店运营与管理专业 28298 人；景区服务与管理专业 456 人。而排在后面的，康养休闲旅游服务专业为 29 人，茶艺与茶营销专业人数为 12 人。

除旅游类院校外，综合类高职院校或其他类高职院校在举办旅游大类专业时，专业布局基本以旅游管理和酒店管理为主，以导游、会展等专业为辅，根据市场需求情况设置专业方向，一般不选择开设更具针对性的小众专业。因而，旅游类人才培养仍主要集中于传统的旅游管理、酒店管理等专业，专业创新力度不足，旅游人才有效供给不足，旅游人才供需结构性矛盾仍然突出。

（二）餐饮类专业设置采用"叠加式"，缺乏整体统筹布局

根据高等职业院校人才培养工作状态数据采集与管理系统数据显示，2019 年全国共有 165 所高职院校开设餐饮及相关专业，在校生规模 39579 人。其中，烹调工艺与营养专业全国共有 135 所院校开设，在校生 27088 人；餐饮管理专业全国共有 42 所院校开设，在校生 2643 人；西餐工艺专业全国共有 27 所院校开设，在校生 5809 人；中西面点工艺专业全国共有 26 所院校开设，在校生 3596 人；营养配餐专业全国共有 8 所院校开设，在校生 443 人。

根据全国中等职业学校专业设置管理系统数据显示，2019 年全国开设中餐烹饪与营养膳食专业的院校有 691 所，在校生 160049 人；开设西餐烹饪专业的院校有 145 所，在校生 19874 人；开设中西面点专业的院校有 13 所，在校生 404 人。

餐饮类专业在校生人数差异巨大的根源在于专业设置的逻辑缺乏统筹。在专业举办初期，是根据餐饮行业的两个重要岗位群——厨房菜品生产和餐饮企业运行管理进行命名的，设置了"烹饪工艺与营养""餐饮管理"两个专业，主要针对中餐领域培养人才，具有一定合理性。随着餐饮行业发展，餐饮企业内部技术工种和岗位逐步细化，餐饮业的国际化进程加快，出现了西餐、中西面点等岗位，以往专业目录修制订中仅进行了简单增加，没有对专业目录进行统筹和统一的规划，造成了现有状况。随着餐饮行业的发展，须从行业变革的角度重塑餐饮类专业。

（三）旅游大类人才培养稍滞后于快速发展的新业态

现有旅游大类专业在人才培养方面依然以面向游客的接触式服务技能为主，无论是课程体系还是时间环节，强调面对面的为游客直接解决问题。面对旅游行业快速发展的新业态，旅游大类人才培养在职业面向上已赶不上行业变化，专业的开发、课程开设滞后于新职业、新岗位需求，人才培养与行业需求稍有错位情况，对复合型、创新性旅游人才培养不足。如现在行业紧缺的旅游在线销售、旅游文创、私人定制、主题景区活动

策划、民宿管家及线上线下的"餐饮新零售"、无接触餐饮管理等岗位，少有院校毕业生能胜任，旅游大类专业目录修订需要面向新时代、新业态。

三、新版旅游大类职业教育专业目录修（制）订特色分析

旅游大类专业目录修（制）订以市场为导向，以人才需求预测为依据，深度融入"四新"理念，坚持适度超前的原则，相关专业调整情况汇总如表4所示，整体修（制）订情况如图1所示。

表4　新旧版旅游大类职业教育专业目录调整情况对比

教育层次	专业类	新专业名称	原专业名称	调整内容
中职	旅游类	旅游服务与管理	旅游服务与管理 景区服务与管理	合并
	旅游类		旅游外语	归属调整（调整到教育与体育大类）
	餐饮类	中餐烹饪	中餐烹饪与营养膳食	更名
高职专科	旅游类	旅行社经营与管理	旅行社经营与管理	更名
		定制旅行管理与服务		新增
		酒店管理与数字化运营	酒店管理	更名
		民宿管理与运营		新增
		葡萄酒文化与营销	葡萄酒营销与服务	更名
		茶艺与茶文化	茶艺与茶叶营销	归属调整、更名
		智慧景区开发与管理	景区开发与管理	更名
		智慧旅游技术应用		新增
		会展策划与管理	会展策划与管理	归属调整
	餐饮类	餐饮智能管理	餐饮管理	更名
		烹饪工艺与营养	烹调工艺与营养	更名
		西式烹饪工艺	西餐工艺	更名
职教本科	旅游类	旅游规划与设计		新增
	餐饮类	烹饪与餐饮管理		新增

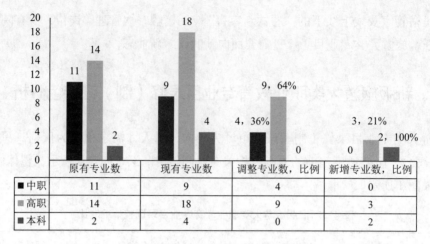

	原有专业数	现有专业数	调整专业数，比例	新增专业数，比例
■中职	11	9	4	0
■高职	14	18	9	3
■本科	2	4	0	2

图 1　旅游大类专业修（制）订情况

（一）主动适应文旅融合，加强专业文化内涵

文旅融合、提升文化内涵是本次旅游大类专业目录修（制）订工作的一个重点。注重文化要素在旅游产业的融入，强化文化元素与旅游要素的有机融合，从专业归属、专业名称到课程体系，均做了相应的调整。如高职把原属财经商贸大类的"茶艺与茶叶营销"专业调整到旅游大类，并更名为"茶艺与茶文化"；将"葡萄酒服务与营销"专业更名为"葡萄酒文化与营销"，将茶、酒两个专业的文化性提高到专业层面，直观的表达文化内涵在旅游服务领域的重要性。对专业名称做了进一步文化性提升，如将高职的"烹调工艺与营养"更名为"烹饪工艺与营养"，"烹饪"一词内涵更博大，将"西餐工艺"更名为"西式烹饪工艺"，因为"西式"与"中餐"的对应更为清晰，将中职的"中餐烹饪与营养膳食"更名为"中餐烹饪"，不再重复强调"营养膳食"，避免表述不清晰。专业名称的调整，一是体现了文化内涵的融入，二是体现了用语精准和传统文化的挖掘。

（二）坚持数字化改造，突出专业智慧化升级

结合旅游产业与信息化融合的特性，坚持数字化改造，提升和增加专业内涵。首先，将智能、智慧、数字化等内涵有机融合到专业名称中，切实将专业升级与数字化改造落地落实。如"酒店管理"是一个传统的老牌专业，影响力大，在校生多，但在高职办学过程中越来越呈现出与重服务轻管理、重人与人的对接轻新技术的应用等问题，为了扭转这一局面：将专业更名为"酒店管理与数字化运营"，在名称上直接体现数字化，并在课程体系中大量融入新技术、新经济相关课程，与我国酒店业整体发展战略相一致；将"景区开发与管理"更名为"智慧景区开发与管理"，适应在线预约预订、分时段预约预览、流量监测监控、科学引导分流、非接触式服务、智能导游导览等景区新变

化，促进景区人才培养从重建设、重传统管理向着智慧、智能化建设与管理方向转变；将"餐饮管理"更名为"餐饮智能管理"，在人工智能技术快速在餐饮领域的应用下，使数字化餐饮更好地满足人民群众日益多元的饮食需求，实现餐饮行业升级的需要。

其次，全面充实相关调整专业的数字化内容。在坚持服务导向、就业导向的基础上，进一步剖析岗位能力，解析旅游人才的数字化动手能力、数字化职业能力和数字化知识结构。在专业基础课程中普遍增设了计算机信息服务、数字化应用等相关的通识类课程，在专业核心课程中增加了人工智能、大数据、5G 技术应用相关的新技术专业课程。

（三）预测旅游经济发展趋势，适度超前增设新专业

新技术推动新业态、新经济催生新岗位。在新技术广泛应用于游客体验、企业管理、网络营销、安全保障等各个环节，旅游业对技术型人才的需求与日俱增，要求从业者既懂旅游又懂技术，强调技术的应用能力而弱化研发能力，要有在技术运用方面的微创新能力，为此，增设了"智慧旅游技术应用"专业，针对"互联网＋"广泛应用于旅游业，旅游者个性化、品质化需求催生了高端定制与特色服务的新旅游经济与产品，新增了"定制旅行管理与服务"专业，针对蓬勃发展的特色民宿经济，为了适度超前培养市场潜在需求人才，推动旅游新业态发展，新增了"民宿管理与运营"专业。

（四）突出行业职业特点，增强职教本科专业应用性

旅游大类职教本科专业的设置，侧重相对具体的职业发展，创业创新能力培养，注重对具体产业业态、技术管理手段的教学，培养高层次技能技术人才。因而，本科专业的设置既突出了行业职业特性，又与中高职教育有机衔接，强调应用性与实践性，在保留原有"旅游管理""酒店管理"的基础上，增设了两个新专业。一是针对新技术、新业态的变革在区域及景区旅游规划、设计、建设方面的人才需求，新增"旅游规划与设计"专业，强调技术应用的能力；二是在我国餐饮业进入大规模、高质量发展时代，共享餐饮、时尚餐饮、轻食餐饮等新业态的出现，为适应以智慧餐饮为主要特征的"新食代"，培养健康餐饮新理念、熟悉餐饮经营、掌握烹饪新技术的高层次复合型技术技能人才，新增了"烹饪与餐饮管理"专业，强调实践性，突出动手能力和实际管理能力。

（五）注重中高本一体化设计，既实现衔接又体现差异

旅游大类专业的调整，注重中高本一体化的设计思维，进一步梳理了中高本专业定位。中职定位在基础的服务技能培养上，侧重在打牢进入行业领域的基础，体现一线的实操和动手能力；高职定位在管理理念与技术内涵的融入，侧重技术与技能的综合统一；职教本科定位在职业能力的深入，融入管理学、经济学等知识，关注综合能力的提升。如中职的导游服务专业注重游客服务的技能技巧，高职的导游专业融入团队管理与

旅游产品设计的相应技能，本科层次的旅游管理专业则在管理能力进行拓展及深入，清晰地体现了人才培养定位的递进。

四、小结

修订后的旅游大类专业目录承接《职教法》规定的中高本贯通人才培养体系，对接行业需求、产业发展，面向未来全面布局，更加适应现代旅游业高质量发展的需要，可以有效促进旅游人才培养注重创造性、开拓性，做到技术养成与综合素养提升并重，培养复合型人才，以职业岗位为导向，更能够促进学生就业。相关院校在专业设置及人才培养中，应深刻理解专业内涵升级的各项设定，注重产教融合、校企合作，优化师资结构，重构课程体系，以精细化为目标培养全新的现代旅游人才。

国家职业教育教师教学创新团队建设与南旅院实践

——以江苏省酒店管理与数字化运营专业教师教学创新团队为例 *

苏 炜 周春林①

为全面贯彻习近平总书记关于职业教育的重要指示批示和全国教育大会、全国职业教育大会精神，落实《关于推动现代职业教育高质量发展的意见》《国家职业教育改革实施方案》，教育部于 2019 年、2021 年启动了两批国家级职业教育教师教学创新团队和课题研究项目遴选工作。各地各职业院校以首批国家级立项建设单位为标杆，有序开展省级、校级教师教学创新团队创建工作。南京旅游职业学院酒店管理与数字化运营专业教学团队 2021 年入选江苏省职业教育教师教学创新团队，根据团队建设方案，开展了一系列研究和实践探索。现结合国家级职业教育教师教学创新团队建设要求，梳理文体旅游类国家级教学创新团队和南旅院酒店管理与数字化运营专业团队建设的经验举措，助推高水平、结构化教学创新团队可持续发展。

一、国家职业教育教师教学创新团队建设的缘起

（一）缘起与概况

职业教育教师教学创新团队的产生是国家政策导向的结果。2019 年的《国家职业教育改革实施方案》首次提出探索组建高水平、结构化的教师教学创新团队。同年 6 月，根据《国家职业教育改革实施方案》的决策部署，教育部印发《全国职业院校教师教学创新团队建设方案》（教师函〔2019〕4 号），标志着国家级职业教育教师教学创新团队建设工作正式启动[1]。同年 12 月发布的"中国特色高水平高职学校和专业建设计划"也明确将组建高水平、结构化的教师教学创新团队列为打造高水平专业群的重要内容之一。随后，教育部公布了首批 122 个国家级职业教育教师教学创新团队立项（培

---

① ＊注：本文为江苏省第二批职业教育教师教学创新团队阶段性工作成果。

苏炜，女，博士，副教授，南京旅游职业学院酒店管理学院院长，江苏省酒店管理与数字化运营专业教师教学创新团队核心成员。周春林，男，博士，教授，南京旅游职业学院党委书记，江苏省酒店管理与数字化运营专业教师教学创新团队负责人，中国旅游协会旅游教育分会副会长，全国旅游职业教育教学指导委员会副主任。

育）建设单位名单（教师函〔2019〕7号），并以课题研究项目管理的形式推进各首批立项（培育）建设单位为期3年的建设工作。2021年7月，教育部又公布了第二批242个国家级职业教育教师教学创新团队立项（培育）建设单位名单（教师厅函〔2021〕29号），其中有14所院校入选文体旅游类国家级教学创新团队[2]。

（二）申报条件

国家级团队立项条件有六项[1]，有明确的质性和量化要求，体现了高标准、高水平、可示范和双师型。

（1）团队师德师风高尚。全面贯彻党的教育方针，坚持"四个相统一"，推动全员全过程全方位"三全育人"。团队教师注重坚守专业精神、职业精神和工匠精神，践行社会主义核心价值观，以德立身、以德立学、以德立教，广受师生好评。团队负责人及教师无违反师德师风情况。

（2）团队结构科学合理。团队专业结构和年龄结构合理，涵盖公共基础课、专业基础课、专业核心课、实习指导教师和企业兼职教师，骨干成员一般15~20人且相对稳定。团队中"双师型"教师占比超过一半，中职、高职具有高级专业技术职称（职务）或相关高级以上职业资格证教师分别占30%、40%以上；骨干成员有五年以上相关工作经验的行业企业高级技术人员兼职任教，其中，中职不少于2名、高职和应用型本科高校不少于3名。

（3）团队负责人能力突出。应是具有相关专业背景和丰富企业实践经历（经验）的专业带头人；具有改革创新意识、较高学术成就、较强组织协调能力和合作精神；原则上应具有高级职称，年龄一般不超过55周岁；熟悉相关专业教学标准、职业技能等级标准和职业标准，具有课程开发经验。

（4）教学改革基础良好。承担国家职业教育专业教学资源库和国家在线开放课程开发，并广泛应用于教学实践。教学改革项目获得国家级教学成果奖或建有全国黄大年式教师团队的同等条件下优先。

（5）专业特色优势明显。校企合作基础良好，积极承担现代学徒制试点、订单培养等工作，承接过国家或地方、企业重大科技攻关项目或研究课题。毕业生对口就业率高，师生在全国职业院校技能大赛中获奖。中央财政支持建设的国家重点建设专业、国家（省）级特色专业、中国特色高水平高职学校和专业建设计划入选专业优先。具备一定的中外合作基础，推动人才培养的国际交流与合作成效显著。

（6）保障措施完善健全。学校高度重视，列为一把手工程，由学校主要负责人牵头成立团队建设工作专班，加强组织管理，充分保证团队建设所需经费并纳入年度预算。具有长期稳定的合作企业和产教融合实训基地，实习实训设施设备先进，能够满足专业实际需要。建有教师发展中心，教师专业发展制度健全。具有学分制改革的工作基础。

二、国家职业教育教师教学创新团队建设的主要内容

《全国职业院校教师教学创新团队建设方案》明确规定了国家级教学创新团队建设的五大任务[1]。

（一）建设任务

（1）加强团队教师能力建设。建立健全团队管理制度，落实团队工作责任制。整合校内外优质人才资源，选聘企业高级技术人员担任产业导师，组建校企合作、专兼结合的"双师型"团队，不断优化团队人员配备结构。组织团队教师全员开展专业教学法、课程开发技术、信息技术应用培训以及专业教学标准、职业技能等级标准等专项培训，提升教师模块化教学设计实施能力、课程标准开发能力、教学评价能力、团队协作能力和信息技术应用能力。支持团队教师定期到企业实践，学习专业领域先进技术，促进关键技能改进与创新，提升教师实习实训指导能力和技术技能积累创新能力。

（2）建立团队建设协作共同体。按照专业领域，由若干所立项院校建立协作共同体，完善校企、校际协同工作机制，促进团队建设的整体水平不断提升，推进专业设置与产业需求对接、课程内容与职业标准对接、教学过程与生产过程对接。增强立项院校之间的人员交流、研究合作、资源共享，在团队建设、人才培养、教学改革、职业技能等级证书培训考核等方面协同创新。推动院校与企业形成命运共同体，共建高水平教师发展中心或实习实训基地，在人员互聘、教师培训、技术创新、资源开发等方面开展全面深度合作，促进"双元"育人，切实提高复合型技术技能人才培养质量。

（3）构建对接职业标准的课程体系。服务"1"与"X"的有机衔接，校企共同研究制订人才培养方案，按照职业岗位（群）的能力要求，制订完善课程标准，基于职业工作过程重构课程体系，及时将新技术、新工艺、新规范纳入课程标准和教学内容，将职业技能等级标准等有关内容融入专业课程教学，促进职业技能等级证书与学历证书相互融通。研究制订专业能力模块化课程设置方案，积极引入行业企业优质课程，建设智能化教学支持环境下的课程资源，每个专业按照若干核心模块单元开发专业教学资源。组织团队教师集体备课、协同教研，规范教案编写，严格教学秩序，做好课程总体设计和教学组织实施，推动课堂教学革命。

（4）创新团队协作的模块化教学模式。以学生为中心，健全德技并修、工学结合的育人模式，构建"思政课程"与"课程思政"大格局，全面推进"三全育人"，实现思想政治教育与技术技能培养融合统一。开展国家级团队教学改革课题研究，创新模块化教学模式，打破学科教学的传统模式，探索"行动导向"教学、项目式教学、情境式教学、工作过程导向教学等新教法，支持每位教师形成特色教学风格。明确团队教师职责分工，每位教师要全面参与人才培养方案制（修）订、课程标准开发、教学流程重构、课程结构再造、学习管理与评价等专业建设全过程，教师分工协作进行模块化教学，不

断提升教学质量效果。推动人工智能、大数据、虚拟现实等新技术在教育教学中的应用，有效开展教学过程监测、学情分析、学业水平诊断和学习资源供给，推进信息技术与教育教学融合创新。

（5）形成高质量、有特色的经验成果。与世界职业教育发达国家开展交流合作，总结、凝练团队建设成果并进行转化，推广应用于全国职业院校专业人才培养实践，形成具有中国特色、世界水平的职业教育教学模式。落实"走出去"战略，加强技术技能人才培养的国际合作，不断提升我国职业教育的国际影响力和竞争力。

（二）课题研究

为搭建创新团队协作共同体，专门设立国家级职业教育教师教学创新团队课题研究项目，课题分为专业领域课题和公共领域课题[3]。专业领域课题主要围绕创新团队建设的基础性、综合性、系统性问题进行研究，重点解决团队建设过程中，将职业技能等级证书所体现的先进标准融入人才培养方案、教育教学改革创新、提高技术技能人才培养质量等方面的专业问题。

专业领域课题分为重点课题和若干一般课题，每个重点课题设置若干子课题（视为一般课题）。重点课题牵头单位应联合协作共同体其他单位共同承担专业领域课题研究工作，联合攻关。子课题应根据重点课题承担单位任务要求，聚焦研究方向，深入本协作共同体成员单位调研，积极吸收总结相关教改经验做法，完成课题研究报告，提炼形成可复制、可应用、可推广的相关物化成果。一般课题，要形成课题研究报告和相关物化成果，鼓励其与协作共同体成员单位共研、共建。"文体旅游（一）"专业领域牵头单位为哈尔滨商业大学，"文体旅游（二）"专业领域牵头单位为浙江旅游职业学院。

三、旅游类国家职业教育教师教学创新团队建设现状

（一）入选团队

全国共有 14 所院校的餐饮、旅游类专业团队入选第二批国家级职业教育教师教学创新团队立项（培育）建设单位，其中，本科院校 2 所、高职院校 9 所（含培育 1 所）、中职学校 3 所[2]（见表 1）。

表 1 国家级职业教育教师教学创新团队立项（培育）建设单位（文体旅游）

序号	学校名称	专业名称
1	广西师范大学	旅游管理
2	长沙商贸旅游职业技术学院	餐饮智能管理
3	哈尔滨商业大学	烹饪与餐饮管理

续表

序号	学校名称	专业名称
4	青岛职业技术学院	旅游管理
5	无锡商业职业技术学院	旅游管理
6	成都职业技术学院	旅游管理
7	浙江旅游职业学院	智慧景区开发与管理
8	青岛酒店管理职业技术学院	酒店管理与数字化运营
9	江西旅游商贸职业学院	旅游管理
10	山东理工职业学院	研学旅行管理与服务
11	沈阳市旅游学校	旅游服务与管理
12	北京市外事学校	高星级饭店运营与管理
13	苏州旅游与财经高等职业技术学校	旅游服务与管理
14	海南经贸职业技术学院	旅游管理（培育）

（二）立项课题

2021 年 12 月教育部办公厅公布了第二批国家级职业教育教师教学创新团队课题研究项目，以课题研究项目管理的形式推进立项（培育）建设单位为期 3 年的建设工作[3]。有 11 项旅游类课题研究项目获得立项资助，其中，文体旅游（一）餐饮专业领域主课题 1 项、子课题 1 项，文体旅游（二）旅游专业领域主课题 1 项、子课题 5 项、一般课题 3 项[3]（见表 2）。

表 2　第二批国家级职业教育教师教学创新团队课题研究项目立项名单（旅游类）

专业领域	评审编号	申报单位	课题名称	课题类别
文体旅游（一）	ZH2021080101	哈尔滨商业大学	新时代职业院校旅游餐饮专业领域团队教师教育教学改革创新与实践	主课题
	ZI2021080102	长沙商贸旅游职业技术学院	高职餐饮智能管理专业 人才培养方案开发与实施	子课题方向 2
文体旅游（二）	ZH2021080201	浙江旅游职业学院	新时代职业院校智慧景区开发与管理专业领域团队教师教育教学改革创新与实践	主课题
	ZI2021080201	成都职业技术学院	旅游管理专业群创新团队建设的组织制度和运行机制	子课题方向 1
	ZI2021080202	无锡商业职业技术学院	基于 OBE 理念的旅游管理专业（群）人才培养方案研究	子课题方向 2
	ZI2021080203	青岛酒店管理职业技术学院	对接职业标准构建酒店管理与数字化运营专业群课程体系的研究与实践	子课题方向 3
	ZI2021080204	沈阳市旅游学校	基于团队协作下的旅游服务与管理专业 TIPS 实践教学模式创新研究与实践	子课题方向 4

专业 领域	评审编号	申报单位	课题名称	课题类别
文体旅 游（二）	ZI2021080205	广西师范大学	旅游管理专业（职教师资）新形态一体化教材研究与开发	子课题方向 5
	YB2021080201	青岛职业技术学院	基于"专业思政"一体化设计的酒店管理专业新时代"课程思政"改革方法与路径研究	一般课题方向 1
	YB2021080202	山东理工职业学院	研学旅行管理与服务专业校企"双元育人"模式探索与实践研究	一般课题方向 2
	YB2021080205	江西旅游商贸职业学院	基于虚拟仿真实训技术的旅游管理专业教学实践创新研究——以导游业务课程为例	一般课题方向 5

（三）工作推进

根据《通知》要求，文体旅游按照专业领域划分为 2 个协作共同体，共同体牵头单位分别为重点课题承担团队所在的哈尔滨商业大学和浙江旅游职业学院，共同体成员为该领域全部创新团队所在院校。根据所能检索的信息，两个协作共同体牵头单位围绕创新团队建设任务、聚焦团队承担的课题，均组织了线上或线下教研活动。

1. 文体旅游（一）专业领域协作共同体建设

长沙商贸旅游职院餐饮智能管理专业国家级教学创新团队，与哈尔滨商业大学烹饪与餐饮管理专业教学团队组成餐饮专业领域协作共同体，在全国重点建设职教师资培养培训哈尔滨商业大学基地全程伴随式指导下，通过课题研究、教师培训、学习交流等方式推进教学创新团队建设。

2022 年 6 月 28 日—7 月 2 日，主课题牵头学校哈尔滨商业大学和子课题牵头学校长沙商贸旅游职业技术学院联合举办国家级职业教育教师教学创新团队餐饮专业领域培训研讨会[4]。来自教育部餐饮行指委、哈尔滨商业大学、河北师范大学、武汉商学院、顺德职业技术学院、海南经贸职业技术学院等餐饮专业领域协作共同体近 40 位国家级职业教育教师教学创新团队骨干成员及餐饮领域相关人士参会，共谋餐饮类专业教师教学创新团队建设和餐饮人才培养。教育部餐饮行指委副主任委员、餐饮专业领域项目委员会主任杨铭铎教授作了题为"烹饪（餐饮）科学研究路径与系统模式构建"的讲座。哈尔滨商业大学旅游烹饪学院张培茵教授作了题为"山水情怀与智慧——课程思政教学设计与实施艺术"讲座，介绍烹饪餐饮类课程思政教学"五步法"。

2. 文体旅游（二）专业领域协作共同体建设

2022 年 6 月 18 日，由浙江旅游职业学院发起的文体旅游（二）专业领域内 12 所院校协作共同体课题建设研讨会在线上举行[5]。会议邀请了国家级职业教育教师教学创新团队建设项目秘书处主任刘冬进行主旨演讲，通过了文体旅游（二）协作共同体章程，12 所院校汇报课题研究与团队建设情况。浙江旅院黄中黎和康保苓老师分享了教师通用能力评价体系和学生通用素质能力评价体系研究的相关成果。

刘冬以"职业教育教师教学创新团队建设路径与方法"为题进行了主旨演讲，强调在教师教学创新团队建设过程中，团队结构是核心，运行机制是关键，平台建设是基础，实践研修是载体，本质是创新。在共同体建设方面，他认为应充分理解协作共同体的建设目的，明确基本要求，有效搭建组织框架，确定开展工作的方法内容，最终通过帮助团队建设，促进教师发展，实现职业教育类型教育发展[5]。青岛职业技术学院旅游管理专业国家级职业教育教师教学创新团队成员赵迁远教授做了"基于'专业思政'一体化设计的酒店管理专业新时代'课程思政'改革方法与路径研究"的主题发言[6]。

四、南旅院酒店管理与数字化运营专业教学创新团队的实践

江苏省同步推进省级职业教育教师教学创新团队的遴选和建设工作，2021 年南京旅游职业学院的酒店管理与数字化运营专业教学创新团队入选省级教学创新团队[7]。2021 年以来，团队成员凝心聚力，校企合作、产教融合、科教融合、课赛融合，开展了一系列探索。

（一）结构化团队概况

团队现有核心成员 20 人，其中校内专业教师 16 人、企业兼职教师 4 人。正高 4 人、副高 8 人、产业教授 2 人，高级职称占比为 70%。拥有博士学位者 6 人（校内 5 人，校外 1 人），硕士研究生以上学历占比 80%。团队成员由公共基础课、专业通识课和专业核心课教师构成，校内专职教师 100% 为"双师型"教师。团队负责人为江苏省有突出贡献的中青年专家、第二届中国旅游教育人物"旅游教育突出贡献人物"。团队有全国劳动模范 1 人、国家文旅部青年专家 1 人、全国职业院校技能大赛优秀指导教师 3 人、江苏省"333 工程"培养对象 3 人、江苏省"青蓝工程"中青年学术带头人 3 人、江苏省技术能手 1 人。团队曾被评为江苏省"青蓝工程"优秀教学团队，建有国家级精品在线开放课程 1 门，获国家级教学成果奖二等奖 2 项。

（二）相关工作探索

（1）团队扩容，建立"核心成员 + 青年教师 + 企业骨干"的专兼结合项目团队。以服务我国旅游酒店数字化转型升级、培养多样化特色化德技兼备酒店人才为根本宗旨，由团队核心成员牵头，组建产教、科教、赛教融合的课程教学、科技服务、技能竞赛项目团队，发挥"老带新"传帮带作用，放大创新团队效应，提升创新团队综合能力和行业影响力。

（2）成果导向，聚焦中心任务，协同攻关，打造一流特色项目团队。

一是产教融合，校企、校校、校社协同研制标准，服务专业数字化转型和人才培养规格升级。对接旅游酒店业数字化发展趋势，团队与国内领先的酒店集团和服务酒店行业的科技企业、大学出版社合作，跨校组建专业标准、课程标准和实训条件标准研制团队，多次召开线上、线下研讨会，积极将新技术、新规范、新工艺、X 证书职业资格标准引入到人才培养方案修订、各类标准研制和教学资源建设之中。团队领衔制定了教育部酒店管理与数字化运营专业标准和实训条件建设标准，并将酒店数字化运营技术充分融入专业核心课程标准改革和教学资源建设。2021 年，团队"基于校内生产性实训基地的院店一体化育人探索与实践"项目获得江苏省教学成果奖一等奖，《餐饮服务与管理》（第二版）获首届全国优秀教材奖（职业教育与继续教育类）一等奖。2022 年，团队核心成员主编的 4 本教材获批江苏省"十四五"规划教材，酒店管理专业以优秀等级通过 UNWTO 旅游教育质量复核认证。

二是科教融合，科研反哺教学，推动专业新课程开发和核心课程模块化教改。团队借力 2021 年建立的智慧旅游校企合作联盟机制，与广州问途信息技术有限公司合作，开展《酒店业数字化运营概论》《酒店数字营销》等新课程、新教材开发，并配套研发模块化实训教学平台，支持传统酒店管理专业数字化转型。团队负责人牵头组编的酒店管理与数字化运营专业新形态系列教材被华中科技大学出版社列为"十四五"时期重点出版项目。团队利用承担文旅部"2022 年全国饭店从业人员服务技能大赛的赛项规程标准研制"和江苏省文旅厅《江苏省星级饭店发展报告》编撰的机会，研究行业发展新态势，把握业界新规范、新技术，融入课程教学新变革。与行业主管部门合作获得《休闲度假饭店基本要求与评价规范》江苏省地方标准项目立项，受地方政府委托，制定浦口区农民自办民宿经营服务标准，不断增强团队服务地方经济和行业发展的能力。近两年，团队成员获批厅级以上课程 8 项，发表 SSCI 和核心期刊论文 10 余篇。

三是赛教融通，课赛证结合，提升团队专业技能和卓越人才培养质量。以教学能力大赛为抓手，老中青教师组队，以赛促教，以赛促改，培养教学能手和教学名师，2 个课程团队分别获得 2021 年江苏省教学能力大赛一、二等奖。以技能大赛为抓手，指导 3 名教师参加第八届全国饭店业职业技能竞赛全部获得金奖，其中 1 名教师获得金奖第一名，被推荐申报全国技术能手荣誉称号；由团队成员组成的学生技能大赛金牌教练团队指导学生再次获得 2021 年全国职业院校技能大赛酒店服务赛项一等奖。团队成员作为核心成员参与华住现代酒店服务质量管理、首旅餐饮服务运营管理等"1+X"证书标准制定和教学资源建设，并将其融入相关课程，推动课证结合的教学改革，组织学生参与相关职业技能等级证书试点。2022 年与合作企业精心设计酒店数字营销赛项，以赛促教，服务专业数字化转型。成功举办"问途杯"首届全国酒店数字营销技能大赛，吸引了来自全国 25 个省（市）105 所高职和本科院校的 259 支团队参赛，引起行业和院校的关注。

五、深化职业教育教师教学创新团队建设的思考

职业教育是一种面向人人的终身教育、面向市场的就业教育、面向能力的实践教育、面向社会的跨界教育[8]。深化职业教育教学创新团队建设应着重抓好以下工作：

（一）统筹规划建立健全教学创新团队建设体制机制

完善教学创新团队管理制度与工作建设，要建立目标责任制度，明确团队教师职责和发展目标；建立学习培训制度，规范教师培训计划与时间安排；建立团队协作制度，突出团队建设协作共同体作用，为创新团队建设奠定基础；建立自我管理制度，推动团队教师形成自律自强意识；建立年度绩效考核机制，综合考核团队带头人、团队成员工作实绩、教研创成果以及业务能力；构建激励机制，全力支持团队教师参评教学名师、参加教学能力和"双创"比赛等，重奖标志性成果等。

（二）系统培训建构团队成员成长发展新体系

围绕团队教师能力建设，加强教师培训培育，提升教师专业能力、实践能力以及协同创新能力。在教师专业能力创新方面，制订符合教师能力层级的培训计划，加强与高端教师培训基地和专业性机构合作，组织并鼓励团队教师参加高水平、前沿化、高效化专业技能培训，进一步提升教师专业技术创新能力。通过"两赛"，即教师教学能力大赛和学生职业技能大赛，提升和检验团队教师的教学设计能力、教学能力、信息化技术应用能力以及指导竞赛的业务能力和创新水平。在教师实践能力创新方面，要在更大程度上深化校企合作进程，持续推行"校企互派共育"教师培育机制，提高团队成员新技术、新工艺、新规范应用能力，最大限度地推进结构化创新团队建设进程。在协同创新能力方面，要将创新团队成员之间、创新团队与合作企业之间、创新团队与产业机构之间的协同创新作用充分发挥出来。兼顾团队成员、创新团队和合作企业、机构在协同创新诉求和创新能力上的差异，强化集体协作能力和技能互补的优势，提高跨学科、跨专业、跨校企协同攻关能力，将个人融入团队之中，在团队成员之间和跨主体合作交流、技术资源共建共享、人才联合培养和技改教改推进等方面不断协同创新，保证创新团队整体水平持续攀升。

（三）岗课赛证融通推进专业核心课模块化教学改革

创新团队推行教学改革要突出职业教育特点，跟踪产业数字化转型、智能化提升趋势，深化产教融合、校企合作，构建基于新职业标准和职业资格证书制度、职业技能等级证书的专业人才培养方案，融入世赛和国赛技能标准与技术方案，制订核心课模块化课程标准，试点学分制管理模式，实施职业技能等级证书（X证书）、技能竞赛获奖与专业核心课学分互认。围绕专业核心课程模块化教学改革，强化行业指导、企业参与，

及时吸收比较成熟的新技术、新工艺、新规范等，发挥高水平、结构化教师教学创新团队的优势，建设立体化教学资源、在线开放课程和模块化活页教材等，探索建立行之有效的团队协作模块化教学模式。

（四）多维融合深拓教学创新团队建设路径

邓小华提出构建"五维融合"的职业教育教师教学创新团队建设路径值得借鉴[9]。通过"理实融合"提升教师的教学能力、专业能力以及"教学做赛"一体化的综合能力。通过"科教融合"赋能教学内容系统性变革、模块化课程体系重构和课堂教学质量提升。通过"产教融合"打造高素质、复合型技术技能人才培养培训协作共同体、校企合作实习实训基地和专业领域新型职教智库，使专业设置与产业需求相融合、课程内容与职业标准相融合、教学过程与生产过程相融合。通过"专创融合"创建学生创新创业教育品牌、服务行业企业发展机制和专创深度融合的产业学院，开发专创一体化课程，探索新型学徒制人才培养模式，打造"校企双创导师"队伍，提升创新团队服务能力。通过创新信息技术与教育教学融合，推动人工智能、大数据、虚拟现实等新技术在教育教学中创新性应用；实施线上线下混合式教学，构建课前、课中、课后一体化智慧教学过程，提升智慧教学能力，实现教育教学的信息化、智能化和个性化。通过制度与文化融合，打造以效率为中心的团队内部管理及运行机制和以人文为中心的团队协作互动文化，生成高水平结构化教学创新团队和高质量有特色的建设成果。

参考文献

［1］教育部关于印发《全国职业院校教师教学创新团队建设方案》的通知［EB/OL］.（2019-06-05）. http：//www.moe.gov.cn/srcsite/A10/s7034/ 201906/t20190614_385804.html.

［2］教育部关于公布第二批国家级职业教育教师教学创新团队立项建设单位和培育建设单位名单的通知［EB/OL］.（2021-08-16）. http：//www.moe.gov.cn/srcsite/A10/s7034/202108/t20210824_553891.html.

［3］教育部办公厅关于公布第二批国家级职业教育教师教学创新团队课题研究项目的通知［EB/OL］.（2021-12-21）. http：//www.moe.gov.cn/srcsite/A10/s7034/202201/t20220107_592935.html.

［4］国家级职业教育教师教学创新团队餐饮专业领域第二阶段培训研讨会在长沙举办［EB/OL］. https：//zjxy.hrbcu.edu.cn/info/1089/1727.htm.

［5］浙江旅游职业学院发起研讨教师教学创新团队文体旅游（二）共同体建设［EB/OL］. http：//www.ctnews.com.cn/paper/content/202206/23/content_72174.html.

［6］旅游管理专业国家级职业教育教师教学创新团队参与旅游共同体课题建设研讨会并分享建设经验［EB/OL］. http：//www.qtc.edu.cn/info/1022/36902.htm.

［7］省教育厅办公室关于公布第二批江苏省职业教育教师教学创新团队建设单位的通知［EB/OL］. http：//jyt.jiangsu.gov.cn/art/2021/11/22/art_58960_10125550.html.

［8］陈子季.职业教育从"大有可为"到"大有作为"［N］.中国教育报，2020-10-13（09）.

［9］邓小华.职业教育教师教学创新团队建设路径［J］.职业技术教育，2022，43（7）.

中国旅游协会旅游教育分会年度工作综述（2020—2021）

刘莉莉[①]

2020—2021 年，新冠肺炎疫情的突发对经济社会方方面面造成严重冲击，旅游行业和旅游教育面临前所未有的困难与挑战。在我国"十四五"开局之年和疫情防控大背景下，中国旅游协会旅游教育分会理事会贯彻落实党和国家有关决策部署，发挥社会组织的桥梁纽带作用，积极推进旅游教育领域的改革与创新发展。

一、理事会积极带领，旅游教育共同体作用增强

教育分会会长会议先后在 2020 年会举办地厦门、2021 年线上召开，议定年度总体工作思路和重点工作安排。理事会班子始终将影响力作为分会建设的核心，围绕文旅高质量发展的人才需求，组织开展技能大赛、自贸港创新大赛、红旅创意大赛等专业赛事、师资培训班、1+X 旅行策划证书试点、年会论坛、课题研究、一级学科建设、蓝皮书编制、旅游教育人物推荐、与业界合作、旅游教育国际交流、行业标准修订等活动，得到了政府部门、文旅业界和会员单位的认可，会员覆盖范围不断扩大，两年新增会员 68 家。截至 2021 年年末，注册会员单位总数 919 家，其中：本科院校 359 家，占比 39.06%；高职院校 288 家，占 31.34%；中职院校 176 家，占 19.15%；相关单位 96 家，占 10.45%。会员院校的培养体系涵盖了研究生（博士、学术硕士及 MTA）、本科、高职高专、中职等类型教育的全链条，形成了中国旅游教育共同体并发挥独特作用。

在抗击疫情中，主动适应新情况新变化新需求，创新工作方式，举办了一系列线上的专题研讨、师资培训、博士训练营、专家评审、毕业生招聘会、实习招聘会等公益性活动，引导院校共同推进疫情防控、在线教学、就业服务、有序复课、思政教育和社会服务等各项工作。中国旅游协会会长段强充分肯定了教育分会在困难时期围绕旅游人才培养和旅游行业的复苏发展，做了大量富有成效的工作，一系列活动的针对性强，影响力大，质量高。

（1）引导院校在线教学资源与成果的交流共享，推动教育教学方式的变革。及时发

[①] 刘莉莉，中国旅游协会旅游教育分会秘书长。

布具有指导性内容和操作性措施的倡议。为支持延期开学期间各院校教学工作平稳、有序、高质量地开展，教育分会于 2020 年 2 月 15 日向全体旅游院校发出《关于延期开学期间充分利用在线教学资源开展教学活动的倡议书》，引导院校充分利用在线课程平台、直播课堂、微信群等多种手段转变教学方式，推荐旅游管理类在线开放课程累计 130 门，专业基础书目 67 册。倡议迅即得到广泛响应，在非常时期及时为众多旅游院校开展在线教学提供了重要指引。

根据紧迫需求及时组织研讨活动，推进在线教学。于 2020 年 2 月 20 日和 28 日在"腾讯会议"平台先后举办两期旅游院校"停课不停学，学习不延期"在线教育研讨会，南开大学旅游与服务学院承办。保继刚、邱汉琴、徐虹教授等主讲人聚焦旅游院校在线教育实践中的问题与对策，分享了网络授课质量保障体系、软硬件支持、平台使用策略与技巧、课堂组织与管理、在线教学工作方案等内容。两次会议共吸引了全国 500 名院校负责人、一线教师参加。旅游院校教师们疫情期间通过大规模在线教学，满足了学生多样化的学习需求，推进了教育教学方式变革。

重视做好信息发布工作，及时收集信息进行整理提炼。教育分会精选会员院校在疫情防控、在线教学、就业服务、开学复课、思政教育、学者研究等方面的举措、经验和成果进行推介，提供借鉴与参考。2020 年 2 月 12 日至 7 月 16 日，在应对疫情的不同阶段，发布"打赢战疫，旅游院校在行动""科学防控，有序复学，旅游院校迎大考""旅游院校新动态"三个系列推文 26 篇。

（2）举办旅游人才供需对接公益性活动，促进旅游院校毕业生就业创业。召开"旅游院校加强就业能力培养"专题会长工作会议。疫情冲击下旅游类专业毕业生就业形势严峻，也会进一步影响招生，为应对前所未有挑战，研讨解决的思路和举措，2020 年 2 月 20 日在腾讯会议平台，会长、副会长们对学生就业能力的培养、提高就业竞争力及就业指导工作提出思考与建议，向旅游院校传递了应对困境的信心和能力。

教育分会邀中国旅游报对北京第二外国语学院、浙江旅游职业学院、桂林旅游学院和青岛酒店管理职业技术学院 4 所院校相关负责人进行专访。深入报道各高校精准帮扶毕业生就业、全方位施策促就业、加大就业引导、拓宽就业渠道、培养就业技能等解决就业的路径和办法，在抗疫背景下显示了旅游人才培养的成果，"学习强国"平台登载。

举办 2020 年全国旅游院校毕业生线上招聘会。为贯彻落实国家有关鼓励吸纳高校毕业生就业的工作部署，加强旅游院校学生与旅游行业企业的双向选择，由中国旅游协会、中国旅游景区协会、中国旅游饭店业协会、世界中餐业联合会为指导，教育分会主办全国旅游院校毕业生线上招聘会，得到旅游院校及旅游相关企业的广泛关注和积极响应，共计 270 所院校报名，近万名旅游院校毕业生参加，参会企业 286 家，共发布 1452 种岗位。企业共计收到 16160 份简历，其中相对优质简历 3256 份，成功邀约面试 1757 人。教育分会在疫情冲击旅游企业对口岗位减少、毕业生就业压力剧增的情况下，搭建旅游院校与旅游行业人才对接平台，为促进旅游院校毕业生就业、助力旅游行业复苏发展做了实事，受到社会各界的高度评价。

举办 2020 年全国旅游院校实习生线上招聘会。教育分会面向全国旅游相关专业实习生（含本科、高职、中职）、全国旅游业相关企业单位，推动旅游院校实习工作的对接。

（3）发挥研究优势，为应对疫情影响及疫后发展建言献策。教育分会的院校专家学者们，通过各类会议、讲座、访谈活动，积极为政府部门、业界提出相关研究与对策建议，为旅游行业与旅游教育的发展树立信心。会长保继刚于 2—9 月期间，先后接受《人民日报》和《南方日报》的联合采访、新华网采访、广东文旅产业投融资对接会等活动，从疫情影响、未来趋势研判、旅游业的危与机、乡村旅游前景、疫后旅游如何释放消费潜能、减贫可持续发展、旅游业统计数据、旅游供给体系建设等方面，提出研究思考及对策，浏览量超数百万，社会反响热烈。

开展旅游教育相关调研，提供咨询服务。疫情防控期间，教育分会还完成了旅游管理类专业在线教学情况总结、开设旅游管理与服务教育专业院校情况调研、全国旅游类专业及导游专业在校生情况调研等，提供主管部门、教育机构参考。开展了"新冠肺炎疫情结束后消费者旅游态度""旅游院校学生线上实习招聘需求""中国旅游中等职业教育"等问卷调研，为相关课题及活动提供资料支撑。

二、品牌赛事效应显著，助力院校人才培养

教育分会面向各类型院校学生持续开展的技能大赛、自贸港创新大赛、红旅创意大赛三大品牌赛事，质量、规模和效益不断提升，成为助力院校人才培养的有效方式。

（1）助力技能型、应用型人才培养。主办第十二届全国旅游院校服务技能（导游服务）大赛。由青岛酒店管理职业技术学院承办。本届大赛得到文化和旅游部市场管理司、山东省文化和旅游厅、青岛市文化和旅游局、中国旅游协会等领导的重视与支持。来自全国 29 个省（区、市）的 344 所院校 1035 名选手，分为高等院校、中职学校组别，设置普通话导游服务、英语导游服务两个赛项，从理论考核、导游讲解和才艺展示三大环节展开角逐。参赛院校本科、高职、中职的占比，分别为 38.9%、42.2%、18.9%。参赛选手本科、高职、中职的占比分别为 45.3%、42.7% 和 12%。为各地区、各类型参赛院校搭建了以赛促学、以赛促教的交流平台。

本届大赛由 2020 年延至 2021 年举办。教育分会组织完成了大赛系统的研发，理论考试题库、专题讲解大纲和评分标准的修订，大赛方案等筹备工作，聘请 61 位专家担任裁判。

为做好大规模赛事疫情防控，保障安全有序，教育分会的合作方云驴通 / 上海照梵软件有限公司提供了最新技术支持，取消往届现场观摩的惯例，首次采用比赛全程视频直播，参赛队通过扫码查看 12 个赛场实时赛况和查询成绩，成为本届大赛的创新亮点。

直播链接观看累计达 752.363 万，最高流量单场 41.85 万，场均 30.34 万。云观摩使得大赛效应倍增，旅游职业教育的影响力迅速扩大。

针对本赛事特点和要求，教育分会与全美在线（北京）科技股份有限公司（ATA）合作，连续 6 年来每年研发并投入使用大赛系统，经过不断优化和迭代，目前系统已覆盖报名审核、抽签分组、理论机考、检录入场、抽题备考、在线评分、即时公布成绩和成绩管理等多个比赛环节。本届裁判采用笔记本电脑在线评分，成绩公布方式首次以二维码链接即时查询。信息化数字化技术进步，有力地保证了大赛的公平公正公开，提高了赛事运行的效率和水平。

经过 12 年持续创新优化，已成为我国旅游教育领域规模最大、全面覆盖本科高职中职院校主要专业群的品牌赛事，增强了旅游职业教育适应性，"学习强国"平台予以报道。

（2）助力创新型人才培养。主办全国大学生海南自贸港旅游创新大赛，主办第十届、承办第十一届全国大学生红色旅游创意策划大赛。

2021 全国大学生海南自贸港旅游创新大赛由教育分会、海南省旅游协会、海南大学联合主办，海南大学旅游学院、逍遥（海南）航空旅行社集团承办，海南省旅游和文化广电体育厅等领导出席大赛活动。本次赛事以大学生为目标市场，以海南为赛事案例地，围绕"环岛旅游公路、热带雨林公园和乡村、滨海旅游区（大三亚圈）"三大主体旅游资源进行线路创意设计。全国共有 382 所院校的 1851 支队伍报名参赛。组委会共收到 242 所院校的 1294 支队伍提交的参赛作品，经专家评审产生东北、华北、西北、华中、华东、华南、西南七个赛区的奖项，其中 30 支特等奖团队入围决赛。30 支团队按决赛规则经作品展示和现场答辩，评委组依据标准评判产生全国奖项，还吸引相关企业注重产业孵化和优秀作品的转化落地。本赛加深了参赛师生对海南自贸港建设重大决策和海南旅游产业布局的了解，激发了创新思维，提升了实践能力，为海南自贸港建设、旅游业发展注入了活力，受到业界学界的广泛关注和好评，"学习强国"平台予以登载。

2020 年第十届全国大学生红色旅游创意策划大赛由文化和旅游部资源开发司指导，教育分会、北京第二外国语学院、中国教育电视台、福建省南平市人民政府联合主办。本届主题为"传承红色基因，践行生态文明，让青春在新时代奋斗中闪光"，作品类型为红色旅游的线路设计、文创产品设计、微视频和生态文明教育与生态旅游营销策划方案。共有来自全国 31 省（区、市）及澳门特别行政区的 298 所高校的 1800 余支队伍报名参与，经初审程序，30 支队伍入围在福建南平市举办的总决赛。

2021 第十一届全国大学生红色旅游创意策划大赛由文化和旅游部资源开发司、浙江省文化和旅游厅、中共嘉兴市委市政府、北京第二外国语学院主办，教育分会和北二外旅游科学学院承办，教育部思想政治工作司、"学习强国"平台支持。大赛吸引了全国 622 所高校的 3561 支队伍、近 1.5 万名师生参加。在建党 100 周年之际，总决赛在浙江省嘉兴市举办，50 余所高校的 60 支队伍获得全国奖项。

大赛展示了新时代青年学子的精神风貌、创新思维、专业素养和实践能力，以人才培养助力红色旅游内涵式发展，受到高校师生和旅游业界的欢迎，成为我国以大学生为主体的规模最大的红色旅游专业精品赛事。

教育分会还指导了以"研学，让乡村更有趣"为主题的首届全国大学生乡村振兴创意大赛研学旅行赛。

三、师资培训适应需求，提升教育教学质量

教育分会始终将教师作为教育发展的第一资源，为提升旅游院校师资专业水平，以高质量教师队伍支撑高质量教育体系建设，自 2015 年开办全国旅游院校师资培训班。2020—2021 年共举办 29 个班，培训 5780 人。

（1）2020 年举办师资培训班 9 个，培训总数 3200 人，直播观看达万人以上。其中线上师资培训班 3 期和博士训练营 1 期，线下师资培训班 2 期，共有 2600 多名院系负责人、教师和企业人士参加；"停课不停学研讨会"两期 500 人、桂林培训班 100 人。教育分会积极应对疫情影响，在中山大学旅游学院、南开大学旅游与服务学院、华南师范大学旅游管理学院、浙江旅游职业学院、青岛酒店管理职业技术学院、四川省旅游学校等承办院校支持下，线上线下师资培训模式创新广受认可，师资培训的规模、覆盖范围超过往年，培训质量和社会效益超出预期。教育分会 2020 年师资培训报道被"学习强国"学习平台登载。

线上培训班依托互联网信息技术优势取得成效。"全国旅游院校旅游教育国际化师资培训班"由南开大学旅游与服务学院承办。吸引了来自全国 31 个省区市及澳门、台湾地区的本科、高职、中职等不同层次院校和机构及企业等，共 578 家单位 1816 位学员报名参加，会议直播观看人数达到近 800 人。"全国旅游院校研学旅行管理与服务专业师资培训班"由华南师范大学旅游管理学院承办，吸引了全国 656 家院校的 1965 位学员，腾讯课堂直播瞬时观看人数最高达到 850 人，累计观看超过 3000 人次。"全国旅游院校酒店管理专业'金课'建设师资培训班"由青岛酒店管理职业技术学院承办，共有 1241 位学员报名参加，直播累计观看达到 7190 人次。

第七届中国旅游管理博士学术训练营由中山大学旅游学院承办，以"旅游研究的方法创新和理论贡献"为主题，共举办 10 场专题讲座和 14 场研究设计讨论会，200 多名旅游管理专业博士生及青年教师入营参加为期 5 天的学习。本活动先后共举办 7 届 600余人，致力培养新一代旅游管理专业博士的学术素养与研究能力，促进中国旅游研究融入全球主流学术圈的进程，成为旅游高端人才培训品牌。

线下培训班成为疫情防控来之不易的工作成果。"全国旅游院校'双师型'骨干师资培训班"由四川省旅游学校承办，"全国旅游职业院校'双师型'骨干师资培训班"

由浙江旅游职业学院承办。两班共吸引全国71家院校、企业等单位260多名学员参加，采取主题演讲、现场实践教学、交流研讨等相结合的生动精准的培训方式。

承办校投入优质教学资源、专业建设成果和服务保障。各承办校精心开发设计培训课程，从全国范围选聘了60多位知名专家学者、专业领域名师和业界精英专才进行授课，学员老师们一致评价培训课程的含金量高、收获大。

选派教师支持旅游教育扶贫项目。为助力中国旅游集团在云南省迪庆藏族自治州民族中等专业学校打造"中国旅游集团旅游精品班"，中国旅游协会委托教育分会向旅游院校选聘专业教师授课，得到云南旅游职业学院大力支持，选派2名讲授"旅游概论""中国旅游地理"专业课的教师，赴迪庆中专完成84学时的课程，为教育脱贫攻坚履行责任担当。

（2）2021年举办师资培训21个班，培训总数2580多人。其中线下班12个，培训1150人；线上班9个，培训1431人。积极应对疫情变化、极端天气等不利影响，继续保持了培训规模和高水准培训质量，"学习强国"平台予以了登载。

师资培训线下暑期班，举办了旅游管理、酒店管理、旅游类实践教学、旅游英语、景区休闲与茶文化、礼仪教学、"双师型"骨干共7个班，吸引了来自全国31个省区市230所院校及企业机构的近700名一线教师、管理者和从业人员参加。分别由北京第二外国语学院旅游科学学院、东北财经大学旅游与酒店管理学院、华侨大学旅游学院、北京外国语大学网络教育学院、浙江旅游职业学院、上海旅游高等专科学校、四川省旅游学校鼎力承办。

非暑期时段线下举办了数字化教学能力建设、民宿管理与运营班，分别由南开大学旅游与服务学院、桂林旅游学院承办，150名骨干教师和从业人员参加；举办1+X旅行策划职业技能等级证书师资班3个，分别由浙江旅游职业学院、上海旅游高等专科学校、南京旅游职业学院承办，300人参加。

师资培训线上班，举办了1+X旅行策划证书师资培训班、证书说明会2期、评分员班、职教数字化转型能力提升班共5个，1231人参加。教育分会建设的中国旅游教育在线培训平台（jypx.cteweb.cn）上线投入使用（含电脑端和手机端）。推出"酒店收益管理""乡村旅游创意开发""游历与游历研究框架"等院校知名专家直播课，共计200多学员参加。

聚焦教育热点及行业前沿信息，培训主题和课程不断优化。关注旅游教育领域的新热点、新需求和行业前沿信息，在三大专业基础上，每年培训推出新主题、新课程。本年度聚焦科技赋能旅游教育、教师数字素养与技能的提升，设计了近20场相关课程，涉及旅游研究与新技术应用、文旅行业数字化变革与大数据应用、酒店业数字化转型、旅游实践教学与数字化趋势、数字化教学能力建设、实验室建设、智慧景区专业建设、教学资源库建设、信息化技术人工智能与教学等丰富内容。各班结合培训主题注重校企合作，设计近20场行业现场教学活动，增进院校与行业的对话与互动。还进一步关注旅游教育国际化议题，邀请了港理工、美国内华达大学拉斯维加斯分校、澳门城市大学、世界旅游联盟等专家授课，并开设全英文课程、分享联合国世界旅游组织旅游教育质量认证经验等。本年度培训工作得到了文旅部门、知名院校、龙头企业、地方协会、国际旅游组织的大力支持，承办校精心开发设计培训课程，投入优质教学资源、专业建设成果和服务保障，从全国范围选聘了共 110 多位专家学者和行业精英授课。

教育分会开办师资培训班 7 年来，会长副会长及骨干院校牵头承办，汇聚优质的专家课程、研究成果、实践经验等培训资源，秘书处按照理事会议部署精心协调策划，本科、高职、中职等各类型院校积极参与，累计培训学员 9380 余人，形成了重视教师培养的良好氛围，有力推动了旅游院校教育教学与科研水平的提升。

四、参加教育部 1+X 证书制度试点取得成果

"学历证书＋若干职业技能等级证书"（简称"1+X 证书"）是国务院发布的《国家职业教育改革实施方案》的重要内容，是新时期职业教育改革的一项重大制度创新，对于增强职业教育适应性，提升复合型技术技能人才培养质量和就业能力具有重要意义。教育分会自 2019 年至 2021 年，经过启动阶段、申报阶段和批准阶段逐步建立工作基础，2021 年 1+X 证书进入了正式试点。

（1）2020 年积极探索建立基础，申报"旅行策划职业技能等级证书"获教育部批准。探索开展旅游类证书工作，积累工作经验和申报条件。教育分会历时一年多，组织推动证书标准研发、配套资源开发（考试大纲、题库、教材、试卷、评分标准和在线学习资源开发等）、教学考评的师资培训、考试系统研发、考试取证等工作。委托浙江旅游职业学院自主研发"旅行策划""民宿服务与管理""景点讲解"三项职业技能等级证书。从会员范围选择 21 所旅游职业院校、应用型本科院校作为先行先试骨干单位。在疫情防控条件许可地区，组织骨干院校首次考试顺利完成，浙江旅游职业学院、四川省旅游学校、杭州市旅游职业学校 3 所院校的 700 余名学生参加。

全力以赴完成证书申报工作，成功获教育部批准。申报工作得到中国旅游协会的重视和支持。7—9 月期间，教育分会秘书处按照教育部有关要求，在期限紧迫情况下，全力以赴加班加点完成各项材料准备，以中国旅游协会作为培训评价组织申报单位，于 7 月 15 日规定日期前向教育部提交了"旅行策划职业技能等级证书"申报材料，并按要求多次提交补充材料。9 月 23 日，教育部职教所对第四批职业教育培训评价组织和职业技能等级证书进行了公示，"旅行策划"在列。2020 年 12 月 31 日获教育部批准，旅行策划职业技能等级证书列入第四批证书试点。

（2）2021 推动 1+X 旅行策划职业技能等级证书工作，取得阶段性成果。按照教育部 1+X 证书制度试点工作部署，教育分会开展了教学师资征集、标准修订、证书说明会、师资培训、教材建设、教学资源开发、考试题库建设、协调各省级教育部门进行证

书核价、考点申报审核、与各试点院校签约、组织报名考证等大量工作。

组织专家几易其稿，《旅行策划职业技能等级标准》经教育部审定发布。标准是职业技能等级证书开发的核心内容，根据教育部 1+X 证书标准评审专家的意见，组织专家对旅行策划标准进行 4 次修改完善，最终通过了评审，4 月 2 日教育部 1+X 职业技能等级证书信息管理服务平台正式发布，并于 12 月增补新专业进行了再次修订。

积极培训师资，加强旅行策划证书师资队伍建设。院校是 1+X 证书制度的实施主体，教师是主要实施人。教育分会先后举办两期证书说明会，共计 700 多人参加；先后举办两期 5 个师资班，共有 200 所院校的教师 731 人参加。精心设计课程体系，组建授课专家团队，对完成全部课程、通过理论考核，并提交教学团队撰写的课证融合教学方案设计作业的教师，颁发相应师资证书。并遴选部分课证融合教学方案，通过教育分会微信公众号进行推介分享。

开发教学资源，配套教材、慕课、习题等陆续推出。开发证书配套教材《旅行策划（初级）》《旅行策划（中级）》。配套教材是证书实行的重要基础，教育分会组建了教材编写专家团队，与高等教育出版社合作，为本证书开发配套的新形态理论实操一体化教材，浙江旅游职业学院副教授黄宝辉主编，高等教育出版社出版。编写团队包括浙江旅游职业学院、桂林旅游学院、四川旅游学院、山东旅游职业学院、山西省财政税务专科学校、青岛酒店管理职业技术学院、云南旅游职业学院等多所旅游职业龙头院校的一线骨干教师和各地多家优秀企业的专业人士。初级教材已于 8 月出版，得到试点院校广泛认可。中级教材完成编写于 2022 年年初出版。

为支持院校开展本证书试点的课证融合教学工作，教育分会与浙江旅游职业学院合作，推动慕课《旅游产品策划与定制》，向试点院校提供免费的线上学习资源。组织专家建立了初中级证书习题库，并向院校发布。

密集协调各方，完成首次证书考试工作。分会秘书处积极推介和协调，全国共有 139 所院校申报成了本证书试点院校。分别与各省教育部门沟通证书核价等工作，提交考核方案等资料。与各省每个试点院校逐一协调考试协议、考核站点建设等工作，共有 75 所院校的 3775 名学生参加了 12 月 11 日举行的首次统考。经阅卷、审核、公示等工作程序，3219 名学生获得旅行策划职业技能等级证书，学习成果已经职业教育国家学分银行认定。

五、引领旅游学科建设，加快推动基础理论研究

教育分会积极开展组织协调工作，由会长、教育部长江学者特聘教授、中山大学旅游学院教授保继刚牵头的旅游学科建设专家委员会，组织来自全国旅游管理博士授权点培养单位、硕士点高校和科研机构的知名学者，加强旅游一级学科的学理基础、知识体系、与二级学科设置、与其他一级学科交流及知识溢出等方面的研究，开展论证和建议

书起草工作，并召开线上专家会议征询意见。在文化和旅游部的领导和支持下，文旅部相关司两次召集教育分会牵头人召开推进旅游管理一级学科工作会议，到国务院学位办作专门汇报并提交《增设旅游科学与管理一级学科建议书》。总体上加快推动了旅游学科基础理论研究的进展，为提升旅游学术学位研究生教育层次厚植学科基础，同时也有利于旅游专业学位研究生教育规模与质量的发展。

六、精心策划年会和教育论坛，发挥交流平台作用

教育分会每年召开年会，向理事和会员单位代表报告工作进展，发布成果，宣布年审优秀会员，提出下年度工作安排。同时举办中国旅游教育论坛，已连续进行了 9 年，年会和论坛成为会员院校交流合作共享的平台，增强了旅游教育分会的凝聚力。

（1）2020 年中国旅游协会旅游教育分会第三届四次理事会暨中国旅游教育论坛在厦门召开。由华侨大学旅游学院承办，吸引了来自全国旅游院校和相关机构的 427 名专家学者、会员代表参加。中国旅游协会副秘书长吴晓梅，福建省文化和旅游厅科技教育处处长林赪，厦门市文化和旅游局党组成员、副局长陈桂林，华侨大学校长吴剑平出席了大会开幕式并致辞。秘书长刘莉莉主持会议。

会长保继刚教授作 2020 年工作报告和部署 2021 年重点工作。副会长徐虹教授发布《中国旅游教育蓝皮书 2019—2020》。副会长严旭阳宣读 2020 年度会员年审结果，华侨大学旅游学院被授予"旅游实践教育突出贡献院校"。

本年度中国旅游教育论坛主题为"新时代、新产业、新教育"，进行第二届旅游教育人物名单发布和演讲。第二届旅游教育杰出青年教师代表、内蒙古师范大学旅游学院秦兆祥教授作题为"做有温度、有尺度、有厚度、有高度的旅游教育"演讲，第二届旅游教育名师代表、中山大学旅游学院副院长罗秋菊教授作题为"三尺讲台育桃李，百舸争流守初心"演讲。获得第二届旅游教育突出贡献人物的谷慧敏教授、邱汉琴教授、陆林教授、周春林教授、赵晓鸿教授，由会长、长江学者特聘教授、首届旅游教育突出贡献人物保继刚颁发证书。五位教授分别作题为"坚守与创新：中国酒店管理高等教育探索之路""中国旅游教育在国际旅游教育中的角色与作用""感恩伟大的时代""教育是个良心活""前辈筚路蓝缕，吾将薪火相传"的演讲。为增强旅游院校教师和管理者的事业自信，发挥激励和示范作用，促进教育教学水平和旅游人才培养质量的提升，教育分会继 2018 年首届旅游教育人物活动取得成功基础上，开展 2020 年第二届活动。在会员单位支持下，根据活动方案，顺利完成了学校推荐、专家提名、活动办初审、专家委审定和公示等工作程序。与会代表们对本次旅游教育人物推荐活动的专业性、严谨性、规范性和示范性给予了充分肯定。

三场平行论坛分别围绕"后疫情时代的旅游教育发展""旅游学科发展和专业建设""新技术与旅游实验实践教学"展开主题研讨，共邀请 30 多位专家学者演讲。论坛

聚焦旅游教育发展热点问题、内容涵盖全面、专家阵容强大，得到了与会代表的高度评价。

（2）2021年中国旅游协会旅游教育分会第三届五次理事会暨中国旅游教育论坛在线上召开。由南开大学旅游与服务学院承办，本次会议设置了电脑端、手机移动端两个直播渠道，共有1800余位来自全国各旅游院校和相关机构的专家学者、理事及会员代表参会（无累加人数）。

世界旅游联盟秘书长刘士军，中国旅游协会副会长兼秘书长张润钢，教育部职业技术教育中心研究所所长王扬南，中国旅游协会副会长、中国旅游协会旅游教育分会会长、中山大学旅游学院创院院长保继刚，南开大学党委常委、副校长王新生，中国旅游协会旅游教育分会副会长、南开大学旅游与服务学院院长邱汉琴等嘉宾参加本次会议并做主旨演讲。

会长保继刚作2021年工作报告和部署2022年重点工作。副会长邱汉琴发布《中国旅游教育高质量发展报告》，副会长王昆欣发布《旅行策划（初级）》教材成果，副会长姜玉鹏发布《优秀导游词集锦Ⅲ》大赛成果，副会长高松涛宣读2021年度会员年审结果，秘书长刘莉莉主持会议。

本年度中国旅游教育论坛主题为"中国旅游教育高质量发展"，主旨演讲由保继刚教授作"中国文旅人才培养的现实困境与改革路径"，世界旅游联盟刘士军秘书长作"把握新趋势，探索新途径"，教育部职业技术教育中心研究所王扬南所长作"增强适应主动性，推动现代职业教育高质量发展"，中国旅游协会副会长兼秘书长张润钢作"进入新时代的酒店行业：煎熬与蜕变"，邱汉琴教授作"'四新理念'框架下的新文科人才培养模式与机制探讨"。

三场平行分论坛主题为"中国旅游高等教育一流专业建设""旅游新文科专业人才培养""十四五期间旅游职业教育热点及展望"，包含12个主题发言和6个圆桌会议，54位来自院校和企业的嘉宾进行分享和讨论，引起与会代表的热烈反响。

七、发挥智力资源优势，服务行业和教育发展

发挥高校作为人才培养主阵地和旅游研究主力军的作用，教育分会的院校专家学者，加强关系旅游业发展的重大现实问题、热点问题和难点问题研究，推动旅游人才培养适应和支撑旅游产业的变革发展，积极服务行业、服务社会。

（1）承办2020世界旅游联盟·湘湖对话"产业变革与教育成长"主题论坛。来自全国本科、职业院校和相关机构的200余名专家学者、教师代表到杭州参加。世界旅游联盟秘书长刘士军出席并致辞，副会长邱汉琴教授发布了由世界旅游联盟、旅游教育分会联合南开大学旅游与服务学院编印的《2020国际旅游教育报告》。主旨演讲以远程与面对面相结合的方式进行，会长、中山大学旅游学院创院院长保继刚、香港理工大学酒

店与旅游管理学院院长田桂成、澳门旅游学院院长黄竹君、澳大利亚格里菲斯大学商学院旅游、体育和酒店管理系副主任查尔斯·阿科迪亚、加拿大滑铁卢大学终身荣誉教授杰弗里·沃尔、新西兰怀卡托大学管理学院教授、《旅游管理》荣誉编辑克里斯·瑞安等知名学者作主旨演讲。论坛还举行了两场专题对话，嘉宾们围绕"变革时代旅游教育的使命""后疫情时期旅游教育新挑战新思路"主题进行分享和交流。与会的专家学者和教师代表还参加了 2020 世界旅游联盟·湘湖对话"产业变革与高质量发展"和"产业变革与创新发展"两大主题论坛，了解旅游业界和科技变革前沿信息。本论坛深入研讨了旅游产业变革下的旅游人才培养，加深了旅游教育领域的国际交流对话，与会者反映受益匪浅。

（2）保继刚教授主持的国家社科基金艺术学重大项目"文化和旅游行业人才培养战略、路径与对策研究"课题组举办了成果报告会，与文旅产业界、学术界和教育界共享研究成果，提高业界与学界对文旅人才培养的关注和支持。

（3）会长保继刚、两位副会长吴必虎和王昆欣，获聘文化和旅游部"十四五"规划专家委员会委员，参与相关重大问题研究论证。秘书长刘莉莉获聘文化和旅游部第五届全国旅游标准化技术委员会（SAC/TC210）委员，参与旅标委工作任务。

（4）完成文化和旅游部科教司委托的建党 100 周年旅游教育发展档案微视频制作配合工作。为展示中华人民共和国成立特别是改革开放以来旅游教育发展历程和取得成就，参与国家档案局组织开展的建党 100 周年档案系统微视频征集展播活动，文旅部科教司委托教育分会负责旅游教育的视频脚本、档案资料收集整理等工作。教育分会秘书处向 14 所具有代表性的各类型旅游院校发送征集函，共收到我国旅游教育 1978—2020 年的上百份资料，并聘请副会长王昆欣教授进行视频脚本撰写。根据文旅部科教司意见，协助微视频制作方进行多次修改完善，圆满完成了委托工作。

文化和旅游部人事司《关于征求技工院校专业目录修订建议的函》发文教育分会，教育分会经征求技工院校会员单位、理事会机构的意见后作了回复。

（5）积极参与旅游标准化工作，参加文化和旅游部有关调研、国家标准评审、行业标准评审和修订。教育分会与浙江旅游职业学院等单位联合起草修订，组织开展院校调查问卷，参与完成了《旅游类专业学生景区实习规范》行业标准修订稿。教育分会还牵头联合南京旅游职业学院、浙江旅游职业学院向文化和旅游部申报《旅游类专业学生饭店实习规范》《旅游类专业学生旅行社实习规范》两项行业标准修订立项。

（6）推荐"中国服务"案例，根据中国旅游协会 2021"中国服务"旅游产品创意案例的标准，副会长单位中瑞酒店管理学院凭借自身独特的育人文化体系入选；教育分会还推荐了云驴通 / 上海照梵软件有限公司、杭州领云软件有限公司两家企业会员赋能旅游教育的案例，经中国旅游协会微信公众号选登，受到文旅业界和教育界的广泛关注。

八、工作成果与研究成果，加强学界业界交流分享

教育分会重视加强本领域的研究，满足院校教学科研的需要，促进旅游业界和院校发展的交流互鉴。

（1）《中国旅游教育蓝皮书2019—2020》，由教育分会组织编写，涵盖了旅游教育领域的学科发展、专业建设、学生培养、招生就业和院校改革发展动态，旅游教育和旅游理论研究的热点问题，成为各方参考、研究和交流的重要资料。

（2）由保继刚、黄松山主编的英文著作《Hospitality and Tourism Education in China》，由 Routledge | Tsylor&Francis Group 出版。

（3）世界旅游联盟《2020国际旅游教育报告》，由世界旅游联盟、旅游教育分会联合南开大学旅游与服务学院等编印。报告从国际旅游教育史切入，采用案例研究的方式，探讨建立世界一流的旅游管理教育课程的机制。

（4）《旅行策划（初级）》《旅行策划（中级）》，由教育分会组织编制出版，为1+X旅行策划职业技能等级证书配套教材。

（5）《优秀导游词集锦Ⅲ》，教育分会汇编出版，将本届技能大赛成果转化为教学资源。

（6）《中国旅游教育高质量发展报告》，由南开大学旅游与服务学院和教育分会编制发布。

（7）开展全国旅游院校服务技能（饭店服务）大赛的赛项改革课题研究，以使本赛事更加贴近行业需求，更好地服务于院校专业建设、教学改革和人才培养，教育分会委托青岛酒店管理职业技术学院承担本课题，并组织了调研问卷工作。

九、重视秘书处建设，提高服务会员工作水平

秘书处作为承担教育分会日常工作的常设机构，密切联系会员，关注会员需求，积极策划本领域活动项目，组织、协调和落实理事会领导机构确定的年度重点工作。积极发展新会员，做好注册会员管理（两年新增会员68家，注册会员单位总数919家）。重视做好信息服务，运用分会微信公众号、官网等信息服务平台，两年来及时准确发布分会工作动态、院校动态、行业信息、政策资讯、学者研究等各类推文共计247篇，增进了分会的关注度与影响力。始终严格遵守中国旅游协会建立的分支机构管理制度，依法合规运行。注重提高服务会员的能力和水平，努力建设成为符合社会组织要求的专业化秘书处团队。

经中国旅游协会年审，教育分会被评为"2020年优秀分支机构""2021年度优秀分支机构"。自年审制度实施4年来，教育分会得到业界和社会各界的广泛关注和认可，连续4年获评优秀。

Part 5

第五部分

典型案例

以一流本科专业建设助推学科和专业发展

——南开大学旅游与服务学院的一流专业建设实践

黄 晶 周 杰①

南开大学旅游与服务学院下设旅游管理和会展经济与管理两个本科专业，两个专业分别于 2019 年和 2020 年获批国家级一流本科专业建设点。一流本科专业建设点的入选成为学院本科专业发展和学科建设的助推器。对照一流本科专业建设要求，学院在逾两年的建设过程中，在以下几方面工作中取得了一定的成效。

一、培养方案的持续优化

科学的专业培养方案是专业建设的基石。在定期对专业培养方案进行调整完善的基础上，学院对标一流专业建设要求，于 2021 年对专业培养方案进行了全面修订。为此，学院专门成立了由院长和书记负责的本科专业人才培养方案修订工作小组，明确"以学生成长为导向，以素质教育为基础，以能力培养为目标"的指导思想，积极探索课程体系和人才培养模式的创新。

为确保专业培养方案的科学性，修订工作遵循科学规范的流程，经历了前期调研—形成初稿—专家论证—确定方案等几个阶段。在前期调研阶段，着重于了解人才培养对象及人才需求方的需求，工作小组成员分组对业界专家、毕业生、在校生和专业教师进行了一对一或小组访谈，听取各方面的意见和建议，同时收集、整理国内外高校旅游专业培养计划，作为培养目标和课程体系修订的依据。在完成初步方案后，学院组织校外同行专家进行新版培养方案的评议，通过专家评议进一步完善方案并确定最终方案。在新方案中，突出体现对人才培养的能力和素质要求，所有专业课程的教学目标和教学内容均依照这些要求进行分解对应，并共同对这些要求形成支撑。2022 年学院又将培养方案中的所有专业课程的课程大纲进行完善，在课程教学目标和教学内容中进一步体现课程思政元素的融入。

---

① 黄晶，南开大学旅游与服务学院旅游学系主任、副教授。周杰，南开大学旅游与服务学院会展经济与管理系主任、副教授。

二、突显学科特色的课程思政建设

学院以学校课程思政建设实施方案为依据，坚持价值塑造、知识传授和能力培养三位一体、显性教育与隐性教育相统一的指导思想，以"突出特色"和"强化质量"为原则，结合旅游学科特色设计了课程思政实施方案，形成了学科建设、专业建设、人才培养与课程思政的全面融合。依照"突出特色"的原则，学院在强调专业课程全方位、全过程融入思政元素的基础上，重点突出了要依托学科和专业特色，强化旅游学在弘扬中华优秀传统文化、"知中国与服务中国"上的独特优势。特色性的举措与成效主要表现为以下三个方面：

（一）培育专业课程思政示范课程，形成引领作用与辐射效用

学院结合专业建设及课程建设等一系列工作，全面修订了所有专业课程的教学大纲，将课程思政元素与专业知识进行有机结合，实现思政元素的"软融入"。以本科专业必修课程"旅游学与旅游人"为重要的专业课程思政阵地，通过邀请多领域的名师大家共同走进一个课堂，对学生进行爱国爱校教育，培养学生的家国情怀和旅游职业素养。比如，课程邀请了南开大学原校长侯自新教授为学生讲授南开百年校史，学生深刻感受到了南开人爱国爱校的光荣传统；邀请南开大学前副校长朱光磊教授讲授服务型政府建设，使学生了解中国传统文化的基本信念和南开"允公允能"校训的内涵；邀请旅游业界人士和学界专家与学生分享南开旅游人的使命与担当。

（二）着力推进实践类课程思政建设，全面落实"知中国、服务中国"的理念

利用"服务学习"系列课程，融入专业特色，以"知中国、服务中国"作为切入点，使学生正确地认知中国的历史和现状，了解国情和形势，从而树立爱国信念，激发爱国热情。比如，将"校园游"与"服务学习"课程结合起来，在原有爱国主义教育校园游的基础上，进一步依托专业学科优势，完善校园游线路设计，让学生深入感知校园景观中的南开文化与南开历史，推进爱国主义教育与专业学习相结合的实践课程思政教育。学院教师孟繁强副教授近几年每年都会组织学院部分新生开展南开大学校园游，把一个个承载着南开历史的场所串联成线，在生动讲解南开历史和传统的同时，从专业角度引导学生认识旅游学科。又如，学院教师于海波副教授于 2021 年设计与开设了课程《服务学习：乡村振兴与文旅融合》，学生在学习乡村振兴与文旅融合的理论与案例的基础上，为天津市蓟州区青山岭村制作了乡村读本、乡村旅游宣传海报及 Logo、乡村旅游地图和乡村道路标识系统等，将学生的学习扩展应用到乡村振兴工作，助力当地旅游业的发展。

（三）打造学院特色课程思政项目，探索学院课程思政建设新路径

强化社会实践中的思政教育元素，利用暑期师生同行的社会实践、专业实习等实践教学环节，引导学生践行社会主义核心价值观，服务社会。发挥南开大学"全国红色旅游创新发展研究基地"作用，通过组织学生"红色旅游"访学以及指导学生参与红色旅游大赛，让学生通过文旅产业加强对党和国家的认同。此外，学院教师在红色旅游研究领域进行积极探索，构建红色旅游研究与教育平台。2022 年，我院教师获批天津市哲学社会科学"用好红色资源 传承红色基金 赓续红色血脉""揭榜挂帅"重点课题。

三、实践教学课程的有效推进

根据学生的专业学习深度，基于学院的实践实验教学平台与产业实践基地，从动态视角构建"阶梯式"的实践教学体系。通过"以体验为导向的实践教学""'体验—创作'并重的实践教学""以创作为导向的实践教学"三个阶段，全面推进理论教学与实践教学的深入融合。

（一）以体验为导向的实践教学阶段

该阶段的实践教学主要针对低年级的学生，在一定的概念性知识学习的基础上，基于学院所搭建的产业实践平台，通过参观、访谈、调研、志愿服务等方式使学生体验旅游管理和会展管理专业知识所应用的领域与场景，并完成相应的课堂任务。

例如，2021 年 11 月，旅游管理专业学生依据专业教师设计的调研任务，分别前往空客 A320 总装线、海鸥手表企业和天津机床博物馆进行参观，使学生带着思辨与发现的眼光去探寻工业旅游中的智慧，体验了天津工业旅游的资源及其开发的基本逻辑，激发了学生对"如何让工业旅游更加具有文化吸引力与经济拉动力"这一问题的思考。

再如，2021 年 10 月，会展经济与管理专业学生赴天津国家会展中心参观第 105 届全国糖酒商品交易会。同学们针对相关课程任务的布置分组完成相应的采访和调研工作，从实践的视角对会展产业链的运作进行深入的探究，并体验了会展场馆的空间布局以及展会现场服务等方面的理论知识。

（二）"体验—创作"并重的实践教学阶段

该阶段的实践教学是在特定模块的专业知识学习的基础上，基于专业课程设计以及实验教学平台（旅游实验教学中心），在虚拟化、游戏化的场景下构建与体验旅游或会展项目，并在项目实施过程中发现问题，形成优化方案，通过"创作—体验—再创作"

的循环过程实现理论与实践的有效融合。

例如，学院旅游实验教学中心于 2017 年开始自主研发"酒店管理虚拟仿真实验系统"，以替代商业软件中针对教学设计的不足。系统可在线仿真在不断变化的市场环境下，酒店管理团队如何通过竞争博弈运营酒店。酒店管理教学需要解释经营决策如何适应市场需求变化、应对竞争、实现利润等问题，传统实验手段难以呈现这种抽象、复杂的博弈过程。采用虚拟仿真技术，该平台可呈现不同市场竞争环境、企业决策、经营结果三者间的关系。虚拟仿真的市场竞争环境由教师外生设定，其他参数在学生团队间的博弈过程中内生形成，学生可以在这种连续的虚拟对抗环境下学习提升其市场分析能力和运营管理能力。

旅游实验教学中心于 2016 年首创"全国旅游管理酒店经营管理模拟大赛"，大赛使用该实验平台在线进行。目前已形成"课赛合一"的教学模式，通过"以赛促学、以赛促教"深化旅游管理实验教学改革。实验平台于 2019 年对全国开设旅游管理专业的高校共享开放，已经使用 1300 多人次，反馈良好。基于实验平台的"酒店运营管理虚拟仿真实验系统"获得 2020 年度南开大学实验教学技术成果二等奖，2020 年度天津市知识产权创新创业发明设计大赛优秀奖，以及中国高等教育学会主办的 2021 年度第六届中国高等学校教师自制实验教学仪器设备创新大赛企业命题组三等奖。基于实验平台的旅游管理人才培养模式创新，被中国教育电视台（CETV-1）以专题方式报道。基于本平台教学的本科课程《酒店运营管理虚拟仿真实验》参评第二批国家级一流本科课程（虚拟仿真实验课程）。

再如，2016 年 12 月，旅游实验教学中心建立了会展管理实验室，下设两个实验方向：会展实训实验和基于乐高沙盘与 AR 技术的会展管理模拟实验。其中，利用乐高沙盘完成模拟展位布局是一种较为直观且体验性与创作性强的教学方法，可以有效激发学生自主学习能力、实践能力和创新能力，2020 年该模拟实验教学方式获得教学方法发明专利。

（三）以创作为导向的实践教学阶段

该阶段的实践教学主要针对较高级的学生，在较为系统的专业知识学习的基础上，基于产业实践与赛事平台，在真实化的场景下构建具有可实践性的旅游与会展项目或参赛作品，推动学生整合专业知识创作实践项目，实现理论与实践的系统融合。

例如，2018 年会展经济与管理专业的学生基于会议策划与管理的知识独立策划与运营了"第二届天津会展高校交流会"；2022 年基于天津市会展环境的系统分析策划了相应的会展项目，据此参加了"2022 年天津市大学生会展创意策划大赛"并取得了优异的成绩，从而更加系统地应用了会展项目策划的逻辑与知识。

再如，2021 年旅游管理专业的学生凭借着《兴古佳田·耳木一新》和《桔梗·故梦》两项文创设计作品参加了第四届全国大学生旅游设计大赛，通过作品的创作，学生较为系统地应用了文化与旅游资源的识别与开发过程。学生积极参与各级各项旅游赛事，以赛促学，有效提升了综合素质与能力。

除上述做法和取得的成效之外，学院在一流本科专业建设过程中也遇到了一定的难点与问题。未来学院仍将以一流本科专业建设为抓手持续推进人才培养以及学科和专业的发展。道阻且长，行则将至！

产教融合与多元协同：华侨大学旅游学院双一流建设的理念与实践

谢朝武　殷　杰^①

谢朝武　殷　杰^①

　　双一流建设的内核与导向是提升人才培养质量、助推产业的高质量发展。本文对华侨大学旅游学院在双一流建设中的目标与导向、机制与模式、路径与重心、特色与举措等进行了总结分析。其中，华侨大学旅游学院以服务国家战略和产业需求为基本导向，以学生全面发展为根本目标，构建了"1331"专业建设机制与模式。建设过程中，强化学科建设的引领作用、明确专业建设的主体作用、突出师资与课程建设的支撑作用。同时，建构了"需求导向"的培养体系调整机制、推行"产教融合"驱动的人才培养改革机制、实施国际认证导向的培养体系优化机制、重视新技术赋能专业的建设机制、强化"第二课堂"的协同作用机制。学院将致力于为旅游产业的发展持续供给高水平专业人才。

　　2017 年，国务院印发的《国务院办公厅关于深化产教融合的若干意见》（国办发〔2017〕95 号）明确指出，要"推进产教融合人才培养改革"。2019 年，教育部启动了"以建设面向未来、适应需求、引领发展、理念先进、保障有力的一流专业为目标"的专业建设双万计划，并启动了一流本科课程"双万计划"。2021 年，教育部又着手启动新文科建设与改革。在此背景下，国内各旅游院校加强双一流专业与双一流课程建设，积极探索新时期实践育人的改革方向。如何结合双一流专业与课程建设强化产教融合、推动协同育人，成为旅游院校人才培养中需重点探索的议题。华侨大学旅游学院长期坚持产教融合与协同育人相结合的发展导向，并积极依托双一流专业与双一流课程等双万计划建设工程推动旅游人才培养的创新与改革，形成了一定的经验与成效。

一、建设目标与导向

　　华侨大学旅游学院创建于 2004 年，其前身华侨大学旅游系始创于 1984 年，是中国最早建立的八所旅游高等院校之一，是可以直接向海外招收旅游管理本科、硕士和博士的教育机构。作为先后隶属于国务院侨务办公室和中央统战部的高校，华侨大学一直坚持"面向海外，面向港澳台"的办学方针，秉承"为侨服务，传播中华文化"的办学宗

---

　　① 作者简介：谢朝武，华侨大学旅游学院院长、教授、博导，中国旅游协会旅游教育分会副会长。殷杰，华侨大学旅游学院本科教学工作办公室主任、会展经济与管理系主任、教授、硕导。

旨，贯彻"会通中外，并育德才"的办学理念，努力服务国家侨务与公共外交工作，助力"一带一路"建设。

在新的时期，华侨大学旅游学院将致力于成为为侨服务的旅游教育高地，成为特色化旅游科研与产业服务的引领者。同时，华侨大学旅游学院将致力于服务国家战略与产业需求，面向港澳台、面向海外，培养有国际视野和前瞻思想的旅游学术骨干，有数字化技术和创新创业能力的旅游行业精英，有正确职业价值观与社会责任感的社会栋梁。

为达成这一战略性目标，为海内外旅游业持续输送优质的旅游管理类人才，华侨大学旅游学院坚持改革导向、建设优质平台、打造优质师资、培育优质课程，以形成服务双一流建设的体制、机制和资源架构。总体上，学院以习近平新时代中国特色社会主义思想和习近平总书记关于高等教育一系列重要论述为指引，坚持立德树人的根本目标，积极推动政府、产业、高校等多元主体的协同合作，推动旅游产业实践与学校教育的深度融合，持续优化旅游管理、酒店管理、会展经济与管理等旅游管理类人才培养模式。

二、建设机制与模式

华侨大学旅游学院形成了使命引导下的一流专业建设机制与人才培养模式，开启了"1331"建设任务体系，即聚焦于1项使命、3项目标、3个特色和1个机制的建设任务与架构。根据华侨大学的发展定位和旅游学科的建设目标，旅游学院将"以海内外旅游业的可持续发展为己任"作为学科的发展使命，并明确了培养"有国际视野和前瞻思想的旅游学术骨干、有数字化技术和创新创业能力的旅游行业精英、有正确职业价值观与责任感的社会栋梁"三大人才培养目标。为了支撑人才培养目标的实现，学院确立了产教融合、国际化办学和全人教育的教育理念与办学特色。其中，产教融合体现在过程管理、课程体系、实践体系和师资结构四个方面。国际化办学体现在生源体系、教学理念、师资体系和学生培养四个方面。全人教育则体现在过程服务、素质养成、课程设计和教育方法四个方面。作为重要的支撑机制，学院建立了基于动态优化的过程管理与保障机制。

三、建设路径与重心

华侨大学旅游学院立足于学校"努力建设国内一流、国际上声誉良好的'侨校 + 名校'"的发展定位，致力于建设国内一流的旅游学院，并致力于成为特色化旅游科研与产业服务的引领者。学院紧密结合"以海内外旅游业的可持续发展为己任"的办学使命，加强学科平台、专业内涵、师资结构与课程体系建设，并实施产教融合、国际化办学和全人教育理念，取得一定建设成效。

（一）强化学科建设的引领作用

华侨大学于1984年设立旅游系、2003年设立旅游学院。始终强化学科建设的引领作用，致力于建设起本科、硕士、博士等一体化的旅游学科架构与人才培养体系。1987年，开始从事旅游管理本科教育。1998年，获得旅游管理硕士专业学士学位授权点。2006年，获得旅游管理二级学科博士学位授权点。由此，华侨大学成为国内最早的能直接向海外招收旅游管理本科、硕士和博士的高等教育机构。2021年，旅游学院与工商管理学院携手获得工商管理一级学科博士学位授权点。2022年，华侨大学旅游学科进入软科世界一流学科旅游休闲管理学科榜单。以学科建设为引领，旅游学院始终强调高水平科学研究的支撑作用，并设立了旅游安全管理、旅游企业管理、港澳台侨与区域旅游发展、智慧旅游与旅游信息管理等学科团队和研究方向，为旅游管理类本科人才的培养提供科研基础。其中，旅游安全管理是华侨大学长期坚持并努力建设的特色学科团队。

表 1　华侨大学旅游学院学科与专业建设历程

年份	建设成效	年份	建设成效
1984	旅游系成立，设立旅游管理专科专业	2012	旅游实验中心获批国家级实验教学示范中心
1987	设立旅游管理本科专业	2014	设立会展经济与管理本科专业
1998	设立旅游管理硕士专业	2015	获批国家级旅游虚拟仿真示范中心
2004	设立人文地理与城乡规划本科专业（目前为省级特色专业）	2019	旅游管理专业获批国家一流本科专业建设点
2006	获得旅游管理博士授权点（二级点）	2020	酒店管理、会展经济与管理获批省级一流专业建设点
2009	成为国家旅游局中国旅游研究院首批外设研究基地"旅游安全研究基地"依托单位	2021	旅游管理、酒店管理、会展经济与管理入选软科"2021中国大学专业排名"A类专业
2010	设立酒店管理本科专业	2022	旅游管理等4个本科专业获得联合国世界旅游组织教育质量认证最高等级（4年），创首次参评最好成绩之一；酒店管理专业获批国家一流专业建设点；旅游管理、酒店管理、会展经济与管理入选软科"2022中国大学专业排名"A类专业；旅游休闲管理学科入选软科世界一流学科旅游休闲管理学科榜单
2011	获得全国首批旅游管理硕士MTA招生资格		

（二）明确专业建设的主体作用

华侨大学旅游学院强调专业建设的主体作用，并从旅游管理一个本科专业，逐渐培育和设立了酒店管理、会展经济与管理等本科专业，形成了类型丰富的旅游管理类专业群。经过多年建设，旅游管理成为国家级特色本科专业（2009 年）和国家一流本科专业（2020 年），酒店管理专业成为国家一流本科专业（2022 年）和省级服务产业特色专业（2016 年），会展经济与管理专业成为省级一流本科专业（2020），并获评"壮丽 70 年·中国十大会展院校"（表 2）。

表 2　华侨大学旅游学院双一流专业建设简况

一级指标	二级指标	指标说明	建设体现
专业定位	专业定位	定位明确，特色优势明显；服务面向清晰，适应国家和区域经济社会发展需要，符合学校发展定位和办学方向	面向港澳台、面向海外，服务国家战略和产业需求，培养有国际视野和前瞻思想的旅游学术骨干、有数字化素技术和创新创业能力的旅游行业精英、有正确职业价值观与责任感的社会栋梁
	专业负责人	专业负责人教学能力强、学术水平高	遴选高水平教学科研骨干担任专业负责人，各专业负责人均具有高级职称，其中博士生导师 2 人
	专业发展和特色	推进专业建设和改革的主要思路、举措及专业特色与优势	①推行产教融合，建设 2 个国家级实验教学示范中心，在国内外建立 30 多家实践教学基地，构建传统与现代相结合的多层次实习实验与实践体系；②推动国际化办学，30% 生源为港澳台、东南亚等地区生源，与境外 10 余所高校签订了交换生或联合培养协议；③实施全人教育理念，形成了"教学情境化、课程模块化、实验平台化、素质综合化、评价全面化"的核心教学过程，重视第二课堂，形成"以赛促训，以赛促学""工学兼顾，双元培养"素质养成机制
专业管理	专业培养方案	人才培养方案科学合理；落实本科专业国家标准要求	根据《普通高等学校本科专业类教学质量国家标准》等标准和要求动态优化人才培养方案
	教学管理和专业建设文件制度	教育教学管理规范有序；未出现重大安全责任事故	针对本科教育质量提升计划、本科生导师制、境外生培养改革、实习管理、科创管理等制订系列规范和制度，推行预防性安全管理机制
改革成效	教学成果奖	专业获得的省部级及以上教学成果奖情况	学院教师获得省部级教学成果奖特等奖、一等奖、二等奖等奖项 5 项
	专业建设	专业获得省部级特色专业、品牌专业、一流专业等建设项目支持情况	旅游管理入选国家级特色专业；旅游管理、酒店管理入选国家级一流本科专业；会展经济与管理入选省级一流本科专业
	课程与教材	专业课程与教材建设情况	积极推进金课体系建设，获得省级一流课程 5 门；前期已获得国家级规划教材 3 部
	实验和实践教学平台	专业实验和实践教学平台建设情况	拥有国家级旅游实验教学示范中心和国家级旅游虚拟仿真教学示范中心，在境内外建立起 30 多个实践基地
	教学改革项目	专业教学改革项目情况	《新文科背景下侨校旅游管理专业人才培养模式创新与实践机制》获得省级立项

一级指标	二级指标	指标说明	建设体现
改革成效	深化专业综合改革成效	深化专业综合改革的主要举措和成效	申请通过联合国世界旅游组织教育质量认证，基于认证审核机制强化产教融合、国际化办学和全人教育培养模式。其中，旅游管理、酒店管理、会展经济与管理等均获得最高年限（四年）等级认证，显示我院建立起高水平、国家化的专业教育体系。同时，学科位列软科世界一流学科榜单
师资力量	教学名师与教学团队	专业的省部级及以上教学名师与教学团队建设情况	拥有 MTA 教指委委员、文化和旅游部优秀专家、福建省新世纪优秀人才等省部级称号教师 9 人次；基于两个国家级旅游实验中心形成规模化教学团队；拥有省级教学团队 1 个、校级教学团队 2 个
师资力量	师资队伍和基层教学组织建设	专业加强师资队伍和基层教学组织建设的主要举措及成效	目前拥有 12 位教授、18 位副教授、博士教师率为 84%，90% 教师具有双师型技能，推行海外师资协作计划，并建立了规模化的产业导师队伍
培养质量	毕业生就业（升学）情况	专业毕业生就业（升学）情况	培养海内外人才 6000 多名，升学率 25% 左右，正常年份年终就业率 90% 以上
培养质量	专业毕业生培养质量的跟踪调查结果和外部评价	专业毕业生培养质量的跟踪调查结果和外部评价	在业内具有较好的就业声誉，培育出大批优秀校友。旅游管理、酒店管理、会展经济与管理等专业均位列软科 A 类专业
培养质量	专业教学质量保障体系建设	加强专业教学质量保障体系建设的主要举措和成效	实施"校—院—系"三级教学质量监督、严格教学过程控制、强化导师定向监管、投入充足培养经费、动态调整培养方案，完善"专业—教师—学生"三位一体的多级培养质量监控体系

（三）突出师资与课程建设的支撑作用

华侨大学旅游学院重视师资与课程建设的支撑作用。多年来，学院持续推动强师计划，通过加强师资引进、海外进修访学、产教融合训练、行业挂职锻炼、双师技能培养、海外师资协作等多种方式推动师资团队建设。目前，学院拥有 MTA 教指委委员、文化和旅游部优秀专家、福建省新世纪优秀人才等省部级称号教师 9 人次，有 12 位教授、18 位副教授，博士教师率为 84%，90% 教师具有双师型技能。同时，学院建立了由 6 人组成的专门的实验师资团队，其中 2 人为博士实验师资。学院通过外部引入、跨界合作、跨专业融合等方式聘请了规模化的行业导师队伍，并常态性的邀请境外优质师资开设课程和专业讲座。

学院积极夯实一流课程体系建设，注重金课体系打造，加强课程思政示范课堂、优质课程、线上精品课程建设。目前，我院已建设《旅游学概论》《旅游目的地管理》《旅游资源学》《酒店经营策划与管理》《旅游安全管理》《华侨文化民宿数字营销虚拟仿真实验》省级一流课程 6 门，建设课程思政示范课堂 10 余个。《旅游目的地管理》课程积极响应"慕课西行"计划,与塔里木大学共建"慕课西行—同步课堂"。此外,旅游管理等 4 个专业形成了特色鲜明的专业实践课程体系,如旅游管理、酒店管理等专业形成了"教—学—用—评"一体化的专业实践课程体系,会展经济与管理专业这形成了"以赛促训、工学交替、产教融合、协同育人"的专业实践课程体系。

四、特色机制与举措

为提升旅游管理类人才的培养质量,华侨大学旅游学院强调人才培养机制和模式的动态调整,鼓励改革与创新,不断尝试特色建设机制和举措,以适应海内外旅游产业对旅游人才的需求。

(一)实施"需求导向"的培养体系调整机制

近年来,华侨大学旅游学院在培养定位与目标、教学计划、培养方案、市场监测机制等方面进行了一系列探索与改革,及时根据学生需求、行业需求、创新需求调整培养体系和实施计划,努力实现教育链、人才链、产业链的相互对接。第一,推动培养定位与目标的动态调整。学院实施服务国家战略和产业需求的导向与定位,各专业动态监测产业人才需求,及时调整培养定位与目标,力求培养适合行业需求的复合型人才。第二,推动培养方案的动态调整。我院每四年进行一次本科专业培养方案修订,每两年进行一次微调,以确保人才培养方案与专业办学定位、人才培养总目标保持一致,并适应社会经济和高等教育教学发展需要。近年的培养方案融入了通识教育和创新创业教育理念,适度削减了专业总学分、总学时,使学生自主学习空间得到拓展。同时,按照"面向全体、分类施教、结合专业、强化实践"的原则,在培养方案中优化创新创业课程,增强学生创新精神、创新意识和创新创业能力。第三,推动具体实施计划的动态调整。在课程内容设计和实习实践方案的实施中,学院也强调动态调整与优化,推动教师与时俱进的更新授课内容,并根据产业的发展及时更新实践基地和实习实训科目,以建立与时俱进的产业能力。

(二)推行"产教融合"驱动的人才培养改革机制

华侨大学旅游学院积极探索"教育链"与"产业链"的对接路径,基于"产教融合"驱动人才培养机制的创新与改革,主要举措包括:第一,建立产教融合机制,积极对接产业需求。学院强化实习跟踪回访、建立专业教师实习对接机制、常态化拓展实习教育基地、建立行业高管与学生面对面交流机制、推行"双导师制"、推动双师型师资团队建构、实施毕业校友互动机制。通过产教融合机制措施的持续建构和实施,让学生能及时接触行业的最新资讯和发展前沿,也让教师和学院能及时了解产业的最新需求和导向,有利于产教的深度融合与人才培养成效的持续提升。第二,建立产教融合驱动的实践类课程体系。学院的培养方案与课程体系建构会广泛征求产业意见，并以产教融合机制为基础进行课程体系的建构，注重理论学习与实践教学的兼顾，形成了"理论学习＋认知实习＋综合实训＋生产实习"于一体的"知行合一"的特色课程体系。

例如，学院的会展经济与管理专业建构了"1234"体系的实践教学逻辑与实践教学模式，包括：1 个核心目标。强调培养"一专多能"的应用型、精英型人才。"一专"，即培养学生一项专业技能，强化学生优势能力培养；"多能"，即重点培养学生多项能力，包括语言沟通能力、文本策划能力、汇报表达能力、临场应变能力、组织执行能力、市场营销能力、数字运营能力等。2 大培养循环。指形成课内实验与课外实践双循环培养。3 大培养课程。包括形成课堂实验、主题实验、虚拟仿真实验在内的课内实验教学循环和认知实习、综合实训、生产实习在内的课外实践教学循环。4 个培养阶段。实验实践教学内容贯穿大一至大四四个培养阶段。一年级，通过认知实习感性认知专业；二年级，通过综合实训实践验证理论知识；三年级，强化专业竞赛、学科竞赛，模拟项目运营；四年级，进行生产实习，准确评估行业。

（三）实施国际认证导向的培养体系优化机制

联合国世界旅游组织旅游教育质量认证（UNWTO-TedQual）是由联合国世界旅游组织（UNWTO）颁发的唯一具有全球影响力的旅游类教育质量认证，它对申请院校的学生质量、师资队伍、教学运行管理、教学效果、毕业生用人单位、旅游教育道德伦理等进行全面的审核评估。申请认证的院校需要按照认证指标进行对标建构，认证过程将是一次旅游人才培养体系的全面优化过程。为了提升学院专业群的质量建设与国际化水平，学院启动了专业质量认证建设工作。2021 年 10 月，我院以在线方式参加了联合国世界旅游组织教育质量认证。2022 年，联合国世界旅游组织致函我院，我院旅游管理、酒店管理、会展经济与管理等本科专业认证得分 803 分（满分 845 分，得分率 95.03%），获得最高等级的年限（四年）认证。我院是初次参与联合国世界旅游组织教育质量认证，高达 95.03% 的得分率显示我院建立起高水平、国际化的旅游专业教育体系。

（四）重视新技术赋能专业的建设机制

华侨大学旅游学院高度重视实验实践教学和新技术赋能专业建设，创建了旅游实验教学中心。经过建设，旅游实验教学中心获批"十二五"国家级实验教学示范中心，旅游虚拟仿真实验中心获批国家级虚拟仿真实验中心，并建设有校内外实习基地 30 余家。学院实验中心以打造具有国内示范领先水平和国际知名的现代化实验教学中心为目标，以"为侨服务，传播华文""服务海西，示范全国""主题实验，实践创新""四高模式，科教协同""五位一体，全面发展"为特色，在全国率先提出了"教学—科研—经营综合型"文科实验室的建设思路，既建设了主题餐厅、主题客房、服务礼仪等传统实验室，也建立了数字营销、VR 演示、模拟沙盘、舆情分析、脑电眼动等数字化的现代化实验室，为学生的服务操作、数据分析、管理决策等实践能力的训练提供了优质的实验实训条件。学院的国家级旅游实验教学示范中心积极发挥辐射和示范作用，多年来吸引海内外 300 多所兄弟院校前来参访和交流。

（五）强化"第二课堂"的协同作用机制

学院重视全人教育体系的构建，尤其注重本科生实践能力与创新创业创意能力培养，不断加强第二课堂建设，有效延伸和补充第一课堂。学院以提高本科生"价值导向与道德修养""创新创业思维与能力""人文艺术素养与文化传承""国际视野与跨文化社交能力""团队合作与实践能力"为培养目标，系统梳理有利于拓展本科生素质的实践科目、课外学术研究、竞赛、讲座、志愿服务等各类第二课堂活动，发挥好旅游文化节、研学基地、地方侨联等各类平台与载体功能，组织好中华优秀传统文化研习、"泉州'海丝文旅'大讲堂""产业大讲堂"，面向境外生拓展"两岸暨港澳大学生交流联谊共建活动""境外生寻根之旅"等活动。此外，学院鼓励学生参与专业竞赛、挑战杯、互联网＋等各类竞赛，通过"以赛促学，以学促赛"的模式实现学生在比赛中学习专业知识，运用专业知识，掌握专业知识。同时，实战比赛也锻炼了学生的专业表达能力、临场应变能力、文本策划能力、对外沟通能力等，推进了学生专业理论知识与实践综合能力的结合与提升。

五、结束语

双一流建设的内核与导向是提升人才培养质量、助推产业的高质量发展。华侨大学旅游学院将根植于服务国家战略与产业需求的发展导向，加强一流专业建设和一流课程建设，并以新文科建设的新要求为指引，落实"以本为本、四个回归"、完善协同育人和产教融合机制、实施以人才培养为中心的目标导向，对旅游管理类专业的人才定位、师资体系、资源体系、教学模式、课程体系、质量评价体系等进行系统的革新和优化，力争建设起培育高质量旅游管理类人才的专业体系，为旅游产业的发展持续供给高水平专业人才。

新时代红色旅游课程思政体系建设的"北二外模式"

吕　宁　王金伟①

引　言

习近平总书记强调："用好红色资源，传承好红色基因，把红色江山世世代代传下去。"红色旅游作为国家重大思政工程，是传承红色基因的重要载体。在促进青年学子提高政治站位，培养担当民族复兴大任的时代新人等方面红色旅游起着不可替代的作用。北京第二外国语学院为深入学习贯彻习近平新时代中国特色社会主义思想，进一步把全国教育大会、全国思想政治工作会议和全国思想政治教师座谈会精神贯彻落实引向深入，将全国红色旅游课程体系与国家发展需求相结合，将红色文化传播、红色基因传承与旅游专业优势相结合，通过精品课程传知识（《红色旅游》课程建设）、红色文化入课堂（旅游课程思政化）和红色基因系祖国（"红旅大赛"）三个路径努力打造红色旅游课程体系。一方面以连续举办十二届的全国大学生红色旅游创意策划大赛为实践育人契机，将红色文化深入渗透在育人体系中。另一方面，通过思政课程，积极发挥红色旅游的教育作用，凸显其社会效益。以期打造红色文化与专业课程、思政引领与专业建设相结合的典范。

一、着力解决思政教育与旅游融合发展建设中的问题

（一）解决年轻一代的政治社会化不足的问题

探索政治理论学习同科研、教学、社会服务结合之路，全面调动年青一代政治理论学习的积极性。积极组织学生前往爱国主义教育基地参观学习，凝聚爱党、爱国高尚情怀。加强学生政治理论素养，厚植爱党爱国情怀，系牢民族情感纽带，深入推动红色文

---

①　吕宁，现任北京第二外国语学院旅游科学学院院长、教授，美国佛罗里达大学访问学者。研究领域：旅游宏观经济研究与产业规划、休闲经济学。王金伟，日本北海道大学观光学博士、中国科学院地理科学与资源研究所博士后，现任北京第二外国语学院旅游科学学院院长助理、副教授，旅游政策研究中心主任，《旅游导刊》执行副主编。

化和红色基因的学习和传承入脑入心。

（二）促进培养旅游行业人才"既专又红"

围绕新版培养方案，对标服务国家文旅战略，重点依托利用首都红色旅游资源和红色旅游创意策划大赛共建教育基地，打造一批突出专业特色、彰显红色气质，作用发挥显著的红色实践育人示范点。构建"制度化、项目化、基地化"实践育人工作体系，形成"学习—实践—内化—成果转接"的红色人才培养模式。

（三）解决高校思政课程接受度不足的问题

突出"思政＋专业"导向，推进专业课程与思政教育结合的教育教学模式。在课堂设计中探索和实践"知识传授与价值观塑造相结合"的有效路径。通过将思政教育融入旅游专业建设、实习实践等教育教学过程，构建专业精深和价值观明确的思政（德育）特色课程体系建设。

（四）解决理论与实践脱节的问题

打造产学研用一体化。与美国迪士尼公司、荷兰邮轮公司等合作，建立海外实习基地；兼有首旅集团校外实践基地、唐乡社会实践基地、幻方旅游规划人才培养基地、清华同衡旅游规划人才培养基地等多个社会实践及人才培养基地。

二、解决教学问题的方法

（一）以"红培工程"为基本教育体系，筑牢红色育人的主阵地

为更好地延续红色血脉、立德树人，培养一代又一代拥护中国共产党领导和我国社会主义制度、立志为中国特色社会主义事业奋斗终生的有用人才，学校启动了"红培工程"，将爱国主义教育深深融入办学治校全过程，将家国情怀作为人才培养目标的灵魂。"红培工程"，全称"传承红色基因 培育时代新人"工程，是以中国共产党领导人民在革命和建设时期建树丰功伟绩所形成的纪念地、标志物等红色旅游资源，1840年以来在中国大地上发生的具有代表性的中国人民反对外来侵略、奋勇抗争、自强不息、艰苦奋斗，充分显示伟大民族精神的重大事件、重大活动和重要人物事迹的历史文化遗存，以及当代中国特色社会主义伟大实践中的重大事件、活动、人物事迹的纪念地为载体，以其所承载的革命历史、革命事迹和革命精神为内涵，融课堂教学、实践教学和创新研究为一体的针对以大学生为主体的青少年爱国主义教育培养体系。学校不断探索红色旅游育人方式，打造了独具北二外特色的思政育人模式。在此基础上，学校进一步构建融课堂教学、实践教学和创新研究为一体的爱国主义教育"红培工程"，深入挖掘红色旅

游教育资源，将红色教育与学校人才培养系统整合，发扬革命文化，传承红色基因，弘扬革命精神，全员、全过程、全方位浸染学生的"红色"底色，落实高校党的政治建设要求。

（二）以"红旅大赛"为龙头，为旅游教育发展提供新动能

全国大学生红色旅游创意策划大赛（以下简称红旅大赛）从创办伊始就以"红色导向，传承基因，不忘初心，面向未来"为宗旨，自 2011 年北京第二外国语学院率先创办大赛以来，"红旅大赛"已连续举办十二届，参赛队伍从最初的 1 所学校 28 支团队，增加到 2022 年的 943 所学校 7085 支团队，3.8 万名师生参加，覆盖东北、华北、西北、华中、华东、华南、西南、其他八大赛区，创下新的参赛规模纪录，参赛人员、队伍、学校、作品数量再创新高，影响力越来越大，全国性的思政知名活动品牌效应已经完全形成。大赛从落细落小、入脑入心、濡养默化三方面入手打造了针对性强、感受性高、呈现性佳的思想政治教育新渠道，为学校教育发展提供新动能。大赛走过的十年，在表现形式上借鉴新元素、新技术、新概念，既有 VR、App 小程序等科技元素与红色旅游规划充分结合，又有红色研学、红色助力脱贫等全域覆盖设计，全面展示了时代青年的青春激情、创新思维和专业素养，体现出鲜明的创新性、实践性和可操作性。

（三）以"红色实践教育基地"为平台，增强和发挥基地育人功能

积极探索红色资源有效作用，依托革命遗址、革命博物馆、革命纪念馆等红色资源物资载体，实现了大学生思想政治教育与专业教育、革命精神传承的深度结合。积极拓展校外红色教育资源，与全国爱国主义教育基地、红色旅游景区等共同打造"红色实践教育基地"，将红色旅游理论与知识相结合，解决理论与实践脱节的问题。通过亲身参与、深入了解激发青年对红色文化发自内心的尊敬，并主动传播红色文化，践行社会主义核心价值观。同时，通过实践，提高综合素质，为成为红色旅游行业的高素质人才打下坚实基础。

（四）以"红色旅游课程体系"为基础，筑牢红色育人的课堂主阵地

推动习近平新时代中国特色社会主义思想进旅游管理类课堂。发挥专业和学科优势，创新开展课程思政，成为深入贯彻落实习近平总书记在全国高校思想政治工作会上的讲话精神的生动实践和教书育人"同向同行，协同育人"的典范。在旅游管理专业开设《红色旅游》专业课程，围绕红色旅游的基本理论、革命文物保护与开发、红色文化传播、国家认同感培育、红色旅游事业、革命老区扶贫富民等方面，系统性地对青年一代进行思想熏陶和教育，丰富红色教育内涵，提高学生参与课堂的活跃性，激发学生的爱国热情。注重发挥红色旅游的教育功能，通过红色旅游景区教材、高校思想政治理论教材的红色旅游学习辅导教材、课程体系设置等的开发，真正实现红色旅游教材化、思

想政治理论教育旅游专业化，凸显和落实红色旅游在学校思想政治教育中的重要意义。

三、成果创新点

（一）以整体时代发展背景为基础

2021 年是国家"十四五"规划的开局之年，中国开启了全面建设社会主义现代化国家的新征程。在这样的背景下，将红色旅游作为红色文化传承的载体进行融合发展顺应了时代的要求和市场的需求。以时代背景为基础，融合时代背景对青年教育的要求，推动红色旅游的发展和红色基因的传播，培养成为堪当民族复兴重任的时代新人。

（二）以重大政治工程建设为导向

红色旅游作为国家重大政治工程，需要以国家整体政治方向为导向，完成年青一代的政治社会化。紧跟党和国家重大战略导向和方针政策开展红色旅游教育教学改革创新。同时，课件及授课内容与重大节庆活动相融合。具有较强的时代性与发展性。

（三）以国家课程思政建设为背景

习近平总书记指出，"高校立身之本在于立德树人"。国家课程思政建设是新时期推进高素质人才建设的重要抓手。通过将红色文化教育与红色基因传承教育融入红色旅游课程建设中，实现了思政教育入课堂，真正将课堂变成思政教育的"主战场"。一方面是贯彻国家课程思政建设的重要途径，另一方面也是积极响应北二外"红培工程"建设的重要举措。

（四）以创新思政工作模式为目标

依托红旅大赛，实施"红培工程"，创新思政工作模式。北二外不断整合红色资源，着力打造以"红旅大赛""红色文化育人体系""全国性大学生红色旅游工作室"为核心的"红培工程"，将产学研用密切结合，在传承红色基因的过程中，实现了思想政治教育、专业知识学习和实践能力提升三者的有效融合。立足学校发展新要求，二外"红培工程"推出了"五个一"育人体系，以"红旅大赛"为龙头、"红色课程"为基础、"全国大学生红色旅游创意策划工作室"为载体、"红色实践教育基地"为平台、"红色精神文化体系"为传承，紧紧围绕国家、首都发展需要，形成了融课堂教学、实践教学和创新研究为一体，针对以大学生为主体的青少年爱国主义教育培养体系。开展校地合作，北二外与嘉兴市人民政府签订校地合作框架协议，双方共建"红培工程"实践教育基地，并围绕红色资源开发、人才培养等展开深度合作，进一步发挥高校服务国家战略和社会发展的作用。"红培工程"入选教育部高校思想政治工作精品项目，在全国高校思想政治教育中形成了独具特色的"北二外模式"。

四、成果推广应用效果

通过创新教学模式和教学内容，打造符合国家、行业需求的人才培养模式，成果的推广取得了多方面、多层次的综合效益：

（一）覆盖面广，思政育人作用显著

当前，思政与专业深度融合的"红色基因传承"旅游教育模式改革深入推进，在全校范围内产生积极影响。一方面，在旅游管理专业开设《红色旅游》专业课程，围绕红色旅游的基本理论、革命文物保护与开发、红色文化传播、国家认同感培育、红色旅游事业、革命老区扶贫富民等方面，系统性地对青年一代进行思想熏陶和教育。同时，红色文化进课堂是在《旅游学概论》《旅行社管理》《旅游管理前沿》等专业课程中融入红色文化内容，丰富红色教育内涵，提高学生参与课堂的活跃性，激发学生的爱国热情。另一方面，面向全校学生开展《红色旅游》选修课程，扩大课程受众群体，使更多大学生身体力行感受红色文化。

（二）认可度高，示范辐射作用明显

在促进红色旅游发展和推动红色文化传承过程中扮演着重要的角色，除大赛本身的影响，北二外还围绕红色旅游积极开展科研并承接相关红色课题，包括《贵州省加快红色旅游发展三年行动方案》《贵州省旅游产品系统提升五年行动方案》编制工作、贵州省加快红色旅游发展三年行动方案（2018—2020年）》，北京社科基因决策咨询项目——京津冀革命文物保护与红色旅游活化管理协同机制研究、《2016—2020年全国红色旅游发展规划纲要》实施评估及"十四五"红色旅游创新发展思路研究等各级项目。定期围绕"学习红色人物故事、学习红色人物精神""讲述党员故事、传承红色精神"等主题班会，实现红色教育入脑入心。旅游科学学院师生围绕红色旅游积极开展暑期社会实践活动："溯红色足迹，探山城韫色"——关于重庆渣滓洞的历史底蕴和发展现状的调研、"追寻红色足迹"红色资源探访专项行动等。通过亲身调研，将红色旅游理论知识与实践相结合，深入领会红色精神，更好发展红色旅游。通过积极参加"百人讲百年党史'活动'、我听亲人讲'四史'活动"主题征文活动，响应学校号召，以自身之行动，传播红色文化，传承红色基因。

北京联合大学旅游管理国家级一流本科专业建设点：实施"专业课程红旗渠"工程 培养新时代旅游青年

李 白①

党的十八大以来，习近平总书记对教育事业特别是培养社会主义建设者和接班人工作高度重视。他在全国高校思政会上的讲话中强调，高校思想政治工作关系高校培养什么样的人、如何培养人以及为谁培养人这个根本问题。要坚持把立德树人作为中心环节，把思想政治工作贯穿教育教学全过程，实现全程育人、全方位育人，努力开创我国高等教育事业发展新局面。要用好课堂教学这个主渠道，其他各门课都要守好一段渠、种好责任田，使各类课程与思想政治理论课同向同行，形成协同效应。

为了落实好立德树人、培养社会主义建设者和接班人的根本任务，各高校纷纷开始了"课程思政"的探索与实践，并已取得初步成效。四年多来，北京联合大学不断深化课程思政、专业思政、大思政课建设，先后发布了《关于推进课程思政建设的实施意见（2017—2018）》《关于开展学院"三全育人"建设试点工作的通知》《深化课程思政建设落实立德树人根本任务的实施意见（2019—2020）》《关于推进专业思政建设的实施意见》《三全育人"大学习、大讨论、大落实"活动方案》《关于推进教师党支部落实课程思政建设制度化的实施意见（试行）》《北京联合大学课程思政规范化建设基本标准（试行）》《关于办好新时代"大思政课"的实施意见（2021—2022）》八个文件，发表了《深化"课程思政"建设需要着力把握的几个关键问题》《高校立德树人需要思政课更大担当》《办好人民满意的新时代高等教育》《"课程思政"到"专业思政"的四重逻辑》《善用"大思政课"培养中华民族伟大复兴的先锋力量》等多篇理论文章，并通过每年召开党建工作会、课程思政深化推进会的机会深化课程思政、推进专业思政，开展"大思政课"建设。

作为国家级一流本科专业建设点，北京联合大学旅游管理专业自觉深入贯彻习近平总书记有关教育的重要论述，深入落实教育部、北京市教委和学校党委的部署，以培

---

① 李白，博士，副教授，硕士生导师，现任北京联合大学旅游学院副院长。2013年11月至2014年10月，作为中组部第14批博士服务团成员挂任甘肃省康县县委副书记。研究方向为旅游高等教育、饮食文化、《诗经》农事诗。

养新时代的旅游青年为目标，以实施"专业课程红旗渠"工程为抓手，大力推进课程思政、专业思政和大思政课建设。

一、加强顶层设计　制定"专业课程红旗渠"工程实施方案

旅游管理专业认真落实立德树人根本任务，积极落实学校党委推进课程思政建设的部署和要求，结合专业实际，于 2017 年制定了《"专业课程红旗渠"工程实施方案》，通过实施"党委领航""协同创新""引路人培育""绿水灌溉""旅游文化品牌"五大计划，深化专业课堂育人主渠道作用，提升课堂育人效果。

2019 年 3 月，旅游管理专业认真总结"专业课程红旗渠"工程实施两年来的实践与成效，对未来两年深化课程思政、探索专业思政进行了新的思考，制定了《深化课程思政开展专业思政暨推进"三全育人"行动计划》，通过实施"专业流程再造""专业内容再造""示范课程引领""实践平台拓展""优秀教师选树"五大计划，打通育人"最后一公里"，深化课程思政，推进专业思政，形成"三全育人"新格局。

二、积极探索实践　开展"专业课程红旗渠"课堂教学大练兵

以 2016 年全国高校思政会为起点，旅游管理专业全面开展课程思政建设。2017 年 10 月 18 日旅游学院启动了"专业课程红旗渠"工程，之后举办了"专业课程红旗渠"公开课交流观摩活动，以此为起点，旅游管理专业教师们开启了挖掘思政教育元素并有机融入专业课程教学的探索和实践。

在专业教师们探索和实践的基础上，2019 年 9 月，旅游管理专业举办了新时代"专业课程红旗渠"课堂教学大赛。通过开展课程思政教学设计大赛、课程思政示范教师和示范课堂评选、课程思政优秀教案评选、课程思政优秀教研室评选等活动，形成了"课程门门有思政、教师人人讲育人"的新时代育人新风尚，涌现出榜样教师和示范课堂。

2019 年 11 月，旅游管理专业举办了"深化课程思政、推进专业思政"实践探索展，通过"前言""大任在肩""行在路上""成果初显"四个板块，系统梳理了旅游管理专业深化课程思政建设、推进专业思政建设的历程、实践、成果及体会。同时，旅游管理专业还承办了北京联合大学党委召开的全校专业思政建设现场会，汇报了旅游管理专业大力推进专业思政建设的实践，包括制订专业思政建设方案、专业特色思政课建设、课程思政示范教师风采展示、学生红色旅游讲解、参与国庆游行学生代表思想汇报等，得到了学校党委的深入指导和充分肯定。

三、勇于开拓创新 制定"专业课程红旗渠"特色的人才培养方案

2019 年 4 月至 10 月，旅游管理专业梳理和总结了两年来本专业深化课程思政建设、推进专业思政建设的实践与成效，从深入落实立德树人根本任务出发，着眼于构建深化课程思政、推进专业思政制度化机制，贯彻以学生为中心、成果导向、持续改进的教育理念，以 2019 版人才培养方案修订为契机，构建新时代旅游管理专业培养方案，将思政育人的理念和要求贯穿教学各环节，重构教学内容和课程体系，打造又红又专的人才培养平台。

（一）凝练专业人才核心素养

习近平总书记在党的十九大报告中提出："青年兴则国家兴，青年强则国家强。青年一代有理想、有本领、有担当，国家就有前途，民族就有希望。中国梦是历史的、现实的，也是未来的；是我们这一代的，更是青年一代的。中华民族伟大复兴的中国梦终将在一代代青年的接力奋斗中变为现实。"2018 年 5 月 2 日，习近平总书记在北京大学师生座谈会上的讲话中，对广大青年提出"爱国、励志、求真、力行"四点希望，这些重要论述既是对新时代青年的殷切希望和谆谆教诲，更对新时代青年提出了严格要求和明确目标。旅游管理专业以习近平总书记对新时代青年的希望为指引，根据国家要求、产业需求、学校办学定位、家长和社会需求及学生个性特点，进一步凝练出新时代旅游人才核心素养：坚定的信念、高尚的品德、宽广的知识、完善的人格、旅游的情怀、国际的视野、实践的能力和创新的精神，并把专业人才核心素养要求落实到培养目标和毕业要求中。同时，贯彻 OBE 教育理念以及专业认证的要求，旅游管理专业 2019 版培养方案将课程思政教育的要求，细化和落实到每门课程的教学之中，为"课程门门有思政、教师人人讲育人"的落实奠定了基础。

（二）构建科学的课程体系

根据新时代旅游人才所需的核心素养，细化明晰毕业要求，按新时代旅游人才所需具备的知识、能力、素质，明确需求指向，科学、合理地构建支撑毕业要求的课程体系，将第一课堂和第二课堂一起纳入培养方案。第一课堂包括通识教育平台、专业培养平台、实践教学平台；第二课堂包括德育、智育、体育、美育和劳育五个平台。在通识教育平台上，旅游管理专业新增加了四门富含育人元素的旅游特色通识课程，即新时代旅游青年、写作与沟通、职业礼仪和北京旅游，旨在培养学生热爱旅游事业、学会有效沟通、知书达理。在专业培养平台中增加北京旅游类和旅游业道德准则类专业课程，增强学生知北京、爱北京和遵守旅游业道德准则的意识。

（三）创建"专业特色思政课"

为培养新时代旅游青年热爱美丽中国，热爱中华文化，热爱旅游专业，担当时代大任，旅游学院面向全院本科新生创建了一门"专业特色思政课"——《新时代旅游青年》。该课程包括"大美中国""幸福生活""创新奋进""美好未来"四个板块的理论教学以及"红色基因"实践教学，通过向学生介绍中国丰富的旅游资源、中国旅游发展取得的巨大成就、中国旅游发展的新技术、新业态和新模式、中国旅游产业的发展方向，并进行红色旅游实践，来培养学生坚定四个自信，对所学专业具有自豪感和使命感，对行业领域发展抱有信心，能够胸怀理想、志存高远，立足本职，报效祖国。

（四）建设"红色基因"实践基地

为进一步发挥实践教学基地优势，厚植实践育人内容，打造实践育人特色，提升实践育人效果，在相对稳定的校外人才培养基地或产教融合创新基地之中，建设"红色基因"实践基地。充分挖掘实践基地的"红色基因"，围绕"红色基因"精神，通过行业认知、课程实践、顶岗实习、讲座、竞赛、论文等形式，开展丰富多彩的实践育人活动，打造具有专业特色和丰富内涵的"红色基因"实践育人精品项目（如全球旅游业道德准则辩论赛、"爱暖红城"活动），教育引导学生在亲身参与中增强实践能力、树立家国情怀。

（五）探索"大思政课"实践育人路径

习近平总书记在看望参加全国政协十三届四次会议的医药卫生界、教育界委员时指出："'大思政课'我们要善用之，一定要跟现实结合起来。""思政课不仅应该在课堂上讲，也应该在社会生活中来讲。"习近平总书记的重要讲话为我们进一步加强和改进新时代思想政治工作，创新课程思政和专业思政建设提供了根本遵循、指明了方向路径。为构建思政课、课程思政、日常思想政治工作同社会现实融会贯通的育人路径，旅游管理专业有意识鼓励和组织学生参加国家大型活动（如全国两会服务、中华人民共和国成立七十周年庆祝大会、亚洲文明对话服务活动等）以此来教育学生爱党爱国爱社会主义。

尤其是，旅游管理专业抓住服务冬奥这一重要契机，精心组织，创新方式，借助冬奥这个思政大课堂，运用鲜活的冬奥素材上好"大思政课"，不仅派出冬奥志愿者，更是发挥旅游类专业优势，依托首旅集团国家级大学生校外实践育人基地，从旅游学院遴选出 250 余名学生（作为首旅集团服务保障团队成员）出征北京延庆冬奥村和冬残奥村，开展住宿和餐饮专业服务实践，这是本届冬奥会和冬残奥会北京唯一的一个学生专业服务实践队伍。

（六）编写新时代旅游教材

2020 年，教育部发布《普通高等学校教材管理办法》，要求"高校教材必须体现党和国家意志。坚持马克思主义指导地位，体现马克思主义中国化要求，体现中国和中华民族风格，体现党和国家对教育的基本要求，体现国家和民族基本价值观，体现人类文化知识积累和创新成果"。旅游管理专业积极贯彻落实《普通高等学校教材管理办法》，组织教师编写体现中国旅游事业发展的成就，传递新时代中国旅游青年的责任担当的新时代旅游教材。

2022 年 4 月，北京联合大学首部专业思政课教材《新时代旅游青年》由中国旅游出版社出版发行。该教材由旅游管理专业的 8 位教师精心打磨而成，分为"大美中国""幸福生活""创新奋进""美好未来"四个理论教学模块以及红色基因实践教育环节。通过向学生介绍中国旅游业发展的历史和成就，以及中国旅游业发展面临的问题和挑战，立足旅游行业背景，教育学生正确认识时代责任和历史使命，有效引导学生增强"四个意识"、坚定"四个自信"、做到"两个维护"，将爱国之情、强国之志、报国之行融入中国特色社会主义事业之中。《新时代旅游青年》课程建设与教材的出版是旅游学院把思想政治工作体系贯通教材体系的创新实践。

四、教育者先受教育　实施"红旗渠引路人"培育工程

以"四有"好老师、"四个引路人"、"四个相统一"为标准，以打造一支政治素质过硬、业务能力精湛、育人水平高超的专业教师队伍为目标，实施"红旗渠引路人"培育工程。通过领导领学、专家辅学、教师互学、以赛比学、实践助学、支部促学等方式学习习近平新时代中国特色社会主义思想和习近平有关教育的重要论述，筑强教师思想基础。此外，连续 5 届开展"专业课程红旗渠"教学大练兵（评选课程思政示范教师、示范课堂、优秀教案和教研室）活动，营造了"自觉坚持以学生为中心，自觉坚持立德树人"的浓郁育人氛围，涌现了一批榜样教师，选树了一批示范课堂，以此来提升教师育人质量。通过开展教师下午茶、师德论坛、榜样教师群等活动，铸牢师魂。

实施"专业课程红旗渠"工程四年多以来，北京联合大学旅游管理专业获益颇多。一是专业教师立德树人意识更加自觉，专业教师主动磨炼"教育者先受教育、挖掘课程思政元素、有机融入课程教学"的课程思政"三项基本功"，形成了教师人人讲育人的新风尚。二是专业建设水平不断提升，2017 年北京联合大学旅游管理专业获批北京市高校首批一流专业，2019 年获批北京高校重点建设一流专业，并于 2019 年 12 月荣获首批国家级一流本科专业建设点。三是专业育人效果更加凸显，增强了学生的社会责任感，提升了学生的创新精神和创新意识，企业对专业人才培养的满意度不断提升。

在"双高计划"建设中擦亮"中国服务"育人品牌

杜兰晓[①]

浙江旅游职业学院（以下简称"学校"）是全国唯一一所由文化和旅游部与浙江省人民政府省部共建的旅游高职院校，是国家优质高职校、国家示范性骨干高职院校，教育部、财政部首批中国特色高水平高职学校和专业建设单位，是全国唯一的国家旅游标准化示范院校，全国第一所通过联合国世界旅游组织旅游教育质量认证的旅游类高职院校，教育部第一批教育信息化试点优秀单位，连续多年荣获全国高职院校"服务贡献 50 强""国际影响力 50 强""育人成效 50 强"。学校建校 39 年来，始终坚持"依托行业、产学结合、接轨国际"的办学理念，秉承"和礼勤进"的旅院精神和"励志、惟实、博爱、精致"的校训，致力于打造旅游职业教育的"中国品牌"和"中国服务"人才培养的摇篮。

"双高计划"建设是新时代我国高职教育探索高质量发展的重要创举。学校自 2019 年启动建设以来，紧密围绕国家战略、文化和旅游产业发展需求，依托省部共建机制，坚持立德树人、深化产教融合、促进校地合作、创新治理变革，着力打造高质量发展的"新引擎"，塑造高水平服务的"新硬核"，取得了显著的阶段性建设成效。

一、坚持立德树人：厚植文旅人才的"红色基因"

学校坚持党的全面领导，牢牢把握社会主义办学方向，落实立德树人根本任务，为党育人、为国育才，大力实施"红色根脉强基工程"，构建党建统领的全方位育人体系。

一是培根铸魂明育人方向。全面落实党委领导下的校长负责制，以"先锋工程"为总牵引，深入实施"红色根脉强基工程"，扎实推进"政治铸魂、强基固本、效能聚力、头雁培优、思政育人"五大行动。加强"智慧党建"平台建设，制定"两个指数"考评办法，以"堡垒指数"和"先锋指数"夯实基层基础，推进校院两级党建品牌一体化建设，着力打造"中国服务 先锋领航"党建品牌。获评全国样板党支部 1 个，省级标杆

---

① 杜兰晓，浙江东阳人，教授，博士。现任浙江旅游职业学院校长、教育部旅游职业教育教学指导委员会委员、中国职业技术教育学会智慧旅游专委会执行主任、浙江省文化和旅游发展研究院院长、浙江省文化和旅游标准技术委员会副主任、《文化艺术研究》社长兼主编。

院系、样板支部和先锋支部 7 个，省高校"双带头人"教师党支部书记工作室 1 个，其他省级及以上党建荣誉 33 项。

二是守正创新筑育人阵地。坚持以学生为中心，融通第一、第二、第三课堂，夯实社会主义核心价值观主导的主阵地、主渠道、主旋律，帮助学生扣好认识第一粒扣子。构建了"思政课创优 361"模式，着力培养"四有"好老师。建立党员干部联系学生"七个一"制度，搭建"书记面对面""校长有约"等校领导与学生沟通平台，建成全国高校首个"红色之旅"思政教育数字化主题馆。通过制定《思政队伍建设"十四五"规划》、创新辅导员职称评聘办法、实行辅导员导师制、建立辅导员工作室等综合施策，打造"六要"思政队伍。

三是狠抓落实聚育人合力。深入推进"三全育人"综合改革，"三全育人"综合改革纳入学校党代会工作任务，列为"双高计划"重点建设指标和"十四五"规划项目。成立"三全育人"综合改革领导小组，制定《关于全面推进"三全育人"的实施意见》，明确"十大"育人体系建设任务，厘清责任清单、示范清单、负面清单，做到总体有框架、落实有抓手、实施有载体、成效有评估。学校主要领导每年与各二级单位负责人签署"意识形态""党风廉政""校园安全"三大责任书，强化全员育人意识，构筑全程育人体系，夯实全方位育人责任。心理育人、管理育人、资助育人等 6 个案例入选"浙江省高校'三全育人'综合改革丛书"。

二、深化产教融合：创新多元协同育人机制

构建校企命运共同体，深化产教融合是高职院校培育高素质技术技能人才的必然要求，也是实现职业教育实现高质量发展，展现特色类型的关键所在，学校通过建平台、强协作、抓科教，创新多元协同育人机制。

一是强化平台建设打造智库高地。创建了中国旅游研究院旅游标准化研究基地、浙江省文化和旅游发展研究院、浙江省文化和旅游智库、浙江省乡村旅游应用技术协同创新中心等 10 个省级产学研平台，打造了一支由国家文化和旅游部专家委员会委员、省政协应用型智库成员、省文史研究馆馆员等组成的高素质产学研创团队，产出了一批高质量科研成果和一批应用技术成果。连续 8 年权威发布全省旅游经济运行报告，是浙江省旅游产业产教融合联盟牵头单位，与北京大学信息技术高等研究院共建浙江北大数字文化和旅游联合中心实验室，成为支撑全省文化和旅游产业高质量发展的政府智库、行业智囊和学术高地。

二是拓宽校企协作构建命运共同体。学校积极探索构建校企合作共同体，以无边界视角开展旅游人才跨产业、跨专业培养，校企合作共建"阿里巴巴新旅游人才孵化基地"等 10 余个产业学院，建设"名师名导工作坊""智慧旅游体验中心"等融合产业工作场景的智慧化场所，创建了 3 个生产性实训基地、10 个协同创新中心、20 个校企师

资发展共同体，牵头成立中意美食新丝路烹饪教育联盟、浙港职业教育联盟等国际联盟，加入世界旅游联盟并承担联盟杭州联络处工作。入选国家示范性职业教育集团（联盟），3个专业通过国家级现代学徒制试点验收，与宋城集团校企合作项目成功入选国家首批职业教育校企深度合作项目，与乌镇旅游股份有限公司共建浙江省产教融合型试点企业，实现浙江省首批产教融合"五个一批"建设项目全覆盖，形成了知识体系、课程体系、实践教学体系、社会服务体系融会贯通的新格局。

三是突出科教结合增强科研助教功能。"双高"建设以来，立项国家社科基金艺术学项目6项，获省部级以上领导批示13项，横向课题近300项、到款经费超6000万元。2021年，中国职业技术教育学会智慧旅游职业教育专业委员会和教育部旅游教学指导委员会秘书处办公室相继落户我校。作为组长单位牵头修（制）订全国旅游大类中高本一体化新专业目录，牵头制定智慧景区开发与管理、智慧旅游技术应用和餐饮智能管理3个专业教学标准。作为国际标准化组织（ISO）旅游咨询与接待服务工作组中国召集人，正式立项《旅游及其相关服务——线上线下旅游咨询服务与要求》国际标准，成为首批由中国提出的旅游国际标准提案，制定国际旅游教育的全国首个标准《旅游汉语课程设置规范》，并获合作院校俄罗斯国立旅游与服务大学认可。作为唯一的高职院校荣获"全国旅游标准化工作优秀组织"称号。

三、促进校地合作：增强旅游职教社会贡献力

支撑国家战略、融入区域发展、服务产业升级是"双高计划"重要的政策导向。学校积极服务乡村振兴、共同富裕示范区建设、长三角一体化和"一带一路"倡议等国家重大战略，2021年获评"全国高职院校服务贡献典型学校"（全国仅60所）。

一是加强校政合作构建多元办学模式。与全省74个县区建立战略合作关系，与杭州淳安县政府共同投资3亿多元建立混合所有制模式的千岛湖国际酒店管理学院。助力"山海协作""东西协作"对口支援新疆阿克苏地区、新疆职业大学、新疆塔里木职业技术学院、青海柴达木职业技术学院、青海海西州等地区，受文化和旅游部委托援建广西巴马、内蒙古阿尔山两地，制定新疆、青海"十四五"文化和旅游发展规划、乡村振兴发展规划等课题研究。助力长三角区域、中西部区域经济发展，高质量完成长三角一体化重点课题4个和研究报告1个，助力解决长三角区域旅游人才教育供给与产业需求结构性矛盾的问题。

二是创建服务载体扩大助力辐射面。学校连续14年开展"暑期送教下乡"活动，累计培训十多万人次，成为浙江省首批"山海协作"结对帮扶院校和中西部对口援助共建单位。五年来，学校共组建了250多支师生服务团队参与"助力全省万村景区建设"项目，为全省11个地市67个县（市、区）的286个村庄进行乡村旅游发展指导，其中94个村庄成功创建省3A级景区村庄，全程指导"两山"理论发源地——安吉余村

创建成为国家 4A 级旅游景区。

三是聚力山区共富打造共富新场景。山区 26 县是浙江打造共同富裕标志性成果的重大场景。学校在省委宣传部、省文旅厅、省教育厅和省农业厅的指导支持下，举办了"校地携手促共富——浙江旅游职业学院助力浙江山区 26 县共同富裕行动"启动大会，学校制订了《助力山区 26 县共同富裕行动方案》。将通过三年时间的校地携手，培育一批精准助力山区共富的典型案例，打造一批教育赋能山区共富的示范样板，凝练一批可复制可推广的教育教学改革经验，为共同富裕示范区建设扛起"浙旅担当"，作出"浙旅贡献"。

四、创新治理变革：推进内涵式发展实现治理现代化

习近平总书记指出"只有培养出一流人才的高校，才能成为世界一流的大学"。在"双高计划"和职教本科的发展引领下，中国现代职业教育正在从规模外延式扩展向质量内涵式发展转变，实现治理体系和治理能力现代化是职业教育现代化发展的必然要求。

一是创新校院两级管理激发办学活力。实施了"以群建院"的二级管理办学模式，对人事分配权做了较大力度的改革，在确保学校基本框架下，岗位职数、评聘、考核、分配、奖惩等方面都赋予了二级学院较大的自主权。教师评价是教师发展体制机制的重要组成部分，建立科学的教师分类评价机制，对于树立正确用人导向、激励引导教师职业发展、调动教师教书育人的积极性、提高人才培养质量意义重大。学校创新教师年度分类考核评价制度，根据教师自身的发展特点和师资队伍建设要求，围绕教育教学中心工作，将教师分为教学型、研究型、技术技能型进行分类考核，力求做到人岗相适、人事相宜。

二是深化教学改革完善评价体系。创新开展以融合文旅、融汇德技、融通校企、融入国际为核心的"四融"人才培养模式改革，构建"专业融通、岗课融通、书证融通、赛教融通"的"四维融通"课程体系。实施"人文铸旅"工程，构建以《人文素养概论》《旅游职业礼仪》2 门公共基础课为"共性"课程，"国学、哲学、艺术、礼仪"4 大课程模块为"个性"课程的"2+4+X"人文素养教育课程体系，《旅游人才提升人文素养培训体系设置指南》经省标准化协会立项发布。创建由"德、美"为主题的"一路阳光"人文素养模块、以"智"为主题的"一技之长"职业素养模块、以"体"为主题的"一生微笑"身心素质模块和以"劳"为主题的"一流服务"劳动素质模块"四大模块"为核心的综合素质教学评价体系，形成以学历证、职业技能等级证和综合素质学分证为主体的"三证制"学生综合素质评价模式，着力培育具有"中国服务之美"和广博厚重人文情怀的旅游英才。

三是数字赋能助力治理现代化。随着大数据、云计算、移动互联网等现代科技的迅速发展和广泛应用，数字技术改变着人们的生活方式和思维模式，也深刻影响着高校

办学治校的方式和理念。高校在通过数字化改革赋能办学治校现代化过程中，要特别注重顶层设计的系统性、数据管理的规范性、机制建设的长效性，坚持需求导向、问题导向、成果导向。学校依托数据大脑，创新场景应用，强化数字服务，整体实施了数据治理攻坚工程、校务服务提升工程、校园环境智治工程、教学改革深化工程、数智基建保障工程等数字化改革"七大工程"，构建点、条、块三维贯通，教、学、管三线畅通的数字化治理新体系，实现数据精准化、服务精细化、管理精密化。先后获评教育部第一批教育信息化试点优秀单位和浙江省首批数字校园建设示范校、区域和学校整体推进智慧教育综合试点学校、教育领域数字化改革第一批创新试点单位、第一批高校智慧思政特色应用试点单位。

学校历届毕业生就业率始终保持在98%以上，2021届毕业生初次就业率达99.27%，创学校就业率历史新高并作为全国高职院校唯一代表在教育部召开的全国就业工作会议上作典型经验发言。"双高"建设实施以来，学生共获国际级奖项71项、国家级奖项300余项，学校毕业生用人单位满意度、在校生家长对学校满意度、毕业生满意度均稳居全省高职院校前列。荣获首批全国高等职业院校"育人成效50强"，获评2021年度全国黄炎培职业教育"优秀学校奖"。

文化和旅游部党组书记、部长胡和平在以"旅游人才建设与青年人才培养"为主题的2022年中国旅游科学年会上指出，文化和旅游领域是最需要创新引领、最需要人才支撑的领域之一，打造一支高素质专业化的文化和旅游人才队伍，是创业之基、兴业之要，也是我们的共同需求、共同使命。好风凭借力、扬帆正当时，浙江旅游职业学院将借助国家"双高计划"实施和职业本科稳步发展的劲风，携手全国旅游教育同人，唯实唯先、创新发展，共同擦亮"中国服务"旅游教育育人品牌，一起奔向新时代旅游职业教育的诗和远方。

抢抓机遇　夯实基础
重点突破　整体提升
打造全国酒店业全科型职业教育品牌

姜玉鹏①

学校自入选"双高计划"以来，坚持以习近平新时代中国特色社会主义思想为指导，主动融入部省共建国家职教高地，紧跟酒店业数字化转型升级和地方经济社会发展需要，聚焦"打造国内一流、国际知名的酒店业全科型职业教育品牌"目标，主动担当双高使命，落实立德树人根本任务，坚持以人才培养为核心，以服务产业为导向，以产教融合为动力，以"三教"改革为抓手，以治理体系建设为保障，取得了丰硕成果。

一、建立高效推进工作机制

学校将"双高计划"建设列为一把手工程，成立双高建设领导小组和办公室，建立学校与专业群建设任务精准对接机制，有效提升工作调度效率。实施建设任务分类管理、定期协调，学校党委班子、校长、分管校长分别召集季度、月度、双周调度会，形成重点突破与全面落实的推进机制。优化信息化监管机制，建设双高管理系统，从建设年度、承接部门、标志性成果等维度监控工作进展，提高管理效率。

二、整体提升学校办学实力

（一）发挥党建引领保障作用，打造双高计划建设强力引擎

坚持党对学校事业的全面领导，实施"铸魂育人""领航聚力""强基固本""文化强校"四大工程。学校党委被省委授予"山东省先进基层党组织"，获评全国党建工作样板支部2个、全省党建工作标杆院系1个、样板支部1个。入选全国职业院校校园文化建设"一校一品"学校、省级文明校园。

---

① 姜玉鹏，经济学博士，教授，现任青岛酒店管理职业技术学院院长。兼任中国旅游协会旅游教育分会副会长、全国旅游职业教育教学指导委员会酒店管理专业委员会副主任、全国餐饮职业教育教学指导委员会委员。

（二）推进人才培养模式改革，实现人才培养高地起势成事

在省内率先实现完全学分制，深入推进书证融通，实施课程提质培优改革，获评国家级课程思政示范课程 1 门，"十三五"规划教材 5 部，荣获全国教材建设奖二等奖。加强学生技能培养，荣获国赛一等奖 4 项，"互联网+"国赛铜奖 2 项，"挑战杯"课外学术科技作品竞赛国赛二、三等奖各 1 项，"挑战杯"创业计划竞赛国赛银奖 1 项，人才培养质量和水平不断提高。

（三）强化协同创新机制建设，实现创新服务平台成果升级

坚持"应用导向、创新机制、聚合资源、成果转化"的思路，建设科技部众创空间 1 个，国家协同创新中心 1 个，立项省级技艺技能传承创新平台 2 个。立项教育部人文社科项目等国家级科研项目 2 项，省部级科研项目 14 项，高水平科研成果不断涌现。

（四）建设高水平特色专业群，实现专业精准对接人才需求

坚持"聚焦酒店业办专业"思路，构建"国家级引领、省级带动、校级驱动"三级专业群体系，建成国家高水平专业群 1 个，省级高水平专业群 3 个，校级特色专业群 8 个。获评国家级骨干专业 8 个。

（五）完善师资建设长效机制，实现双师教师队伍扩容提质

实施分层进阶、分类发展"双师型"教师培养，柔性引进国际欧亚科学院院士等高层次人才 12 人。建成国家级技能大师工作室 1 个，培养全国技术能手 3 人、全国青年岗位能手 3 人。立项国家级职业教育教师教学创新团队、首批教师实践流动站，教师教育教学能力和专业实践能力不断增强。

（六）深化校企合作产教融合，实现校企"双主体"协同育人

校企共建产业学院 8 个，建成国家级生产性实训中心 3 个。参与旅游大类新版专业目录制定。牵头或参与开发国家专业教学标准 16 项。成立省级职业教育集团 1 个。通过国家级、省级现代学徒制试点项目验收，建设国家级、省级现代学徒制项目 5 个。

（七）聚焦产业行业转型升级，实现技术服务能力全面提升

依托市校共建的旅游大数据中心开展技术服务，社会服务累计到账 2007 万元。获批国家级、省级"双师型"教师培训基地，承办师资培训 31 项，其中国培 12 项、省培 9 项。入选教育部"智慧助老"教育培训项目首批推介名单、首批社区教育"能者为师"实践创新项目。获批山东省"终身学习品牌项目"1 个、山东省社区教育优秀课程 8 门。

（八）健全现代大学治理体系，实现学校治理水平稳步提高

编制完成学校"十四五"规划。健全"三重一大"决策制度，修订议事规则。制定二级管理权责清单，合理划分权责边界。通过 ISO 21001：2018 教育组织管理体系认证。通过山东省高职院校诊改复核，连续三年获得省属事业单位考核优秀等级。

（九）推动信息技术与教学融合，实现教学和管理变革创新

推进"互联网 +""智能 +"教育新形态，建成国家教学资源库子库 2 个，省级教学资源库 2 个。获评国家精品在线开放课程 1 门，山东省继续教育数字化共享课程 5 门。获评全国数字校园建设样板校、职业院校数字院校建设典型学校、教育部"网络学习空间应用普及活动优秀学校"。

（十）创新国际交流合作形式，实现国际化办学高水平推进

推进"中文 + 职业技能"项目，建成海外文化推广中心 2 个、海外烹饪学院 2 个。荣获全国职业院校国际影响力 50 强。接待 14 个来华文化体验团组 366 人。建成"中文 + 技能"大学慕课 2 门，学校国际影响力持续提升。

三、重点提高专业群建设水平

（一）创新"一三四"人才培养模式，高技能人才适切社会需要

打造"一主线、三进入、四融合"专业群人才培养模式，全面推进现代学徒制试点，国家现代学徒制试点项目通过验收。建成国家级骨干专业 4 个、省级高水平专业群 2 个。获得国赛一等奖 3 项，二等奖 2 项。承办国赛 2 届。获得"互联网 +"国赛铜奖 2 项，"挑战杯"课外学术科技作品竞赛国赛二等奖 1 项、三等奖 1 项，"挑战杯"创业计划大赛国赛银奖 1 项。

（二）建设数字化教学资源新平台，育人质量和水平显著提高

共建共享数字化教学资源，建成国家级教学资源库子库 2 个，国家在线开放课程 1 门，省级继续教育数字化共享课程 2 门。以书证融通为着力点，建成省级证书师资培训基地 1 个，证书考核站点 9 个，学生证书考核通过率达 92.99%。

（三）建强新形态教材和创新教法，课堂教学生命线守牢增效

加强新形态教材建设，建成"十三五"规划教材 2 本，省级规划教材 6 本。有效实施课堂革命，形成"课堂革命"典型案例 6 个。修订山东省高职专业教学指导方案 4 个。

获评国家级课程思政示范课程 1 门，省级课程思政示范课程 3 门。

（四）强化高水平"双师"队伍建设，教师教育教学能力质效提升

实施教师"攀登计划"，引进国家百千人万计划人才 1 人，泰山产业领军人才 1 人，建成国家级技能大师工作室 1 个，立项国家级职业教育教师教学创新团队、教师企业实践流动工作站。获评国家级课程思政团队 1 个，国家级课程思政教学名师 8 人。全国职业院校"双师型"教师队伍建设典型案例 2 个。荣获教师教学能力大赛国赛三等奖 1 项。获评全国技术能手 3 人。

（五）坚持"共建共享共用"理念，学生专业实践能力有效跃升

校企双元共建数字化实训基地和产教融合性校外实训基地，建成烹饪综合实训大楼、数字酒店实训中心、数字文旅虚拟仿真实训中心。获批国家级生产性实训中心 2 个、省级产教融合实训基地 1 个。

（六）搭建融合化技术技能平台，校企命运共同体赋能新发展

牵头成立山东现代酒店业职教集团，设置酒店与职业教育发展研究中心。建成国家级协同创新中心 1 个。建成省级技艺技能传承创新平台 1 个。建成青岛旅游大数据中心，为政府、行业开展旅游大数据统计、分析、发布等工作。

（七）构建多层次社会服务体系，社会服务贡献能力加权赋能

建成省级职业教育"双师型"教师培训基地。举办全国旅游院校师资培训班 4 个。完成国培 1 项、省培 2 项。社会服务到账 967 万元。承接制定政府标准 1 项，改造标准化流程 2 项。开展精准服务乡村振兴项目 5 项，打造全国一流乡村振兴项目 2 项。

（八）主动服务"一带一路"倡议，擦亮国际交流合作金色名片

坚持"走出去"和"引进来"并举，开办中华海外文化推广中心 2 个，海外烹饪学院 2 个。输出课程 8 门。招收"中国烹饪项目"学期制国际留学研修生 43 人，培训境外学生 112 人。引入澳大利亚南澳 TAFE 学院核心课程 10 门。

（九）党建发挥引领和保障作用，驱动专业群持续高质量发展

发挥党建引领作用，将支部建在专业上，立项全国党建工作样板支部 2 个，山东省党建工作样板支部 1 个。成立专业群建设项目组，建立预算编制执行和评价体系，实施预算和绩效一体化设计，全力推进项目落地实施。

四、全面增强职业教育贡献度

（一）全方位引领旅游职业教育改革发展

搭台唱戏，做多方共赢"发起者"。设立省行指委办公室，率先开展省域层面行业人才供需匹配度研究，为我省职业教育专业设置和产业发展提供决策依据。牵头成立山东省职业院校"三教"改革联盟，搭建成果交流平台，助力山东职业教育发展。

精准培育，做专业建设的"引领者"。创新"分类建标、项目推进、螺旋上升"的专业管理机制，围绕"酒店业全科型专业链"建设目标，实施专业分类管理，匹配差异化、梯度化政策支持，创新专业建设项目负责制，激发专业发展活力，推动专业建设质量螺旋上升。

提质培优，做课程建设"先行者"。创新基于"标准、资源、评价"的三元改革模式。启动课程提质培优综合改革，以课程思政为引领，课程标准为基础，教学模式为重点，课程资源为支撑，考核评价为保障，系统融入"四新"要求，为课程改革提供参考范式。

创新机制，做岗位实习"带动者"。创新实施"基地遴选—双导师管理—四元考核"闭环式岗位实习运行机制。设置 10 个"必选项"，把好实习基地"遴选关"。校企导师结合实习生心理波动规律制定科学指导策略，共同指导学生岗位实习。专业、学生、教师和家长四元评价，实施动态考核及淘汰制度。《中国教育报》报道学校实习管理经验。

（二）高水平助力文旅产业转型升级

数据赋能，做精品旅游产业转型"助推器"。主动对接青岛产业地图，承担横向课题 100 项。编制《青岛市研学旅游发展规划纲要》，牵头制定青岛市研学旅行基地建设标准，获评第四届山东省文化创新奖 1 项。牵头成立"山东省研学旅行研究院"，全面服务旅游强市战略。

技艺赋能，做龙头企业产品创新"新引擎"。利用烹饪先进技艺，与海尔、海信集团合作，研发智慧菜谱评价标准、开发定制化特色菜点，有效融合传统烹饪工艺与智能化设备，为智能厨电研发提供烹饪技术支持。

专业赋能，做乡村振兴快速推进"动力源"。发挥研学专业优势，牵头制订全国研学旅行基地建设与服务国家标准，创新"技术研发、资源提供、志愿服务"公益研学教育模式。聚焦乡村振兴开展社会服务，实施乡村旅游"百村计划"，参与乡村振兴齐鲁样板村建设，对接村镇共建绿色发展学院。获评山东省乡村振兴示范性职业院校。

（三）高质量完成制度标准牵头制定

为国家职教政策制度制定提供"青酒管智力"。系统参与1+X证书制度设计与推进，承担职业技能等级标准审定、证书配套教材开发指南编制等工作。深度参与《关于在院校实施"学历证书＋职业技能等级证书"制度试点方案》《本科层次职业教育专业设置管理办法（试行）》等制度制定，助推职业教育高质量发展。

为国家专业教学标准制定提供"青酒管方案"。参与制订酒店管理与数字化运营等国家教学标准和专业简介 16 项。牵头制定民宿管理与运营、研学旅行管理与服务两个专业国家教学标准，修订旅游管理等山东省职业教育专业教学指导方案 5 项，为国家教学标准制定提供及时有效的科学数据和标准参考。

为师生技能大赛竞赛标准提供"青酒管经验"。参与 2020—2022 年全国职业院校技能大赛餐厅服务赛项竞赛标准制定。牵头修订全国旅游院校服务技能（饭店服务）大赛赛项标准。首创职业院校教学能力大赛"选手线上展示，评委集中评审"办赛形式，并被 2021 年国赛借鉴应用。

五、深入推进职业教育高质量发展

（一）聚焦酒店产业全科，创设双链对接"示范源"

学校依据酒店全生命周期，明确"市场投资—设计制造—运营管理—延伸拓展—支持保障"五大关键环节，优化重构 8 大专业群，形成专业链与产业链深度对接。遵循以群建院思路，调整二级学院建制，实施专业布局动态调整，增设民宿管理与运营、研学旅行管理与服务等专业，逐步构建了以酒店管理与数字化运营专业为核心的酒店业全科型专业链。

（二）助力产业数字转型，建设专业升级"先行地"

顺应酒店业数字化转型升级需要，重构人才培养目标，全面培养具有数字思维，能进行数据收集、分析、应用，具备现代酒店服务和运营能力的高水平技术技能人才。重塑专业课程体系，新增《酒店大数据与新媒体》等课程，实现课程建设与产业需求紧密对接。建成集无人前台、智能客房一体的数字酒店实训中心，植入华住实时经营数据，构建实训酒店模拟运营数据闭环，为兄弟院校专业数字转型提供了改革范式。

（三）实施分层分类进阶，构建教师成长"驱动极"

划分教学型、教学科研型、科研服务型三类，按照青年教师、骨干教师、大师名师三层，分层分类开发双师型教师认定标准。畅通"同类进阶、跨类转型"培养路径，实施青年教师成长工程、骨干教师培育和大师名师造就工程。创新"流动站式"培养模式，建立教师企业实践流动站，设计一体化进站实战项目，实施"3+Y"教师发展"学分制"，量身定制教师发展"课程表"，形成教师发展"成绩单"。

（四）输出餐饮专业标准，构筑国际交流"辐射区"

对标国际标准，将西餐技艺"引进来"，与法国佩里格酒店学院签订合作备忘录，举行线上绿色厨艺课堂活动。输出中国技艺，让中餐文化"走出去"，在韩国建立"中华海外文化推广中心"，输出中餐课程标准。自主开发《鲁菜制作》《烹饪汉语》等课程，以混合式教学模式，输出中国烹饪文化。

（五）引入国际管理体系，打造科学治理"样板间"

聚焦人才培养主线，建立"人才培养核心过程，管理与监控管理过程、资源与服务支持过程"三大过程地图，形成多元协同的运行机制。深化过程思维，建立过程与标准要求矩阵，制作形成25个过程逻辑图。实施流程再造，以"一网通办"为目标，重建流程图，明确流程步骤，线上线下有效联动，学校精益化管理和服务水平得到明显提升。

学校将实施"创新驱动、重点攻坚"推进策略，进一步推进体制机制创新，探索专业群融合机制。进一步深化产教融合、校企合作，破解产业学院共建、混合所有制改革等机制难点。加强制度建设，形成一整套支持科研创新的制度体系，争取高级别科研创新平台立项，服务区域经济社会发展和产业转型升级。学校积极贯彻落实新修订的《职业教育法》，聚焦高质量发展，不断增强职业教育适应性，向着建设国内一流、国际知名的酒店业全科型职业教育品牌奋勇前进，加快建成"引领改革、支撑发展、中国特色、世界水平"的高水平高职学校。

全方位对接自贸港，高标准提升适应性

——海南经贸职业技术学院旅游管理专业群"四化一型"发展模式服务技能型社会建设

周　俊　符以福　吉家文[①]

一、导言

随着海南"全域旅游示范区"、海南自贸港国际旅游消费中心等大批利好政策进入实施期，海南旅游产业迎来历史性发展，而高素质旅游技术技能人才的紧缺，已成为制约海南旅游产业提速提质发展的瓶颈。与此同时，国家"职教二十条""双高计划"要求打造技术技能人才培养高地和技术技能创新服务平台，集中力量建设一批高水平专业群，支撑区域支柱产业发展。海南旅游产业大发展和国家职业教育大改革，为建设旅游管理高水平专业群带来了历史性发展机遇。如何高起点、高站位、高标准，对标国际先进水平，精准匹配海南经济社会发展需求，开展与海南旅游产业新形势相适应的人才培养、校企协同、社会服务、技能培训、智库咨询等社会服务，是旅游管理专业群建设面临的艰巨任务。

二、主要做法

（一）全要素化对接，精准服务海南旅游产业链

旅游管理专业群围绕旅游新业态聚焦消费打造旅游业全产业链。基于旅游业中的"食""住""行""游""购""娱"六大要素，旅游管理专业群对应旅游产业链中的"旅游游览""旅游购物""旅游住宿""旅游餐饮""旅游娱乐""旅游综合服务"环节。结合海南地域特色，紧紧围绕"一中心"（海南国际旅游消费中心）建设，专业群将旅游、酒店、烹调、营销四个模块有机组合在一起，合理而高效地对接旅游产业链（如图1）。

---

① 周俊，工商管理硕士，讲师，海南经贸职业技术学院产学研合作处副处长，双高办副主任，海南省高职高专研究会秘书长。符以福，中山大学生态学硕士，讲师，海南经贸职业技术学院继续教育学院学历教育办公室主任。吉家文，三级教授，硕士，国家二级心理咨询师，南海名家，海南省领军人才，教育部课程思政示范项目教学名师，第七届黄炎培职业教育杰出教师。现任海南经贸职业技术学院旅游管理学院院长和继续教育学院院长。

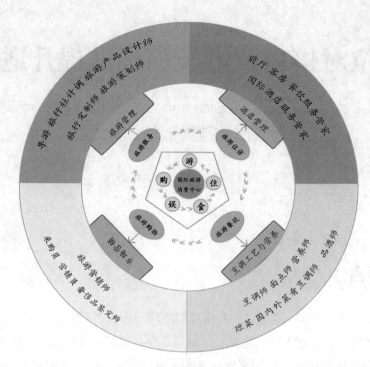

图 1　旅游管理专业群逻辑

（二）高标准化实施，瞄准提升专业群适应性

制定《旅游志愿服务（博鳌标准）》《旅游援外培训服务标准》等标准，注重标准的研发和推广，用标准引领社会服务，提升服务能力，以工匠精神铸造服务品牌，提升社会服务影响力和品牌力，拓宽社会服务视野，提升国际化水平。全力服务消博会、博鳌论坛等大型展会，使"地方离不开"；精准开展旅游行业职业培训、旅游研发服务和行业企业比赛指导服务，解决企业痛点难点，使"企业离不开"；扎实推进乡村旅游服务，使"基层离不开"（见图 2）。

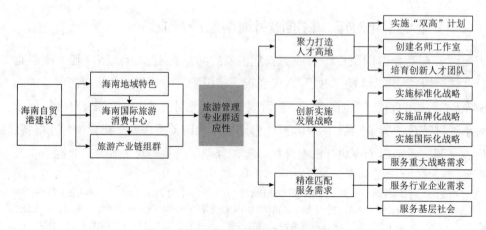

图 2　提升旅游管理专业群适应性体系

（三）深国际化合作，着重专业资源走出去

顺应国际化发展趋势，依托大型展会、援外培训等实践经验，面向全球拓宽社会服务视野，加强与国际旅游企业合作，进一步强化社会服务品牌，为海南自由贸易港提供国际化的旅游服务。

依托国家商务部援外培训（海南）基地，面向"一带一路"国家公务群体，形成以多边国家研修班、双边国家研修班和境外研修班三大项目为主干的旅游援外培训服务体系，打造旅游援外培训品牌，培养国际化旅游人才。依托国家体育旅游示范基地及体育特色小镇建设，形成"环海南岛国际公路自行车赛""环海南岛国际大帆船赛""海南高尔夫球公开赛""海南马拉松"及其他大型体育赛事和滨海休闲体育活动的志愿服务体系，涵盖咨询、双语、急救医疗、赛后恢复服务、安全保障服务等赛场服务和活动策划、创意周边产品设计、公关宣传服务等衍生服务。

（四）重品牌化打造，紧抓社会效益产出

专业群共有 13 位高层次人才，其中 1 人获第七届黄炎培职业教育杰出教师，省级领军人才 1 人，省级拔尖人才 3 人，南海名家（含青年名家）2 人，南海工匠 3 人，建立了王昆欣、杨铭铎、王成荣、郑向敏、郝文亭等名家工作室和大师工坊，名家大师与全体教师共同致力旅游管理专业群建设，对各专业发展规划、实践基地建设、课程与教材建设、教学团队建设、社会服务、科技创新等进行一对一顾问式指导，教师团队获得快速成长，获得第二批国家级职业教育教师教学创新团队、全国党建工作样板支部培育创建单位、教育部课程思政示范项目教学团队等荣誉。实施"双师型"教师培育计划，创建省级、国家级"双师型"教师培养培训基地。创新校企"互聘共用"团队建设模式，引领全国旅游职业教育教师教学创新团队建设。

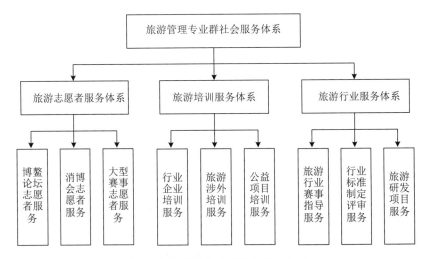

图 3　旅游管理专业群社会服务体系

依托强大的师资力量，结合海南特色，围绕海南"一中心"建设，构建"三大服务体系"，即志愿者服务体系、培训服务体系和行业服务体系，服务技能型社会建设（见图3）。依托旅游研究所，精准开展旅游研发服务，针对旅游行业企业发展存在问题，深入开展校企合作，共同实施横向课题、标准制定、成果转化等研发项目，助推双方实现资源共享、信息互换、共同发展。同时还为行业企业比赛提供指导及评审服务，如导游讲解类的景区讲解员大赛、导游大赛等，酒店服务类的中餐宴会设计、西餐服务等；烹饪类的烹调厨艺大赛等，精准解决企业痛点难点，打造"企业离不开"的服务品牌。

（五）促创新型发展，联合打造技术创新服务高地

专业群以创新服务为重要纽带，在标准制定、品牌建设、国际化服务等方面，不断创新服务项目模式、类型、标准、技术等，推进专业服务创新型发展。如面向旅游行业企业的一线服务人员，提供服务礼仪、服务意识等培训服务；面向旅游行业的中层管理人员，提供沟通技巧、投诉处理等培训服务；面向旅游行业的高层管理者，提供绩效管理、时间管理、团队建设等培训服务。同时积极响应乡村振兴战略实施，致力提升乡村旅游服务水平和服务意识，针对海南省内的乡村旅游景点、民宿、农家乐等积极开展"百场公益旅游服务技能培训"公益培训活动，培训内容包括服务人员礼仪知识、餐饮服务与技能、民宿客房服务与技能、旅游策划、营销推广等，有效引导乡村旅游发展。

三、经验与总结

（一）"海南旅游世界标准"的品牌共建显现

依托深度融入海南旅游产业发展，坚持要素化、标准化、国际化、品牌化和创新型发展道路，海南经贸职业技术学院旅游管理专业群紧紧围绕海南重大发展战略、行业企业和乡村旅游发展等需求，服务技能型社会建设，引领专业建设和人才培养。长期高水平服务博鳌亚洲论坛、中国首届消博会、大型赛事等大型展会，连续十二年为博鳌亚洲论坛年会提供志愿服务及礼仪培训服务，2021年累计提供志愿服务2000多人次，学院旅游管理专业群与海南旅游同步发展，相互支撑，"海南旅游世界标准"的品牌已走向成熟，学院旅游管理专业群品牌影响力也不断提升，赢得各界一致好评。

（二）"经贸旅游行业标杆"的区域支撑显著

2019—2021年，学院旅游管理专业群共完成行业培训4万多人次，其中援外培训进行了28场，共为12个国家和地区进行了3192人次的培训，打造旅游援外培训品牌，培养国际化旅游人才；"百场公益旅游服务技能培训"49场，累计培训人数1500余人次；行业职业培训55场，共4万余人次，行业培训服务影响力大，学院旅游管理专业

群对行业的标杆性引领成效显著，有效提升从业人员技术技能，助力旅游产业发展提质增速，深入服务技能型社会建设。

（三）"旅游团队创新标识"的技术服务突出

2019—2021年，学院旅游管理专业群旅游研发服务累计完成申报专利36项，横向课题13个，完成申报国家文旅部"万名旅游英才计划"课题10项，完成行业发展报告2份，提供行业企业竞赛指导达50余次。技术技能服务不断深入，教师团队技术服务到款额位居全校前列，技术服务发动效益突出，"能创新、会创业"成为旅游管理师资团队显著标识，为旅游行业企业高质量发展提供强大智力支撑。

四、社会效益与推广效果

（一）人才质量提升，助力高素质复合型旅游人才培养

旅游管理专业社会认可度大幅上升，毕业生就业率超过98%，家长满意度超过97%，用人单位满意度100%。在"金平果"2022高职专业群及专业排行榜中，高居"旅游管理"专业第2位，在"2021年度最佳东方酒店业教育贡献院校排行"中，全国高职排名第5。先后获得商务部国际商务官员研修（海南）基地援外培训先进单位、博鳌亚洲论坛志愿者战略合作伙伴、海南省饭店业优秀人才培养院校、海南省旅游饭店行业最佳人才培养单位等一系列荣誉。近三年全国兄弟院校来我院交流48次。2021年12月和2022年1月，教育部教师工作司副司长宋磊、教育部职业教育与成人教育司副司长林宇分别来校考察，对专业群建设给予充分肯定。

（二）成果推广显著，成为高水平专业群改革引领标杆

旅游管理专业群围绕海南自贸港国家重大战略、国际旅游消费中心的区域发展战略，与博导前程、天下秀等行业龙头共建4大现代产业学院，与洲际酒店集团、中免集团等多家企业共建特色班、学徒制班，助力海南免税购物、数字旅游、文化创意旅游等新业态的发展以及人才培养。与龙头旅游企业、博物馆和民族技艺院校联合成立海南黎族特色旅游资源挖掘和传承中心，开展49场公益旅游服务技能培训，支撑旅游产业转型升级。同时以党建引领强专业，以专业群建设促党建，入选全国党建工作样板支部（培育）1项，获批教育部第二批国家级职业教育教师教学创新团队1个、第七届黄炎培职业教育杰出教师1人，获评教育部课程思政示范课1门，入选国家级课程思政案例1个。思政教学在全国展现了较强影响力，党建高质量引领专业建设成效显著。

（三）媒体广泛报道，形成高品质国际旅游教育品牌

旅游管理专业群为"一带一路"倡议多场国际高端会议提供旅游志愿服务，牵头制定旅游志愿服务、旅游援外培训服务两项标准，树立中国职校品牌和形象。专业群连续 17 年高水平服务博鳌亚洲论坛，凝练志愿服务及礼仪培训服务经验，制定了《旅游志愿服务（博鳌标准）》，打造海南国际化展会服务标准化样板，赢得国际社会一致好评，为高职院校开展国际会议志愿服务树立新样板。依托商务部培训基地，为"一带一路"沿线 12 个国家和地区举办 28 场援外培训，在国内同类专业群内率先制定《旅游援外培训服务标准》，为高职院校开展援外培训提供良好的借鉴和示范。2019 年 3 月李克强总理来校考察时，与旅游管理专业群创业学生代表亲切交流，勉励同学们"要做海南的脊梁"。中央电视台、《中国教育报》等 10 余家媒体对专业群建设多次报道。

责任在肩，成长在线

——疫情背景下中瑞酒店管理学院办学实践

高松涛①

在疫情背景下，中瑞酒店管理学院始终坚持"立德树人"使命，一方面科学精准落实疫情防控工作，实现了"无疫校园"的目标，一方面苦练内功，"育人教书"，扎实推进学院教育教学和事业发展，帮助学生成长。

在抗击疫情的战役中，中瑞酒店管理学院师生认真履行自己的职责，积极配合支持疫情防控工作。安心宅在家里上网课的学生，尽职尽责当"主播"的老师，克服困难开拓业务的招生、实习就业老师，坚守岗位守护校园的保卫、教学酒店、后勤保障人员，随时掌握师生动态的辅导员、网格员，积极为行业抗击疫情服务的教师们，彰显出了酒店高校人的担当。

一、严格疫情防控尺度，筑牢校园疫情防控屏障

在党委领导下，中瑞酒店管理学院深入学习习近平总书记关于疫情防控工作的一系列重要指示精神，坚决贯彻党中央、国务院关于疫情防控工作的决策部署，清醒认识疫情防控严峻复杂形势，全院上下统一思想，坚定"坚持就是胜利"的信心。学院始终以师生健康为第一出发点，严格"尺度"的同时，工作有"温度"，建立学院疫情防控工作常态化工作体系和应急处置体系，严格落实四方责任，坚决筑牢校园疫情防控屏障，为学院各项事业发展工作打好基础。

二、加强线上教学建设力度，保障学生成长"不掉线"

疫情加速了教育由线下转为线上的进程，"云端"的教与学，改变着传统的教学模式。为了做到"教师有所教、学生有所学"，中瑞制订了包含理论教学、实操教学、实习教学、就业指导四个方面的教学工作总体方案，实现线上线下无缝衔接。3000多名学生全部按进度参加学习，实现"在家如在校"。

---

① 高松涛，博士，北京中瑞酒店管理学院院长，中国旅游协会旅游教育分会副会长。

（一）提高远程授课教育教学水平，保证教学质量

学院引进直播教学软件"课堂派"智慧教学平台，满足学生预习、分组、作业管理、学习督促、考勤管理、学业分析、直播、云录屏等需求，实现了课前、课中、课后，线上线下，教学场景全过程管理。

授课形式为课堂线上直播，教师在授课直播的同时进行录播，将所有校内课程录制成线上课程，学生可无限次回看，满足灵活学习、复习的需求。

将作业作为了解学生线上学习效果的重要手段。作业布置多元化，作业设置符合创新思维要求，对学生作业进行一对一指导批注，及时发现问题。

多部门联动及时解决线上课堂问题，实时收集学生反馈，做好与学生一对一沟通，适时调整授课方式方法，提升教学效果。

帮助教师掌握线上授课工具，组织线上教学的研讨、总结。线上教学让三尺讲台压缩成一方屏幕，给教师带来挑战。学院教师团队积极应对，将之视为专业成长的机会，当好"主播"。各教研室组织学习各类直播、录播软件，就教学工具的使用、各科重难点知识设计、作业反馈形式、线上授课技巧、线上学生管理方法等话题进行深入研讨和总结，力争从课前引导、课上讲授、课下辅导全方面贯彻落实人才培养方案，实现线上教学效果提升目标。

优化线上考核模式。根据课程性质，重视和提高平时作业、课堂表现、平时测验、大作业等在成绩中的比重，全面优化考核标准及考核体系。

（二）改革实操实训线上授课模式，居家达到教学目标

中瑞酒店管理学院的特色之一就是实操实训课程，相对理论课程，实训类课程线上授课更需要探索创新。

中瑞各实操课程教研室在详细的学情分析基础上，细化课程任务点与课后作业，对教学任务进行了重新梳理和设计。根据专业培养目标设定技能练习项目，调整教学任务点和课后作业：如西餐实训课程共设前导课，点单与结账，餐桌服务、预订与领位服务，西餐商务礼仪，主题活动策划与实施等九大任务点。课程侧重点根据学生专业做出调整，人力资源管理专业前导课将餐厅组织结构图和岗位职责及分工方面设置为侧重点；市场营销专业则将餐厅固定推广活动的信息设为侧重点。

结合居家相关条件设计实操练习内容，学生可以通过居家练习完成相关学习任务和作业，达到教学目标。以健康服务与管理专业为例，授课教师针对居家环境设计教学，拍摄照护视频要点及流程。学生邀请家人扮演服务对象进行实操练习，以视频的形式提交作业，教学效果远超出预期。

（三）改革依赖教具的课程教学，满足线上教学要求

如《ERP 实践模拟》课程，物理沙盘是不可或缺的道具。在线上教学中，中瑞教师探索项目任务制的教学方法，编写项目操作手册，录制演示操作视频，将沙盘与道具数字化，学生可以自主根据操作视频，不借助道具也能完成推演，实现教学目标。

该门课程是团队学习，根据线上特点，教师对分组进行调整，按照"角色＋任务"方式组成三人组，团队中每人都有角色、相应任务和报告，即确保了团队合作，又保证每个成员有任务可做，激发了学生的积极性。

（四）优化"体育超市"直播教学，居家运动嗨起来

中瑞特有的"体育超市"课程，涵盖体适能训练、自由搏击、瑜伽、太极拳、形体训练、篮球、运动康复等。线上教学期间，体育教学全部采用直播录播教学，老师带领学生进行居家体育锻炼，对学生练习视频进行一对一点评指导。值得一提的是，线上教学打破了线下体育选课班容量限制，满足了学生的多元化体育课程需求。

（五）改革线上教学督导，保障在线教学质量

根据在线授课的特点，从规范性、专业性和创新性三方面修订课程评价和督导标准，保障在线教学质量。其中规范性包括14个维度60项指标，专业性包括12个维度50项指标。对线上课堂实现教学督导全覆盖，从线上教学教师和学生职业素养规范（如上课着装规范、远程授课课堂行为规范和要求），线上教学形式和教学效果保障（注重用弹幕、语音、视频、抢答、实物展示等形式加强学生学习效果），教学过程性考核等全方面对课堂进行督导。每周定期反馈，及时整改，促进线上课堂教学水平的提高。

三、提高工作精准度精细度，打好疫情下的实习就业攻坚战

在疫情影响经济下行、旅游行业受到冲击的压力下，帮助学生更好地实习，更高质量地就业，是学院的重点工作。学院坚持以"全面提升就业质量，全心全意为学生服务，为企业输送优秀人才"为目标，积极拓展校企合作深度广度，扎实提高就业帮扶水平。

（一）三级联动协同发力，全心全意为学生和企业提供服务

学院形成了"院领导统筹、责任部门牵头组织、各部门通力合作"协同推进工作机制，多措并举，精准发力，统筹推进实习就业工作。

及时制定对策，努力将疫情对实习就业学生工作的影响程度降到最低。启动"三级联动"就业工作机制，"一级"就业工作领导小组，统筹督促，"二级"论文指导教师和

"三级"辅导员作为就业指导师，积极反馈学生的就业困难和需求，精准帮扶学生就业。

（二）建立实习疫情动态联动机制，在确保学生健康安全的前提下，努力帮助学生完成实习任务。

根据培养方案，学院每学期都有学生在京内外酒店实习，学院科学系统的建立校外实习生疫情防控和实习管理的有效机制，确保校外实习生均纳入学院疫情防控的体系中，切实保障学生的实习安全。这些措施包括：建立健全校外实习疫情防控各项规章制度及预案；密切跟踪各地疫情发展形势，与合作企业保持密切联动，在不影响企业经营和学生实习目标的基础上，灵活调整学生入离职时间；建立校外实习生网格化管理制度和日报告、零报告制度；定期召开实习指导教师沟通会，传达防疫政策，分享优秀经验，提升指导效率与质量；通过各种方式、各类平台，安抚实习就业学生的焦虑心情；积极开发职业生涯与心理健康主题课程资源，帮助学生正确认识自我，缓解压力，促进学生全面发展等。

学院密切关注疫情期间学生实习和就业时的流动和复工动向，及时研判，确保学生在疫情形势严峻前及时撤离实习岗位，并持续关注，合理安排后续的相关工作，切实解决好疫情防护和复工就业的矛盾。2022 年，国内多个省市出现由奥密克戎变异株引发的本土疫情，学院实习生较多的北京、上海疫情十分严峻。为了做好校外实习生的管理和服务，学院在日报告机制的基础上，启动应急预案，领导小组每日开会研判，组织召开 30 余场实习生视频沟通会，表达对学生的关心和问候，要求学生自觉遵守实习单位的防疫政策，记录疑问、困难和需求并迅速答复和解决，针对实习中遇到的疫情相关个案，建立专班和帮扶机制，一对一沟通。

（三）三大平台细化管理，依托数字化平台与行业无缝对接

中瑞不断优化实习就业服务，聚焦"精细、精准"，及时将"线下"服务转向"线上"，确保服务不间断。

学院依托"猫投英"网络招聘平台，实现合作企业—学院—学生之间线上沟通机制：合作企业在线发布岗位、对符合条件的学生进行线上面试邀约并发送录用通知，学生可以在线实时查询企业岗位更新信息并申请，企业和学生"足不出户"即可完成招聘，学院方面可以随时掌握企业招聘情况和学生求职情况。

通过学院自主研发的"实习管理平台"，对合作企业、实习学生、实习指导教师进行 360 度测评，通过调查问卷向教学单位反馈教学知识遗漏点，以实习反哺于教学。

通过"小鹅通"平台，实现企业线上宣讲会，帮助学生更好地了解企业，选到心仪的实习岗位。

三个数字化平台的使用使中瑞与行业无缝对接，取得了线上线下招聘一致的效果，为疫情背景下实习就业工作开展提供了路径，得到企业和学生的一致好评。

（四）多管齐下访企拓岗，实现共建、共赢、共享

面对疫情对行业的冲击，学院围绕企业创新人才培养模式和就业岗位的提供，深化共建内容，创新合作方式，建立长效机制，促进实习就业工作落实，实现共建、共赢、共享。

强化校企衔接、深化校企合作，围绕企业人才培养输送、就业实习实践基地建设、产学研深度融合深入开展工作。学院与 9 大行业 20 家头部企业签订了"人才培养战略合作协议"，积极推广管培生项目，为企业发展增添年轻的生力军。

不断拓宽实习就业渠道和资源，拓展就业新空间。深入重点企业、行业协会等寻找合作机会，为学生开拓更多实习就业创业岗位，助力学生高质量实习和就业。

四、提升服务温度，引导学生健康积极向上

（一）线上线下相结合，加强思政建设

中瑞与时俱进，利用现代媒体进行线上思政教育。疫情防控期间，建立多元化"云端"沟通渠道，辅导员集体备课，借助微信、腾讯会议等方式召开主题班会，提高学生的防疫责任和意识。举办红色故事宣讲、"疫"起分享、线上音乐节、读书、健身打卡等近百场线上活动，丰富学生居家生活，让思政教育"活"起来，提高思想政治工作的亲和力与针对性。

（二）建立网格化管理，在疫情防控中勇挑重任

学工队伍全员参战、全程值守、全力以赴、密织防护网，构建全方位、多层次、阶梯式的网格化管理体系。充分发挥党员、学生干部的模范带头作用，依托线上各类工具等，及时精准掌握学生动态，针对突发事件做到早发现、早处理。辅导员在疫情防控中全程陪伴、全心呵护，帮助学生，不漏一人。

（三）构建心理育人新格局，打造"大心理"健康教育新模式

中瑞坚持线上和线下、预防和疏导、育人和育心相结合，逐步构建教育教学、实践活动、咨询服务、预防干预"四位一体"的心理育人工作新格局，实现由问题导向向积极心理品质促进的转变。

开发具有中瑞特色的心理健康教育课程，内容既面向未来社会，又立足于学生的现实需求，培养学生自尊自信、理性平和、积极向上的健康心态，坚持育心与育德相统一。

针对居家学习期间的压力、焦虑等问题，开展专题的系列宣传，并搭建"线上线

下"咨询服务平台，积极构建"预防为主 + 特别干预 + 应急响应"的防控机制，通过健全家校联动机制，帮助学生纾解心理困惑，健康阳光乐观地面对疫情。

（四）多措并举，在学风建设上提质增效

学院构建"任课教师、辅导员、家长、校友、朋辈学长、学生"多维联动的学风建设体系，通过辅导员走动式办公、深入课堂、线上主题班会等点面结合的方式，教研室各科教师进入主题班会指导、朋辈和校友讲堂活动，家校联动以及各班级"一帮一"结对子等形式督促学生学习，保证学生线上学习不掉队，促进良好的学风建设。

（五）多方联动，鼓励学生积极承担社会责任，彰显新时代大学生的责任与担当

在学院团委的带领下，中瑞学子在志愿北京注册青年志愿服务队成员共计 1077 人，每年累计服务志愿时长 3000 小时。

疫情期间，500 多名中瑞学子挺身而出，在符合当地疫情防控的要求下，奔赴抗击疫情的最前线。在高速路口协助民警监测体温、无偿献血、无偿为在抗疫一线的工作人员供餐、自发组织捐赠医疗物资……有主动请缨要求回到学校抗疫一线的学生党员，有积极申请加入所在社区为疫情防控贡献力量的学生志愿者"大白"，还有默默捐赠出自己压岁钱、零花钱的学生。在这些行动中，我们人才培养中的"立德树人""职业素质"的培养目标得到了体现。

五、努力拓展校企合作深度广度，为行业发展贡献中瑞力量

当广大酒店从业者积极投身于疫情保障工作、共同抵御疫情之时，中瑞作为一所专门培养酒店与泛服务业高级管理人才的高等院校，义无反顾、责无旁贷，积极发挥服务社会功能，为中国旅游住宿产业发展尽一份责任。

（一）直播公益突围，纾行业复工之困

2020 年，为了帮助企业洞察行业最新的发展趋势，提升应对困境的能力，中瑞与 40 余位具有行业丰富实战经验的酒店管理专家、学院教师在线上面向酒店行业联合开展了近 50 场"抗击疫情·中瑞公益讲堂"系列直播课。公益课程涵盖疫情后酒店行业数字化转型、疫情下复工指南、员工共享、无接触服务等行业前沿问题，为酒店从业者提供了多种实战技能干货分享，吸引了来自全国 20 个省市，英国和日本等国家的机构、企业、院校等 300 余家单位的 2.5 万人次参加。学院联合中国旅游饭店业协会人力资源分会等机构面向酒店及旅游管理高校教师推出"旅游类专业数字化升级在线系列讲座"，线上达 6000 余人次，为新文科背景下的旅游类专业建设、师资教学水平提升助力；

举办系列线上沙龙活动，内容涉及人力资源管理、创业、酒旅业趋势探讨等方面，受到会员单位和参加观众的欢迎和认可。

学院通过为行业伙伴定制化、个性化咨询、顾问、培训等多元化的服务项目，与旅行行业共同抵御疫情风险。学院联合校内外教师完成了 300 余节精品课程的开发和录制，将酒店业绩恢复与增长、疫后营销与收益管理等疫后重塑建设作为重点内容。在企业内训课程方面，坚持聚焦行业前沿，协助多家企业做好人才队伍建设，促进企业持续"升级换代"增强动能，与企业共克时艰共赢发展。协助制定标准化服务流程、以暗访和明查的形式为企业提供服务审计项目，帮助企业发现问题，协助评估酒店服务工作与竞争对手的差异，为合作企业发展提供智力支持。

（二）助力北京冬奥，彰显院校社会担当

为助力北京冬奥会和地方全域旅游发展，加快提升星级酒店服务质量和从业人员业务素质与服务技能，学院参与了河北张家口、北京延庆等地提升服务管理水平的培训活动。培训依托学院教师、课程资源优势，对标国际标准、国内标准、行业标准，内容涵盖语言培训、中西餐餐饮服务、客房服务、外宾接待注意事项等内容，帮助酒店（民宿）厨师、客房、餐饮服务人员提高服务技能水平，助力冬奥酒店和旅游从业人员业务素质全面提升。

（三）深化校际合作，促进产教深度融合发展

2021 年 6 月，学院与教育部中外人文交流中心共建酒店及泛服务业中外人文交流研究院暨人才培养基地，旨在将人文交流理念融入酒店及泛服务业的研究、教育、培训、宣传等各个环节，开展酒店及泛服务业国际交流与合作，打造集人才培养培训、学术研究、实习实训、决策咨询、培训服务、人文交流为一体的开放性、国际性产教融合高端平台和人文交流品牌，为中国旅游、酒店及泛服务业"走出去"和国内外发展提供政策咨询、智力支持与资源服务，助力酒店及泛服务业行业发展与对外交流，服务推动与"一带一路"国家酒店及泛服务行业的合作与对接。截至目前，研究院暨基地共有理事长单位 1 家、副理事长单位 4 家、院校及企业理事单位 134 家。

2022 年 5 月，学院联合教育部中外人文交流中心发布《关于实施酒店及泛服务业中外人文交流增值赋能计划的通知》。该项目以人才培养为目的，以校园文化建设为引领，以师资队伍建设为抓手，以优化课堂教学为载体，充分利用校际资源优势互补，强化管理水平，将人文交流理念融入酒店及泛服务业教育教学和人才培养全过程，提高酒店及泛服务业相关专业教育教学和人才培养质量。学院将持续为参加增值赋能计划的项目院校提供酒店及泛服务相关专业人才培养方案制订、专业课程建设、实习实训与就业基地建设、双师型师资队伍建设、教学质量跟踪、校园文化建设、院校筹开等八大服务，推动校企多方深度合作和新时代职业教育高质量发展。

（四）多举联动，为行业提供信息和智力支持

作为应用型高校，学院一直注重研究的行业应用性和服务职能的行业对应性。学院每年发布的《中国酒店人力资源现状调查报告》成为酒店从业者必读的报告。开展"后疫情时代酒店集团在校企合作上的创新探索"的课题研究，通过对6大酒店集团的补充调研和多名专家的采访，形成3万余字的研究报告。学院酒店业研究中心持续关注"双碳"战略、元宇宙、NFT等新潮话题，紧跟行业最前沿。

学院联合中国旅游饭店业协会人力资源分会等机构推出举办全国旅游院校网络招聘会活动，累计参加招聘企业逾400家，发布职位总数近6500个。

疫情给我们带来了很多现实困难和压力，也给我们带来挑战和机遇。在抗击疫情这场大考中，全院师生众志成城，共克时艰，广大师生在疫情防控工作中展现的服从精神、奋战精神、坚守精神、创新精神、合作精神、奉献精神、牺牲精神，都是中瑞的宝贵财富，是学院能够统筹疫情防控和事业发展的强有力的精神密码。在全院师生的共同努力下，2022年6月7日，中瑞酒店管理学院"酒店管理专业"获批国家级一流本科建设专业；"财务管理专业"获批省级一流本科建设专业。这一成绩来之不易，是对中瑞十四年来坚持特色化办学，坚持面向行业需求办学、坚持创新、坚持探索独具特色的中国应用型大学办学模式的认可。

未来，中瑞人将继续努力，为业界培养具有良好的职业素养和职业技能的合格人才，助力产业进步！

应用型本科高校现代产业学院育人模式研究与实践

——以长春大学旅游学院旅游文化学院为例

孙国霞①

2020 年，教育部、工信部联合发布了《现代产业学院建设指南（试行）》②，首次从国家层面开始示范性现代产业学院的申报和遴选工作，这是加快我国现代产业学院建设，加快培养适应和引领现代产业发展的高素质应用型、复合型、创新型人才的重要措施，更是推动高校分类、特色发展及"四新建设"的重要举措。随后，江苏、广东、河南、陕西、辽宁等地迅速行动，全国各地开展遴选省级示范性现代产业学院和申报国家示范现代产业学院。2021 年 12 月，教育部、工业和信息化部联合发布《关于公布首批现代产业学院名单的通知》（教高厅函〔2021〕39 号），全国首批国家级现代产业学院 50 个③。现代产业学院作为一种深化推进产教融合工程的新型组织形式，作为应用型本科建设的支点，受到广泛关注。当前围绕现代产业学院建设方向、目标、机制和策略等方面虽然取得了一定的研究成果和实践成果。然而，对于我国刚刚起步的现代产业学院而言，在应用型本科高校中尚未形成系统的发展范式，在适应新时代产业结构转型升级，实现应用型高校人才培养供给侧与产业需求侧的紧密对接等方面，尚处于探索阶段，存在诸多理论和实践问题。基于"四新"建设背景下，研究现代产业学院建设理论和探索如何建设产业学院，具有重要的理论意义和现实意义。

长春大学旅游学院作为全国五所之一和省唯一一所以旅游命名的本科院校，举全校之力建设文旅类专业，学校运用"专业＋文旅"和"专业＋人工智能"的学科建设理念，培养新时代应用型文旅产业链人才。全校设有 10 个教学单位，39 个专业，涵盖管理学、经济学、文学、艺术学、工学五大学科门类，在全国 27 个省（自治区、直辖市）招生，现有全日制在校学生 9375 人。学校积极向应用型转变，龙头旅游文化学院旅游

---

① 孙国霞，长春大学旅游学院旅游文化学院院长、教授，吉林省旅游管理类专业教学指导委员会主任委员，吉林省高校黄大年式教师团队负责人，吉林好人，最美教师。

② 教育部办公厅.工业和信息化部办公厅关于印发《现代产业学院建设指南（试行）》的通知（教高厅函〔2021〕39 号 ）〔EB/OL〕.（2020-07-30）〔2022-07-13〕.http：//www.moe.gov.cn/srcsite/A08/s7056/202008/t20200820_479133.html.

③ 教育部办公厅.工业和信息化部办公厅关于公布首批现代产业学院名单的通知（教高厅函〔2020〕16号）〔EB/OL〕.（2021-12-07）〔2022-07-13〕.http：//www.moe.gov.cn/srcsite/A08/s7056/202201/t20220106_592729.html.

管理类专业群率先完成转型，并获批省级地方高校转型发展示范专业群。目前经过 20 多年应用型本科高校人才培养的探索，已形成了现代产业学院育人模式，并于 2021 年 6 月获批省级文旅融创示范性现代产业学院，下面以旅游文化学院为例从现代产业学院建设基础、育人模式及未来发展方向，通过撰写此文，向各位专家学者求教。

一、文旅融创现代产业学院建设基础

（一）组织运行基础

文旅融创现代产业学院是在旅游应用型本科教育联盟基础上成立的，它是长春大学旅游学院与长白山管委会、长春市文广旅局和以长白山集团为主体集中国旅游和宋城等 10 家知名文旅集团以及中国金钥匙国际行业组织共同组建，是集政、行、企、校于一体的文旅类现代产业学院。学院沿用理事会制度，实行理事会领导下的院长负责制，并接受学校党委统一领导。在原教学运行委员会、实习基地建设委员会基础上增设了旅游新业态研究委员会和旅游经济推进委员会。

（二）学科专业基础

结合文旅融合和"新文科"建设，旅游文化学院设置旅游管理、酒店管理、会展经济与管理和文化产业管理专业四个本科专业，其中旅游管理专业是国家一流本科专业建设点，设有旅行社与旅游电商、景区运营与管理两个专业方向，结合服务地方冰雪经济和加强"新文科"建设，与人工智能学院的数据科学与大数据专业合作开设智慧旅游和冰雪旅游两个创新实验班。酒店管理专业是省一流本科专业建设点，与华住集团合作培养酒店数字化运营管理人才；同时与中国金钥匙组织国际金钥匙学院合作成立长春分院，开设金钥匙方向班，培养高端酒店管理人才。会展经济与管理专业是省一流本科专业建设点，荣获中国十佳会展院校、优秀院校奖和吉林省会展教育突出贡献奖等殊荣。文化产业管理专业在全国文旅产业深度融合的大背景下与艺术学院合作培养旅游文创人才。

学院形成以旅游管理类专业为引领，以文化产业管理专业为特色；走"文理、文工、文文"新文科文旅融合特色发展之路。

（三）产业合作基础

学院从 2002 年就开始与旅游企业开展合作，实行大旅游"学院＋行业"教育模式，并获省政府教学成果三等奖；学院从 2012 年开展校企深广战略合作，经过 5 年建设，于 2016 年组建应用型本科教育集团，该模式荣获省政府成果二等奖；2017 年挑选百家优秀文旅企业组建旅游应用型本科教育联盟；2019 年组建融创产业学院；经过近 20 年的校企合作，于 2020 年精选 10 家知名文旅集团组建文旅融创现代产业学院，并建立子产业学院，产教融合进行入精细深广阶段。

二、文旅融创现代产业学院育人模式

（一）人才培养模式

学院实行"产学研用四育人"模式：课程思政长效育人、新文科创新育人、政行企校多主体融合育人、重实践应用型育人。

1. 课程思政育人

实施长效"德育"核心质量工程，具体为"三全"精准育人、课程思政育人和"金钥匙"育人，校企共同与马克思主义学院积极探索双向、多维、全方位精准育人模式，将思政元素蕴含在每门课程中，培养学生家国情怀，爱国主义精神；用金钥匙服务哲学培养学生职业认同感、职业责任感和职业素养。

2. 新文科创新育人

坚持"文理、文工、文文"学交叉融合育人理念，结合旅游企业对智慧旅游、旅游文创、活动创意策划、酒店信息技术和地方冰雪旅游以及文旅高素质人才的需求，与企业共研人才培养方案，开设智慧旅游、冰雪旅游创新实验班、旅游文创和金钥匙方向班，设置活动创意策划模块课程等，全面打造新文科"金"旅游管理类专业，培养新时代文旅人才。

3. 政行企校多主体融合育人

构建政行企校多主体深广度融合式育人体系；全面推行"地方—行业—专业—就业"企业全过程融入人才培养育人模式，把区域定位、行业需求、专业培养与就业方向紧密结合，不断提高学生服务区域文旅产业的能力，不断提高文旅产业内就业率和就业质量。

4. 重实践应用型育人

打造重实践应用型育人体系，将传统"3+1"改为"2.5+0.5+0.5+0.5"的"理论—实践—理论拓展提升—综合实践"的双循环教学体系；构建认识性、体验性、专业岗位、毕业综合实习的四位一体实践教学体系，实践贯穿人才培养全过程。

（二）校企合作模式

1. 顶岗实习与联动就业模式

学院与长白山集团签订战略协议，校企双方实施以顶岗实习和毕业实习双选联动就业的育人模式，累计实习学生 600 人。与中国旅游集团酒店控股有限公司开展实习就业育人模式，由 122 名学生组成的"北京 2022 年冬奥会和冬残奥会专项服务团队"，作为东北三省唯一一支在校大学生团队代表吉林青年赴张家口冬奥村，活动得到学习强国、中央电视台、《人民日报》、新华社、《光明日报》、中新社、人民网、新华网、央广网、中国青年网、中国教育在线、澎湃新闻、《吉林日报》、凤凰网、吉林教育、长春发布等 40 多家国家和省市级媒体报道和转载报道。

2. 定制班（订单班）培养模式

与长白山集团开展文旅定制班，针对企业所需中层管理人才，开展中长期培养培训计划，定期输送高质量优秀毕业生；与国信南山集团合作成立国信酒店冠名订单班，双方共同负担学生学费。

3. 共建产业学院和子产业学院模式

成立文旅融创现代产业学院，并按专业方向建立子产业学院，与宋城演艺有限股份公司合作成立"长旅宋城产业学院"，全面培养旅游文创人才；经中国金钥匙组织和国际金钥匙学院批准成立长春分院，开设国际金钥匙方向班，旨在培养国际高端酒店人才，长春分院作为东北三省首家分院，获评"中国服务示范院校"；与中国软件行业协会智能应用服务分会等 7 家省内外知名企业成立"长旅 AI 产业学院"，全面培养智慧旅游人才；与长春市乡村文旅协会成立乡村文旅产业学院，培养乡村旅游人才。

（三）高水平教师队伍建设

学院坚持"培养与引进""专职与兼职"相结合原则，实施产教融合，引进行业企业专家参与专业课程教学，利用"阶段教学 + 阶段入企"培养双师双能型教师；制定企业职业经理人入院授课审核制度，持有中高级专业技术资格证书方可授课；制定职务级别与专业技术资格等级匹配课时薪酬制度，严格按照等级发放；制定教师入企挂职锻炼培养计划、课时减免政策和激励制度，配备校企双导师，依据挂职时间实行多部门轮岗锻炼，三方定期沟通交流并撰写培训总结。目前学院专任教师 102 人，院内学校双师型教师 83 人，企业教师 19 人；企业中高级实践教师 84 人；省高校黄大年教师团队 1 个；省级优秀教学团队 3 个；省级教学名师、优秀教师等 7 人。

（四）产学研服务平台建设

（1）校企。与百家知名旅游企业集团组建旅游应用型教育联盟，搭建校企育人平台，不断创新产教深广度融合发展。

（2）校企政所。学校与长春市文化广播电视和旅游局合作成立"长春文旅产业融合研究中心"、与冰雪旅游场地装备与智能服务技术文化和旅游部重点实验室（吉林大学）签约成立"长春冰雪产业研究院"，实现"产学研用"一体化。

（3）校企行协。我院与国际知名行业组织——中国金钥匙组织和国际金钥匙学院批准成立长春分院，是东北三省首家本科金钥匙分院，并于 2020 年 12 月获评"中国服务示范院校"，开启我省旅游管理类专业人才培养国际化品牌教育新篇章；与长春市乡村文旅协会合作成立乡村文旅产业学院。

（4）校企地。校企助力长岭县高家窝堡村振兴发展，开展乡村振兴"春雨帮扶行动"和乡村振兴"校地结对帮扶行动"，采取"产业帮扶、旅游帮扶、智力帮扶"等方式，推动乡村振兴发展。

（五）管理机制建设

理事会是产业学院的决策机构，主要负责产业学院发展的顶层设计、组织架构设计、学科专业建设、科学研究、产业发展、大型项目等重大事项进行参决策。理事会设理事长 1 名、副理事长 3 名，理事 6 人，理事会秘书 1 人。

（六）保障体制建设

1. 组织保障

组织机构由理事会、委员会、执行机构组成。理事会由参与合作办学的企业人员组成，不参与管理，只提供办学中需要的资金、师资和实习实践基地等；委员会有专业指导委员会、教学指导委员会、科研指导委员会，由校企资深专家组成，委员会对产业学院发展规划、专业建设和论证和人才培养方案制定及实施给予指导；执行机构实行院长负责制，负责产业学院的整体规划、学科建设、专业设置等。

2. 政策保障

人才政策，学校保证产业学院内设机构设置、人员配备；制定企业师资聘用、管理和课时薪酬制度；制定学校教师双师双能培养计划制度；制定入企挂制锻炼工作量减免政策；制定产业学院师资职称评聘制度；资源政策，学校和企业在产业学院办学资源制定相关政策，在办学工作场地、办学工作环境、教学设施设备以及实习实训场地面积给予支持和保证。

3. 经费保障

生均拨款，学校积极支持产业学院的应用型人才培养，按生均给予实习实训经费支持；专项经费。学校支持产业学院实习实训设备专项申请，对产业学院给予吉林省财政厅统筹地方财政高等教育方面的相关资金倾斜；企业投入，企业给予产业需要专项人才培养资金，用于支付实习实训费用、教师教科研经费和优秀实习生和毕业生奖励经费。

三、文旅融创现代产业学院未来发展方向

（一）示范现代产业学院

文旅融创现代产业学院未来将建成运行体制机制示范、高质量应用型本科人才培养示范、文旅专业群紧密对接文旅产业群示范的三示范现代产业学院；同时积极申报国家级示范性现代产业学院。

（二）示范性协作体

文旅融创现代产业学院作为吉林省高校文化旅游产业学院协作体的牵头学院，将围绕旅游产业四大板块和智慧旅游、冰雪旅游、旅游文创等业态，带领协作体参与高校、企业、科研院等成员单位，开展产业发展规划咨询、产业高素质人才培养、文化产品策划生产以及宣传推广和旅游科研攻关等内容的协作体建设工作，同时，作为旅游管理类专业教学指导委员主任委员单位，与成员单位共同探索出多主体产业学院育人创新模式和运行机制。促进文旅产业高质量发展，全面助力吉林省"一主六双"战略、冰雪强省、文旅强省战略"以及"六新产业"格局和"四新建设"的实现，体现我校作为省唯一一所以"旅游"命名的高校的职责和担当，将文化旅游产业学院协作体打造成为典范。

中国旅游协会旅游教育分会简介

中国旅游协会旅游教育分会经民政部登记注册（中国旅游协会统一社会信用代码：51100005000041714），于2003年开始筹备，于2008年9月25日正式成立（官网：www.cteweb.cn, 官微：CTEA2008）。分会致力提升旅游人才培养质量，聚集了全国知名度高、影响力大、引领旅游学科专业建设的旅游教育机构，涵盖了各层次各类型旅游院校，截至目前会员总数达到900多家。分会现任会长为中山大学旅游学院创院院长、教育部长江学者特聘教授保继刚，秘书长为刘莉莉。

分会以提升旅游教学科研和人才培养水平为中心，积极发挥桥梁和纽带作用，搭建交流平台，促进旅游教育的高质量发展。分会每两年组织编写《中国旅游教育蓝皮书》，已先后出版7册，受到会员单位的一致好评。分会2014年组织制定的《旅游类专业学生旅行社实习规范》《旅游类专业学生景区实习规范》和《旅游类专业学生饭店实习规范》三项行业标准，已经国家旅游局发布实施。2020-2021年，经文化和旅游部批准立项，分会牵头组织修订。2016年完成《旅游类会展专业学生实习要求》和《旅游类烹饪专业学生实习要求》两项行业标准制定，并于2019年通过文化和旅游部组织的专家复审，待发布实施。分会深入开展专题调研工作，形成了《旅游高职高专院校核心专业竞争力评价指标及排名研究（2015）》《旅游高职高专院校核心专业竞争力排名研究报告(2018)》、《旅游院校校外实践教学基地建设质量评价》《旅游专业美育教育体系研究》等一批研究成果。组织专家学者开展了旅游学科建设一系列的研讨、论证和建议书起草工作，在文化和旅游部的领导和支持下，向国务院学位办作专门汇报并提交《增设旅游科学与管理一级学科建议书》。加快推动了旅游学科基础理论研究的进展。

分会成立以来已成功举办十二届全国旅游院校服务技能大赛（导游6届、饭店6届），先后举办全国大学生旅游创新大赛（浙江杭州、四川兴文、广西巴马、海南自贸港）4届，主办或承办全国大学生红色旅游创意策划大赛共6届，总计8万多名学生参加。分会积极推动旅游人才培养质量提升和旅游师资队伍建设。举办中国旅游管理博士学术训练营共7届600余人。连续八年举办全国旅游院校"旅游管理""酒店管理""会展管理""景区与休闲""旅游实践教学""导游教学骨干""礼仪教学骨干""中职旅游类教学骨干""'双师型'骨干""英语教学改革与实践创新""数字化教学能力建设""民宿管理与运营""教师教学创新团队""酒店管理与数字化运营"等线下培训班，举办"在线教育""旅游教育国际化""研学旅行管理与服务""酒店管理专业'金课'建设""数字化转型能力提升"等线上师资培训班。8年来，累计培训1万多名教师。同时建设在线培训平台，使更多院校老师受益。

分会加强旅游人才供需对接，助力旅游院校毕业生就业创业。在抗击新冠肺炎疫情期间，召开"旅游院校加强就业能力培养"专题会长工作会，举办全国旅游院校毕业生线上招聘会、全国旅游院校实习生线上招聘会等公益性活动。

分会组织专家实践探索的1+X旅行策划职业技能等级证书于2020年12月31日获教育部批准，列入第四批证书试点，由中国旅游协会作为培训评价组织。2021年，分会组织制定的《旅行策划职业技能等级标准》经教育部审定发布。开展师资培训、教材建设、教学资源开发和考试题库建设，组织证书考试认定等工作。截至2022年10月，已举办四期7个班，培训200余所院校的教师900余人。分会与高等教育出版社合作出版证书配套教材《旅行策划（初级）》《旅行策划（中级）》。2021年12月和2022年6月，两次全国统考，共有100余所中高职本科院校的5000多名考生报名参加，其中4000多名获得旅行策划职业技能等级证书。

分会服务院校发展，精心策划中国旅游教育论坛，主题分别为：2014年"社会转型与旅游教育改革"，2015年"旅游教育目标的思考：科学与社会"，2016年"旅游院校发展的价值：责任与使命"，2017年"全球旅游教育：变化、挑战、前景"，2018年"新时代中国旅游教育发展论坛""云南旅游优质发展国际论坛"，2019年"中国旅游教育40年：转型、创新与发展"，2020年"新时代、新产业、新教育"，2021年"中国旅游教育高质量发展"。论坛为应用型本科高校、高职院校、中职学校的领导者、管理者和骨干教师们提供了交流共享、创新发展的平台，增强了旅游教育分会的凝聚力和国际影响力。

分会发挥智力资源优势，协助文化和旅游部、教育部、世界旅游联盟等，组织院校专家参加有关国际会议，加强与旅游业界的国际交流对话。

分会将进一步凝聚旅游教育发展力量，促进旅游教育领域会员院校的共同发展，始终不忘教育初心，为我国文旅行业及经济社会的高质量发展，更好地提供人才和智力支撑。

联系电话：010-85951129/9389/8389

如何申请加入中国旅游协会旅游教育分会

一、入会资格

1. 开设旅游相关专业的学校、院系

2. 旅游科研院所、旅游培训机构

3. 与旅游教育相关的企业单位

二、入会步骤

1. 在线填写入会申请表

登陆中国旅游教育网（http://www.cteweb.cn/），先进行注册，然后点击"申请入会"，填写《中国旅游协会旅游教育分会入会申请表》。

2. 资料审核

提交申请表后 5 个工作日内，分会工作人员会致电联系人核实各项信息。

3. 办理手续

4. 联系咨询

赵姗，010-85951129；田华，010-85959389

责任编辑：郭海燕
责任印制：冯冬青
封面设计：鲁　筱

图书在版编目（ＣＩＰ）数据

中国旅游教育蓝皮书. 2021-2022 / 中国旅游协会旅游教育分会编. -- 北京 : 中国旅游出版社，2022.11
ISBN 978-7-5032-7034-5

Ⅰ．①中… Ⅱ．①中… Ⅲ．①旅游教育－研究报告－中国－2021-2022 Ⅳ．①F590-05

中国版本图书馆CIP数据核字(2022)第168952号

书　　名：	中国旅游教育蓝皮书 . 2021-2022
作　　者：	中国旅游协会旅游教育分会编
出版发行：	中国旅游出版社
	（北京静安东里 6 号　邮编：100028）
	http://www.cttp.net.cn　E-mail:cttp@mct.gov.cn
	营销中心电话：010-57377108，010-57377109
	读者服务部电话：010-57377151
排　　版：	北京旅教文化传播有限公司
经　　销：	全国各地新华书店
印　　刷：	河北省三河市灵山芝兰印刷有限公司
版　　次：	2022 年 11 月第 1 版　2022 年 11 月第 1 次印刷
开　　本：	787 毫米 ×1092 毫米　1/16
印　　张：	22
字　　数：	470 千
定　　价：	68.00 元
ＩＳＢＮ	978-7-5032-7034-5